e baby's eerste jaar voor Dummies

Spiek Brief

Belangrijke telefoonnummers

Huisarts:

Consultatiebureau:

Eerste Hulp

Alarmnumm

Oppas:

Mobiele numm

Mobiele numm

Redenen om meteen de dokter te bellen

- wanneer een baby jonger dan drie maanden een temperatuur heeft van 38 °C of hoger, bel dan direct. Bij oudere baby's is koorts niet erg deze kan thuis behandeld worden. Bel wel een arts als de koorts hoger is dan 38,5 °C en/of langer aanhoudt dan drie dagen of wanneer de baby andere symptomen heeft;
- wanneer je baby moeite heeft met ademhalen;
- als je baby een snijwond heeft die blijft bloeden na tien minuten te zijn dichtgedrukt; als de snijwond gerafelde randen heeft; als het om een steekwond gaat; als de wond behoorlijk groot is en zich in het gezicht bevindt of op een plaats waar hij waarschijnlijk niet vanzelf dichtgaat, zoals op een gewricht;
- als je kind een verwonding heeft aan zijn hoofd en buiten bewustzijn is; vergrote of ongelijke pupillen heeft; extreem geïrriteerd (ontroostbaar) of slaperig is (onmogelijk om wakker te krijgen); erg bleek ziet; in de war lijkt of niet in staat is gebruikelijke handelingen te verrichtten of afscheiding uit zijn oor of oren heeft;
- wanneer je kind meerdere dagen achter elkaar moet overgeven of explosief braakt;
- als je baby extreem allergisch reageert op voedsel of medicijnen (opzwellen van de tong, lippen of ogen of hooikoorts).

Waarom huilt je baby?

- Heeft hij een vieze luier?
- Heeft hij honger?
- Heb je hem geen boertje laten doen na de laatste voeding?
- Is hij moe?
- Is hij gefrustreerd of boos (bijvoorbeeld omdat hij iets nieuws wil uitproberen wat niet lukt)?
- Heeft hij pijn?
- Heeft hij te veel prikkels gehad (gebeurde er te veel om hem heen)?
- Is hij bang?
- Irriteert hem lichamelijk iets (een labeltje, een teen die verkeerd in zijn sok zit)?
- Is hij ziek (koorts, diarree, loopneus)?
- Komt er een tand door (geïrriteerdheid, kwijlen, blauwe plek op zijn tandvlees)?

Je baby's eerste jaar voor Dummies

Spiek Brief

Troost voor kersverse ouders

Herhaal onderstaande woorden wanneer je er behoefte aan hebt. Geloof maar dat je er vaak behoefte aan zult hebben.

- Ik ben een verantwoordelijk persoon, zelfs al weet ik niet altijd waar ik mee bezig ben.
- Het feit dat mijn kind veel huilbuien heeft (en na drie maanden nog steeds niet doorslaapt 's nachts), betekent niet dat ik iets verkeerd doe.
- Ik zal niet altijd zo moe blijven.
- Over een jaar voel ik me niet meer zo *oud.*
- Mijn borsten blijven niet aanvoelen alsof ze gaan openbarsten en/of exploderen.
- Vermoeidheid is slechts een geestestoestand.
- Ik mag me gelukkig prijzen met een gezond kind.
- Op een dag zal mijn baby leren om te lopen, zelf te eten en een eigen leven gaan leiden – deze babytijd is tijdelijk en daarom waardevol.
- Mijn huis hoeft er niet tiptop uit te zien om mijn baby een goede jeugd te bezorgen.
- Mijn kind hoeft niet de duurste kleding, speelgoed of babyspullen te hebben om gelukkig te zijn.
- Schreeuwen maakt mijn baby alleen maar bang: hij zal mijn boodschap niet snappen.
- Mijn kind raakt emotioneel niet beschadigd als ik buitenshuis werk.
- Ik kan niet zorgen voor de hygiëne van de hele wereld; mijn kind zal af en toe ziek worden.
- Als de tijd daar is, zal ik mijn baby de kans geven de wereld *veilig* te ontdekken en hem niet voortdurend nagelbijtend in bescherming nemen.
- Ik ga mijn kind niet vergelijken met de kinderen van mijn vrienden of me wat aantrekken van de vergelijkingen die andere mensen maken.
- Ik probeer elke dag voor te lezen.
- Mijn arts vindt me niet dom als ik hem of haar vragen stel over de ontwikkeling van mijn kind.
- Je kunt je huis nooit veilig genoeg maken voor je kind.
- Ik kan en zal een goede oppas vinden zodat ik af en toe ook wat tijd voor mezelf heb.
- Ik leer heel veel over *mezelf* door voor mijn kind te zorgen.

Je baby's eerste jaar voor Dummies

Slimme mensen lezen ook andere titels uit de serie Voor Dummies!

9789043025249 **Boeddhisme voor Dummies, 2e editie** *Landaw, Bodian & Bühnemann*
9789043026420 **Burn-out voor Dummies** *Urban*
9789043029896 **Cognitieve gedragstherapie voor Dummies, 2e editie** *Willson & Branch*
9789043028967 **De geschiedenis van Nederland voor Dummies** *Smit*
9789043020442 **Gelukkige kinderen opvoeden voor Dummies** *Atkins*
9789043019484 **Geschiedenis voor Dummies, 2e editie** *Haugen*
9789043025676 **Hindoeïsme voor Dummies** *Srinivasan*
9789043028103 **Je zelfvertrouwen vergroten voor Dummies** *Burton & Platts*
9789043026628 **Klussen voor Dummies, 2e editie** *Hamilton & Carey*
9789043021494 **Mindfulness voor Dummies** *Alidina*
9789043028141 **Mindfulness werkboek voor Dummies** *Alidina & Marshall*
9789043025898 **Natuurkunde voor Dummies, 2e editie** *Holzner*
9789043022804 **NLP voor Dummies, 2e editie** *Ready & Burton*
9789043026116 **Ontspannen voor Dummies** *Alidina*
9789043010191 **Pianospelen voor Dummies** *Neely*
9789043030885 **Psychologie voor Dummies, 2e editie** *Cash*
9789043025904 **Scheikunde voor Dummies, 2e editie** *Moore*
9789043025232 **Statistiek voor Dummies, 2e editie** *Rumsey*
9789043030564 **Stress voor Dummies, 2e editie** *Elkin*
9789043025751 **Turks voor Dummies** *Dilmaç*
9789043026666 **Wijn voor Dummies, 5e editie** *McCarthy & Ewing-Mulligan*
9789043025485 **Yoga voor Dummies, 2e editie** *Feuerstein & Payne*

Voor Dummies in voordelige pocketeditie

9789043026680 **Breien voor Dummies, pocketeditie** *Allen*
9789043026741 **De bijbel voor Dummies, pocketeditie** *Geoghegan & Homan*
9789043030663 **Fitness voor Dummies, pocketeditie** *Schlosberg & Neporent*
9789043026383 **Gezond eten voor Dummies, pocketeditie** *Rinzler*
9789043009195 **Klassieke muziek voor Dummies, pocketeditie** *Pogue & Speck*
9789043031424 **Kunstgeschiedenis voor Dummies, pocketeditie** *Bryant Wilder*
9789043025690 **Mediteren voor Dummies, 2e editie, pocketeditie** *Bodian*
9789045350240 **Het menselijk lichaam voor Dummies, pocketeditie** *Donna Rae Siegfried*
9789043030847 **Nederlandse politiek voor Dummies, pocketeditie** *Habben Jansen*
9789045350318 **Puppy's voor Dummies, pocketeditie** *Hodgson*
9789043028585 **Zingen voor Dummies, pocketeditie** *Phillips*

Dit is een selectie uit ons Voor Dummies-aanbod.
Deze Voor Dummies zijn verkrijgbaar in de boekhandel.
Een compleet overzicht van alle leverbare titels vind je op www.dummies.nl

Je baby's eerste jaar voor Dummies

Dr. James Gaylord
en Michelle Hagen

BBNC
uitgevers
Amersfoort, 2014

Vertaling van: *Your Baby's First Year For Dummies*
Indianapolis, Indiana: Wiley Publishing, Inc., 2005
ISBN: 978-90-453-5036-3
NUR: 853
Trefw.: baby's

Dit is een uitgave van BBNC uitgevers bv, Amersfoort
www.bbnc.nl
www.dummies.nl

Vertaling: Paulina de Nijs voor Fontline
Redactie, zetwerk & omslag: Fontline, Nijmegen

Eerste druk, mei 2012
Tweede druk, oktober 2014

Opdracht

James Gaylord: voor mijn kinderen, Abby, Brendan en Maggie, die me in het eerste jaar van hun leven zoveel hebben geleerd over het ouderschap.

Michelle Hagen: dit boek is voor mijn baby's, Sam, Hal en Nolan (die allang geen baby's meer zijn). Ik verbaas mij er voortdurend over dat ik drie enorm grappige, interessante en goedgezinde jonge mannen opvoed. Ik hou van jullie, ik hou van jullie, ik hou van jullie.

De inhoud in vogelvlucht

Inhoudsopgave

Over de auteurs

Dr. James Gaylord studeerde interne geneeskunde en is gediplomeerd kinderarts. Hij heeft sinds 1997 een eigen praktijk in Burnt Hills in de staat New York. Hij studeerde in 1988 af aan het Albany Medical College, waar hij van 1993 tot 1997 ook werkzaam was als universitair docent. Hij specialiseerde zich in interne geneeskunde en kindergeneeskunde en werkte een jaar (1992-'93) als specialist kindergeneeskunde. Hij leidt nog steeds studenten op in zijn eigen praktijk.

James en zijn vrouw Diane wonen op een paardenboerderij in Greenfield, New York, met hun drie kinderen, Abigail van elf, Brendan van tien en Margaret van zeven.

Michelle Hagen is freelance-schrijfster en -redacteur en auteur van acht boeken. Ze studeerde literatuurwetenschappen aan het Empire State College en woont samen met haar man en drie zonen in Wilton, New York.

Dankwoord

James Gaylord: ik wil graag mijn vrouw Diane bedanken. Door haar netwerkvaardigheden kon ik aan dit project deelnemen.

Michelle Hagen: allereerst bedank ik mijn medeauteur dr. Jim Gaylord; ik waardeer je grote hoeveelheid informatie, begeleiding en geduld gedurende dit langdurige proces. Ik weet hoe enorm druk je het hebt met je praktijk en je eigen gezin. Ik ben daarom alleen nog maar meer dankbaar voor jouw bereidheid aan dit project deel te nemen.

Mijn dank gaat uit naar Mike en Diane Young die mij voorstelden aan mijn fantastische medeauteur. Dank aan Jessica Faust, mijn agente bij Bookends, voor al je steun en begeleiding. Aan Traci Cumbay en Jen Bingham, mijn redacteuren bij Wiley; ik kan niet in woorden uitdrukken hoe ik heb genoten van de samenwerking met jullie. Niet alleen zijn jullie allebei fantastisch in wat jullie doen, jullie zijn ook leuk, grappig en oprecht. Jullie hebben deze klus zoveel makkelijker gemaakt.

Veel dank ben ik verschuldigd aan dr. Mary Elise Hodson, technisch redacteur van dit project, voor de vele nuttige suggesties tijdens de redactiefase. Dank aan Tracy Boggier, acquisitieredacteur bij Wiley, voor je assistentie bij het goed van de grond krijgen van dit boek. Kathryn Born, jou bedank ik voor de fantastische illustraties. Elke afbeelding is een aanvulling op de tekst.

Tot slot bedank ik mijn echtgenoot Mike en mijn jongens, die allen een essentiële rol hebben gespeeld in mijn belangstelling en liefde voor baby's. Bedankt ook dat jullie zo trots zijn op mijn werk, vooral omdat het een feit is dat ik eigenlijk nergens ben zonder jullie, jongens.

Inleiding

Als je zwanger bent en je voorbereidt op de toekomst met je baby, is het zo gemakkelijk om een 'schema' te bedenken voor de voedingen, slaapjes en de terugkeer naar je werk. Dan wordt je droomkind werkelijkheid en dan merk je dat het zijn eigen ideeën heeft, die totaal niet overeenkomen met jouw goedbedoelde plannen.

Voor sommige mensen is het hebben van een baby niet zo'n punt – hun kind is rustig en stil en totaal probleemloos tijdens het eerste jaar en ook daarna. De ouders van een onrustig, slechtslapend kind hebben echter een heel andere ervaring. Wanneer ze bij het consultatiebureau of op de crèche andere ouders leren kennen, zullen de ouders van de rusteloze baby denken dat de ouders van de rustige baby een geheime methode hebben voor het opvoeden van een ontspannen kind. Dan komt het schuldgevoel en het idee dat ze het niet goed doen.

Tijdens het eerste jaar van je baby zullen er tijden zijn dat je het gevoel hebt alles onder controle te hebben. Je baby slaapt en eet goed, bereikt de mijlpalen precies zoals in de boekjes staat beschreven en je combineert de zorg voor je kind met je werk of het huishouden. Op elke actie volgt echter ook een (tegengestelde) reactie. Er zullen dus ook tijden zijn dat je geen idee hebt wat er allemaal gebeurt en je je afvraagt hoe je ooit hebt kunnen denken dat je deze enorme verantwoordelijkheid aankon.

Wees op zulke momenten niet te hard voor jezelf. Het eerste jaar is één grote leerervaring, zowel voor jou als voor je kind. Je baby verovert elke maand weer nieuw terrein (gedetailleerd besproken in dit boek) en jij zit er met je neus bovenop om hem aan te moedigen en je eigen leven aan te passen aan zijn wensen en behoeften. Er zullen dagen van triomf zijn (als je baby voor het eerst lacht, brabbelt en praat) en dagen die je het liefste zo snel mogelijk weer vergeet (tanden krijgen). *Al* die dagen gaan echter snel voorbij en voor je het weet is je baby drie maanden, zes maanden, negen maanden en dan één jaar oud. Het gebeurt allemaal zonder dat je je er bewust van bent – je baby wordt peuter en jij een zelfverzekerde, doorgewinterde ouder.

Dit boek is geschreven met de bedoeling om nieuwe ouders een realistisch beeld te schetsen van het eerste jaar van hun baby. Zie dit als een tijd waarin je je baby leert kennen terwijl hij een eigen persoonlijkheid ontwikkelt en jij meer vertrouwd raakt met het ouderschap.

Over dit boek

Dit boek is geschreven door een kinderarts met een bloeiende praktijk en twee fantastische kinderen en door een schrijfster/moeder die drie jongens opvoedt. Al deze kinderen waren totaal verschillend gedurende hun eerste jaar. We hebben veel wetenschappelijke informatie over het gedrag van baby's weggelaten en ons vooral gericht op de praktische en emotionele aspecten van het eerste jaar van je kind.

Zo zul je geen statistieken vinden in dit boek, omdat het eerlijk gezegd niet echt zinvol is om te weten welk percentage kinderen na drie maanden al doorslaapt 's nachts terwijl *jouw* baby nog steeds drie keer per nacht wakker wordt. Het is veel nuttiger om te weten hoe je je kind kunt helpen en begeleiden dan jouw ervaringen te vergelijken met die van andere gezinnen in het land. In dit boek vind je dus no-nonsense advies in eenvoudige bewoordingen en een gemakkelijk hanteerbare opzet.

We weten dat het ouderschap hard werken is – we hebben het zelf ervaren en dr. Gaylord heeft talloze zorgen over het eerste jaar van ouders aangehoord. We geven je informatie in helder taalgebruik en met wat humor. We hebben onze roze brillen afgezet om ouders te laten weten dat het eerste levensjaar, hoe magisch, prachtig en heerlijk (en veel te snel voorbij) het ook is, zeker ook zijn momenten van frustratie en wanhoop kent. We willen dat nieuwe ouders weten dat ze niet alleen staan en dat wat zij voelen normaal is; je bent geen slechte vader of moeder. Je bent ook maar een mens.

Regels toegepast in dit boek

Om je te helpen bij de navigatie door dit boek, hanteren we de volgende regels.

- *Cursief* wordt gebruikt om iets te benadrukken en nieuwe woorden of termen te accentueren.
- Kaders zijn grijze vakken met tekst waarin informatie staat die interessant is, maar niet per definitie noodzakelijk voor begrip van het onderwerp.

Babywiskunde kan soms erg ingewikkeld zijn. We hebben daarom geprobeerd de maanden en hoofdstuktitels met elkaar in overeenstemming te brengen om verwarring te voorkomen. Onthoud dat wanneer we spreken over bijvoorbeeld een 'één maand oude' of 'bijna één maand oude' baby, we het hebben over een kind dat in de eerste maand van zijn leven is en dus bijna vier weken oud is.

Wat je niet hoeft te lezen

De kaders in dit boek bevatten 'extra' informatie – een meer diepgaande kijk op aspecten van het eerste levensjaar. Sommige richten zich op de ontwikkeling, andere op recente onderzoeken. Deze informatie is in geen geval essentieel voor het begrijpen van de rest van het boek. Lees de kaders als je wilt, of sla ze over als je er geen belangstelling voor hebt. Geen probleem.

Aannames

We nemen aan dat je dit boek gaat lezen om een van de volgende redenen:

- Je bent zwanger en vraagt je af hoe het eerste jaar van je kind zal verlopen.
- Je bent bevallen en leest nu alles wat los en vast zit over de maanden die komen gaan.
- Je bent bevallen en je wilt een boek dat je niet neerslachtig maakt of je het gevoel geeft dat je raar bent als je het moeilijk vindt om te wennen aan het ouderschap.

We nemen verder aan dat je op zoek bent naar adviezen over hoe je het eerste jaar doorkomt. We gaan ervan uit dat je weet dat het niet altijd gemakkelijk zal zijn. We vermoeden dat je de beste ouder wilt zijn die je maar kunt worden en we denken dat je bereid bent bepaalde vooroordelen (lees fantasieën) los te laten over hoe de eerste twaalf maanden met je kind zouden *moeten* zijn. Dat is alles.

In een notendop: als je een baby in huis hebt, willen wij met je praten.

Andere titels in de Voor Dummies-reeks die interessant kunnen zijn voor jou zijn *Zwangerschap voor Dummies* van Joanne Stone, Keith Eddleman en Mary Murray, en *Ouderschap voor Dummies* van Dan Gookin en Sandra Hardin Gookin. Deze boeken geven je een fantastisch overzicht van allerlei aspecten die te maken hebben met kinderen krijgen en kinderen hebben.

Hoe dit boek is opgezet

We hebben dit boek verdeeld in 24 hoofdstukken. Elke maand van het eerste jaar van je baby heeft zijn eigen hoofdstuk, inclusief een lijst van mijlpalen voor elke periode, een overzicht van wat er gebeurt bij elk bezoek aan het consultatiebureau en tips voor de veiligheid en gezondheid van je baby bij elke nieuwe ontwikkelingsfase. De hoofdstukken zijn gegroepeerd in onderwerpen. Daar waar wordt gesproken over jongetjes en 'hij', worden in (bijna) alle gevallen ook meisjes bedoeld.

Deel I: Geef je baby een gezonde, vrolijke start

Deze eerste hoofdstukken richten zich op de voorbereiding op de komst van je baby. Wat gebeurt er direct na de geboorte van je kind, hoe ga je je kind voeden en hoe ga je hem vervoeren? We bespreken in dit hoofdstuk ook hoe je kunt reizen met je baby en hoe je je eventueel kunt voorbereiden op de terugkeer naar je werk. Het zijn uiteenlopende onderwerpen, maar allemaal over zaken die je wilt weten en overwegen, zodat je niet onvoorbereid beslissingen hoeft te nemen.

Deel II: Mag ik je voorstellen: baby!

Deze hoofdstukken richten zich op de eerste periode van je baby, met onder andere informatie over het herstellen van de bevalling van een nieuwbakken moeder en over hoe een baby zich wel of niet aan zijn nieuwe omgeving aanpast. Lees de mijlpalen aan het begin van elk hoofdstuk om te weten wat je in deze periode van je baby kunt verwachten.

Deel III: Bewegen, communiceren, groeien

In dit deel gaan we in op de maanden vier tot en met zes. Dit is de tijd dat je baby's persoonlijkheid zich ontwikkelt en hij op eigen houtje gaat bewegen. In elk hoofdstuk van dit deel staat informatie over hoe je langzaamaan vast voedsel kunt introduceren en hoe dat zijn slaap- en voedingspatroon kan beïnvloeden. In dit deel vindt je ook een discussie over 'het laten huilen' van je baby.

Deel IV: De wereld voorbij mama ontdekken

In de tweede helft van het eerste jaar wordt je baby steeds mobieler en hij begint ook echt door te krijgen hoe hij kan communiceren. Hij wordt nu een echte persoon en deze hoofdstukken richten zich op het stimuleren van zijn taalontwikkeling en op hoe je hem veiligheid kunt bieden nu hij van alles wil gaan ontdekken. We praten ook over de andere mensen in het leven van je baby: je vrienden die niets liever doen dan jouw baby vergelijken met die van henzelf, en je familieleden die weigeren jouw aanwijzingen te volgen als ze op je kind passen. We geven je tips voor het omgaan met deze goedbedoelende, maar frustrerende vrienden en familieleden.

Deel V: Je baby bijhouden

In de laatste drie maanden van zijn eerste jaar begint je baby echt te bewegen. Hij zou zelfs al kunnen lopen op zijn eerste verjaardag! Hij zou rond deze tijd ook al wel eens behoorlijk kunnen praten, al kan het ook zijn dat hij het liefste op een speelkleed zit zonder iets te zeggen. In dit deel krijg je tips voor hoe je je niet gek laat maken door je actieve baby en lees je adviezen voor als je kind de grote mijlpalen in zijn ontwikkeling nog niet heeft bereikt. Op dit moment wordt spenen ook een belangrijk punt en krijg je tips voor hoe je het een *minder* onprettige ervaring kunt maken voor mama. Je vindt ook een lijst van dreumesspeelgoed (voor het geval je hulp nodig hebt bij het kiezen van een cadeautje voor het grote feest).

Deel VI: Gezondheid en veiligheid van je baby

Deze hoofdstukken geven een overzicht van de vaccinaties tijdens het eerste jaar en de meest voorkomende ziekten. Verder krijg je advies over het verzorgen van een ziek kind en over wanneer je een dokter moet bellen. In deze hoofdstukken staan ook enkele tips voor eerste hulp en voor het beveiligen van je huis voor je baby. We geven je ook wat ideeën voor de omgang met een kind dat speciale verzorging nodig heeft.

Deel VII: Het deel van de tientallen

'Het deel van de tientallen' is een vast onderdeel in de *Voor Dummies*-boeken en bevat korte hoofdstukken met efficiënt beschreven, nuttige informatie. In het 'Deel van de tientallen' van *Je baby's eerste jaar voor Dummies* staan adviezen over het omgaan met de eerste weken na de geboorte van je kind, over wat een vader kan doen om het eerste jaar te overleven en over wat voor situaties of ziekten een telefoontje naar de dokter vereisen en welke niet.

Pictogrammen in dit boek

De pictogrammen in dit boek wijzen je op informatie die je leven makkelijker kan maken of je baby kan beschermen.

In sommige situaties heb je de raad van een professional nodig. We gebruiken dit pictogram om aan te geven wanneer iets om medische expertise vraagt of wanneer je naar je arts moet gaan om gerustgesteld te worden in een bepaalde situatie.

Dit pictogram wijst je op wijze woorden die wij bijzonder belangrijk vinden en die zeer waarschijnlijk van pas zullen komen tijdens je baby's eerste jaar.

We gebruiken dit pictogram als we ingaan op medische details of diep in een onderwerp duiken. Ook als je deze informatie overslaat, krijg je toch voldoende feitenkennis over het onderwerp.

Dit pictogram wijst je op advies over hoe je je baby op zijn gemak kunt stellen in een nieuwe situatie of over hoe je het jezelf makkelijker kunt maken.

Dit pictogram wijst je op situaties waarin jij of je baby in gevaar kunnen zijn.

Wat we nu gaan doen

Alle *Voor Dummies*-boeken zijn in modulevorm geschreven, dat wil zeggen dat elk hoofdstuk op zich staat. Je hoeft de eerste hoofdstukken niet te lezen om de hoofdstukken aan het einde van het boek te begrijpen. Je hebt geen enkel ander hoofdstuk nodig om een ander te hoofdstuk te begrijpen. Elk hoofdstuk bevat specifieke adviezen betreffende die bepaalde maand of dat onderwerp en je kunt dus in de stof duiken waar je maar wilt. Begin gewoon daar waar je bent in het eerste jaar van je kind. Als je dit boek hebt gekocht als je baby vier maanden is, ga dan direct door naar hoofdstuk negen. Als je nog zwanger bent, begin dan bij het begin en bedenk je wat je op dit moment al wilt weten. We weten dat maar weinig kersverse ouders zeeën van tijd hebben om te lezen en daarom hebben we ook geen informatie opgenomen die saai of langdradig is. Waar je ook begint, je vindt overal relevante informatie die je kunt gebruiken op dat moment in je baby's leven.

Deel I

Geef je baby een gezonde, vrolijke start

'En dat voor een vrouw die niet eens een mobiele telefoon durft te gebruiken in het openbaar.'

In dit deel...

Je kunt de veranderingen die je te wachten staan gedurende het eerste jaar van je baby een stuk makkelijker maken voor jou en je baby als je jezelf voorbereidt op wat komen gaat. Lees hoe je je huis kunt voorbereiden op de komst van je baby, hoe je het beste kunt reizen met je baby en hoe je de beste kinderopvang kunt vinden. Ontdek je wat er echt gebeurt als je baby eenmaal is geboren.

Dit zijn zeer uiteenlopende onderwerpen, maar geloof het of niet, je zult zien dat je met de meeste ervan te maken krijgt in de loop van de eerste maand. Ga maar na wat je allemaal voor je kiezen krijgt in het eerste jáár!

Hoofdstuk 1

Je voorbereiden op de baby

In dit hoofdstuk

- Plannen maken
- Flexibel blijven
- Huisarts en consultatiebureau
- Het geadopteerde kind
- Opsomming van de grote momenten

Vraag je je af hoe het leven zal zijn als de baby er eenmaal is? Ga je gang en maak plannen, maar geef jezelf wel voldoende ruimte. Maanden voor de geboorte erop rekenen dat je baby jouw plannen precies volgt (als het gaat om vakantie, werk, slapen of zelfs maar een prettige dag), is alsof je een willekeurige dag prikt en ervan uitgaat dat het mooi weer wordt. Je weet het gewoon niet. Je kunt het ook niet weten voor het zover is. Maak verschillende plannen voor de eerste weken met je baby. Je hebt dan altijd een paraplu binnen handbereik.

BELANGRIJK

Het eerste jaar is een jaar van groei (iets wat je consultatiebureau bij elk bezoek zal meten) en ontwikkeling. Als je je pasgeboren hummel op één arm draagt, kun je je niet voorstellen dat hij over ongeveer twaalf maanden op zijn eigen benen zal staan, al wat zal kunnen zeggen, vast voedsel zal eten en zijn eigen persoonlijkheid zal laten zien (die – of je het nu leuk vindt of niet – misschien zal lijken op die van jezelf of je partner).

Als het aankomt op het eerste jaar van hun baby, krijgen adoptiefouders te maken met dezelfde aangelegenheden en uitdagingen (naast aspecten die uniek zijn voor hun situatie). Dit boek is bedoeld als een gids voor iedereen die volledig betrokken is bij de opvoeding van een kind.

Dit hoofdstuk geeft je een idee van wat je te wachten staat en waar je bepaalde informatie in dit boek kunt vinden.

Jezelf voorbereiden op de veranderingen die gaan komen

Je bent er helemaal klaar voor om je baby mee naar huis te nemen of de kraamhulp naar huis te sturen en te beginnen met je baan als ouder. Hierover heb je al wel een eeuwigheid gefantaseerd; je hebt je er mentaal op voorbereid en je weet dat je leven volledig zal veranderen – *positief* zal veranderen.

PAS OP!

Het maakt niet uit hoe lang je hebt gefantaseerd, gepland en gesproken met je partner over deze fase in je leven; je weet nooit echt hoe het zal zijn tot je er middenin staat. Je baby kan rustig, stil en gemakkelijk zijn, maar ook iemand die gestuurd lijkt te zijn om jou te straffen voor alle ellende die jij je ouders hebt aangedaan.

De juiste babyuitzet

Met de juiste babyuitzet wordt het leven een stuk makkelijker, evenals met de juiste mensen om je heen. In het geval van een zware bevalling of een baby die maar niet goed wil slapen, is een goed netwerk enorm belangrijk. Het accepteren van het feit dat je het een tijd rustig aan zult moeten doen (zie hoofdstuk 5), kan de overgang naar de volledige verantwoordelijkheid voor dit kleine wezen enorm vergemakkelijken.

TIP

Maak je checklist op tijd en houd bij wat je al hebt, wat je nog nodig hebt en wat je *per se* voor je bevalling nog moet hebben. In hoofdstuk 2 vindt je alle benodigdheden voor het ouderschap, van autostoeltjes tot weekendbedjes.

Blijf openstaan

Het beste advies voor nieuwe ouders is: wees flexibel. Hoewel je jezelf tijdens de zwangerschap wilt voorbereiden op het leven met een baby, moet je je niet vastpinnen op één beeld van hoe het zal zijn.

BELANGRIJK

Baby's zijn onvoorspelbaar. Je kunt een fantastische eerste week hebben, waarin je baby heerlijk doezelt op je arm, maar daarna merk je wellicht dat je baby in de tweede en derde week zonder aanleiding onrustig wordt. Misschien heb je je voorgenomen alweer heel snel na de bevalling te gaan werken, maar kom je er na vele gebroken nachten en acht keer voeden per etmaal achter dat dat onbegonnen werk is. Zelfs de eenvoudigste taak kan met een pasgeboren baby twee keer zo lang duren dan je zou verwachten. Als vermoeidheid en frustratie (besproken in hoofdstuk 5) beginnen toe te slaan, kun je het gevoel hebben er aan onderdoor te gaan. Dat is echt niet zo – je moet alleen je plannen bijstellen, jezelf opnieuw instellen en erachter komen wat wel en niet werkt.

Moeder of vader worden

Een band krijgen met je kind (gedetailleerd besproken in hoofdstuk 2 en 6) kan vaak op twee manieren plaatsvinden: direct en onvoorwaardelijk vanaf de geboorte, of geleidelijk en fluctuerend. Er is niets mis met je als je tot de laatste categorie behoort. Natuurlijk zul je verwacht hebben dat je direct een binding met je kind zou voelen, maar vergeet niet dat hij een vreemde voor je is. Voel je niet schuldig als je je niet direct vader of moeder voelt. Dit gevoel komt echt – reken er maar op – en als het er eenmaal is, vraag je je af of jij het wel verdient om voor dit prachtige kind te mogen zorgen.

Als je baby speciale verzorging nodig heeft, ziek wordt of gewond raakt, krijg je met nog veel meer uitdagingen te maken (maar geloof ons, je kunt het). Ga naar hoofdstuk 18 van dit boek om meer te lezen over de zorg voor je kind als niet alles perfect is.

Het ouderschap gaat soms gepaard met een overweldigende verantwoordelijkheid, vooral in een jaar vol van 'eerste keren'. Hoewel je met talloze veranderingen te maken zult krijgen, is er niets wat je niet aan zult kunnen. Herhaal deze mantra elke ochtend, middag en avond als het moet – het is namelijk de waarheid.

Plan je leven met een baby

Het opzetten van een babybadje en een schommel zijn goede voorbereidingen op de komst van je baby. Er zijn echter nog tal van andere aspecten waaraan je moet denken voor je baby op de wereld komt:

- Ga je borst- of flesvoeding geven? (Zie hoofdstuk 2 voor uitgebreide informatie over beide.)
- Welke ouder zal de hoofdverzorger zijn? Als jullie beide fulltime gaan werken, wie gaat dan zorgen voor het eten en verschonen? Zal er een eerlijke verdeling zijn in huishoudelijke taken en babytaken of is een andere opzet beter? (In hoofdstuk 4 worden enkele van deze onderwerpen besproken.)
- Is er iets dat je kunt doen om wiegendood te voorkomen? (Adviezen hierover in hoofdstuk 20.)
- Verwacht je regelmatig te reizen met je baby? (In hoofdstuk 3 staan enkele tips voor het reizen met je baby.)
- Ken je de Heimlich-manoeuvre voor baby's? En hoe zit 't met reanimatie bij kinderen? (Hoofdstuk 20 gaat hierover.)
- Hoe regel je de kinderopvang als je weer gaat werken? (Zie opnieuw hoofdstuk 4.)

- Van wie accepteer je hulp en van wie niet? (Hoofdstuk 5 geeft je advies op dit gebied.)
- Hoe ga je om met familieleden die het niet eens zijn met jouw manier van opvoeden? (Zie hoofdstuk 14.)
- Wat vind jij van een tik op de billen? Hoe denkt je partner daarover? (In hoofdstuk 17 lees je meer over opvattingen over straffen bij bepaalde leeftijden.)
- Wanneer ga je je huis veilig maken voor je baby? Voor je het weet rolt en kruipt je baby, stopt hij alles in zijn mond en trekt hij zich aan alles op. (In hoofdstuk 20 staan tips over het veilig maken van je huis.)

Natuurlijk moet je nog aan veel meer denken om jezelf, je leven en je huis voor te bereiden op de komst van je kind. Deze belangrijke overwegingen zijn nog maar het topje van de ijsberg, zoals je zult merken als het eerste jaar van start gaat.

Huisarts en consultatiebureau

Als je baby geboren is, krijg je te maken met het consultatiebureau. Hier vind je kinderartsen en wijkverpleegkundigen die gespecialiseerd zijn in de ontwikkeling en groei van baby's en jonge kinderen. Zij controleren je baby regelmatig. Je kunt hiervoor ook terecht bij je huisarts; hij of zij bekijkt je kind echter vanuit een andere optiek.

- **Het consultatiebureau** is gespecialiseerd in kinderen. Het controleert de ontwikkeling en groei van je kind en kan alle vragen over je kind beantwoorden. Het kent de problematiek van zowel gezonde als zieke kinderen en kan je adviseren over de opvoeding en verzorging van je kind.
- **Een huisarts** houdt zich bezig met het vaststellen van ziekten. Hij bekijkt je kind dus vanuit een ander specialisme. Hij is niet gespecialiseerd in de ontwikkeling, groei en problematiek van gezonde kinderen.

Wat gebeurt er allemaal in een consultatiebureau?

- **Is het consultatiebureau verplicht?** Het bezoeken van een consultatiebureau is geheel vrijwillig. Desondanks bezoekt 95% van de ouders het zuigelingenbureau en 90% van de ouders het kleuterbureau.
- **Word je uitgenodigd of moet je jezelf aanmelden?** Dat is per gemeente verschillend. In sommige gemeenten moeten ouders zelf contact opnemen met het consultatiebureau. In andere gemeenten

wordt de aangifte van de geboorte van je baby bij de Burgerlijke Stand automatisch doorgegeven aan het consultatiebureau in de wijk waar je woont, zodat de wijkverpleegkundige contact met jullie kan opnemen. Als je kraamzorg hebt gehad stuurt de kraamverzorgster vaak ter informatie de gegevens met eventuele bijzonderheden uit de kraamperiode naar het consultatiebureau. Binnen een à twee weken na de geboorte van je kind kan de wijkverpleegkundige van het consultatiebureau bij jullie op bezoek komen. Tijdens dit bezoek maakt hij/zij kennis en vertelt hij/zij over de gang van zaken op het consultatiebureau.

- **Zijn er kosten verbonden aan het consultatiebureau?** Nee, het bezoeken van een consultatiebureau is geheel kosteloos.

- **Hoe vaak ga je erheen?** Dat wisselt per consultatiebureau. Maar tot je kind een half jaar oud is, bezoek je het bureau gemiddeld een keer per maand. Daarna, tot je kind veertien maanden is, eens per twee à drie maanden. In de peuter- en kleutertijd kom je een stuk minder frequent op het bureau. Je kunt ook altijd tussentijds contact met het bureau opnemen en eventueel een keer vaker langsgaan, bijvoorbeeld als je het gevoel hebt dat er iets niet met je kind in orde is of als je vragen hebt.

- **Wat gebeurt er precies op het consultatiebureau?** De arts en wijkverpleegkundige (en vaak ook de assistente) op het bureau volgen nauwkeurig de motoriek, de zintuigen, het gewicht, de groei en de ontwikkeling van je baby. Daarnaast geven ze je adviezen over de verzorging en opvoeding en kun je er met allerlei vragen op dat gebied terecht. Bovendien kan je kind er de inentingen krijgen waardoor hij beschermd is tegen de belangrijkste infectieziekten.

- **Wat moet je meenemen naar het consultatiebureau?** Neem in ieder geval een luier, een omslagcape of badjasje, en een washandje of schoonmaakdoekjes mee. Denk eventueel ook aan een flesvoeding, een spuugdoekje, een speentje en de favoriete knuffel van je kind. Tijdens het huisbezoek van de wijkverpleegkundige of bij je allereerste bezoek op het bureau krijg je het zogenaamde 'Groeiboekje'. Hierin worden onder andere het gewicht, de lengte, de omtrek van het hoofd van je kind en de nieuwe afspraak genoteerd. Daarom is het handig dit boekje bij elk bezoek aan het bureau mee te nemen. En ga je voor een inenting naar het consultatiebureau, dan moet je ook de officiële inentingspapieren meenemen die je thuisgestuurd hebt gekregen. Het is aan te raden om deze inentingspapieren in je Groeiboekje te bewaren.

BELANGRIJK

Vertel het aan je huisarts of de arts op het consultatiebureau als je je zorgen maakt of onzeker bent over de inentingen voor je baby. Je kunt er dan samen met hem een beslissing over nemen. (Ga voor meer informatie over vaccineren naar hoofdstuk 18.)

Adopteren

Hoewel veel van de adviezen in dit boek gaan over het herstel van de moeder na een bevalling, betekent dat niet dat we adoptiefouders willen uitsluiten. Je hebt dezelfde rol als elke andere nieuwe ouder en hebt in het eerste jaar met dezelfde aspecten te maken.

Bij hedendaagse adopties wordt de biologische moeder van het kind soms op de hoogte gehouden van of betrokken bij het welzijn van het kind. Dat is goed voor je kind: allereerst wordt de kring van mensen die van hem houden groter (en die kan niet groot genoeg zijn) en ten tweede zal hij zich nooit hoeven afvragen waar hij vandaan komt of wat zijn eventuele medische achtergrond is.

Veel adoptiefouders maken zich zorgen over de binding met hun kind. Dit kan echter ook een uitdaging zijn voor biologische ouders. In dat eerste jaar ben je allemaal bezig met die eerste nacht doorslapen, de voeding van je kind en de ontwikkeling van zijn motorische en communicatieve vaardigheden. Een ding is zeker, als vaders en moeders zitten we allemaal in hetzelfde schuitje als het gaat om het ontdekken van en omgaan met de basisbehoeften van onze kinderen.

Vooruit kijken: baby's eerste jaar in een notendop

Je zult er versteld van staan wat je baby in één jaar allemaal weet te bereiken. Voor je ogen zie je hem veranderen van een hulpeloze slaap- en eetmachine in een zelfstandige, nieuwsgierige dreumes die loopt en praat en zelfs 'nee' tegen je zegt. In de periode tussen afhankelijk bundeltje en drukke eenjarige kun je de volgende mijlpalen verwachten bij je kind.

- Je baby doet je smelten met zijn **eerste glimlach** als hij ongeveer zes weken oud is.
- Je baby kan **'s nachts door gaan slapen** vanaf de tweede maand of nadat hij een gewicht van 4,5 tot 6 kilo heeft bereikt.
- Als hij drie maanden is begint hij **geluidjes** te maken en begint hij te experimenteren met bewegen door **om te rollen**. Tot je grote opluchting zal hij rond die tijd ook **over zijn koliek heen** zijn.
- Luister naar zijn eerste **echte lach** rond drie maanden.
- Zie hoe je baby tijdens de vierde maand gedurende korte perioden zijn **hoofd op gaat houden** en **alles in zijn mond** begint te stoppen.

- Rond vijf maanden wordt je baby een echte persoonlijkheid nu hij **verschillende emoties** laat zien, zoals blijdschap (door te lachen), boosheid (door geluid te maken als je iets van hem afpakt) en interesse (door je stem na te bootsen).
- Laat in de zesde maand kan je baby proberen zelf rechtop te gaan **zitten** en misschien zelfs **kruipen** of zich op een andere creatieve manier door de kamer bewegen.
- Tijdens de zevende maand (hoofdstuk 12) komen de communicatieve vaardigheden van je baby in een stroomversnelling als hij begint te **brabbelen**.
- Tijdens de achtste maand wordt hij op de een of andere manier **mobiel**. Hij kan beginnen met kruipen, zich aan alles optrekken of op een andere manier door de kamer bewegen.
- Als je baby ongeveer negen maanden is, kan hij zich plotseling erg gaan **hechten aan een speciaal speeltje,** een deken of een ander voorwerp waarbij hij zich zeker voelt. Hij begint dan te beseffen dat hij geen onderdeel is van jou.
- Zijn **taalbegrip** gaat met sprongen vooruit tijdens de tiende maand. Hij is dan in staat om te laten zien dat hij begrijpt wat je tegen hem zegt.
- Tijdens de elfde en twaalfde maand **verfijnt** je baby **de vaardigheden** die hij al eerder heeft laten zien, namelijk **taal** en **beweging**.

Hoofdstuk 2

De overgang naar het ouderschap versoepelen

In dit hoofdstuk

- Beslissen wat je nodig hebt voor de baby
- Weten wat je nodig hebt voor de bevalling
- Je voorbereiden op wat er gaat gebeuren als je baby geboren is
- De eerste verzorging na de geboorte
- Kiezen voor borst- of flesvoeding
- Omgaan met enkele andere situaties
- Weer thuis

Gedurende de laatste fase van de zwangerschap begint de realiteit tot je door te dringen. Je voelt de verandering in de lucht en je vraagt je misschien af of je er emotioneel en lichamelijk wel klaar voor bent. Dit hoofdstuk geeft je adviezen over hoe je je kunt voorbereiden op de komst van je baby, wat je kunt verwachten tijdens een bevalling thuis of in het ziekenhuis en hoe je de overgang van zwanger zijn naar het ouderschap makkelijker maakt.

Het inrichten van de babykamer (en de rest van je huis)

Veel aanstaande moeders krijgen tegen het einde van de zwangerschap last van de *nestfase*. Ze kunnen zich op weinig anders concentreren dan het klaarmaken van het huis voor de baby. Dat is goed, want je kunt je niet voorstellen hoeveel spullen een baby nodig heeft. We hebben het dan nog niet eens over de grote hoeveelheid spullen die hij in de eerste weken van zijn leven zal krijgen in de vorm van cadeautjes. Je huis, eens een bewaarplaats van al jouw meest geliefde spulletjes, wordt een opslagruimte van babyspullen. Over niet al te lange tijd zul je in je huis niet veel anders tegenkomen dan babykleertjes, luiers, speelgoed, flessen, spenen en andere objecten (wipstoeltje, kinderwagen en wiegje). Het zullen ook de enige dingen zijn die je nog belangrijk vindt.

Er is natuurlijk een enorm verschil tussen nuttige babyspullen en rommel. In dit deel geven we je een idee van wat je echt nodig hebt als je baby geboren is.

Als je een lijstje gaat maken van alle spullen die je nog nodig hebt, denk dan ook aan praktische spullen die je nodig hebt en niet alleen aan de mooie spullen. Het is prima om alle spullen waarover je altijd gedroomd hebt te noteren (een mooi porseleinen nachtlampje, de kleinste zijden slofjes, een zilveren rammelaar). Vergeet echter de dingen die je echt nodig hebt (flessen, slabbetjes en dekentjes) niet.

Spullen voor de komst van je baby

Als je baby eenmaal geboren is, moet je helemaal voorbereid zijn als het aankomt op spullen en kleding. (Als je in het ziekenhuis bevalt, zul je bijvoorbeeld al niet eens thuis kunnen komen zonder autostoeltje.) In onderstaande lijst vind je de voorwerpen die je nodig hebt gedurende de eerste dagen en weken.

Grote spullen

- **Autostoeltje.** Je baby heeft een goed en veilig stoeltje nodig waarin hij in elk geval het eerste jaar kan zitten. Bezuinig hier dus niet op.
- **Kinderwagen.** Zodra je er klaar voor bent, wil je je baby natuurlijk aan je buren en vrienden laten zien.
- **Ledikant.** Hierin bestaan vele varianten en prijzen; ga dus eerst goed kijken voor je iets koopt. Als je nog meer kinderen wilt, zoek dan naar een stevig bedje dat je nog een keer (en nog een keer) kunt gebruiken.
- **Commode.** Het is prettig om een speciale plek te hebben waar je je kind kunt verschonen. Zorg dat je alle spulletjes hebt die je daarbij nodig hebt, zoals een aankleedkussen.
- **Draagzak.** Er zijn verschillende soorten draagzakken; in sommige kan je baby liggen, in andere draag je je baby rechtop. In beide gevallen houd je je baby dicht tegen je aan.
- **Box.** Je kunt je kind even in de box leggen als je een fles moet klaar maken, als de telefoon gaat of als je even je handen vrij wilt hebben. Let erop dat de spijlen niet te ver uit elkaar staan en dat de box in hoogte verstelbaar is.
- **Kinderstoel.** Als je kindje kan zitten, is een kinderstoel een ideale plek voor je baby. Hij kan naar je kijken bij het koken en samen met de rest van het gezin aan tafel zitten.

- **Wieg.** Een baby moet in de beginperiode doorgaans zo vaak gevoed worden dat het praktischer is als hij in dezelfde kamer slaapt als zijn ouders. Een (reis)wieg neemt niet zoveel plaats in, is vaak draagbaar en kan dus eenvoudig worden meegenomen naar de slaapkamer.

  Er zijn ook bedjes waarvan één kant kan worden weggeklapt en die aan het bed van de ouders kunnen worden vastgezet (deze bedden worden besproken in hoofdstuk 6).

- **Babybadje of tummy tub.** Je baby zal het heerlijk vinden om in bad te gaan. Je kunt daarbij kiezen voor een badje of een tummy tub, een grote emmer waarin je een heel jonge baby kunt baden.

Kleding

- **Boxpakjes.** Dit zijn pakjes uit één stuk met lange of korte mouwen en broekspijpen en (druk)knoopjes aan de onder-, voor- of zijkant. Het grote voordeel van deze pakjes is dat je baby zich niet bloot kan woelen en dus altijd warm is. Zorg dat je er minstens acht tot tien hebt. Baby's willen zichzelf nog wel eens vies maken.

- **Rompers.** Dit is onderkleding uit één stuk met korte of zonder mouwtjes met (druk)knoopjes in het kruis. Bij warm weer kan je baby alleen in een romper naar buiten. Zorg dat je er minstens acht van hebt.

- **Wanten.** Sommige baby's krabben zichzelf voortdurend in het gezicht. Deze kleine wanten zijn bedoeld om de baby tegen zichzelf te beschermen.

- **Buitenkleding.** Een winterbaby heeft een jas of winterpak nodig, wanten en een muts.

- **Schoentjes en sokken.** Koop schoentjes, slofjes en sokken met een stevig elastiek rond de enkels. Baby's schoppen veel met hun voeten en verliezen daarbij hun schoeisel en sokken. Koop voor een pasgeboren baby schoenen of sloffen die heel soepel en zacht zijn.

Uitzet

- **Spullen rond de commode.** Zorg voor luiers, een aankleedkussen, vochtige doekjes, babyzalf, babyolie en talkpoeder. Zet een prullenbak naast de commode.

- **Spuugdoekjes en slabbetjes.** Loop niet rond met spuugvlekken op je kleren. Heb minstens vier slabbetjes en/of zes spuugdoekjes in voorraad.

- **Flessen en flesvoeding.** Je hebt vier zuigflesjes nodig (ook als je borstvoeding gaat geven), een maatkan met deksel en een flessenborstel. Je kunt een magnetronflessensterilisator gebruiken om de flessen te steriliseren. Je kunt de voeding warm maken in een flessenwarmer of de magnetron.
- **Borstpomp.** Als de borstvoeding goed op gang is gekomen, kun je melk gaan afkolven. Zo kan je partner ook eens een voeding geven.
- **Zoogkompressen.** Dit zijn kompressen die voorkomen dat je kleding doorweekt raakt van de moedermelk. Je zult dankbaar zijn voor deze uitvinding.
- **Luiertassen.** Hoewel je maar één luier tegelijk nodig hebt, zul je er soms meer dan een moeten meenemen. Deze tassen zijn er in de meest hippe stoffen en kleuren en bevatten vaak allerlei extra's, zoals een vakje voor een fles en een verschoonkleed.
- **Badartikelen.** Als je je baby wast, heb je ook babyzeep en -shampoo nodig. Bij het wassen kun je wattenschijfjes gebruiken (om de ogen schoon te maken), een stomp nagelschaartje, een kam of zachte haarborstel en een badthermometer. Zorg ook voor washandjes en zachte handdoeken of hydrofielluiers om je baby mee af te drogen.
- **Fopspenen.** Sommige baby's hebben ze echt nodig en andere vinden het maar niks. Er zijn verschillende soorten, maten en typen. Je zult moeten uitproberen welke je baby prettig vindt.
- **Beddengoed.** Je hebt minstens drie hoes- of onderlakens nodig, twee dekentjes, drie molton onderleggers of bedzeiltjes van molton, drie bovenlakens en twee slaapzakjes. Zorg voor wat extra dekentjes voor in de kinderwagen, het autostoeltje of de box.

Medicijnkastje

Duizelt het je al van alles wat je nodig hebt? Je bent nog niet klaar – ook je medicijnkastje moet worden aangevuld.

- **Thermometer.** Oorthermometers zijn gemakkelijk in het gebruik, maar ze zijn niet zo precies als digitale of kwikthermometers. Bij baby's neem je de temperatuur toch meestal rectaal.
- **Vaseline.** Dit helpt bij het nemen van de temperatuur en het beschermen van wondjes.
- **Zoutwateroplossing.** Dit is erg nuttig als je baby een verstopte neus heeft. Het is geheel veilig en helpt je baby weer goed te ademen.
- **Medicijnpipet of -injectiespuit en een lepel.** Hiermee kun je eenvoudig medicijnen afmeten en toedienen.

- **Verband, ontsmettingsmiddel, pincet, anti-jeukcrème en billenzalf.** Baby's krassen, schaven en snijden zich. Wees voorbereid.

Aanvullende artikelen

Alsof bovenstaande lijst nog niet genoeg is, zijn er ook nog enkele spullen die je niet direct hoeft te gebruiken, maar die je in de loop van het eerste jaar toch nodig hebt.

- **Kleding in alle maten.** In de loop van het eerste jaar heb je veel kleding in verschillende maten nodig. Het is misschien verleidelijk om alles nu al te kopen, maar het is verstandiger om eerst eens aan te kijken hoe je baby groeit. Het is niet ongebruikelijk dat een baby van zes maanden kleding draagt voor een baby van negen maanden.
- **Speelgoed.** Er is voor elke leeftijd educatief speelgoed, grappig speelgoed en alles daartussenin. Een zogenaamd 'activity center' is goed voor het begin. Je zet het over je baby heen in de box of op een speelkleed. De bungelende speeltjes stimuleren zijn ooghandcoördinatie.
- **Badring.** Als je baby kan zitten en je wilt hem in het grote bad zetten, is hij veilig in een badring en blijft hij mooi rechtop zitten (al mag je je baby nooit van zijn leven alleen laten in bad).
- **Voedingkussens.** Deze kussens zijn ontworpen voor tijdens de voeding. Jouw arm wordt niet zo moe als je je baby op dit kussen legt terwijl hij lekker ligt te drinken.
- **Veiligheidshekken.** Als je een erg nieuwsgierige en actieve baby hebt, kunnen deze hekjes ervoor zorgen dat hij niet naar bepaalde delen van het huis kan, zoals de gevaarlijke trap.
- **Wipstoeltje.** Een baby kan lekker op en neer wiebelen in een wipstoeltje. Een baby die nog niet kan zitten, kan wat rechter worden gezet om rond te kunnen kijken. Hij kan ook heerlijk wiebelend in slaap vallen.

Zuinig aan doen

TIP

Je zegt dat je ertegen bent om allerlei spullen te kopen voor je zeker weet dat je ze nodig hebt? Oké, dat kan. Maar zorg er in elk geval voor dat je de volgende artikelen hebt voor je baby geboren wordt.

- een veilig autostoeltje;
- luiers en spullen om je baby te verschonen (zie boven);
- kleding geschikt voor het seizoen en klimaat van dat moment;

- een veilige slaapplaats voor je baby;
- flessen en flesvoeding als je geen borstvoeding gaat geven;
- spuugdoekjes.

De kraamkamer klaarmaken

Voor je baby thuis geboren kan worden, moet er nog het een en ander gebeuren in de kamer waar je van plan bent te bevallen. Van je verloskundige zul je horen wat je precies nodig hebt en wat je moet doen.

TIP

Zes tot acht weken voor de bevalling zul je een kraampakket in huis moeten halen. Dit krijg je van je zorgverzekeraar of de thuiszorg en kun je afhalen bij je apotheek. Je vindt hierin kraammatrassen, kraamverband, watten, gaasjes, ontsmettingsmiddelen, zeep en een navelklem.

TIP

Wat je nog meer nodig hebt:

- Tijdens de bevalling en kraamzorg moet de hoogte van het bed gemeten vanaf de grond minimaal 60 cm zijn. Bedverhogers, een bedzeil en een ondersteek kun je lenen bij je kruisvereniging of thuiszorgwinkel.
- Het is handig al direct na de geboorte een aantal verzorgingsproducten voor je baby bij de hand te hebben. Denk bijvoorbeeld aan babyolie, babyzalf, een zuigfles met speen, veiligheidsspelden, luiers enzovoort.
- Het kan gebeuren dat je baby zichzelf nog niet voldoende warm kan houden. Een kruik kan dan uitkomst bieden. Dit heeft niets met de buitentemperatuur te maken. Ook een baby die 's zomers geboren wordt, kan een kruik nodig hebben. Een kruik kan ook gebruikt worden voor het opwarmen van kleertjes.
- Leg een paar warme sokken klaar voor jezelf. Na de bevalling kun je het vreselijk koud krijgen en sokken zijn dan een welkome luxe.
- Zorg voor twee pakken maandverband. Na de bevalling zul je nog een tijdje blijven vloeien. Nadat je het kraamverband uit je kraampakket hebt gebruikt, kun je overgaan op gewoon maandverband.
- Voor je baby heb je stoffen of wegwerpluiers nodig. Koop wegwerpluiers in de kleinste maat. Wil je stoffen luiers gebruiken, koop dan 24 hydroffielluiers, strikslips, veiligheidsspelden, leukopor of een luierklem.
- Zorg dat je een koffertje klaar hebt staan met toiletartikelen en een pyjama voor het geval je toch onverwacht naar het ziekenhuis moet.

Klaar voor het ziekenhuis of de kraamkliniek

Jij denkt dat je niet zoveel nodig hebt? Je gaat immers alleen maar bevallen en komt dan weer thuis. Helaas is niet te voorspellen hoe lang je bevalling en dus je verblijf in het ziekenhuis gaat duren. Je kunt dus maar beter te veel dan te weinig inpakken.

TIP

Ga niet van huis zonder de volgende spullen.

- je verzekeringsbewijs;
- een horloge om de tijd tussen je weeën te kunnen klokken;
- wat geld voor in het restaurant of om te telefoneren;
- een lijst met telefoonnummers van je familie en vrienden. Zij zullen naast de telefoon zitten om te horen of alles goed is gegaan!
- sokken en sloffen;
- een badjas voor het geval je tijdens het opvangen van de weeën door de gangen wilt lopen;
- indien van toepassing een bril en/of contactlenzen;
- zeep, shampoo, tandenborstel, tandpasta, haarborstel, deodorant, haardroger en alle andere spullen die je nodig hebt om je op te frissen;
- kraampakket. Het kraampakket dat je krijgt voor een thuisbevalling heb je ook nodig als je in het ziekenhuis bevalt;
- boeken, tijdschriften, kruiswoordpuzzels, breiwerk (voor het begin van de bevalling en eventueel ook na de bevalling);
- kleren voor jou en de baby om aan te trekken als je naar huis gaat. Neem niet de spijkerbroek mee die je droeg aan het begin van je zwangerschap; het zal nog wel een paar maanden duren voor die weer past. Kies kleding uit die prettig en los zit. Als het buiten koud is, moet je zorgen voor voldoende warme kleding voor je baby.

TIP

Koop geen mooi, nieuw nachthemd voor het ziekenhuis. Direct na de geboorte draag je kraamverband en je moet een baby gaan voeden die zich echt niets aantrekt van jouw mooie zijden pyjama. Draag een oude, lekkere nachtpon van thuis – verkies comfort boven luxe.

Misschien wil je ook onderstaande spullen meenemen.

- lolly's of zachte snoepjes tegen een droge mond (zuurtjes kunnen gevaarlijk zijn tijdens het zuchten bij de bevalling);
- tennisballen of massagevoorwerpen tegen rugpijn. Als je het prettig vindt dat je partner wat lotion gebruikt tijdens het masseren van je rug, dan moet je die ook meenemen;
- je eigen washandje. Je kunt jezelf wat afkoelen met een nat washandje – liever dan met een doekje van het ziekenhuis, toch!

TIP

Vergeet niet dat je een nieuwe persoon mee naar huis brengt. Je kunt ook een ingepakte luiertas meenemen naar het ziekenhuis, zodat je op alles voorbereid bent. Lees in hoofdstuk 3 over alles wat je in de luiertas moet stoppen.

Exprespost! Wat je kunt verwachten na de geboorte van je baby

Hier heb je negen maanden op gewacht: je baby komt eindelijk ter wereld. Niets kan je echt voorbereiden op die ervaring en je zult versteld staan over het gedoe om je heen als je baby er eenmaal is. In deze paragraaf gaan we in op wat je kunt verwachten in de ogenblikken en dagen direct na de geboorte.

Waaahhh! De baby wil terug!

Waarom huilen baby's als ze geboren worden? (Dit is geen raadseltje; er is echt een reden voor.) Allereerst is het huilen een aanwijzing dat de longen van je baby goed werken. Bedenk eens hoe jij je zou voelen als je maandenlang heerlijk rustig zou verblijven in een donkere, warme, vloeibare omgeving en dan plotseling in een nauwe, kleine tunnel werd gedwongen (of door een incisie) en terecht zou komen in een felverlichte, koude, lawaaierige ruimte met vreemde wezens om je heen die je zouden afwrijven en van de ene plek naar de andere zouden slepen. Jij zou ook huilen.

Test, test: hoe je baby wordt beoordeeld direct na de geboorte

De verloskundige of verpleegkundige komt direct na de geboorte in actie. Je zult haar horen praten over de Apgar-score, de hielprik en de afmetingen van je kind. Wat gebeurt er met je baby en wat betekent het allemaal?

De *Apgar-test* is een evaluatie van de conditie van je baby één minuut na de geboorte en vervolgens nog een keer vijf minuten na de geboorte. De score na één minuut geeft in principe aan hoe zwaar de bevalling voor je baby is geweest. De score na vijf minuten is een betere indicatie van hoe je baby zich aanpast aan het leven buiten de baarmoeder. Baby's die bij vijf minuten een score hebben van zeven tot tien punten zijn in goede conditie. Baby's die vier tot zes punten scoren, zijn er redelijk aan toe. Baby's met een score onder de vier punten doen het niet goed en moeten direct behandeld worden. Zie tabel 1.1 voor een compleet overzicht van de Apgar-test

Tabel 1.1: Apgar-scoretabel

Functie	*0 punten*	*1 punt*	*2 punten*
Hartslag	Geen hartslag waarneembaar	Langzaam (onder de 100)	Boven de 100
Ademhaling	Geen ademhaling	Langzame of onregelmatige ademhaling	Krachtig huilen
Kleur	Bleek of blauw	Blauwe ledematen, roze lichaam	Helemaal roze
Reflexen	Geen reactie op prikkels	Grimas	Krachtige schreeuw
Spierspanning	Geen of slap	Enige beweging van armen en benen	Actieve bewegingen

Verder onderzoek na de geboorte.

- **Meten.** De lengte, het gewicht en de hoofdomtrek worden direct na de geboorte gemeten. De gemiddelde lengte van een pasgeborene ligt tussen de 45 en 55 cm, het gemiddelde gewicht ligt tussen de 3000 en 4750 gram en de gemiddelde hoofdomtrek ligt tussen de 33,75 en 37 cm.
- **Vitamine K.** De baby krijgt vitamine K-druppeltjes om het bloed beter te laten stollen.
- **Oogdruppels.** Als een ernstige infectie wordt voorzien, krijgt je baby oogdruppels.
- **Hielprik.** In de eerste week na de geboorte krijgt je baby een hielprik om hem te testen op fenylketonurie (een aangeboren stofwisselingsziekte) en hypothyreoïdie (onvoldoende werking van de schildklier).
- **Bloedgroep.** Als jouw bloedgroep resus negatief is, kan het nodig zijn de resusfactor van je baby te bepalen. Jij kunt zoveel antistoffen hebben opgebouwd dat het schadelijke gevolgen kan hebben bij een volgende zwangerschap.

Het bloed in de navelstreng bevat stamcellen (cellen van het immuunsysteem die zich tot andere soorten cellen kunnen ontwikkelen). Over deze cellen is de laatste tijd veel te doen. Deze cellen kunnen worden opgeslagen voor toekomstige behandeling van bepaalde soorten kanker en genetische en immuniteitsaandoeningen. Op internet kun je veel van de discussies over stamcelgebruik terugvinden.

Geen foto's, alsjeblieft! Mama na de bevalling

Er zijn maar weinig kersverse moeders die er direct na de bevalling tiptop uitzien. En waarom zouden ze ook? Ze hebben net een uitputtende en fysiek veeleisende ervaring achter de rug met misschien wel hoogtepunten als *episiotomie* (een knip onderin de vagina om inscheuren tijdens de bevalling te voorkomen) of de opkomst of het verergeren van aambeien door het persen. Tijdens de bevalling kun je ook bloeddoorlopen ogen krijgen of gesprongen bloedvaten rond de ogen (ook dit komt door het harde persen). Je gaat soms heel hard trillen na de bevalling omdat je elke spier in je lichaam hebt gebruikt om je kind uit de baarmoeder te persen. Of je nu een natuurlijke bevalling of een keizersnede hebt gehad, je zult je moe en afgemat voelen.

Deze gevolgen van de bevalling zijn tijdelijk, maar als je erg gevoelig bent wat betreft je uiterlijk op een foto, dan kun je het fotograferen van je nieuwe gezin misschien beter een dag of twee uitstellen. Als je terugkijkt naar de foto's wil je je kunnen concentreren op je pasgeboren baby en niet afgeleid worden door je eigen vermoeide en gepijnigde uiterlijk.

Geen paniek! Baby's niet zo perfecte uiterlijk

In veel gevallen is de bevalling net zo zwaar voor de baby als voor de moeder. Sommige kinderen komen redelijk ongeschonden uit de strijd, terwijl andere wat tijd nodig hebben om de plooien uit hun gezicht te krijgen. Sommige baby's worden geboren met een punthoofd, een gekreukeld gezicht en over het algemeen een zeer verrassend (en soms zelfs teleurstellend) uiterlijk. Een baby die ter wereld is gekomen met de verlostang of een vacuümpomp kan zwellingen en blauwe plekken op zijn hoofd hebben.

Goed nieuws: in de loop van de eerste weken zal het uiterlijk van je baby bijtrekken en wordt hij of zij het mooiste wezentje dat je je maar kunt voorstellen.

Direct na de geboorte kan je baby bedekt zijn met een dikke, vette laag die *vernix caseosa* heet. Dit is een vetlaag die je baby heeft beschermd in de baarmoeder. De verloskundige kan deze laag er na de geboorte afwrijven, maar meestal laat ze het zitten tot het na twee tot drie dagen vanzelf verdwijnt.

De huid van je baby zal vlekkerig zijn en zijn handen en voeten kunnen soms blauw zien. Dit komt door een slechte bloedcirculatie en verbetert vanzelf in de loop van de eerste weken.

Veel moeders realiseren zich tot hun schrik dat hun baby er helemaal niet uitziet zoals de kinderen op televisie of in tijdschriften. Dat komt omdat die baby's meestal al aan paar maanden oud zijn en ruim de tijd hebben gehad over de minder prettige gevolgen van de bevalling heen te komen.

De band tussen moeder en kind

Een emotionele band krijgen met je kind houdt in dat zich een gevoel van intimiteit tussen jullie twee ontwikkelt. Al tijdens de zwangerschap ontwikkel je een band, maar deze wordt veel explicieter na de geboorte.

Daar lig je dan, net na de bevalling. Omdat je dit kind al negen maanden in je buik hebt gedragen, zou je moeten weten wat elk huiltje betekent, wat je baby wil als hij zijn hoofd heen en weer beweegt en lijkt te zoeken naar iets waarop hij kan zuigen. Je zou moeten weten hoe vaak hij gaat slapen en wat je van zijn persoonlijkheid kunt verwachten – toch?

Niet echt. Zelfs ouders die zich meteen thuis voelen in hun nieuwe rol hebben momenten waarop het niet helemaal goed gaat. Veel ouders voelen zich echter totaal overdonderd door alles. Je verwacht misschien dat je direct na de geboorte verandert in een Getalenteerde Ouder, maar dit is niet voor iedereen het geval. Sommige ouders leren gaandeweg hun baby kennen en voelen hun band met de dag sterker worden.

BELANGRIJK

Wees niet te hard voor jezelf als je het gevoel hebt dat je een vreemdeling op de wereld hebt gezet. Dat *is* namelijk zo. Je moet jezelf de tijd gunnen om dit mensje te leren kennen.

Je kunt een fantastische ouder zijn, zelfs als je als kind nooit belangstelling had voor poppen of nooit zo dol bent geweest op kinderen. Zelfs als je niet echt een zorgzaam type bent, zul je zien dat alles drastisch verandert als je eenmaal zelf een kind hebt. Deze verandering vindt misschien niet direct plaats, maar zal zeker komen. (Je vindt het moeilijk te geloven dat iemand zegt te zullen sterven voor zijn of haar kind? Geef jezelf een paar maanden en je zult je afvragen hoe je je ooit anders hebt kunnen voelen.)

Je hebt op dit moment misschien nog geen flauw idee hoe je voor je baby moet zorgen. De gedachte aan het moment dat de kraamverzorgster voorgoed weggaat en ze er alleen voor staan, is voor veel ouders een angstaanjagende gedachte. Vraag om hulp en schaam je er niet voor. Het consultatiebureau ziet dagelijks nieuwe ouders binnenkomen met vragen. Ze willen niets liever dan dat jij tevreden en enigszins zelfverzekerd weer naar huis gaat. Maak er zo vaak als je wilt gebruik van. Zie hoofdstuk 6 voor meer tips over het krijgen van een emotionele band met je baby.

Slaap-kindje-slaap: iedereen is moe

Als je verloskundige vindt dat alles in orde is met jou en je baby zal ze de zorg overdragen aan de kraamverzorgster, die de eerste week na de bevalling voor jou en je kindje zal zorgen. Ben je in het ziekenhuis bevallen en is alles goed, dan mag je naar huis. In geval van complicaties of een keizersnede, blijf je er nog een paar dagen. Je gaat dan naar de kraamafdeling.

Naast je bed

In de meeste ziekenhuizen kun je kiezen of je de baby naast je wilt laten slapen of in de babykamer. De baby naast je kan heerlijk zijn, maar ook een nachtmerrie. Vooral als je een lange en zware bevalling hebt gehad, wil je waarschijnlijk niets liever dan even slapen, vooral als je baby onrustig is. Als je borstvoeding geeft, zullen de verpleegkundigen toch om de paar uur aan je bed staan om baby aan te leggen – je komt dus al genoeg slaap tekort. Onthoud dat je de komende 18 jaar 24-uursdienst hebt. Er is genoeg tijd om je baby te leren kennen en je doet hem niets te kort door even tijd voor jezelf te nemen.

TIP

Als je je goed voelt en je baby doet het prima, dan is het heerlijk om je baby in een bedje naast het jouwe te zien. Je kunt direct gaan werken aan de emotionele band met je hummel. Meer informatie over deze emotionele band vind je in de paragraaf ‘De band tussen moeder en kind’, eerder in dit hoofdstuk.

Hulp van de kraamverzorgster of het ziekenhuispersoneel

Hoewel je er vanuit kunt gaan dat de meeste verpleegkundigen oprecht van baby’s houden, zijn kraamverpleegkundigen en -verzorgsters wel heel bijzonder in hun nopjes met baby’s. Zij zijn verantwoordelijk voor het in de gaten houden van jouw welzijn en ze moeten je voorzien van alle benodigde informatie over de verzorging en omgang met je baby. Verder moeten zij ook kijken of alles wel goed gaat met je kind. In het ziekenhuis zal de kraamverpleegkundige meerdere patiënten onder zijn of haar hoede hebben; de kraamhulp thuis is er alleen voor jou en je gezin.

TIP

Wat kun je nou verwachten van de mensen in de kraamkamer (of die nou in het ziekenhuis is of thuis) en – nog belangrijker – wat voor vragen mag jij hun stellen? De kraamverpleegkundige of -verzorgster is er om jou te helpen bij de verzorging van je baby en zorgt tevens voor jou (en in het geval van kraamhulp thuis, ook voor de overige gezinsleden, je huis en het binnenkomende bezoek). Waarvoor kun je bij hem of haar terecht?

- **Je hebt tijd nodig voor jezelf.** Je baby ligt naast je, maar is erg onrustig en gunt jou geen moment rust. Roep dan de hulp in van de verpleegkundige of verzorgster. Zij vindt je geen slechte moeder als je even wilt slapen. Zij neemt de baby even van je over, zodat jij even tijd hebt voor jezelf. In het ziekenhuis gaat de baby even naar de babykamer en thuis wordt de baby misschien even in de kinderkamer gelegd.
- **Je hebt assistentie nodig bij het geven van borstvoeding.** Je krijgt van de verpleegkundige of verzorgster alle benodigde informatie over borstvoeding en flesvoeding. Zij kan je helpen de baby goed aan te leggen en de voeding goed op gang te brengen.
- **Je maakt je zorgen over lichamelijk klachten.** Jouw welzijn is heel belangrijk na de bevalling. Er kunnen complicaties optreden als infecties en bloedingen. De verpleegkundige of kraamverzorgster zal je gezondheid heel goed in de gaten houden; indien nodig schakelt zij de hulp van een arts in.
- **Je hebt vragen over de verzorging van je baby.** Niemand is direct na de geboorte een ervaren ouder. Je kraamverpleegkundige of -verzorgster weet er alles van en zal al je vragen over de verzorging kunnen en willen beantwoorden.

Voordat je het ziekenhuis verlaat of je kraamverzorgster weer vertrekt, zul je specifieke aanwijzingen krijgen voor de verzorging van je baby. Je hoort hoe je je baby moet vasthouden, voeden en baden, hoe je kunt zorgen dat hij veilig is en hoe je jezelf niet gek laat maken. Luister goed en stel zoveel mogelijk vragen.

BELANGRIJK

De kraamverzorgster kan ook zorgen voor het huishouden, het eten en het binnenlaten van bezoek. Zij smeert zelfs beschuit met muisjes voor je. Spreek dit van tevoren echter goed met haar af. Als je niet wilt dat zij in je keukenkastjes kijkt en je huis poetst, zeg haar dat dan direct. Zij is er om jou te helpen, je kunt dus aangeven wat je van haar wilt.

Kraamafdelingroutines

Wat gebeurt er nou eigenlijk allemaal op de kraamafdeling? Het ziet er altijd zo rustig en vreedzaam uit (als tenminste niet alle baby's tegelijk honger hebben), maar er gebeurt in feite heel erg veel.

TECHNISCHE INFO

De baby krijgt zijn eerste lichamelijke onderzoek terwijl hij op de kraamafdeling ligt. Een kinderarts controleert de gezondheid en lichaamsfuncties van je kind zeer uitgebreid.

- **Meten (hoogte, gewicht, hoofdomtrek).** Het is normaal dat het gewicht van een baby in de eerste week afneemt. De lengte van je baby kan anders zijn dan toen hij direct na de geboorte werd gemeten, omdat baby's vaak niet stilliggen als ze worden gemeten.
- **Hart.** De arts controleert de hartslag van je kind en luistert of er afwijkingen zijn.
- **Ademhaling.** De ademhaling van een pasgeboren baby is wat onregelmatig, maar een gezonde baby heeft een ademhaling tussen de dertig en zestig.
- **Het stompje van de navelstreng.** De arts kijkt of het stompje mooi indroogt en of er geen infecties zijn.
- **Ingewanden.** De arts drukt op de buik van je baby om te voelen of alles goed is met zijn ingewanden en ze niet vergroot zijn.
- **Extremiteiten.** De arts bekijkt of alle botten wel goed in de kom zitten, vooral bij de heupen.
- **Geslachtsdelen.** Zien de geslachtsdelen er normaal uit? Zijn er aanwijzingen voor problemen of afwijkingen?
- **Reflexen.** Er zijn behoorlijk wat reflexen die de arts controleert; ze zeggen allemaal iets over het neurologische welzijn van je kind.

Besnijden of niet?

Als je baby van het mannelijke geslacht is en je (vanuit religieuze of andersoortige overwegingen) besluit hem te laten besnijden, dan zal dat in het ziekenhuis gebeuren. Doorgaans gebeurt dat niet direct na de geboorte en moet daarvoor een aparte afspraak worden gemaakt.

Sommige ouders overwegen een besnijdenis en vragen zich af of het nou echt nodig is of dat het slechts een barbaarse traditie is. Het maakt niet uit waarvoor je kiest; er zullen altijd mensen zijn die je vertellen dat je de verkeerde beslissing hebt genomen. Onthoud dat jullie de ouders zijn en dat alleen jullie mening telt.

TIP

De positieve aspecten van het besnijden van je baby.

- De kans op infecties is kleiner als de baby jong is en het zou later de kans verminderen op seksueel overdraagbare aandoeningen (soa's) en peniskanker. Deze voordelen zouden te maken hebben met het feit dat de besneden penis eenvoudiger schoon te houden is.

- Als je zoon besluit zich op latere leeftijd te laten besnijden, kan de hele procedure veel traumatischer zijn; laat je het nu doen dan zal hij zich er niets van herinneren.

De negatieve aspecten van het besnijden van je baby.

- Bij het besnijden is een kans aanwezig op complicaties, waaronder bloedingen en infecties.
- Een besnijdenis is een pijnlijke ingreep en je baby moet ervoor onder narcose.

Ongeacht je beslissing, zul je altijd eerst met een arts moeten overleggen. Je kind moet onder narcose; informeer dus goed naar de voor- en nadelen.

Waar is de melk?

Je baby moet eten. Wil je borst- of flesvoeding geven? Wat zijn van beide de voor- en nadelen? Welke van de twee is het makkelijkst? Welke van de twee is het beste voor je baby? Deze paragraaf geeft je een overzicht van de overeenkomsten en verschillen tussen borst- en flesvoeding en geeft je tips om beide goed te laten verlopen.

De keuze tussen borst of fles

Je zult tal van beslissingen nemen in de dagen voor je baby wordt geboren. Een van die vragen zal zijn of je je kleine schat borst- of flesvoeding gaat geven.

Dit is een beslissing die je neemt *voor* je baby geboren wordt, omdat hij waarschijnlijk direct na de geboorte al honger zal hebben. Als je hebt besloten borstvoeding te geven, zul je je baby zo snel mogelijk na de bevalling aanleggen om de melk op gang te brengen.

In Nederland en België is het geven van borstvoeding erg populair en het wordt vanuit diverse organisaties gestimuleerd. Als je overweegt om flesvoeding te geven omdat je gewoon geen zin hebt in dat gedoe aan je lijf, blijf dan toch ook openstaan voor borstvoeding. Probeer het gewoon een keer. Je zult misschien verbaasd staan over het gemak waarmee je baby de borst vindt en hoe weinig vervelend het eigenlijk is.

De voordelen van borstvoeding:

- Je hoeft nooit een flesje klaar te maken of op te warmen, wat vervelend kan zijn als je baby midden in de nacht wakker wordt.
- Het is gratis.
- Er is nauwelijks kans op allergische reacties.

- Onderzoeken tonen aan dat borstvoeding een permanente oppepper is voor het immuunsysteem van je baby (hij krijgt bij elke voeding een gezonde dosis antistoffen van jou).
- Baby's die borstvoeding krijgen hebben veel minder last van constipatie en gasvorming.
- Het is een prettige manier om een band te krijgen met je baby.

TIP

Nadelen van borstvoeding:

- Het kan (in het begin) pijnlijk zijn. Als je melk begint te stromen, kunnen je borsten keihard aanvoelen en je tepels kunnen in het begin behoorlijk pijnlijk zijn.
- Er is een risico op tepel- en borstontsteking (mastitis). Als je baby een gulzige eter is of je tepel niet goed pakt, dan kan er een scheurtje in je tepel ontstaan, waardoor allerlei bacteriën uit je baby's mond in jouw borst kunnen komen.
- Je bent de enige voedselbron van je baby, waardoor je erg druk en gebonden bent. De eerste paar weken drinkt je baby wel acht tot tien keer per dag.
- Je moet letten op wat je eet. Scherpe en zure voedselproducten als knoflook of tomaten kunnen je melk een vreemde geur geven, waardoor je baby misschien niet wil eten. Ook cafeïne en alcohol komen in je moedermelk terecht. Het is daarom noodzakelijk het gebruik daarvan sterk te beperken tijdens de periode dat je borstvoeding geeft.
- Je zult te maken krijgen met lekkage. Zoogkompressen en donkere kleding kunnen je enkele genante momenten besparen.

Hoewel de meeste artsen je zullen vertellen dat borstvoeding het beste is voor je baby, is het om verschillende redenen niet altijd mogelijk. Als je direct na de bevalling ziek wordt, kun je geen borstvoeding geven. Het is ook mogelijk dat je ingetrokken tepels hebt (waardoor het vreselijk moeilijk wordt voor je baby om je tepel te pakken) of simpelweg niet genoeg melk produceert. Maak je geen zorgen. Je baby kan ook via flesvoeding alle voedingsstoffen krijgen die hij nodig heeft.

TIP

Voordelen van flesvoeding:

- Je bent niet alleen verantwoordelijk voor de voeding van je kind. Je partner heeft geen excuus meer om niet ook af en toe op te staan.
- Je kunt duidelijk zien hoeveel je baby eet.
- Baby's die de fles krijgen, slapen doorgaans 's nachts veel sneller door dan baby's die de borst krijgen. (Ga voor meer informatie naar hoofdstuk 8.)

- Er zijn minder problemen met het op gang krijgen van de voeding. Er zijn maar weinig baby's die moeite hebben met flesvoeding (in tegenstelling tot baby's die borstvoeding krijgen en soms weigeren van hun moeder te drinken).

TIP

Nadelen van flesvoeding:

- Flesvoeding is duur.
- De baby krijgt geen antistoffen van de moeder.
- Het voeden vereist planning; je moet altijd zorgen voor een fles in je luiertas en een blik flesvoeding in huis.
- Je bent voortdurend flessen en spenen aan het wassen en steriliseren.

Daar komt de melk!

Of je nu hebt besloten dat je borstvoeding gaat geven of niet, rond de derde dag na de geboorte zal de melk gaan stromen. Als je borstvoeding geeft, zul je je baby aanleggen zodra hij wil eten, maar tot de moedermelk op gang komt, zal hij eerst *colostrum* krijgen. Dit is voormelk waarin antistoffen zitten die heel belangrijk zijn voor de gezondheid van je baby.

Op de dag dat de melk begint te stromen, kunnen je borsten keihard aanvoelen. Ze zitten vol met melk. Ze kunnen heel warm zijn en ze kunnen pijn doen. Ze lekken en kunnen rood zien. Als je baby gaat drinken, kun je ineenkrimpen van de pijn. Dit heet stuwing. Je vraagt je af hoe je erbij kwam om borstvoeding te gaan geven en waarom niemand je ooit verteld heeft dat dit zo pijnlijk is. Gelukkig duurt de pijn maar kort (hooguit een dag of twee).

TIP

Zorg voor enkele zakken bevroren groente in de vriezer om als kompressen op je borsten te leggen als je het gevoel hebt dat ze gaan exploderen. Probeer je baby ook zo vaak mogelijk aan te leggen (ongeveer elke twee uur) om de stuwing te verminderen.

Als je voor flesvoeding kiest, blijf je niet helemaal gespaard van stuwing. Om de pijn te verlichten die gepaard gaat met volle borsten, kun je de tips lezen in hoofdstuk 16.

Klaar voor de borstvoeding

De verloskundige, een kraamverzorgster of een verpleegkundige zal bij je zijn als je je baby voor het eerst aanlegt. Er zijn *lactatiedeskundigen* die al je vragen over borstvoeding kunnen beantwoorden. Zij zijn vaak aangesloten bij een van de grote borstvoedingsorganisaties in Nederland of België. Ook als het redelijk goed gaat met de voeding kun je bij hen terecht voor adviezen en antwoorden op je vragen.

Hoe voelt het nou echt om borstvoeding te geven?

Het is in het begin ongetwijfeld erg vreemd. Alleen al het idee dat jouw lichaam voeding produceert voor je baby is onvoorstelbaar. De eerste paar dagen kan het wat onprettig zijn – dat duurt tot je tepels gewend zijn aan het zuigen en tot jij gewend bent om je borsten elke paar uur te ontbloten. Als je er eenmaal aan gewend bent, voelt borstvoeding geven heel natuurlijk en prettig aan.

TIP

Wees niet bang om een kraamverzorgster, consultatiebureau of borstvoedingorganisatie in te schakelen als je vragen hebt over de borstvoeding. Er zijn ook diverse forums op internet waar je terecht kunt met vragen en waar je ervaringen kunt uitwisselen met andere borstvoedende moeders.

Het belangrijkste dat je moet onthouden over borstvoeding is dat hoe meer ontspannen jij bent, hoe groter de kans van slagen is. Hoewel borstvoeding voor sommige moeders en baby's niet eenvoudig is, betekent het niet dat het onmogelijk is. Soms komt borstvoeding moeilijk op gang en je moet de moed niet laten zakken als je baby niet meteen toehapt. Er is tijd genoeg om hieraan te werken en vooral jouw positieve instelling kan ervoor zorgen dat het uiteindelijk wel zal lukken.

TIP

Het goed aanleggen van je baby is een van de belangrijkste zaken om de borstvoeding vanaf het begin goed op gang te laten komen. Hieronder volgen enkele tips om het proces te vereenvoudigen.

- Leg je baby zo snel mogelijk na de bevalling aan. Hij heeft waarschijnlijk behoorlijke honger en zal extra zijn best doen om wat voeding binnen te krijgen. Enkele uren en dagen na de bevalling kan hij zo moe zijn dat hij geen zin heeft hard te werken voor zijn kostje.
- Houd je borst in je hand en wrijf je tepel zachtjes langs baby's lippen. Hij zal zijn mondje automatisch openen.
- Knijp een druppel colostrum uit je tepel en houd dat klaar voor hem.
- Als hij zijn mond opendoet, moet je hem de kans geven je tepel goed te pakken. Trek niet te snel terug en probeer zoveel mogelijk te ontspannen.
- Zorg ervoor dat hij goed door zijn neus kan ademen. Je weet dat hij melk binnenkrijgt als je zuigbewegingen ziet, slikgeluiden hoort, een rustige baby in je armen houdt (die niet hoeft te vechten om eten binnen te krijgen) en ziet dat je borst zachter wordt.

Laat hem zo lang drinken als hij wil; hij leert een nieuwe techniek die niet alle pasgeborenen even gemakkelijk onder de knie krijgen. Laat je baby na elke borst even boeren. Als hij moeite heeft één of beide borsten leeg te drinken, laat hem dan vaker boeren.

Er zijn verschillende houdingen om borstvoeding in te geven. Het meest populair zijn het op één arm (en eventueel een kussen) laten rusten van je baby of op je zij liggen op bed en je baby liggend laten drinken.

De introductie van de fles

Wat voor fles kun je het beste gebruiken? Dat hangt echt af van wat jij het prettigste vindt. Een standaardfles is gemakkelijk te vullen met voeding, maar zorgt vaak voor lucht in de fles die je baby binnenkrijgt. Dit kan leiden tot overmatig boeren, huilen en spugen. Flessen met een geknikte hals zorgen voor minder luchtbellen in de voeding.

Water voor flesvoeding hoeft niet eerst gekookt te worden. Je moet wel oppassen voor een te hoog nitraat- en fluorgehalte in het water. De flessen kunnen schoongemaakt worden met heet water en afwasmiddel of in de vaatwasser. Ze hoeven niet gesteriliseerd te worden. Spoel ze na het wassen af met koud water.

Op elke fles zit een speen. Er zijn verschillende soorten spenen te koop. Als je kind tevreden is met een bepaald soort speen, ga dan geen andere uitproberen. Als hij echter problemen lijkt te hebben met de speen of de fles begint te weigeren, zou je eens een andere kunnen gebruiken. Je zult verschillende typen moeten proberen om erachter te komen welke favoriet is bij jouw baby.

Wat voor soort flesvoeding ga je gebruiken? Je kunt je arts, kraamverzorgster of consultatiebureau om advies vragen. Wij kunnen je echter vertellen dat alle soorten eigenlijk hetzelfde zijn en dat je gewoon die moet kiezen die het makkelijkste is voor jou. Er zijn kant-en-klare voedingen die je niet hoeft te mengen met water – een soort fastfood voor je baby (maar dan een stuk gezonder dan dat wat je bij de snackbar haalt). Deze zijn echter wel heel duur. De poedervorm is de goedkoopste vorm en is te koop in verschillende hoeveelheden. Van elke vorm bestaat zuigelingenvoeding voor baby's tot vier tot zes maanden en opvolgmelk voor baby's tot achttien maanden. Verder is er nog dieetmelk voor baby's die geen gewone flesvoeding kunnen verdragen of om medische redenen geen gewone babymelk mogen hebben.

Als je je baby de fles geeft, moet je ervoor zorgen dat zijn hoofd altijd hoger ligt dan de rest van zijn lichaam. Laat hem *niet* platliggen tijdens het voeden en leg de fles ook niet bovenop een handdoek of speeltje. Door hem plat te leggen, verhoog je het risico op een oorontsteking. Verder hindert deze methode je bij het knuffelen met je baby, wat een belangrijk onderdeel is van het voeden en het creëren van een band met je baby.

Je baby zal geen rekening houden met een eetpauze tussen tien uur 's avonds en zeven uur 's morgens. Hij zal gedurende het hele etmaal willen eten, al zal hij 's nachts waarschijnlijk iets minder vaak willen dan overdag of andersom. Laat hem bepalen hoeveel hij wil eten en wanneer.

Hier volgen enkele tips voor het maken van flesvoeding.

- Zorg altijd voor een schone fles. Onthoud dat je flessen in de vaatwasser kunt schoonmaken.
- Gebruik het maatschepje uit het blik poedermelk. Volg altijd de instructies op het blik. Ga nooit aan het experimenteren door meer of minder water of voeding toe te voegen.
- Als je meerdere flessen tegelijk klaarmaakt, zet je de flessen in de koelkast. Je hoeft ze alleen maar op te warmen voor het voeden.
- Bewaar geopende blikken met vloeibare flesvoeding in de koelkast en gebruik ze binnen 48 uur. Bewaar blikken met melkpoeder op een droge, koele plaats en gebruik ze binnen een maand.
- Gooi flesvoeding weg die meer dan twee uur bij kamertemperatuur is bewaard.

Laat je baby minstens één keer tijdens het voeden boeren en één keer erna. Je komt er in de loop van de tijd wel achter of je je kind vaker een boer moet laten doen. Als hij langzamer gaat drinken terwijl er nog behoorlijk wat melk in de fles zit, is de kans groot dat hij een luchtbel in zijn buik heeft. Houd je spuugdoekje bij de hand, leg hem op je schouder, klop zachtjes op zijn rug of zet hem op je schoot en wrijf zachtjes over zijn rug terwijl je hem met je andere hand tegenhoudt. In figuur 2-1 zie je enkele houdingen om je kind te laten boeren.

Een slaperige baby voeden

Je baby is moe. Hij is zo vreselijk moe dat hij niet eens wakker wordt om te drinken. Wat doe je?

De kraamverzorgster of verpleegkundige brengt de baby bij je als het tijd is om te eten, of hij nou wakker is of niet. Zij kan je enkele nuttige trucjes laten zien om je slaapkopje te prikkelen.

- **Uitkleden.** Als je baby het lekker warm heeft in zijn pyjama en onder zijn dekentjes zal hij niet gestoord willen worden. Dit is een goed moment om zijn vieze luier en/of kleren te verschonen, omdat dit meestal voldoende activiteit is om je baby wakker te krijgen. Alle kleren behalve zijn luier uittrekken, kan net genoeg zijn om hem te laten beseffen dat hij eigenlijk best honger heeft.
- **Kietelen.** Trek je vinger over zijn voetzool en onder zijn kin. Je kunt ook rond zijn mond kriebelen om zijn zuigreflex te stimuleren. Hierdoor kun je hem waarschijnlijk lang genoeg uit dromenland halen om te eten.

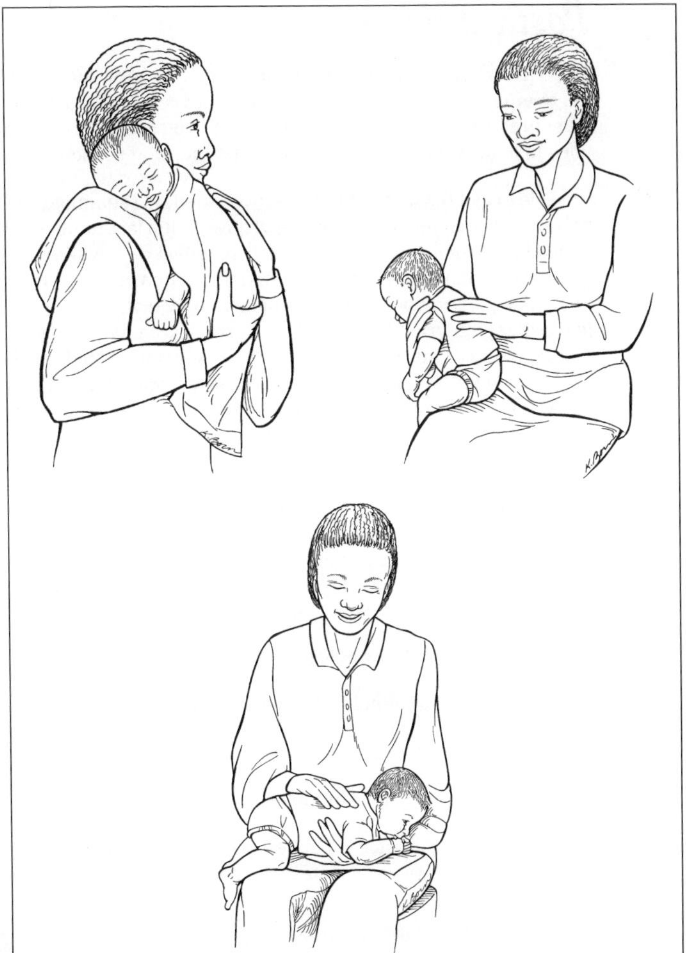

Figuur 2-1: Enkele voorbeelden van houdingen om je kind te laten boeren

Omgaan met speciale omstandigheden

Sommige ouders krijgen te maken met situaties en/of emoties waarmee ze geen rekening hadden gehouden. Je kunt nog zoveel lezen over zwangerschappen en geboortes, maar op bepaalde situaties ben je eigenlijk nooit goed genoeg voorbereid. In deze paragraaf geven we je advies over het omgaan met een postnatale depressie, een meerling en een ziek kind.

Postnatale depressie

Je verpleegkundige of kraamverzorgster zal je voor vertrek zeker vertellen over de tekenen van een postnatale depressie. Omdat je in die periode echter zo veel informatie krijgt en ook nog zo moe bent dat je amper alles in je op kunt slaan, noemen we het hier nog een keer.

Wees je ervan bewust dat veel nieuwe moeders (sommige onderzoeken wijzen zelfs een meerderheid van vrouwen uit) last hebben van de gebruikelijke *kraamtranen* in de eerste weken na de bevalling. Hieronder vallen angstaanvallen, huilbuien en drastische veranderingen in je humeur. Als je je zo voelt, moet je er gewoon over praten – met je partner, je moeder, een vriend of vriendin, je arts of kraamverzorgster. Je bent niet de enige vrouw die zich zo voelt en niemand zal het dan ook vreemd vinden. Het is een tijd van grote verandering, zowel emotioneel als fysiek (de hormonen zorgen er deels voor dat je niet helemaal jezelf bent) en dat kan leiden tot totale verwarring.

Een echte postnatale depressie heeft een meer geleidelijk verloop en kan enkele weken aanhouden. Als jij (of je partner) een of meer van onderstaande symptomen vertoont in de weken na de bevalling, dan moet je zo snel mogelijk een arts inschakelen.

- Aanhoudend huilen, soms wel dagen achter elkaar;
- De neiging je baby of jezelf iets aan te doen;
- Zware vermoeidheid of slapeloosheid;
- geen motivatie om voor je baby, jezelf of je gezin te zorgen;
- een wanhopig en/of hulpeloos gevoel.

Een postnatale depressie is echt en ook behandelbaar. Je hoeft je niet te schamen om hulp te vragen als je die nodig hebt. Probeer het dus niet zelf op te lossen.

Niet één, maar een paar: de meerling

Als je voor het eerst moeder wordt en bevalt van een meerling, heb je niets om deze ervaring mee te vergelijken en dat is eigenlijk niet verkeerd. Twee baby's tegelijkertijd nemen uiteraard meer tijd in beslag dan slechts één meisje of jongetje. Je zult echter een manier vinden om je tijd in te delen en elk kind genoeg liefde en aandacht te geven. Het zal wat langer duren, maar uiteindelijk vindt iedereen een goed schema en overleeft iedereen deze periode.

Het is echter wel prettig om te zorgen voor een reeks goede assistenten die voor je klaar staan. Je hebt twee of meer baby's om handen terwijl je ook nog probeert te herstellen van een zware bevalling – dat is niet niks. Daarbij komt dat je even moet uitproberen hoe je de logistiek het beste kunt organiseren (hoe krijg je het beste en snelste een tweeling in autostoeltjes voordat een van de twee moet eten?) Een betrouwbare achterban kan de overgang veel soepeler laten verlopen.

Als je baby speciale zorg nodig heeft

BELANGRIJK

Als je er achter komt dat je baby geboren is met bepaalde gezondheidsproblemen, breekt je hart en word je doodsbang. Gelukkig leven we in een tijd waarin om de haverklap nieuwe medicijnen en geneesmethoden worden gevonden voor uiteenlopende ziekten en waarin afwijkingen of problemen vaak sneller worden opgespoord en vroeger worden behandeld dan ooit tevoren. Dat betekent dat deze kinderen een veel grotere kans hebben op een normaal leven.

Als je baby gezondheidsproblemen of afwijkingen blijkt te hebben, dan wordt hij vaak meegenomen naar de afdeling neonatologie voor onderzoeken en behandeling. In hoofdstuk 18 lees je wat daar gebeurt en wat je kunt verwachten.

Slik! Voor het eerst met de baby

Als je je baby vasthoudt, besef je pas hoe kwetsbaar hij is. Zijn hoofdje valt alle kanten op als je hem niet goed vasthoudt en zijn vingertjes en teentjes zijn zo klein dat je bang bent om ze te breken. Vertrouwt het ziekenhuispersoneel en/of de kraamverzorgster jou echt de zorg van dit kleine wezentje toe? Moet je hem nu echt zelf gaan aankleden, baden en verschonen? Snappen zij niet dat je daar hulp bij nodig hebt?

Geen nood. Je kunt dit alles, en wel meer ook! In de komende paragrafen lees je wat je moet doen als je voor de allereerste keer met je bay op stap gaat (bijvoorbeeld van het ziekenhuis naar je eigen huis).

Baby aankleden

Als je je baby aankleedt om naar buiten te gaan, moet je kleding kiezen die past bij de weersomstandigheden. Sommige mensen zullen je adviseren je baby hetzelfde te kleden als je jezelf kleedt (dus als jij een korte broek aan hebt, moet je baby geen jas, muts en sjaal aandoen). Dat is best een goede regel, maar als jij iemand bent die het altijd warm heeft (zelfs 's winters) dan kun jij misschien niet goed inschatten of je baby het warm of koud heeft. En omdat je baby zijn lichaamstemperatuur nog niet kan regelen, moet jij ervoor zorgen dat hij niet te veel of te weinig aanheeft.

Laagjes zijn altijd een goede keuze. Je kunt voelen of je baby het te warm heeft, door in zijn nek te voelen of hij zweet. Als dat het geval is, trek je een laagje uit. Als hij koel aanvoelt, dan geef je hem een extra trui of deken.

BELANGRIJK

Als je je baby aankleedt, moet je altijd zorgen voor ondersteuning in zijn nek. Hij zal zijn hoofd pas rond de vier maanden zelf op kunnen houden.

Koop kleding met heel veel drukknoopjes. In eerste instantie lijken ze misschien irritant, maar het is een stuk prettiger als je je baby's hoofd door een wijde halsopening kunt doen (met aan weerszijden drukknoopjes) dan dat je het gevoel hebt dat je zijn hoofdje door een closetrol perst. Maak ook broekspijpjes dicht, zodat zijn teentjes niet klem komen te zitten tijdens het vele geschop.

Allemaal aan boord... in de auto

Als je het idee om baby zelf te moeten aankleden intimiderend vindt, dan maakt het vooruitzicht op de eerste autorit je vast knettergek. (Hoe is het mogelijk dat iemand denkt dat jij dat kunt? Weten ze dan niet dat je zoiets nog nooit gedaan hebt?)

Het zal heel vreemd aanvoelen als je voor het eerst alleen buiten staat met je baby. Je zult het gevoel hebben dat toch minstens iemand van het verplegende personeel of je kraamhulp met je mee zou moeten gaan om zijn of haar akkoord te geven voor deze onderneming.

BELANGRIJK

Onthoud dat je een baby nooit in de auto mag vervoeren zonder autostoeltje. Het is wettelijk verplicht om een baby in een veilig stoeltje te vervoeren – en terecht. Jouw omhelzing zal je kind niet kunnen beschermen in het geval van een ongeluk. Hij heeft te allen tijde een goede en veilige ondersteuning nodig in de auto.

Er zijn verschillende soorten autostoeltjes, die op verschillende manieren moeten worden vastgemaakt. Onderzoek wijst uit dat niet alle stoeltjes even veilig zijn en dat niet iedereen de stoeltjes correct vastmaakt. Koop het autostoeltje daarom ruim voor de geboorte van je kind en installeer het volgens de bijgeleverde aanwijzingen. Koop ook altijd een autostoeltje dat voldoet aan alle veiligheidsnormen. Het is niet verstandig een tweedehands autostoeltje te kopen waarvan je de herkomst niet kent. Als het stoeltje betrokken is geweest bij een auto-ongeluk, kan de stoel beschadigd zijn, ook als je dat aan de buitenkant niet kunt zien.

Op tijd vertrekken

TIP

Als je baby gevoed en verschoond is, is het tijd om te vertrekken. Of beter gezegd, zet je baby niet in een autostoeltje als hij tien minuten later moet eten en/of als hij een volle luier heeft. Hoewel de meeste baby's in de auto door alles heen slapen, zou jouw baby wel eens anders kunnen zijn. Zelfs de beste chauffeur raakt afgeleid door een schreeuwende baby en het is daarom van groot belang om te zorgen dat baby alles heeft wat hij nodig heeft voor je de sleutel in het contact stopt.

Thuiskomen uit het ziekenhuis

Je rijdt de oprit of parkeerplaats op en bent veilig thuisgekomen met je baby in de autostoel. Pfff! Maar nu?

Plan geen feestje met een huis vol mensen als je thuiskomt met je baby. Hoewel iedereen dolgraag naar je nieuwe aanwinst wil komen kijken, kun je toch het beste bezoekuren gaan instellen. Je kunt bijvoorbeeld afspreken dat je de eerste week geen bezoek wilt of alleen tussen tien en twee overdag. (En nee, je moeder is geen bezoek, dus als jij haar om je heen wilt om je te helpen, dan hoef je dat niet uit te leggen aan je schoonmoeder.) Je hebt net een behoorlijk zware, lichamelijke activiteit achter de rug en je moet de tijd nemen om daarvan uit te rusten, zelfs als je je best heel goed voelt.

Je hebt ook tijd nodig om te wennen aan deze nieuwe fase in je leven. Het leven draait niet langer alleen om jou en je partner en waar jullie op een bepaald moment zin in hebben, maar om je baby en zijn schema (dat nog behoorlijk onregelmatig kan zijn de komende tijd). Het zal even tijd kosten om te wennen aan de voortdurende zorg die je draagt voor dit kleine wezen. Dat is logisch. Het zal echter nog makkelijker zijn als je niet de plicht voelt om de hele wereld uit te moeten nodigen en koffie te serveren.

Hoofdstuk 3

Op reis met een baby aan boord

In dit hoofdstuk

- Weten wat je in moet pakken
- Een reisje met een baby doorstaan
- Het herdefiniëren van jouw idee van een vakantie
- Zorgen voor de veiligheid van je baby

Je weet ondertussen dat thuisblijven en voor je baby zorgen behoorlijk stressvol kan zijn. Wat dacht je van een uitstapje zonder gedegen voorbereiding? Dat is pas echte stress!

Reizen met je kind kan supergemakkelijk zijn, maar ook een zenuwslopende ervaring. Het geheim om niet gek te worden? Zie elk uitstapje als een leermoment voor het *volgende* avontuur.

Voorbereiden van de reis

Zorg ervoor dat je je huis niet verlaat voor je alles hebt ingepakt wat je mogelijk nodig hebt tijdens je uitstapje. Als je in je eigen land reist, kun je waarschijnlijk onderweg of na aankomst op je bestemming wel alles kopen wat je vergeten bent.

TIP

Checklist voor reizen met je baby:

- **Luiertas.** Deze tas zou wel eens de belangrijkste factor kunnen zijn voor het slagen van je expeditie. Schuif de inhoud van je commode in zijn totaliteit in je tas en je zit goed. Hieronder staat wat je allemaal nodig hebt.

  - **Luiers.** Onderschat dit niet. Neem voldoende reserves mee.

  - **Vochtige doekjes.** Ook dit moet je niet onderschatten. Je hebt ze nodig bij het verschonen en om onderweg handjes schoon te maken. Je kunt kleine doosjes met doekjes kopen voor op reis.

- **Zinkzalf.** Baby's billetjes kunnen rood worden van een hele dag in de auto zitten.
- **Flessen, flesvoeding, water.** Als je flesvoeding geeft of moedermelk uit de fles.
- **Spuugdoekjes.** Neem minstens twee spuugdoekjes mee. Servetjes zijn niet goed genoeg als je baby op het vliegveld in je schoot spuugt.
- **Slabbetjes.** Om baby's die de fles of vast voedsel krijgen zo schoon mogelijk te houden, zodat je op negenduizend meter hoogte geen kleding hoeft te verschonen.
- **Fopspenen, als je baby die gebruikt.** Je wilt 't liefste rust in de tent tijdens je reis en als zo'n speen daarvoor kan zorgen, neem hem dan mee.
- **Schone kleren.** Ondanks je moeite om baby schoon te houden, zou hij toch wel eens kunnen gaan ruiken. Neem ook afsluitbare zakjes mee om vieze luiers (andere mensen in het vliegtuig of de trein willen dat niet ruiken) of natte kleding in te doen.
- **Snacks, als je baby daar al oud genoeg voor is.** Houd 't eenvoudig en veilig, dus niets kleverigs of groots. Afwisseling kan helpen; neem dus verschillende kleine zakjes mee met babykoekjes, soepstengels en banaan in plaats van één zak met dezelfde snacks.
- **Speelgoed.** Neem de favoriete speeltjes van je baby mee, maar houd ook een paar nieuwe achter de hand als verrassing. Neem vooral geen speelgoed mee dat veel lawaai maakt – niet alleen jijzelf wordt daar knettergek van, maar ook alle andere passagiers.

- **Kleding die gepast is voor je bestemming.** Als je naar het huis van je ouders gaat, kun je rustig een keer de was doen, maar als je naar een hotel gaat, wil je toch graag voldoende kleding bij je hebben voor het grootste deel van je reis. Tijdens je vakantie wil je liever niet al te veel tijd in de wasserette doorbrengen.
- **Wat wasmiddel.** Voor een kleine handwas of het voorbehandelen van vlekken.
- **Kinderwagen.** De meeste buggy's kun je meenemen in het vliegtuig. Ze moeten opgeklapt onder je stoel of in de bagagevakken passen. Niet-opklapbare buggy's of andersoortige kinderwagens moeten worden ingecheckt.
- **Draagzak of rugdrager.** Als je van plan bent veel te gaan wandelen en geen zin hebt om voortdurend een kinderwagen mee te slepen, kun je het beste een draagzak of rugdrager (alleen voor oudere baby's) meenemen.

- **Weekenbedje.** Als je naar een hotel gaat, moet je van tevoren een ledikant reserveren. Ga je naar je zus, neem dan een weekend- of campingbedje mee.

- **Medicijnen.** Je bent op vakantie en de kiezen van je baby beginnen door te komen. Wil je echt op zoek naar een drogist of apotheek? Neem pijnstillers en hoestdrankjes mee die je baby al eerder heeft gebruikt. Als je baby nooit eerder medicijnen heeft gebruikt, vraag dan aan je huisarts of het consultatiebureau wat je het beste mee kunt nemen.

- **Een horloge met dezelfde tijd als thuis.** Jouw baby is niet echt geïnteresseerd in de tijd van je bestemming – hij wil gewoon eten als hij honger heeft. Een horloge met dezelfde tijd als thuis helpt jou om vast te houden aan zijn schema.

- **Je eigen autostoeltje.** Je kunt het gewoon inchecken. Autoverhuurbedrijven hebben niet altijd de meest moderne en dus veilige autostoeltjes en ze laten je er vaak flink voor betalen. Daarbij komt dat je van je eigen autostoel precies weet hoe je hem moet vastmaken en hoe je je baby er veilig in kunt vervoeren. Het is wat omslachtig om zo'n ding mee te nemen, maar je hebt er veel profijt van.

Reizen met je baby

Reizen met je baby zit vol uitdagingen en net als je denkt te weten hoe het moet, groeit en ontwikkelt je baby en verandert alles weer. En jij staat voor een nieuwe uitdaging.

Het is niet onmogelijk om een geslaagd reisje buiten de stad te plannen. Aangezien je baby binnen afzienbare tijd veel actiever zal zijn, is dit de ideale periode om je kind ergens mee naartoe te nemen voor je hem voortdurend achterna moet lopen.

Als je baby wat groter wordt, zal reizen een veel grotere uitdaging voor je worden. Als hij bijvoorbeeld moet huilen als hij één maand oud is, kun je er meestal vanuit gaan dat hij honger heeft of een schone luier wil. Als hij zich echter bewuster wordt van de wereld om hem heen, moet je hem veel meer gaan vermaken tijdens een lange reis. Als hij voorkeuren heeft voor bepaald voedsel, zorg er dan voor dat je daarvan voldoende bij je hebt om huil- en driftbuien te voorkomen. En als hij het echt niet volhoudt in het autostoeltje, zul je je gaan afvragen of je ooit nog wel op vakantie kunt voor je kind groot genoeg is om gewoon op de achterbank te zitten.

Het maakt niet wanneer of waarheen je reist, als je maar flexibel bent en geniet van deze nieuwe fase in je reisbeleving.

Ontspannen plannen

Het maakt niet uit waar je met je baby naartoe gaat – naar de andere kant van de wereld of oma's huis – zorg ervoor dat je jezelf genoeg tijd gunt. Baby's zijn onvoorspelbaar en hebben nog nooit gehoord van stiptheid. Jij als nieuwe ouder zult heel waarschijnlijk op het laatste moment nog door het huis rennen op zoek naar de favoriete knuffel van je baby die toch echt per se mee moet.

Maak lijstjes van alles wat je nodig hebt en begin op tijd met inpakken. De zorg voor een baby is arbeidsintensief en tijdrovend en je zult er snel genoeg achterkomen dat de combinatie van vermoeidheid en de intensiteit van deze nieuwe, opwindende ervaring ervoor kan zorgen dat je vergeetachtig wordt. Je zult tijdens een lange autorit ineens in de luiertas gaan rommelen op zoek naar vochtige doekjes, ervan overtuigd dat je ze erin had gedaan.

Baby houdt van zijn vaste schema en je moet er dus voor zorgen dat je baby krijgt wat hij nodig heeft op de tijdstippen dat hij dat verwacht. Pas het schema hooguit een beetje aan als jou dat beter uitkomt. Een voeding vlak voor je in de rij moet staan bij de incheckbalie op het vliegveld (ook al zou hij pas een half uur later moeten eten) zal jouw leven een stuk makkelijker maken (vooral als je een half uur *nadat* hij had moeten eten nog steeds in de rij staat). Dit soort aanpassingen vereisen planning en dat is moeilijk als je pas op het laatste moment de luchthaven in komt rennen.

Je moeder zal misschien rustig twintig minuten wachten met het eten als jij te laat komt, het vliegtuigpersoneel doet dat niet. Zij houden het vliegtuig niet voor je vast omdat jouw baby besloot zijn luier vol te poepen op het moment dat jij de deur uitstapte. Zelfs als je nog nooit in je leven ergens op tijd bent gekomen (misschien *juist* als je nog nooit ergens op tijd bent gekomen), moet je jezelf wat extra tijd gunnen als je met je baby op reis gaat en tijd belangrijk is.

Als je een lange autorit gaat maken, moet je regelmatig pauzes inlassen om je kind uit de autostoel te halen – voor voedingen, luiers verschonen en omdat je baby dat prettig vindt. Hierdoor kan een vijfurige reis veranderen in een rit van zeven uur. Het is vooral van belang om positief te blijven tijdens zo'n lange reis. Er is namelijk niets dat je eraan kunt veranderen: je kind moet immers eten, heeft elke paar uur een schone luier nodig en moet zo af en toe eens uit dat krappe stoeltje.

Probeer je reis niet te strak te plannen (door precies te bepalen waar en wanneer je gaat stoppen). Baby's zijn onvoorspelbare wezentjes. Misschien slaapt je kleine hummel van punt A tot punt B, maar hij kan ook gaan huilen lang voor jij van plan bent te gaan stoppen.

Het is verstandig dat ook elke twee uur van de reis mama opstaat of uitstapt en rondloopt. Lang stilzitten kan in de periode kort na de bevalling leiden tot bloedproppen in je benen.

Baby onderweg voeden

BELANGRIJK

Door al je bagage en checklists ben je misschien vergeten dat je ook het voedingsschema van je baby in je planning moet verwerken. Als je borstvoeding geeft, zul je wellicht minder privacy hebben dan je gewend bent. Als je baby de fles krijgt, moet je goed bedenken hoe je de flesvoeding goed houdt tijdens je reis en hoeveel voeding je moet meenemen.

Borstvoeding

Wat is er onprettiger dan een baby voeden in de vertrekhal van het vliegveld?

Als je daarop antwoordt: 'Heel veel', dan wordt dit een makkie. Als je daarop antwoordt met 'Niets', dan zou je misschien alvast eens kunnen gaan denken aan andere manieren om je baby te voeden.

In het openbaar borstvoeding geven, is ondertussen behoorlijk geaccepteerd, al zit nog steeds niet iedereen erop te wachten. Ook jij vindt het misschien niet prettig om je borst tevoorschijn te halen in het bijzijn van wildvreemde mensen. Helaas kun je tijdens een reis niet altijd rekenen op privacy.

TIP

Gebruik een deken als afscherming, een deken die zo licht is dat je baby het niet te warm zal krijgen en zo groot dat je er gemakkelijk achter kunt schuilen Je kunt je baby ook in een draagzak houden. (Het is niet toegestaan je baby in een draagzak te dragen tijdens een vlucht. In de volgende paragraaf staan tips voor het veilig vliegen met je kind.) Er is een grote kans dat niemand ziet dat jij je baby voedt.

Sommige vliegvelden hebben een speciale ruimte om baby's te voeden. Deze is vaak dicht bij de toiletten en bevat een stoel en wat stilte om je baby rustig te voeden.

BELANGRIJK

Borstvoeding geven is (letterlijk) de meeste natuurlijke zaak in de wereld en als jij je er prettig bij voelt om je baby waar en wanneer ook te voeden, dan moet je dat gewoon doen. Trek je niets aan van wat andere mensen daarvan vinden (als zij het echt vervelend vinden, laat hen dan een andere plek zoeken). Het is wettelijk toegestaan om in het openbaar borstvoeding te geven – je hoeft je dus van niemand anders iets aan te trekken. Als je naar niet-Westerse landen gaat, kun je het beste van tevoren uitzoeken of het toegestaan en geaccepteerd is dat je je kind in het openbaar voedt.

Flesvoeding

Een baby onderweg flesvoeding geven vereist wat planning. Het is het verstandigste om flessen, voeding en enkele flessen gedistilleerd water in je tas te hebben. Je weet dan zeker dat het water dat je gebruikt altijd veilig is. Als je bij familie in Nederland logeert, weet je dat het water veilig is, maar in het buitenland is dat niet altijd zeker. Niet elk land hanteert dezelfde hygiënestandaard als wij.

PAS OP!

Gebruik nooit water uit bronnen voor het maken van flesvoeding of ander eten. Hier kan een hoge concentratie nitraten inzitten die kan leiden tot de zogenaamde blauwebabyziekte. (Zie hoofdstuk 10 voor meer informatie.)

Zorg dat je voldoende flesvoeding bij je hebt in het geval van onverwachte vertragingen.

Veiligheid in het vliegtuig

PAS OP!

Direct na de geboorte met het vliegtuig naar Parijs? Overdenk dat nog maar eens goed, want de meeste vliegmaatschappijen laten geen baby's jonger dan zeven dagen aan boord en sommige artsen adviseren zelfs te wachten met vliegen tot je baby twee tot drie maanden oud is. Luchthavens schijnen een paradijs te zijn voor gerecyclede bacteriën. Een pasgeboren baby is bijzonder vatbaar voor verkoudheden (omdat zijn immuunsysteem nog niet volledig ontwikkeld is). Hij heeft daarbij ook de neiging veel zieker te worden dan een oudere baby, en dat is wel het laatste waarop je zit te wachten tijdens een vakantie.

PAS OP!

Kinderen onder de twee jaar vliegen gratis, maar krijgen dan geen eigen stoel. Ze moeten bij een van de ouders op schoot zitten. Dit kan gevaarlijk zijn bij zware turbulentie of een ongeval. De nek van een jonge baby moet bovendien voortdurend worden ondersteund. En in het geval dat de luchtdruk wegvalt in de cabine komt er ook slechts één zuurstofmasker naar beneden per stoel (moeten we nog meer zeggen?). Je kunt de baby ook in je eigen autostoeltje laten vliegen, zolang deze kan worden vastgemaakt aan de vliegtuigstoel. Je moet dan wel betalen voor de stoel. Voor baby's tot zes maanden (maximaal 65 cm en 9 kg) kun je een wiegje reserveren. Deze wiegjes zijn echter niet op alle vluchten beschikbaar.

Betaal extra en zorg voor een stoel voor je baby, alleen al voor je eigen rust tijdens de vlucht. Luchtvaartmaatschappijen bieden vaak een korting aan voor stoelen voor kinderen onder de twee jaar. Zij werken zo mee aan de veiligheid van je kind – doe jij dat ook!

Je vraagt je misschien af of het veilig is je baby tijdens de vlucht in een draagzak te dragen. Op die manier is hij hoe dan ook dicht bij je en hoeven je armen hem niet te beschermen in geval van een noodsituatie. Toch adviseren wij je dit niet te doen. Veel luchtvaartmaatschappijen zullen deze manier van vervoeren niet accepteren in het vliegtuig en op deze manier is de nek van je kind nog steeds niet beschermd. Een draagzak biedt nu eenmaal niet dezelfde bescherming als een autostoeltje. Waarom zou je het risico nemen?

Autostoelperikelen

De rug kromt zich. Het huilen begint. Het gezicht en de nek van je baby worden rood door het geschreeuw. De autostoeloorlog is begonnen.

PAS OP!

Het maakt niet uit hoe lang de autorit duurt, je mag nooit toegeven aan de neiging om je baby uit zijn autostoeltje te halen in een rijdende auto of gedurende langere periodes tijdens een vlucht. Hij is echt het veiligst in zijn stoeltje, ook al kan hij het zelf niet echt waarderen. Een ongeluk zit in een klein hoekje en meestal zonder aankondiging. Het is waarschijnlijk je bedoeling hem te troosten en stil te krijgen als je hem uit het stoeltje haalt, maar hij wordt dan wel blootgesteld aan de gevaren van het verkeer.

Het geschreeuw van je baby moeten aanhoren is echter een gevaar op zich als jij zelf aan het rijden bent. Je kunt er ook van uitgaan dat je medepassagiers in het vliegtuig het geschreeuw van je baby niet echt zullen waarderen.

TIP

Ga eerst de volgende dingen na:

- Zou hij honger hebben?
- Heeft hij een vieze luier?
- Is het tijd voor een dutje?
- Heeft hij het te warm?
- Prikt of schaaft iets hem? (Een label in zijn T-shirt kan het arme kind helemaal overstuur maken.)

Als je baby zich echter gewoon ellendig voelt omdat hij nu eenmaal vastzit in dat stoeltje en als hij nog lang geen slaapje hoeft te doen, dan is aan jou de taak om hem af te leiden en te troosten. Dit is nou de reden dat je je luiertas tot aan de rand toe gevuld hebt met van alles en nog wat. Kom maar op met de hapjes en cadeautjes (niet te snel, anders raakt hij overstuur van alle nieuwe dingen die op hem afkomen). Een favoriete knuffel of een speeltje kunnen hem misschien een paar minuten afleiden. Een lekker hapje zou hem wel eens heel gelukkig kunnen stemmen. Lees zijn favoriete boekje voor, speel wat vingerspelletjes of zing liedjes voor hem. Je baby kan ook last hebben van zijn oortjes door het stijgen of landen; een speen of fles kan dan een uitkomst zijn.

Zelfs als het wel tijd is voor een dutje moet je er niet van uitgaan dat je reizende baby zomaar in slaap zal vallen. Hij bevindt zich tenslotte niet in zijn eigen bedje, maar ligt wel temidden van allerlei onbekende prikkels die ervoor kunnen zorgen dat je baby de slaap niet kan vatten. Als je baby klaarwakker lijkt op het moment dat hij eigenlijk zou moeten gaan slapen, kun je hem over zijn hoofdje aaien. Ook een speen kan wonderen doen. Als je op een vliegveld zit te wachten, kun je hem vasthouden, over zijn rug wrijven en hem heen en weer wiegen. Zelfs als hij niet in slaap valt, zal hij in elk geval een tijdje rustig zijn en dat is beter dan niets.

Blijf rustig. Zelfs als je stoppen op doorslaan staan omdat je baby de oren van je hoofd schreeuwt, is het belangrijk om kalm te blijven. Haal diep adem, tel tot tien, concentreer je op iets heel anders, maar word niet boos. Je baby is nog te klein om dat te begrijpen en hij huilt niet om jou te plagen. Hij wil gewoon uit dat stoeltje en wel *direct*. Als je je stem tegen hem verheft, maak je de situatie waarschijnlijk alleen maar erger. De twee grootste uitdagingen voor ouders zijn geduld hebben en begrip opbrengen op momenten dat dat het moeilijkste is. Zie dit als een gelegenheid om deze vaardigheden te oefenen. (Nee, *echt*.)

Vakantie? Welke vakantie?

Besef tijdens het voorbereiden van je vakantie goed dat je manier van reizen voorgoed veranderd zijn. De dagen dat je tot tien uur kon uitslapen, van 's morgens tot 's avonds op het strand kon liggen en de nachten kon doorbrengen met dansen en drinken zijn voorbij. Vakanties met baby's en jonge kinderen zijn zoiets als je dagelijkse leven verplaatsen naar een leukere locatie. Je kind bepaalt de dag tot hij groot genoeg is om te beseffen dat hij niet het middelpunt van de wereld is (zo ongeveer op zijn twintigste).

Schema's, vermoeidheid en luiers verschonen zijn nu een vast onderdeel van je vakantie geworden. Je zult waarschijnlijk niet in de beste restaurants van de stad eten en je baby meenemen naar flitsende theatervoorstellingen. In plaats daarvan zul je in restaurants eten waar je snel weer weg kunt (je baby heeft niet zo veel geduld) en de plaatselijke dierentuin bezoeken.

Misschien kun je een paar dingen die jou interesseren in je reis integreren, maar bepaalde soorten vakantie behoren voorlopig niet tot jouw mogelijkheden. Als je bijvoorbeeld graag gaat wandelen in de bergen, kun je je baby gedurende korte wandelingen wel meenemen in een rugdrager, maar als je graag de hele dag musea bezoekt, zul je minder geluk hebben met je baby. Zijn voedings- en slaapschema's bepalen jouw dag. Als hij gewend is aan een middagslaapje van twee uur en elke avond om zeven uur naar bed gaat, zul jij je dag zo moeten indelen dat je dat schema kunt aanhouden. Dat geldt ook voor maaltijden. En als je een kind hebt dat niet graag in een kinderwagen of buggy zit, dan kun je een dagje rondwandelen in de stad ook wel vergeten.

Kies een bestemming die geschikt is voor je baby. Als hij van lopen houdt, logeer dan vlakbij een park. Als hij graag in de kinderwagen zit en om zich heen kijkt, neem hem dan mee naar een stad. Verwacht niet van je baby dat hij zich kan aanpassen aan jouw verwachtingen van een vakantie. Jij zult je moeten aanpassen aan hem.

Over het algemeen geldt dat je je baby het gemakkelijkst ergens mee naartoe kunt nemen waar je de thuissituatie kunt nabootsen. Om die reden is een appartement of vakantiehuisje een goede optie. Je kunt je

Herschrijf je grootse vakantieplannen

Een vakantie met kleine kinderen lijkt soms meer werk dan de moeite waard is, vooral als je gewend bent om met niemand rekening te hoeven houden tijdens je vakantie. Door jezelf aan te passen, maak je het reizen met een baby een stuk prettiger. Toen James Gaylords dochter Abby een baby was, gingen hij en zijn vrouw met haar kamperen. Abby's koliek besloot mee te gaan. Maar in plaats van om te keren en naar huis te gaan, maakten de Gaylords een hangmat om de kleine meid in te schommelen en kalmeren (en daarmee ook de andere kampeerders). Het gezin had een geslaagde eerste vakantie in de natuur en de herinneringen aan die reis zijn dan ook zeer waardevol gebleven. Het is moeilijk om je voor te stellen dat je al dat werk aankunt en ook nog van de reis kunt genieten tot je zelf in die situatie zit. Het is een heel nieuwe ervaring, maar de voordelen overtreffen de nadelen. Elke keer dat je je kind meeneemt op reis, ervaart hij nieuwe situaties – en jij ook. Je kind leert iets over zijn nieuwe omgeving, terwijl jij iets leert over hem en jezelf (en waartoe jij in staat bent) én je gezinsleven.

baby op tijd in bed leggen, in een eigen kamer, zonder dat je de rest van de avond op je tenen hoeft te lopen.

Reizen met je baby is, ondanks al het werk en alle zorgen, zeker de moeite waard. Elke vakantie is een voorbereiding op de volgende en een extra moment om je kind beter te leren kennen.

Een baby die de fles krijgt, kan een paar dagen bij een betrouwbare verzorger worden achtergelaten als mama (en/of papa) behoefte heeft aan wat tijd voor zichzelf. Moeders die de borst geven, zijn wellicht de hele vakantie zonder baby bezig met het kolven van moedermelk. Ongeacht de situatie zul je er echter achterkomen dat je een groot deel van je onbekommerde tijd bezig bent met denken aan je baby.

De veiligheid van je baby als je van huis bent

Als je je vakantie realistisch tegemoet wilt treden, zul je van tevoren aan alle dingen moeten denken die eventueel zouden kunnen gebeuren. Zal hij goed slapen? Zou hij ziek kunnen worden? Wie blijft bij hem in het huisje of hotel als hij slaapt en wie krijgt dan even pauze? Probeer zoveel mogelijk details van tevoren te bespreken en denk daarbij ook aan een eventueel rampenplan (en wat je daarvoor mee moet nemen). Je zult zien dat je veel minder gespannen op de plaats van bestemming zult aankomen.

Hier volgen enkele tips om je baby te beschermen tijdens je vakantie.

- **Controleer de plaats van bestemming direct op mogelijke gevaren voor je baby en probeer ze te verhelpen.** Neem stopcontactbeveiligers mee en knoop gordijnkoorden hoog op zodat je baby er niet bij kan.
- **Neem zonnecrème met een hoge beschermingsfactor mee.** Smeer je baby vaak en royaal in. Baby's onder de zes maanden moet je helemaal uit de zon houden.
- **Let op de golven.** Zelfs op een relatief rustige dag kan een onverwachte golf je baby omgooien en mee het water in sleuren. Houd je baby uit de zee. Als de zee wat ruw is, moet je ook niet met je baby in de armen in de zee gaan staan. Als een golf jou omgooit, zul je je baby niet vast kunnen houden. Blijf liever bij het zwembad en zorg voor voortdurend lichamelijk contact met je baby.
- **Laat je baby nooit alleen achter.** Laat hem geen seconde alleen achter in de auto, op het vliegveld of in een hotelkamer. Een oververhitte auto kan dodelijk zijn voor een jong kind en hoewel het niet vaak gebeurt, kan een kind ook ontvoerd worden.
- **Zoek uit waar het dichtstbijzijnde ziekenhuis of de eerste hulp is.** In het geval van ziekte of verwonding wil je geen tijd verliezen met het zoeken naar hulp voor je baby.

Hoofdstuk 4

Weer aan het werk?

In dit hoofdstuk

- De juiste beslissing voor jou
- De beste kinderopvang

Toen je zwanger was, dacht je waarschijnlijk dat je na de geboorte van je baby zonder problemen weer aan het werk zou kunnen. Je bent tenslotte veel meer bekend met de omstandigheden op je werk dan die op de babykamer. Weer gaan werken zal dus echt geen problemen geven.

Het enige probleem is wel dat je iemand moet vinden die geschikt en betrouwbaar is en die even goed voor je kind zal zorgen als jijzelf. En je moet je baby achterlaten. Toch iets minder probleemloos dan je dacht, hè?

De zoektocht naar goede kinderopvang is niet eenvoudig, maar na dit hoofdstuk hopen we dat je iets minder het gevoel hebt dat je een gok neemt, maar meer een weloverwogen beslissing.

De grote beslissing nemen

BELANGRIJK

Elke moeder is een werkende moeder. Sommige moeders worden echter geconfronteerd met de beslissing of zij buitenshuis willen werken. Die beslissing moet meestal drie maanden na de geboorte van je baby genomen worden, omdat je zwangerschapsverlof er dan op zit. Sommige vrouwen nemen nog ouderschapsverlof of hebben vakantiedagen opgespaard en kunnen de beslissing nog wat langer uitstellen.

Besef goed dat elke situatie zowel voor- als nadelen heeft. Moeders die buitenshuis op een kantoor werken, lijden vaak onder het schuldgevoel dat ze niet bij hun baby kunnen zijn, en moeders die altijd thuis zijn, hebben soms het gevoel dat ze niet worden geaccepteerd door hun omgeving (of hun familie).

TIP

Terugkeren naar het werk hoeft geen situatie van alles of niets te zijn. Misschien is het voor jou prettig om eerst eens parttime te werken of ouderschapsverlof op te nemen. Misschien is het wel mogelijk om een half jaar of jaar onbetaald verlof op te nemen. Je zou ook je huidige baan kunnen opgeven omdat je weet dat je zo weer iets anders vindt als je er klaar voor bent. Wees creatief in je overwegingen en volg niet blindelings het pad dat ook je vriendinnen hebben gevolgd. Bedenk goed met welke situatie jij het meest tevreden zou zijn – als ouder *en* als mens – door jezelf af te vragen waaraan jij behoefte hebt. Moet jij elke dag thuis zijn bij je baby om voldoening te krijgen of heb je een volwassen, arbeidsgerichte omgeving nodig? Gelukkige ouders hebben gelukkige kinderen. Zo simpel is het echt.

Elke moeder komt uiteindelijk tot de conclusie dat ze zichzelf vervloekt als ze het doet en ook als ze het niet doet – werken bedoelen we dan. Baseer deze grote beslissing op wat jij en je partner het beste vinden voor jullie gezin en negeer de mening van anderen, want er zullen altijd mensen zijn die vinden dat je de verkeerde beslissing neemt. Negeer dus je schoonfamilie, luister niet naar je collega's (die je koste wat kost terug willen), kijk niet naar televisieprogramma's waarin je werkende moeders ziet die zonder problemen ook het huishouden nog doen of thuisblijvende moeders die doodongelukkig zijn. Bepaal wat het beste zal zijn voor *jou*.

Overweeg de voor- en nadelen van buitenshuis werken

Wat zijn de gevolgen voor je pasgeboren baby als jij buitenshuis gaat werken? Om eerlijk te zijn, bar weinig, als je een goede oppas vindt die voor hem kan zorgen. Je baby past zich gemakkelijk aan en is veel te jong om last te hebben van verlatingsangst (iets wat pas begint tegen het einde van het eerste jaar). Om een goede beslissing te kunnen nemen, is het verstandig om te bedenken wat de gevolgen zullen zijn voor *jou*.

TIP

Overweeg onderstaande aspecten.

- **Werkdruk.** Hoeveel zal er van je worden verwacht? Hoeveel uur per week ga je weer werken? Hoe vaak moet je ook 's avonds nog werken?
- **Je baby en al zijn behoeften.** Ben je bereid een drukke werkdag achter je te laten en terug te keren naar je andere baan (voeden, verschonen en in bad doen)? Zelf je baby voeden als je werkt, is zeker wel mogelijk, maar vereist een behoorlijk goede planning. We komen daarop later in dit hoofdstuk terug.
- **Voeden en aankleden van je gezin.** Hoe ga je om met het avondeten en de was – de twee altijd aanwezige (en oneindige) taken van werkende moeders overal ter wereld? Is je partner bereid om je te helpen?

- **Kosten.** Is het financieel de moeite waard om terug te keren naar je werk? Hoewel sommige moeders weer gaan werken uit een persoonlijke behoefte, gaan andere alleen maar terug voor het geld. Zij komen er vaak echter achter dat ze meer uitgeven dan verdienen als ze weer gaan werken. Hierover staat meer in de paragraaf 'Het bekostigen van de kosten'.

Sommige vrouwen kunnen echt weer zonder problemen aan het werk gaan. Vanaf het begin loopt alles soepel. Voor andere vrouwen is de terugkeer een stuk moeilijker dan ze zich hadden voorgesteld. Je mate van georganiseerdheid en je tolerantie voor zaken die niet helemaal gaan zoals je zou willen (in elk geval zo af en toe), zullen gevolgen hebben voor de manier waarop je kijkt naar jouw leven als werkende moeder.

Het bekostigen van de kosten

Als je je in de luxe positie bevindt dat je het financieel kunt redden zonder te werken en als je dan ook helemaal geen behoefte hebt om terug te keren naar je voormalige werkgever, is de keuze snel gemaakt. Als je echter twijfelt over je terugkeer en daarbij ook niet helemaal zeker bent over de financiële situatie, dan is het verstandig de verborgen kosten van buitenshuis werken op te tellen om er zeker van te zijn dat je werk je geen geld kost in plaats van oplevert.

- **Kleding.** Hoeveel geld geef je maandelijks uit aan panty's, schoenen en nieuwe outfits voor je werk?
- **Eten.** Neem je een broodtrommel mee of ga je regelmatig met je collega's lunchen in de stad? Koop je elke ochtend voor je de trein in stapt een beker koffie en een croissantje op het station?
- **Forenzen.** Tel ook alle kosten van het op en neer rijden bij elkaar op. In sommige gevallen is alleen al het *hebben* van een tweede auto een extra kostenpost gerelateerd aan je baan (al willen veel thuisblijvende moeders ook graag een auto tot hun beschikking hebben).
- **Kosten van de kinderopvang.** De kosten van een oppas, kinderdagverblijf of au pair zijn niet mis.
- **Afhaalchinees.** Laat je aan het einde van een werkdag pizza's of Chinees komen omdat je behoefte hebt aan meer tijd met je baby?

BELANGRIJK

Als je deze cijfers gaat optellen, moet je wel eerlijk zijn. Schrijf niet op dat je maandelijks vijftig euro uitgeeft aan lunches als je in werkelijkheid elke dag zes euro uitgeeft aan een clubsandwich of uitsmijter. Sommige van deze kosten zijn totaal overbodig en andere zullen in elk geval hoger zijn dan wanneer je thuis zou blijven. Je *moet* immers eten en dat betekent dat je de lunchkosten nooit helemaal tot nul kunt reduceren. Onthoud echter dat je die clubsandwich of uitsmijter thuis voor een fractie van de kosten kunt maken.

Als je nu alles bij elkaar optelt en aan het einde van de maand geld overhoudt, dan zit je goed – vooral als je zelf ook terug *wilt* naar je werk. Jouw inkomen kan je leven een stuk makkelijker maken: je kunt een schoonmaakster inhuren of op weg naar huis een kant-en-klaarmaaltijd kopen, zodat jij meer ontspannen bent en ook nog meer tijd hebt voor je baby.

TIP

Je hebt echter een probleem als je inkomen essentieel is voor het welzijn van je gezin, maar jij *niet* terug wilt naar je werk. Voor je een impulsieve beslissing neemt en je ontslag indient, moet je eerst eens met je partner om de tafel om jullie financiële situatie door te spreken. Veel gezinnen komen erachter dat ze best kunnen bezuinigen en van slechts één salaris kunnen leven (zelfs van een vrij minimaal salaris). Het is niet eenvoudig, vooral niet als je eraan gewend bent om te kunnen kopen wat je maar wilt, wanneer je maar wilt, maar in veel gevallen behoort het wel tot de mogelijkheden. Lees *Zuinig leven voor Dummies* van Deborah Taylor-Hough voor tips om met minder geld rond te kunnen komen.

Het schuldgevoel van de werkende moeder

Sommige moeders moeten weer gaan werken om de eindjes aan elkaar te kunnen knopen of omdat ze nu eenmaal de kostwinner zijn van het gezin. Maar wat als je niet terug hoeft naar je werk, maar weet dat je doodongelukkig zou worden van altijd maar thuiszitten? Wat zal je omgeving daarvan denken? *Kan jou dat wat schelen?*

BELANGRIJK

Het is *niet* verkeerd om toe te geven dat je graag werkt. Elke baby heeft immers een gelukkige moeder nodig.

Er is niets mis met de behoefte aan contact met volwassenen of het verlangen naar de voldoening die jouw baan je geeft. Thuisblijven met een baby is niet de droom van elke moeder. Zolang je iemand kunt vinden die voor je kind zorgt terwijl jij aan het werken bent, is er niets aan de hand. *Echt niet.*

BELANGRIJK

Er zijn ook gezinnen waarvan de vader (deels) thuisblijft. Een betere oppas kun je je niet wensen terwijl mama genoeg geld verdient en ook nog eens tevreden thuiskomt. Vergeet deze optie vooral niet! Er zijn meer vaders thuis bij hun kinderen dan je denkt. Het is *stoer* om voor je kinderen te zorgen.

Borstvoeding als je werkt

Als je weer gaat werken, betekent dat niet dat je geen borstvoeding meer kunt geven. Je moet wel leren om op de meest efficiënte manier melk af te kolven, zodat je niet elke vrije minuut thuis bezig bent met het vullen van flessen voor de volgende dag.

Je kunt met de hand kolven, maar dat kan een kliederboel worden en neemt heel veel tijd in beslag. Een kolfapparaat is een uitstekende optie voor werkende moeders. Je zult wel moeten bekijken of je het liefste een elektrische of een handmatige pomp hebt. Er zijn ook kolfapparaten waarbij je beide borsten tegelijk kunt kolven. Je voelt je dan misschien net een koe die gemolken wordt, maar het scheelt je zeeën van tijd!

Er is niet echt een algemene richtlijn te geven voor wat de beste pomp is. Elke vrouw heeft een ander lichaam en dat betekent dat het apparaat dat ideaal was voor je zus, jou kan achterlaten met halfvolle en pijnlijke borsten en slechts een paar milliliter in de fles.

Laat je werkgever en collega's weten wat je plannen zijn wat betreft de voeding van je baby. Je zult op je werk moeten kolven om de melkstroom op gang te houden en daarvoor heb je een stille, afgezonderde ruimte nodig (die je baas je ook verplicht moet aanbieden). Je moet ook toegang hebben tot een koelkast om de melk in te bewaren tot je weer naar huis gaat.

Thuis werken

Het is een groeiende trend onder moeders om van huis uit te werken. Daar zijn dan ook goede redenen voor.

- Je hoeft niet op en neer te reizen.
- Je hebt geen kledingkosten.
- Je kunt je eigen werktijden bepalen.
- Je kunt je baby onder werktijd voeden.
- Je hebt alles in één: je werkt aan je carrière en hoeft toch geen minuut van je baby te missen.

Vanuit huis werken is echter niet alleen rozengeur en maneschijn. Er zitten ook nadelen aan.

- **Eenzaamheid.** Het grootste probleem waarmee vanuit huis werkende moeders te maken krijgen, is het gevoel afgesloten te zijn van de buitenwereld. Je zult moeten accepteren dat je niet met collega's kunt lunchen en dat je je ideeën niet met collega's kunt bespreken.
- **Motivatie.** Je moet echt in staat zijn alleen te werken en genoeg discipline hebben om projecten uit te voeren zonder een baas die je een duwtje in de rug geeft. De enige baas die je hebt, ligt nog in zijn luiers.
- **Te veel ballen in de lucht.** Je kunt het gevoel hebben dat je tegelijkertijd moet werken, zorgen voor je kind en zorgen voor het huishouden. En jij dacht dat je oude baan druk was…

Het is vreselijk belangrijk om realistisch te zijn als je werkt terwijl je een baby hebt. Hoewel je je carrière om hem heen plant, blijft hij in het middelpunt staan. Als hij nog maar heel klein is, zal hij geen enkele behoefte ophouden omdat jij even iets af moet maken. Als hij honger heeft, zul jij moeten zorgen dat er eten is. Als hij moet slapen, kun jij niet snel even naar het postkantoor om een brief voor sluitingstijd te posten (tenzij je hem laat slapen in de kinderwagen).

Het is erg verstandig voor moeders die vanuit huis werken om iemand stand-by te hebben in het geval van aan werk gerelateerde noodgevallen (je moet *onmiddellijk* bij je baas komen, bijvoorbeeld). Als je die luxe niet hebt, probeer dan elke dag te nemen zoals hij komt en leer van elke nieuwe ervaring (zowel positieve als negatieve).

Fulltime moeder worden

Het is een enorme beslissing om fulltime thuis te blijven bij je kind, vooral als je voor de bevalling gewend was veertig uur in de week te werken. Je verliest je inkomen, je vakantiegeld en je dertiende maand en – wat voor de meeste vrouwen nog veel belangrijker is – je status als carrièrevrouw. De transformatie naar het fulltime-moederschap resulteert in een totaal nieuwe benadering van anderen en jezelf.

Thuisblijven is een luxe die veel moeders zich zouden willen kunnen permitteren. Toch kun je beschuldigd worden van luiheid of het onder druk zetten van je partner door van hem de kostwinner te maken. Laat het je ene oor in en het andere weer uitgaan en onthoud dat je de beste beslissing hebt genomen voor jezelf en je gezin.

Een groot probleem waarmee thuisblijvende moeders te maken krijgen, is de verdeling van huishoudelijke taken. Mag een thuisblijvende moeder van haar partner verwachten dat hij helpt met de verzorging van de baby of het huishouden als hij 's avonds thuiskomt? Het antwoord is ja! Verwacht niet dat hij de was doet, strijkt *en* de vloer dweilt, maar hij moet in staat zijn jou even te ontlasten van de baby. Jij hebt immers ook de hele dag gewerkt!

Bepaal wat jouw verwachtingen zijn als het aankomt op de taakverdeling en *praat* erover met je partner. Dit is ook voor hem nieuw. Hij weet misschien niet eens dat je behoefte hebt aan hulp aan het einde van de dag. Daarbij komt dat wanneer hij geen ervaring heeft met pasgeboren baby's, hij waarschijnlijk denkt dat jij de hele dag een beetje aan het luieren bent of kletst aan de telefoon terwijl jullie baby heerlijk ligt te slapen. Geef hem de kans ook eens een tijdje alleen te zijn met jullie kind, zodat hij weet dat het een behoorlijke klus is om dag in, dag uit voor hem te zorgen.

Het belangrijkste is dat je de minder belangrijke en minder urgente dingen moet laten voor wat ze zijn. Je huis kan misschien een goede schoonmaakbeurt gebruiken, maar op dit moment is het belangrijker dat je gezin zijn draai vindt in dit nieuwe leven.

TIP

Je werk inplannen

Van huis uit werken terwijl je ook voor je baby moet zorgen, brengt allerlei uitdagingen. Een van de belangrijkste is hoe je daadwerkelijk toekomt aan al die duizenden dingen die op je liggen te wachten. Een schema waaraan je je kunt vastklampen, kan je helpen de dag door te komen. Begin de dag met boodschappen doen. Plan speeltijd in tijdens je lunchpauze. Plan telefoontjes in de tijd dat je baby ligt te slapen. Besef echter wel dat je dag niet altijd helemaal zo zal gaan, zoals je hebt gepland (bijvoorbeeld als je baby ziek is en je midden op de dag ineens naar de dokter moet) en gun jezelf dan ook wat ruimte. Bewaar de omvangrijkere projecten voor wanneer papa thuis is en zich bezig kan houden met de baby. Jij kunt je dan een paar uur achter elkaar op je werk concentreren.

Kinderopvang vinden

Of je nu overweegt om je baby in een kinderdagverblijf onder te brengen, een gastoudergezin in te schakelen of een oppas of au pair in huis te halen, je zult wat werk moeten verzetten. Elke keuze vereist een behoorlijke dosis voorbereidend werk om ervoor te zorgen dat je baby ook echt in de beste handen is.

TIP

Wat moet je doen om je zoektocht eenvoudiger te maken?

- **Ken je prioriteiten.** Ben je op zoek naar een kinderdagverblijf op loopafstand van je huis of juist naast de deur van je werk? Zijn de kosten een belangrijk argument of doet geld er niet toe? Wil je dat je kind zich in een groep bevindt of juist niet? Door je keuzes in te perken, maak je de zoektocht een stuk makkelijker.
- **Doe onderzoek.** Vraag andere ouders naar hun ervaringen voordat je zelf op onderzoek uitgaat. Zij zullen je graag vertellen over het kinderdagverblijf waarover zij tevreden waren en ook over kinderopvang waarover zij minder te spreken waren.
- **Interview je kandidaten.** Organiseer persoonlijke afspraken met mogelijke oppassen of au pairs. Wees niet bang om moeilijke vragen te stellen.

Het maakt niet uit welke keuze je maakt – een kinderdagverblijf of een au pair – als je maar voldoende tijd neemt om onderzoek te doen en een gefundeerde keuze te maken. Begin indien mogelijk al tijdens je zwangerschap met het onderzoek, zodat je niet in tijdnood komt (en nog een week zwangerschapsverlof hebt zonder een opvangregeling voor je baby). Deze beslissing bepaalt de komende tijd het welzijn van jouw kind en dus ook hoe soepel de terugkeer naar de werkvloer voor jou verloopt.

Op bezoek bij kinderdagverblijven

TIP

De beste kinderdagverblijven hebben soms een wachtlijst. Hoe eerder je daarom begint met je zoektocht naar een goede plek voor je kind, hoe meer kans dat hij ook terecht kan bij de opvang van je keuze. Bel op om een afspraak te maken, zodat je zelf kunt gaan kijken en de nodige vragen kunt stellen.

- **Hoe lang bestaat het kinderdagverblijf al?** Hiervoor bestaat geen 'goed' antwoord. Voor sommige ouders is het belangrijk dat een kindercentrum al lang bestaat, terwijl andere ouders de voorkeur geven aan een nieuw en fris centrum.
- **Is het kinderdagverblijf aangesloten bij een grotere organisatie?** De meeste steden hebben overkoepelende organisaties waarbij meerdere kinderdagverblijven zijn aangesloten. Hier worden vaak eenduidige richtlijnen gehanteerd en kwaliteitscontroles uitgevoerd.
- **Hoe is de staf opgebouwd?** Welke functies hebben de verschillende stafleden? Hoeveel begeleiders zijn er per groep en beheersen zij allemaal dezelfde vaardigheden? Heeft iedereen dezelfde bevoegdheden? Zitten steeds dezelfde mensen in een groep of wisselt de personele bezetting sterk?
- **Hoe wordt omgegaan met de voedingsschema's en het slaappatroon van de kinderen?** Kinderen eten en slapen wanneer ze dat nodig hebben, toch moet er in een kinderdagverblijf een schema worden aangehouden. Hoe doen ze dit?
- **Hoeveel kinderen zitten in een groep? En van welke leeftijden?** In sommige kinderdagverblijven worden kinderen verdeeld in groepen van nul- en éénjarigen en groepen van twee- en driejarigen, maar soms worden ook alle leeftijden bij elkaar geplaatst. Vraag na of je daarin een voorkeur kunt uitspreken.
- **Moet ik zelf zorgen voor luiers?** Zijn er nog andere dingen die we zelf moeten meebrengen?
- **Wat zijn de openingstijden? Wat zijn de maandelijkse kosten? Zijn jullie open tijdens schoolvakanties en zijn er dagen dat het kinderdagverblijf dicht is?** Het is uiteraard belangrijk dat je een plek vindt die aansluit bij jouw werktijden. Onthoud dat een goed kinderdagverblijf vaak duur is, maar dat een duur kinderdagverblijf niet bij voorbaat goed is. Ga altijd zelf kijken voor je een beslissing neemt. Controleer ook altijd of het kinderdagverblijf open is op bijzondere dagen waarop jij moet werken, zoals 5 en 24 december, Goede Vrijdag en carnaval.

- **Wat gebeurt er als mijn kind ziek is?** Vraag na wanneer je je baby thuis moet houden. Moet je hem al thuis houden als hij een snotneus heeft of pas als hij 39 graden koorts heeft? Wat doen ze als je baby ziek wordt terwijl hij daar is?

- **Hoe zit het met de veiligheid?** Kijk goed rond. Ziet het geheel er veilig uit en heb je de indruk dat ze weten hoe ze met de kinderen om moeten gaan?

Wat belangrijk is bij een kinderdagverblijf is een goede reputatie. Onthoud dat andere ouders je graag over hun ervaringen met kinderopvang vertellen – zowel goede als slechte. Je wilt er zeker van zijn dat je kind in een stabiele omgeving terecht komt.

PAS OP!

Als de meeste personeelsleden nieuw zijn, kan dat betekenen dat er veel wisselingen in de personele bezetting plaatsvinden. Dat kan twee dingen betekenen: allereerst kan het zijn dat je kind elke maand een andere begeleider heeft en nooit een band krijgt met degene die hem verzorgt en ten tweede kan het een slecht teken zijn als personeel het er niet lang uithoudt. Er kunnen verschillende redenen aanwijsbaar zijn, maar meestal zijn mensen niet erg gemotiveerd als ze voortdurend met anderen te maken krijgen.

Kijk vooral ook goed rond. Is het er schoon? Zien de kinderen er schoon uit? Wordt er goed met huilende kinderen omgegaan? Zijn de wat grotere kinderen blij en vrolijk of op zijn minst tevreden? Dit zijn allemaal goede tekenen. Vraag nog eens bij andere ouders na of jouw indrukken overeenkomen met die van hen. Vertrouw vooral ook op je gevoel. Ga op verschillende momenten kijken: als ouders hun kinderen brengen of halen, tijdens etenstijd, slaaptijd enzovoort. Weet wat er gebeurt op de momenten dat je baby er zal zijn.

BELANGRIJK

Beslis niet te snel. Als iemand je vertelt dat het geen goed kinderdagverblijf is, zoek dan nog even verder of ga er nog een keer kijken.

Gastoudergezin

Het prettige aan iemand in je buurt die op kinderen past, is dat je vaak al iets weet over deze persoon. Is dat niet het geval, dan is er in je buurt vast wel iemand die je wat over deze persoon kan vertellen (misschien heb je wel over deze persoon gehoord via een vriendin). Als je overweegt om gebruik te maken van een gastoudergezin, volg dan dezelfde richtlijnen als we hebben aangegeven in 'Op bezoek bij kinderdagverblijven' en stel onderstaande vragen.

PAS OP!

- **Is de gastouder ingeschreven bij een gastouderbureau?** Gastoudergezinnen behoren ingeschreven te staan bij een gastouderbureau. Deze bureaus verzorgen de administratie en controleren of de opvang voldoet aan de Wet Kinderopvang. Ook als je je buurvrouw, moeder of vriendin vraagt om op je kind te passen, kun je je samen met haar laten inschrijven bij een gastouderbureau. Gastouderbureaus werken vaak regionaal en soms ook landelijk; ze zijn ingeschreven bij de gemeente waarin ze zich bevinden. Je vindt adressen in het telefoonboek, de Gouden Gids of op internet.

- **Kan er overdag privébezoek komen van de gastouder? Wie is dat dan?** Je wilt er zeker van zijn dat je kind in veilige handen is en dat de criminele zoon van de gastouder geen leuk bedrijfje aan huis heeft (en dus criminele klanten ontvangt waar je kind bij is). Je wilt ook dat de gastouder alle aandacht besteedt aan jouw kind en de andere kinderen die er aanwezig zijn (maximaal vier kinderen).
- **Wanneer denk je op vakantie te gaan? Wat gebeurt er als jij ziek wordt?** Als je afhankelijk bent van één persoon die voor je kind zorgt, zul je flexibel moeten zijn. Je zult bijvoorbeeld je vakantie moeten afstemmen op die van de gastouder en je zult een noodscenario moeten hebben voor het geval de gastouder ziek wordt of door andere omstandigheden niet voor je kind kan zorgen.
- **Wat zijn de regels omtrent voeding, slapen, spelen en andere belangrijke aangelegenheden voor mijn kind?** Volgens de Wet Kinderopvang moet de gastouder aan tal van eisen voldoen. Er zijn vaste afspraken over de kwaliteit van de verzorging van de kinderen. Samen met de gastouder maak je persoonlijke afspraken die van toepassing zijn op de verzorging van je kind.

PAS OP!

Als je iemand in je buurt kent die wel op je kind wil passen, maar niet is aangesloten bij een gastouderbureau, wees je er dan van bewust dat je geen rechten hebt. Je kunt mondelinge afspraken maken met deze persoon, maar als er iets mis gaat of deze persoon houdt er van de ene op de andere dag mee op, dan heb je een probleem. Neem het zekere voor het onzekere en ga op zoek naar iemand die is ingeschreven bij een gastouderbureau of bereid is zich in te schrijven.

Een oppas of au pair in huis

Een oppas of au pair die in je eigen huis voor je kind zorgt, is voor veel ouders een ongekende luxe. Het kan een behoorlijke klus zijn om de juiste persoon te vinden, vooral als je niet weet waar je moet beginnen. Begin eens informatie in te winnen bij vrienden, kennissen, collega's of buren. Misschien kennen zij een oppas die weer een oppas kent die net zonder werk zit. Ook in de krant vindt je vaak oppassen die zich aanbieden en je kunt ook zelf een advertentie zetten. Reken dan wel op een brievenbus vol reacties.

Je kunt ook gebruikmaken van erkende bureaus die voorzien in oppassen en au pairs. Adressen vind je in het telefoonboek, de Gouden Gids en op internet. Deze zijn doorgaans niet goedkoop, maar ze bieden je wel een goede service, vastgelegde afspraken, begeleiding van de au pair of oppas, eventuele herplaatsing en au pairs of oppassen die van tevoren goed gescreend zijn.

TIP

Wat vraag je aan een oppas of au pair?

- **Wat voor opleiding heb je gehad?** Als het iemand is die bijvoorbeeld kinderpsychologie studeert, kun je ervan uitgaan dat hij of zij het niet alleen maar voor het geld doet.
- **Heb je zelf kinderen? Hoe oud zijn ze?** Hoewel een kinderloze oppas fantastisch kan zijn, zal een moeder die in jouw schoenen heeft gestaan veel meer geduld weten op te brengen voor jouw huilende, boze hummel. Zo kun je ook een au pair treffen die jongere broertjes en zusjes heeft op wie ze vaak heeft gepast. Als je oppas echter zelf nog kleine kinderen heeft, wil je graag weten waar die zijn als zij bij jou is. (Komen ze mee naar *jouw* huis?) Wat doet ze als haar kinderen ziek zijn?
- **Heb je ervaring met jonge kinderen? Waarom is je laatste oppasbaan beëindigd?** Dit is een zware baan en je wilt je kind niet achterlaten bij iemand die nog nooit voor een baby heeft gezorgd. (Natuurlijk moet ze het ergens leren, maar niet bij jouw kind!) Een goed antwoord op de tweede vraag kan zijn, 'Het gezin is verhuisd', of 'De kinderen zijn ondertussen zo groot dat ze geen oppas meer nodig hebben.' Minder goede antwoorden zijn, 'Mijn werkgever was nogal veeleisend en wilde dat ik de hele dag alleen maar luiers verschoonde', of 'Ik had geen minuut vrij en vond dat ik daar wel recht op had.'
- **Heb je vervoer?** Je wilt er vanuit kunnen gaan dat iemand op tijd bij jou is.
- **Heb je ook nog een andere baan?** Je wilt er zeker van zijn dat iemand wel komt opdagen en ook dat iemand niet voortijdig weg moet.
- **Waarom vind je het leuk om oppas te zijn?** Kies voor iemand die zegt van kinderen te houden, later beroepsmatig iets met kinderen te willen doen of zelf ondertussen grote kinderen te hebben en weer graag kleine kinderen om zich heen heeft. Ga niet voor iemand die oppas wil zijn omdat het een gemakkelijk baantje is of omdat het lekker verdient.
- **Heb je een (kinder)EHBO-diploma?** Het is altijd prettig om te weten dat degene die je kind verzorgt ook kan handelen in geval van een ongelukje of een val.

TIP

Als je van de oppas of au pair verwacht dat hij of zij kookt, schoonmaakt en boodschappen doet, dan is het verstandig dat van tevoren te bespreken. Wees voorbereid op vragen van zijn of haar kant over de betaling en vakanties.

Passen op de oppas: camera's

Kleine camera's kunnen je een heel goed beeld geven van de omgang van de oppas met je baby. Je kunt deze cameraatjes verstoppen in een kast, plant, klok of knuffelbeest en zo in de gaten houden hoe het gaat bij jou thuis als jullie er niet zijn. Een baby kan je nog niet vertellen wat hij vindt van de oppas en dus is zo'n camera een prima manier om er zelf achter te komen hoe het gaat. Je moet echter twee dingen in de gaten houden: allereerst schend je iemands privacy als je hem of haar ongevraagd filmt en ten tweede moet je jezelf afvragen waarom je het doet. Als je alle vertrouwen hebt in je au pair of oppas, zul je waarschijnlijk geen reden zien een camera te plaatsen. Doe je dat wel, dan heb je misschien al twijfels over de kwaliteit van deze persoon – wil je dan wel dat hij of zij voor je baby zorgt?

Als je een kandidaat hebt gevonden bij wie je een goed gevoel hebt, laat hem of haar dan een paar dagen bij je thuis 'testdraaien'. Op die manier kom je er direct achter of je beiden achter de opzet kunt staan en of jij bereid bent je baby hele dagen bij deze persoon achter te laten.

Deel II

Mag ik je voorstellen: baby!

The 5th Wave   By Rich Tennant

'Mag ik eens iets voorstellen? Als ik de auto was, ruim ik altijd eerst de kofferbak uit.'

In dit deel...

Een pasgeboren baby zorgt voor een stroom aan emoties bij de nieuwe ouders: blijdschap, angst, opwinding, angst. Misschien kruipen niet alle ouders meteen in een hoekje als hun baby begint te huilen, maar het idee dat het leven nooit meer hetzelfde zal zijn – dat *jouw* behoeften op het tweede plan komen en die van de baby altijd op het eerste – kan behoorlijk overweldigend zijn. Ook het idee dat jij verantwoordelijk bent voor de zorg, de voeding en het welzijn van een ander mens kan een behoorlijke impact hebben.

De eerste drie maanden kunnen de moeilijkste zijn van het hele eerste levensjaar van je baby – zowel voor jou als voor hem. In dit deel kijken we realistisch naar jouw mogelijke ervaringen in die periode en geven we je advies over hoe je kunt wennen aan deze nieuwe fase in je leven, genaamd ouderschap.

Hoofdstuk 5

Wennen aan je baby

In dit hoofdstuk

- Bijkomen van de bevalling
- Je pasgeboren baby voeden
- Zorgen voor de navelstreng
- Geelzucht

Voor het eerst alleen zijn met je baby kan opwindend en beangstigend tegelijk zijn. De laatste keer dat je op de bank zat, was je er alleen of met je partner. Nu ben je ineens vader of moeder. Je bent totaal verantwoordelijk voor deze kleine persoon.

BELANGRIJK

De eerste paar dagen met je kind zijn anders dan alles wat je tot nu toe hebt meegemaakt, zelfs als je al je hele leven met baby's omgaat. Deze keer, deze ervaring, dit kind – ze zijn allemaal van jou. Dit zouden wel eens de meest gedenkwaardige dagen van je leven kunnen zijn, maar het kunnen ook dagen worden die je liever direct zou vergeten. Wees gerust, je overleeft je eigen herstel en de eerste dagen met je baby heus wel en je zult ook de rest van dat eerste jaar wel overleven.

De klappen (en hechtingen) zo goed mogelijk opvangen

Elke vrouw die een baby op de wereld heeft gezet, zal na afloop te maken krijgen met wat ongemakken. Als je voor je bevalling al eens een video had gezien van een geboorte, was je al een beetje voorbereid op wat zou komen. Had je echter een makkelijke bevalling verwacht en zit je nu op een zwemband om je hechtingen te ontzien, dan was je wellicht een beetje geschokt door de minder prettige gevolgen van een bevalling.

BELANGRIJK

De pijn na de bevalling kan nog eens versterkt worden door het slaapgebrek waaronder de meeste moeders te lijden hebben. Als je bevalling lang duurde of als je kind midden in de nacht werd geboren, is de kans groot dat je minstens een hele nacht hebt moeten missen. Je zult je afvragen hoe je dat ooit weer inhaalt als je baby zo vaak gevoed moet worden.

Je zult je al snel weer beter voelen en je zult ook *echt* weer aan slapen toekomen. In deze paragraaf krijg je tips voor het omgaan met deze eerste dagen met je nieuwe baby terwijl je niets liever wilt dan iemand die voor *jou* zorgt.

Nieuwe vormen van vermoeidheid

Misschien had je verwacht dat de kraamhulp je baby zou voeden en was je verbaasd dat zij je baby elke drie uur bij je kwam brengen. Had ze niet door dat je doodmoe was? Natuurlijk wel. Het behoort echter tot haar taken om jou te laten zien hoe je je baby moet voeden en verzorgen als zij er niet meer bij is om je helpen. Ze heeft maar heel weinig tijd om jou alles over je baby te leren.

Nu je alleen bent met je baby merk je dat hij niet zo slaapt zoals de kraamhulp had voorspeld – hij is de hele dag en de hele nacht wakker en jij bent vermoeider dan je je ooit had kunnen voorstellen. Je herkent de persoon tegenover je in de spiegel niet eens meer. Ze ziet er oud en bleek uit en is totaal uitgeput. Hoe herstel je toch ooit van die bevalling als je niet meer dan een uur achter elkaar door kunt slapen?

In veel boeken staat dat je baby elke vier uur wakker zal worden voor een voeding. In de praktijk is dat zelden het geval! Baby's worden wakker, ontdekken dat ze honger hebben en willen elke twee uur drinken tot je melk goed begint te stromen. Dit gebeurt meestal een paar dagen na de geboorte. Maak je borst(en) dus maar nat!

Hoewel die eerste dagen alleen met je baby de langste en moeilijkste van je leven lijken, zijn ze geen indicatie voor de rest van het eerste jaar. Als je pasgeboren baby geen twintig uur per dag slaapt, kan het zijn dat zijn onvolgroeide zenuwstelsel hem wakker houdt; dat zal wel overgaan. En ongeacht wat andere moeders beweren, zijn baby's niet vanaf de geboorte bereid de hele nacht door te slapen. Ze moeten drinken – heel vaak. Verlies dus niet alle moed als je het gevoel hebt dat je sinds de geboorte alleen nog maar een kind gevoed hebt. Dat is heel normaal en tijdverslindend.

Het beste advies voor vermoeide moeders is eenvoudig: ga rusten als je baby slaapt of rustig is. Als hij tevreden is in zijn bedje, voel je dan niet verplicht om hem toch vast te houden. Hij doet het goed. Dwing jezelf niet om in de tijd dat je baby slaapt bezig te zijn met het opvouwen van de was en het opnieuw rangschikken van alle spullen op de commode. Maak gebruik van de gelegenheid om de gordijnen dicht te trekken en lekker even onder een warme deken weg te kruipen.

Als je baby elke keer begint te huilen als je hem neerlegt, houd hem dan vast als je ligt te rusten. Als je indut, moet je hem wel in zijn bedje of box leggen. Zelfs als hij daarin niet blij is, is hij wel veilig en misschien heb jij net een paar minuten de tijd om wat bij te komen.

BELANGRIJK

In de begindagen is het niet erg dat je je baby vasthoudt als jullie beiden gaan rusten. Onthoud echter wel dat hij over een maand of zo moet leren om alleen in zijn bedje of box te liggen. Hij moet leren om zelf in slaap te vallen, anders moet jij dat de komende jaren voor hem doen.

Ga tot het uiterste als je rust nodig hebt. Trek de stekker van de telefoon uit de muur. Plak een briefje op de deur waarop staat dat je niet gestoord wilt worden. Zet je hond in de bijkeuken of breng hem naar je schoonmoeder. Laat het huishouden voor wat het is. Snel genoeg moet je je daarmee weer gaan bezighouden. Deze eerste dagen met je baby zijn uitzonderlijk en je moet goed voor jezelf zorgen, zodat je sterk genoeg bent om voor je baby te zorgen.

Zorgen voor lijf en leden

Er is een klein mensje uit jou gekomen via je vagina of een snee in je buik. (Klinkt pijnlijk, hè!) Herstellen van een bevalling vereist dan ook wat actie van jouw kant – namelijk dat je achterover leunt en ontspant. Voor je begint te lachen om dit simpele advies, moet je jezelf het volgende afvragen: wanneer heb je voor het laatst je huishouden en/of werk helemaal gelaten voor wat het was (terwijl je thuis was en toegang had tot je schoonmaakspullen of computer)? Heel veel vrouwen weten niet eens *hoe* ze moeten uitrusten. Zelfs als ze een dag ziek thuis zijn, gaan ze nog aan de slag in en rond het huis of werken ze aan projecten die anders blijven liggen. Gedurende de eerste tien dagen tot twee weken na de bevalling is je *enige* werk de zorg voor jezelf en je baby.

BELANGRIJK

Het maakt niet uit hoe vlot je vaginale bevalling gaat, je zult achteraf pijn hebben. Of je nu hechtingen hebt of niet, het is verstandig om de eerste week tot tien dagen niet teveel druk uit te oefenen op je achterwerk: ga zijwaarts zitten, ga liggen of gebruik een zwemband om op te zitten. Als ijs helpt om de pijn te verminderen, gebruik het dan. Het is normaal om op dit moment een pijnlijke en opgezwollen vagina te hebben; het is echter niet gewoon om een week na de bevalling nog extreem veel pijn te hebben. Een verandering van zithouding (van rechtop naar zijwaarts of liggend) kan de pijn enorm verminderen.

Hoewel vrouwen elke dag bevallen en dat ook al miljoenen jaren doen en ook als je verhalen hebt gehoord over je betovergrootmoeder die in een weiland is bevallen en meteen weer verder ging met koeien melken – *een bevalling is een zware klus*. Je lichaam moet heel wat doorstaan, of je nu vaginaal bent bevallen of via een keizersnede.

BELANGRIJK

Erken dat je gewoon maar een mens bent en tijd nodig hebt om te herstellen en weer op krachten te komen. Dat gaat sneller als je vanaf het begin af aan goed voor jezelf zorgt.

Verzorging voor vaginale hechtingen

Je hebt ongetwijfeld te horen gekregen hoe je moet zorgen voor de hechtingen nadat je bent ingeknipt (episiotomie). Als deze instructies op de een of andere manier aan je aandacht zijn ontsnapt (hoe is het mogelijk als je zo vermoeid bent en een waterval van informatie over je heen hebt gekregen?), zetten we ze hier nog even voor je op een rijtje.

- Verschoon je maandverband regelmatig en zorg ervoor dat het goed vastzit. Het laatste waar je zin in hebt, is een plakstrip die tegen je pijnlijke vagina schuurt.
- Raak de wond niet aan.
- Laat water over de wond lopen om hem schoon te maken. Doe dit ook tijdens het plassen, dat maakt het minder pijnlijk.
- Ga gewoon naar het toilet, maar wees extra voorzichtig.
- Om de pijn te verzachten kun je in wat warm water gaan zitten. Als je crème hebt gekregen voor de wond, gebruik die dan.
- Let op aanwijzingen van een ontsteking: stank, intense, voortdurende pijn die steeds erger wordt en/of koorts.

Verzorging voor buikhechtingen na een keizersnede

Als je een keizersnede hebt gehad, zul je een paar weken last hebben van de wond. De hechtingen worden waarschijnlijk een week na de bevalling verwijderd, maar onthoud dat je net een operatie achter de rug hebt. Dat betekent een herstelperiode van zes tot acht weken.

Hieronder volgende enkele tips om het herstelproces te bevorderen.

- Til niets wat zwaarder is dan je baby.
- Het is normaal dat je litteken de eerste paar weken gevoelloos is. Dat komt vanzelf goed.
- Houd je baby weg van het litteken.
- Zes tot acht weken niet stofzuigen en geen seks. (Pech voor je partner – in beide gevallen.)
- Let op aanwijzingen van infectie: stank, sterker wordende pijn en ontstekingen rond het litteken of koorts.
- Probeer *niet* stoer te zijn. Als je pijn hebt, moet je gewoon de medicijnen nemen die zijn voorgeschreven. De pijn zal het sterkst zijn in de eerste week na de geboorte.

Sta op en beweeg zo veel mogelijk, maar overdrijf niet. Dit geldt voor elke vrouw die net bevallen is. Je moet je bloed laten stromen, maar hebt ook heel veel rust nodig. Houd in de loop van de dag in de gaten hoe je je voelt en *ga zitten* als je je moe voelt. Let op je *lochia*, het bloeden en de vaginale afscheiding als gevolg van de bevalling, veroorzaakt door het loslaten van de placenta van de baarmoederwand. In de eerste week na de bevalling lijkt het op een normale menstruatie of is het zelfs zwaarder. Je hebt hier een paar weken tot ruim een maand last van, al wordt het steeds lichter van kleur en minder van hoeveelheid. Het verandert langzaamaan van rood naar roze, naar een gelige afscheiding en verdwijnt uiteindelijk helemaal. Zorg voor voldoende maandverband. De eerste zes weken na je bevalling mag je geen tampons gebruiken, omdat ze een urinewegontsteking kunnen veroorzaken.

Als je na de eerste week nog steeds last hebt van zware, helderrode bloedingen, als de bloedingen heel zwaar worden (je maandverband is na een uur al doorweekt) of als er grote stolsels (groter dan een euro is de regel) in het bloed zitten, bel dan *direct* je huisarts! Dit kunnen aanwijzingen zijn voor een inwendige bloeding. Het kan echter ook betekenen dat je lichamelijk te actief bent. Let ook op aanwijzingen van infecties, zoals koorts en stinkende afscheiding.

Hulp accepteren

Misschien heb jij er helemaal geen moeite mee om hulp te accepteren. Je vindt het niet erg dat je moeder de hele dag in je huis bezig is om je huisdieren te verzorgen, met koken en schoonmaken. Je schoonmoeder is van harte welkom om je boodschappen te doen en je laat je zwager zelfs de lamp in de badkamer repareren. Jij boft met zo veel hulp en jouw herstelperiode zal zeker vlot verlopen. Je moet zo nu en dan echter wel van die bank afkomen om je bloedcirculatie een beetje op gang te houden.

Misschien vind je het wel heel moeilijk om familie en vrienden in huis te halen om voor jou te zorgen. Je haat het om vertroeteld te worden en wat betreft koken en schoonmaken wil je dat dat op een bepaalde manier gedaan wordt en doe je het dus 't liefste zelf. Wat is daar dan mis mee?

Nou, normaal gesproken is daar niets mis mee. Als het prima gaat met je baby en je hebt zin om elke dag je eigen lunch klaar te maken, dan moet je dat vooral doen. Pas alleen op dat je niet te veel doet. Je moet *echt* de tijd nemen om uit te rusten en voor je baby te zorgen zonder je zorgen te hoeven maken over de afwas of de vieze keukenvloer.

Een vrouw die herstelt van een bevalling moet in de eerste week niet meteen aan de slag gaan met allerlei huishoudelijke klussen, zoals het van boven naar beneden sjouwen van de was of het stoffen van het hele huis. Dit lijken misschien geen zware klussen, maar ze eisen toch behoorlijk wat van je lichaam. Er is een kleine kans op bloedingen tijdens deze herstelperiode en het is daarom van groot belang dat je je lichaam de tijd gunt om te herstellen.

Onthoud het als volgt: als je herstellende bent van de griep, weet je hoe zwak je lichaam was op het hoogtepunt van je ziekte en gun je jezelf de tijd om te herstellen. Misschien voel je je niet echt zwak als je herstelt van een bevalling en dat is goed. Je wilt je graag goed voelen. Het gevaar is echter dat wanneer een moeder zich heel goed voelt, ze ook te snel te veel klussen gaat aanpakken (zoals de vloer dweilen na vier dagen of boodschappen doen voor het hele gezin na vijf dagen). Uiteindelijk ligt ze uitgeput op de bank. Onthoud gewoon dat je lichaam van binnen aan het herstellen is. Je moet zuinig zijn met je energie, zodat je sneller weer op de been bent.

Het is heerlijk als je de grote schoonmaak nog een tijdje kunt uitstellen. Als je dat niet kunt (omdat je gek wordt van de vieze badkamervloer), laat je moeder dan helpen. Of kijk de andere kant op als je schoonmoeder het niet helemaal op jouw manier doet. Jij moet je concentreren op jezelf en je baby. De vloeren worden vanzelf weer vies; over een paar weken kun je ze zelf weer schoonmaken.

Het recht om alleen te zijn

Na een bevalling krijg je te maken met lichamelijke en emotionele gevoelens die je nooit eerder hebt gehad. Je bent opgewonden. Je bent nerveus. Je bent vermoeider dan je ooit bent geweest. Je borsten beginnen pijn te doen. Je vagina of litteken doet pijn. Oh ja, en je hormonen zijn op hol geslagen, waardoor je met de uitersten van je emoties te maken krijgt met tussenpozen van een kwartier. (Oké, misschien is het niet *zo* erg, maar het zal er niet ver vanaf zitten.) Het laatste waar jij behoefte aan hebt, is een huis vol gasten die jou willen verzorgen en vertroetelen.

Toe maar en stuur al deze goedzakken gewoon naar huis. Het gebeurt niet vaak in je leven dat je met goed fatsoen kunt zeggen: 'Dit gaat om mij en als ik hier iemand pijn mee doe, is dat heel jammer.' Op dit moment mag je dat zeggen. We zeggen niet dat je *gemeen* moet doen tegen mensen die proberen aardig te zijn. Op dit moment moet je echter voor jezelf zorgen, en als je geen rust krijgt omdat twee tantes en drie ooms aan je bed zitten terwijl je neefjes en nichtjes hun hoofden in de wieg steken, moet je nu je mond opendoen. Je kunt de boel later wel weer lijmen.

Onthoud dat je op dit moment misschien vreselijk veel behoefte hebt om alleen te zijn, maar dat het niet verstandig is om *iedereen* weg te sturen. Een goedgekozen verzorgster/assistent kan zelfs een tijdje jouw stem zijn en mensen bij de deur al wegsturen door te zeggen dat jij en de baby liggen te slapen. In de eerste week neemt de kraamhulp deze rol op zich, maar daarna kun je het beste zelf iemand aanwijzen die dat voor je doet.

Besef ook dat je niet voor eeuwig alleen kunt zijn en dat sommige familieleden de baby toch echt moeten kunnen bewonderen. Je schoonmoeder kun je echt niet langer dan een dag of twee tegenhouden. Laat haar binnen, maar schaam je niet om te zeggen dat je nog niet klaar bent voor een langdurig bezoek. Later kun je erover praten, of je laat je echtgenoot het doen. En als je schoonmama de baby wil vasthouden terwijl jij een dutje doet, zouden wij je aanraden dat serieus te overwegen. Jij krijgt namelijk rust en ze zal heus niet bij je intrekken als je dat toestaat. Ze is waarschijnlijk gewoon gek op haar nieuwe kleinkind en bedoelt het verder niet slecht.

Je pasgeboren baby voeden

Of je borstvoeding geeft of de fles, je wilt er zeker van zijn dat je baby voldoende te eten krijgt. Moet je hem voeden als hij huilt? Moet je hem elke paar uur wakker maken? Slaapt hij langer als je hem meer te eten geeft? Dit zijn veelvoorkomende en soms verwarrende aangelegenheden voor kersverse ouders en zelfs voor ouders die dit al eerder hebben meegemaakt.

BELANGRIJK

Ongeacht het soort voeding dat je geeft, adviseren de meeste artsen en consultatiebureaus om te voeden op aanvraag. Dat betekent dat je voeding aanbiedt op het moment dat je baby aangeeft dat hij honger heeft (huilen, zoeken met zijn mondje).

Voedingstijd... alweer?!

In de eerste dagen en weken van je baby's leven kun je wel eens het gevoel krijgen dat je de hele dag alleen maar bezig bent met het open- en dichtknopen van je blouse en het tevoorschijn halen van je borsten. Je bent net klaar met voeden en negentig minuten later heeft hij alweer honger!

Maak je geen zorgen. Het voeden van je baby zal niet voor eeuwig zoveel tijd in beslag nemen. De eerste paar dagen ben je immers allebei nog bezig met het vinden van een ritme en goede methode voor de borstvoeding. Je baby moet nog leren je tepel goed te pakken en te zuigen, en jij hebt nog last van pijn aan je tepels en bent nog aan het uitzoeken wat de beste houding is voor jou en je kind. Je baby eet misschien ook nog niet zoveel op dit moment, vooral als hij de neiging heeft steeds in slaap te vallen als je hem voedt. Je moet je ook realiseren dat zijn kleine maagje nog niet zoveel kan hebben in die eerste dagen.

Als jullie deze kleine probleempjes samen hebben opgelost, zal het voeden veel soepeler en sneller gaan. Onthoud dat veel nieuwe borstvoedende moeders zich op dit moment gefrustreerd voelen en dat de overgrote meerderheid van de baby's na verloop van tijd niet meer zo vaak en zo lang hoeven te drinken.

TIP

Veel moeders zijn bang dat hun baby misschien niet voldoende melk binnenkrijgt als hij zo vaak honger heeft. Onderstaande aanwijzingen zijn een goede indicatie dat je baby voldoende voeding binnenkrijgt.

- Hij heeft zes tot acht natte luiers per dag.
- De urine is licht van kleur, niet donkergeel. Donkergele urine is een teken van uitdroging en kan betekenen dat hij niet voldoende melk krijgt.
- Hij heeft dagelijks meerdere keren een poepluier.
- Je kunt hem tijdens het drinken horen slikken.
- Hij lijkt kalm en tevreden na een voeding.
- Je borsten voelen leeg of zacht na een voeding.
- Je kunt wat melk zien in het mondje van je baby.

TIP

Als je baby tevreden lijkt na een voeding en de hele dag door vieze luiers heeft, is alles prima in orde.

De meeste artsen adviseren om een slapende baby zo om de drie, vier uur wakker te maken voor een voeding. Je baby moet acht tot twaalf borstvoedingen per etmaal krijgen. Niet alleen heeft hij de voeding nodig, maar door vaak bij jou te drinken, houdt hij ook de borstvoeding op gang (hoe vaker hij drinkt, hoe meer moedermelk jij aanmaakt om hem te kunnen voeden). Sommige baby's drinken overdag heel vaak, maar slapen dan 's nachts een behoorlijke tijd door. Dat is tot op zeker hoogte prima. Hij moet op dit moment echter (en zal ook) niet acht uur achter elkaar doorslapen; hij moet eten.

PAS OP!

De borstvoedende moeder is de enige voedingsbron van een baby in de eerste weken. Begin niet met extra flesvoedingen zolang je baby de kunst van het drinken aan de borst nog niet helemaal onder de knie heeft. Spenen kunnen soms leiden tot *tepelverwarring* bij je baby. Het vastpakken van een tepel vereist een bepaalde techniek van je baby (zowel met de mond en tong als bij het slikken) en als je hem 's morgens een tepel en 's middags een speen aanbiedt, bestaat de kans dat hij eigenlijk met geen van twee echt raad weet. Houd je dus voorlopig bij één methode. Wacht met flesvoeding tot je baby ongeveer zes weken oud is. Je weet dan dat hij gewend is aan het drinken uit je borst en hij zal ook niet meer in de war raken van een speen.

BELANGRIJK

Als je borstvoeding geeft en alles gaat goed, bof je. Voor veel baby's is het best moeilijk om de borstvoeding onder de knie te krijgen.

Flesvoeding

In het eerste levensjaar drinkt een baby 150-180 ml flesvoeding per kilo lichaamsgewicht per dag. Meestal eten ze in het begin elke 2 tot 3 uur. Laat je baby bepalen hoe veel en hoe vaak hij wil drinken. Probeer hem niet te voeden als hij duidelijk geen belangstelling heeft voor de fles.

Geef je baby ook nooit een fles in zijn mond als hij alleen is (door de fles op een kussen of knuffeldier in zijn bedje te leggen bijvoorbeeld, zodat je hem niet hoeft vast te houden als hij drinkt).

Je hoeft geen gekookt of gesteriliseerd water te gebruiken voor het maken van flesvoeding. Je kunt een fles het beste opwarmen in een speciale flessenwarmer. Je kunt de fles ook au bain marie opwarmen (in een pannetje kokend water) of in de magnetron (niet afgedekt).

Als je een fles opwarmt in de magnetron moet je de fles goed schudden als je hem eruit haalt en de warmte van de melk testen op de binnenkant van je pols. Omdat de magnetron ongelijkmatig verhit, kunnen sommige delen van de melk warmer zijn dan andere. Door goed te schudden en de melk te testen, voorkom je dat je baby zich brandt.

Laat je baby halverwege de fles een boertje laten. Als je merkt dat hij al eerder langzamer wordt, kun je dat al eerder doen. Sommige kinderen krijgen veel lucht binnen en moeten vaker boeren. Soms komt er alleen lucht en soms komt er ook melk mee naar buiten. Op het consultatiebureau wordt de ontwikkeling van je baby gevolgd; als hij veel melk opgeeft na het drinken maar wel voldoende groeit, is er niets met hem aan de hand.

Als je baby explosief spuugt of als zijn spuug donker van kleur is (geel, groen of bruin), bel dan direct de dokter. Dit is niet gebruikelijk en kan wijzen op problemen in de maag of darmen.

Waar iets ingaat, komt ook iets uit: de luier van je baby

Baby's die borstvoeding krijgen, vullen hun luiers regelmatig. Soms poepen ze na elke voeding en sommige piepkleine baby's hebben enorme hoeveelheden ontlasting. Deze ontlasting stinkt behoorlijk, is gelig van kleur en korrelig van structuur. Baby's die flesvoeding krijgen, hebben doorgaans minder vaak een volle luier en een stevigere ontlasting.

Verschoon je baby direct na een voeding (zelfs als hij in slaap is gevallen), zodat hij geen schrale billen krijgt. Gebruik zinkzalf of babyolie om schraalheid te voorkomen.

Bel je arts als de schrale huid verandert in open wonden in de vouwen van je baby's huid (tekenen van *candidia* – ook mogelijk bij jongens), als de huid bruinig is en korsten heeft (tekenen van de besmettelijke krentenbaard) of als de schraalheid zich uitbreidt naar andere delen van het lichaam. Je arts kan een zalfje voorschrijven tegen de schraalheid.

Jongens kunnen soms een schrale huid krijgen op hun penis. Meestal verdwijnt dit na een paar dagen vanzelf. Als dat niet het geval is, erger wordt of het plassen bemoeilijkt, moet je je arts bellen.

TIP

Laat papa ook eens wat doen

Baby's die borstvoeding krijgen, zijn totaal afhankelijk van hun moeder. Dat betekent dat papa buiten spel staat tijdens de voedingen. Misschien voelt hij wel dat hij niet alleen tijdens de voedingen buitenspel staat. Hoewel baby's die de fles krijgen door iedereen gevoed zouden kunnen worden (en zelfs baby's die borstvoeding krijgen, kunnen na een week of zes ook uit een flesje drinken), moeten papa's soms even een duwtje in de rug krijgen.

Veel te vaak worden vaders naar de achtergrond gedrongen en krijgen ze niet de kans om iets te doen. Omdat de moeder in de meeste gevallen het grootste deel van de zorgtaak op zich neemt, neemt zij het initiatief als het gaat om voeden, verschonen en troosten. Papa zit achterover en glimlacht, wetend dat hij zich er niet mee hoeft te bemoeien, of hij staat er gefrustreerd bij, bereid om meer te doen. Hij wil ook graag leren hoe hij voor zijn kind moet zorgen, maar krijgt de kans niet omdat mama het heft in handen heeft.

Laat papa meedoen. Hij kan je heus helpen en hoe meer je hem laat doen, hoe meer hij ook uit zichzelf zal doen, omdat hij het gevoel heeft deel uit te maken van deze ervaring. Een vader die vanaf het begin zijn kind heeft gevoed, verschoond en getroost, zal voelen dat hij deel uitmaakt van zijn baby's leven. Dat heeft een positief effect op het hele gezin.

Ja, je moet echt kijken: de navelstreng en de besneden penis

Hoewel ze er niet echt fraai uitzien, zul je moeten zorgen voor het stompje van de navelstreng en de besneden penis. Tijd heelt alle wonden, niet waar? Dat geldt hier ook. Je hoeft alleen de eerste tien tot veertien dagen voor deze plekken te zorgen en erop te letten dat er geen ontstekingen ontstaan.

Verzorging van de navelstreng

Tot het stompje van de navelstreng eraf valt, zul je ernaar moeten kijken. Het stompje begint al enkele uren na de geboorte in te drogen en zal er na enkele dagen vanzelf afvallen. Het enige dat je moet doen is zorgen dat het droog en schoon blijft. Je hoeft het echter niet intensief schoon te maken.

PAS OP!

Zelfs als het stompje nog maar met een dun reepje huid vastzit, mag je het er nooit af trekken! Laat de natuur zijn gang gaan – het valt er heus vanzelf af.

Let erop dat het stompje niet gaat ontsteken. Laat bij de volgende aanwijzingen even naar het stompje kijken.

- roodheid of zwelling aan de basis
- afscheiding (gele of witte pus of iets wat stinkt)
- bloed

Vouw de luier onder het stompje of leg er een gaasje op tot het is vervangen door een schattig, klein naveltje. (Onthoud dat een beetje bloed normaal is als het stompje eraf valt.)

Verzorging van een besneden penis

De zorg voor een besneden voorhuid is vrij eenvoudig. Het moeilijkste is misschien nog wel het kijken naar het bont en blauwe geslachtsdeel van je kleine hummel. Smeer bij elke luierwisseling wat vaseline op de wond om deze te beschermen en *laat hem verder met rust*! Als de het besneden gebied niet langer rood en vochtig is, kun je stoppen met de vaseline.

Het is normaal dat de penis wat geïrriteerd is en witte of gele vlekjes heeft tijdens het genezingsproces. Hij mag echter niet bloeden, blijven opzwellen of steeds verder geïrriteerd raken en er mag geen stinkende pus uitkomen. Bel je arts als je deze symptomen van een ontsteking constateert.

Je baby moet overdag natte luiers hebben. Als hij meer dan zes uur achter elkaar niet heeft geplast, moet je je arts bellen.

Geelbuikige baby's: geelzucht

Er zijn twee typen geelzucht: het type geelzucht dat wordt behandeld met lichttherapie wordt meestal vrij kort na de geboorte ontdekt en behandeld. Wanneer je al thuis bent uit het ziekenhuis of de kraamhulp al is vertrokken, denk je misschien dat je deze aandoening mooi bent misgelopen.

Het is echter een feit dat veel verder gezonde baby's enkele dagen na de geboorte een lichte vorm van geelzucht krijgen. Het is misschien wat beangstigend om te zien dat het oogwit van je baby gelig ziet en ook dat zijn wangen een wat gelige kleur hebben!

Meer dan de helft van alle baby's heeft een beetje geelzucht. Het hoogtepunt ligt meestal rond de tweede of derde dag na de geboorte en verdwijnt doorgaans vanzelf binnen een week tot tien dagen. Meestal is geen behandeling nodig.

Bel direct een arts als je baby erg geel wordt en ziek lijkt. Symptomen kunnen zijn dat hij minder zuigt tijdens het drinken, dat hij te zwak lijkt om te huilen, dat hij niet regelmatig plast of poept en dat zijn reflexen niet goed werken. Dit zijn aanwijzingen voor een ernstigere vorm van geelzucht die direct moeten worden onderzocht. Deze vorm kan worden behandeld met lichttherapie, waarbij de baby onder witte of blauwe tl-buizen wordt gelegd. Als de geelzucht niet zo heel erg is, kun je je baby ook op een zonnige plek in huis leggen en vaak voeden – dat laat de gele kleur sneller verdwijnen.

Hoofdstuk 6

De eerste maand: jou leren kennen

In dit hoofdstuk

- Baby's eerste controle
- Baby in bad doen
- Een band creëren
- De gebruikelijke vlekjes en bultjes
- Goede slaapgewoonten bevorderen
- Voedingen
- Huilen en krampjes
- Naar buiten met een pasgeboren baby

Voor je het weet zal dit kleine mensje, dat nu nog niet veel langer dan een uur achter elkaar wakker kan blijven, over je huiskamervloer rollen en zich helemaal suf lachen. De eerste maand is heel erg waardevol, juist omdat het allemaal zo snel gaat. Het hele eerste jaar zit vol eerste keren voor jou en je baby en ze beginnen al direct: zijn eerste controle, zijn eerste echte badje, de eerste keer sinds je studententijd dat je een hele nacht wakker bent. (Om de een of andere reden was dodelijk vermoeid zijn toen veel leuker.)

Tot het ouderschap behoren momenten van ongelooflijke trots en vreugde en die gaan gepaard met momenten van frustratie en vermoeidheid. Dit zijn de eerste stappen op een lange, lange weg en de lessen die je nu leert (over jezelf en je kind) blijven je bij tot lang nadat je baby zijn luiers ontgroeid is.

Op controle

Je zult er dit jaar nieuwe vrienden en/of vriendinnen bij krijgen: de kinderarts en wijkverpleegkundigen van het consultatiebureau. In het eerste jaar ga je zo'n acht keer met je kind naar het bureau. Hopelijk kun je het goed vinden met de arts en de verpleegkundigen, want zij zijn de beste informatiebron als het gaat om de gezondheid en ontwikkeling van je baby. In deze paragraaf lees je ook over de eerste mijlpalen van je kind.

De eerste controle

Plotseling ben jij, net als jouw ouders dat vroeger waren, de ouder die zich niet kan losmaken van zijn kind terwijl de arts zijn kind onderzoekt. Je voelt dezelfde dingen die je ouders voelden: je bent waanzinnig trots op dit kleine mensje en je hoopt zo ontzettend dat de arts zegt dat alles goed is en dat hij zich volgens het boekje ontwikkelt.

Die eerste controle voelt een beetje alsof je een blokkade moet overwinnen. Jij en je partner hebben dat kindje op de wereld gezet, jullie hebben hem de afgelopen tijd samen verzorgd en nu moet je hem weer in handen geven van een arts die naar hem gaat kijken. De kinderarts zal direct zien dat je de afgelopen weken fantastisch werk hebt verzet.

Je eerste bezoek aan het consultatiebureau vindt plaats als je kind vier weken oud is. Tijdens deze controle meet en weegt de consultatiebureauarts je baby en schrijft alles op in het Groeiboekje. Hij of zij zal je verder informeren over het voeden van je kind en zijn slaapritme. Verder zal de arts de ledematen en het gezicht van je baby bekijken en controleren of alles werkt zoals dat zou moeten. Met een stethoscoop zal de arts naar het hartje en de longen van je kindje luisteren en door op de buik te kloppen zal hij of zij controleren of alles goed is met zijn maag en darmen. Er is verder voldoende gelegenheid om vragen te stellen.

Je baby werd geboren met verschillende reflexen die typisch zijn voor een pasgeboren baby en die een aanwijzing zijn voor zijn neurologische welzijn. De consultatiebureauarts zal deze reflexen tijdens dit bezoek controleren en je vertellen hoe het met je baby gaat.

De arts onderzoekt ook de *fontanellen* van je baby. Dit zijn de zachte plekken op de schedel die ervoor zorgden dat deze van vorm kon veranderen tijdens de tocht door het geboortekanaal. De grote, vliegervormige fontanel bevindt zich bovenop de schedel. Deze begint dicht te gaan als je baby ongeveer zes maanden oud is en is rond de eerste verjaardag helemaal dicht. Je kunt deze plek soms zien bewegen in het ritme van de hartslag van je kind of opbollen als je baby huilt. Dit ziet er eng uit, maar is helemaal normaal. De kleinere fontanel ligt verder naar achteren en is al rond de drie maanden dichtgegroeid.

Verder wordt de schildklier van je baby gecontroleerd, evenals de lymfeklieren in zijn hals, liezen en oksels. De arts bekijkt de navel om te zien of er sprake is van een ontsteking of een breuk (hierop worden ook de liezen gecontroleerd). Hij of zij kijkt ook naar eventuele geboortevlekken (sommige ontstaan pas in de eerste maanden na de geboorte).

Vaccinaties worden meestal niet gegeven tijdens dit eerste bezoek. Deze eerste controle is bedoeld als een eerste kennismaking met je arts.

Schrijf vragen op die je thuis te binnen schieten. Als de arts je vraagt hoe het thuis gaat en of er nog problemen zijn, kun je hem of haar deze vragen stellen. Vergeet niet dat hij of zij alles al een keer gehoord heeft, zo'n beetje alles al een keer gezien heeft en je echt niet gek vindt als je niet weet wat die rode vlek op de arm van je kind is. Meer hierover vind je in 'De schoonheidsvlekjes van je baby', verderop in dit hoofdstuk.

De arts zal je vragen naar het voedings- en eetpatroon van je kind, zijn ontlasting en hoe het thuis gaat. Wees eerlijk. Zeg het ook gewoon als het ouderschap tot nu toe nog mooier is dan je je had kunnen voorstellen. Artsen houden van goed nieuws.

Tijdens het eerste bezoek aan het consultatiebureau krijg je een zogenaamd 'Groeiboekje' dat je bij elk bezoek weer mee moet brengen. Hierin staat heel veel informatie en worden vaccinaties (zie hoofdstuk 18), de afmetingen en het gewicht van je baby bijgehouden.

Mijlpalen deze maand

De eerste maand van zijn leven ontwikkelt je baby zich langzaam maar gestaag.

Dit zijn slechts richtlijnen voor wat de meeste baby's rond deze leeftijd doen. Je consultatiebureauarts is je beste informatiebron als het gaat om de ontwikkeling van jouw kind.

Kijk uit naar onderstaande mijlpalen:

- Nadat je baby direct na de geboorte wat gewicht was verloren, zal hij rond de twee weken weer op zijn geboortegewicht zitten.
- Hij groeit ongeveer 2,5 tot 3 cm deze maand.
- Hij komt in deze periode een tot anderhalve kilo aan.
- Je baby heeft nog nauwelijks kracht in zijn nek. Zijn hoofdje bungelt alle kanten op als je hem niet ondersteunt.
- De bewegingen van je baby zijn ongecontroleerd en wat haperend. Zijn ledematen zijn gestrekt en hij schrikt snel.
- Hij pakt je vinger en houdt hem vast.
- Zijn zuigreflex werkt nog steeds en hij zuigt op alles wat je in zijn mondje stopt. Hij zal met zijn mond een object volgen dat je tegen zijn lippen houdt.
- Je kunt ervan uitgaan dat hij ongeveer zestien uur per dag slaapt (maar niet achter elkaar door).
- Je baby is op dit moment erg bijziend. Hij kan dingen alleen helder zien als ze zo'n 20 tot 30 cm van zijn gezichtje zijn. Hij kan een object ook nog niet volgen met zijn ogen.
- Het stompje van de navelstreng valt zo'n tien dagen tot twee weken na de geboorte af.

- Je baby houdt van gezichten en zal lange tijd naar je staren (zolang je tenminste dicht genoeg bij hem bent, zodat hij je kan zien).
- Je baby heeft een voorkeur voor vrouwelijke stemmen, misschien omdat hij vanuit je baarmoeder zo gewend is geraakt aan het geluid van zijn moeders stem.

Lengte en gewicht bijhouden

Als je baby geboren wordt, zal hij bij elk bezoek aan het consultatiebureau en later aan de schoolarts worden gemeten en gewogen. Deze maten worden vervolgens bijgehouden in een groeicurve. Naar aanleiding van deze curve kan je arts je vertellen hoe de afmetingen van je kind procentueel gezien vallen. Je vindt groeicurven op www.groeistichting.nl.

Voor groeien kun je niet slagen of zakken. Als je baby iets onder het gemiddelde ligt op de groeicurve betekent dat niet dat hij niet goed groeit. Het betekent alleen dat het landelijke gemiddelde iets hoger ligt. Uiteraard bestaan er allerlei variaties. Zo kan je baby qua lengte boven het gemiddelde uitkomen, terwijl hij qua gewicht onder het gemiddelde ligt. Nou, dan is je baby gewoon lang en dun.

Soms maken ouders zich zorgen als hun kind voortdurend onder het gemiddelde zit met zijn lengte en/of gewicht. Onthoud echter dat een kind dat bij elk bezoek aan het consultatiebureau op 30% van het gemiddelde zit, wel een constante stijging laat zien – hij is misschien wat kleiner dan zijn leeftijdgenoten, maar doet het verder uitstekend. De procenten zijn niet belangrijk, het gaat erom of je kind gestaag doorgroeit. We houden de lengte en het gewicht van een kind bij om te zien hoe hij het doet en we gaan ons meestal pas zorgen maken als hij plotseling een afwijking van een patroon vertoont. Een plotselinge afname van lengte of gewicht zou een aanwijzing kunnen zijn dat er iets niet goed is met je kind. Je arts houdt drastische veranderingen bij.

De cijfers op de groeicurve geven je een idee van waar je baby zich op het moment bevindt en waar hij, wat betreft zijn afmetingen, zal blijven. Er zijn nog andere aspecten waarop je arts zal letten als hij de groei van je kind bekijkt.

- **Jullie lengte en het gewicht.** Een ouder van 1.60 m heeft meer kans op een kind dat kleiner is dan gemiddeld.
- **De algemene gezondheid en tevredenheid van je kind.** Slaapt en eet hij goed en is hij alert als hij wakker is? Huilt hij voortdurend? (Zo ja, dan krijgt hij misschien niet genoeg te eten.)
- **De ontwikkeling van je baby.** Bereikt hij de mijlpalen rond de voorgeschreven tijd?

Het is een feit dat baby's verschillende afmetingen kunnen hebben, van piepklein tot ellenlang. Zolang je baby goed eet en zijn groeicurve con-

TECHNISCHE INFO

Curven van een baby die borstvoeding krijgt

Groeien baby's die borstvoeding krijgen even snel als baby's die flesvoeding krijgen? Recente onderzoeken hebben aangetoond dat er een verschil is: baby's die borstvoeding krijgen, komen in de eerste drie maanden sneller aan in gewicht dan baby's die de fles krijgen. In de tweede helft van het eerste jaar zijn flesgevoede baby's vaak juist weer zwaarder dan baby's die moedermelk krijgen. Dit is niets om je zorgen over te maken, zo lang je baby maar blijft groeien. Je moet je wel zorgen maken als je borstvoeding geeft en al vroeg het gevoel hebt dat je je baby moet bijvoeden omdat hij kleiner is dan andere baby's. Praat met je arts als je bezorgd bent over de groei van je kind. Als er geen probleem is, zal je arts je dat duidelijk maken en als je baby daadwerkelijk meer voeding nodig heeft, zal je arts je kunnen adviseren over de aanpak hiervan.

stant is, hoef je je geen zorgen te maken, ongeacht waar hij zich op de curve bevindt.

De groeicurven zijn in de laatste jaren aangepast. De huidige curven stammen uit 2000, terwijl de oude nog uit de jaren zeventig stamden, toen borstvoeding nog veel minder in de mode was, baby's nog vaak koemelk en veel eerder vast voedsel kregen. In het Groeiboekje van het consultatiebureau zit een recente curve voor jongens en voor meisjes.

Spitter, spetter, spater, in het bad

Al heel snel na de geboorte kun je je baby in bad doen. Zet je baby bij voorkeur in een babybadje of in een tummy tub. Je kunt een babybadje op een speciale standaard zetten, op de commode of in een groot bad (handig als je het water wilt laten weglopen!). Een tummy tub past zelfs in de wasbak.

BELANGRIJK

Je baby de eerste keer in bad doen lijkt eng, maar is de moeite meer dan waard. Een warm bad kan je baby prikkelen of juist kalmeren – in de meeste gevallen wordt hij er doodmoe van, wat weer goed nieuws is voor jou! Als je eenmaal door hebt hoe het werkt, is het in bad doen nog makkelijker dan het wassen op de commode. Huilt je baby nog wel eens als hij op de commode wordt gewassen, dan zul je zien dat hij geniet van een lekker warm bad. Daarbij is je baby veel minder glibberig dan tijdens het afsoppen op de commode.

Geloof het of niet, maar je bent in no time een volleerde babybader. In het begin zul je echter twintig tot dertig minuten moeten uittrekken om alles klaar te zetten, het bad te vullen en je baby te wassen, drogen en aankleden.

PAS OP!

Laat je baby nooit alleen in het bad, ook niet voor enkele seconden. Leg de hoorn van de haak, sluit je huisdieren even op en maak de deur voor niemand open tot je baby weer veilig uit bad is. Mocht er een echt noodgeval zijn waarbij je direct moet reageren, haal je baby dan uit bad.

Je baby lekker wassen

TIP

Doe je baby op de minst hectische tijd van de dag in bad.

1. Verzamel alle badspullen en zet ze bij het babybad.

   Je hebt zeep nodig, een washandje, shampoo en een beker om je baby mee af te spoelen. Zet alles zo neer dat je er gemakkelijk met één hand bij kunt en haal de doppen vast van de flessen.

2. Zorg ervoor dat het badje stevig in een standaard, op de commode of op een tafel staat. Het mag niet wiebelen of om kunnen vallen.

3. Vul het bad maar tot de helft (iets meer voor een groot kind) met lauwwarm water.

   Je baby hoeft niet helemaal onder water te zitten, maar moet wel genoeg hebben om het niet koud te krijgen. Controleer de temperatuur van het water met je elleboog en een badthermometer en zorg ervoor dat het water niet te heet is voor het gevoelige huidje van je baby.

4. Laat de koude kraan even lopen (weggedraaid van het bad) tot de kraan koud aanvoelt.

   Zo kan je baby nooit een hete kraan vastpakken en is het water dat uit de kraan drupt koud.

BELANGRIJK

5. Stel je baby op zijn gemak in bad.

   Houd je baby voortdurend vast, zodat hij zich veilig voelt. Als je het idee hebt dat hij bang is, houd je hem dicht tegen de kant aan. Zing en praat tegen hem of speel met zijn tenen, maar houdt het wel rustig. Het moet leuk zijn voor hem, maar je wilt hem niet overprikkelen – in elk geval niet voor hij *zelf* aangeeft dat het speeltijd is.

6. Was je baby met babyzeep en een washandje.

   Was zijn nek, wangen, oren, lichaam en rug. Bewaar de geslachtsdelen en billen tot het laatst, zodat je zijn gezicht niet wast met een vies washandje. Als je baby in het water plast, heb je dat waarschijnlijk niet eens door, tenzij je een jongetje hebt. Het kan gebeuren. Verschoon het water en ga verder.

7. Was zijn haren met babyshampoo.

   Maak zijn haren voorzichtig nat met een beker lauwwarm water. Babyshampoo prikt niet in de oogjes, maar je kunt zijn oogjes hoe dan ook wat afschermen met je hand of een washandje als je hem afspoelt.

8. Droog hem af, geef hem een schone luier en kleed hem aan.

   Kam zijn haren met een babykam of -borstel en knip zijn nageltjes met een speciaal, stomp nagelschaartje. Gebruik lotion of olie als je baby een droge huid heeft.

Nu je klaar bent met deze klus moet je er de vruchten van plukken: haal diep adem en snuif de heerlijke geur op van je schone baby. Je ruikt dat typische, heerlijke babyluchtje!

Berg

Je ziet misschien dat je baby een dikke, schilferige substantie op zijn hoofd heeft, die er niet afgaat als je er met een washandje over wrijft. Deze substantie is waarschijnlijk *berg*, een huidaandoening die wordt veroorzaakt door een hormonale reactie. Normaal gesproken ontdoen we ons allemaal van dode huidcellen. Je baby's vetklieren scheiden een olieachtige substantie af die ervoor zorgt dat de dode huidcellen aan zijn hoofd blijven plakken.

Berg ziet er niet fraai uit, maar komt heel veel voor bij jonge kinderen. Je kind heeft er geen last van en het is niet besmettelijk.

Er is tegenwoordig speciale babyshampoo tegen berg. Het helpt ook om wat olie op de hoofdhuid van je baby te wrijven voor je hem in bad doet. Laat de olie enkele minuten inwerken en maak dan met een babykam de schilfers los. Als het niet werkt, kun je de olie nog wat langer laten zitten. Het haar van je baby zal heel vet zijn en moet goed gewassen worden. Als je met de schilfers ook de haren van je baby verwijdert, moet je de behandeling stoppen.

Als de hoofdhuid rood ziet en jeukt, moet je je arts bellen. Hij kan een speciale crème voorschrijven die de klachten kan verminderen. Soms is berg zo dik dat olie niet helpt. Je kunt in dat geval bij het consultatiebureau om advies vragen.

Een band krijgen met je baby

Je kunt je heel rot voelen als je jezelf gaat vergelijken met andere ouders. Je broer en schoonzus hebben net een kindje gekregen en zij lijken alles helemaal onder controle te hebben, alsof ze al hun hele leven kinderen grootbrengen. Als je het goed bekijkt, lijkt iedereen in je omgeving met kinderen wel heel ontspannen met het ouderschap om te gaan. Ondertussen zit jij nog steeds te wachten op de ouderfee die wat magische stof over je heen strooit, zodat jij je ook eindelijk een *echte* moeder (of vader) gaat voelen.

Diep van binnen weet jij heus wel dat het ouderschap een behoorlijk zware uitdaging is, vooral als je nooit voor meer hebt hoeven zorgen dan een hangbegonia. Die eerste maand is een periode van groot aanpassingsvermogen voor jou en je partner – als maatjes en als ouders. Als je er alleen voor staat, is deze hele periode behoorlijk overweldigend. Door alle spanning, opwinding, vermoeidheid en slaapgebrek heb je misschien nog niet helemaal door wat er allemaal met je gebeurt op dit moment. Je kunt het beste maar een stapje terug doen en niet te hard zijn voor jezelf. Alles komt uiteindelijk op zijn pootjes terecht en zal heel natuurlijk worden, maar dat heeft wel even tijd nodig.

Vertrouwen krijgen in jezelf als ouder

Je baby is een vreemdeling als je hem voor het eerst in je armen houdt. Hij kan een heel gemakkelijke vreemdeling zijn om in je huis te hebben, maar hij kan ook een wat beangstigende vreemdeling zijn, die tekenen van een temperamentvolle persoonlijkheid tentoonspreidt. Hoe het ook zij, je moet jezelf de tijd gunnen hem en zijn patronen te leren kennen.

BELANGRIJK

Je moet jezelf toestaan te wennen aan het feit dat je vanaf nu 24 uur per dag voor deze kleine vreemdeling moet zorgen. Soms moet je verschillende methodes toepassen om erachter te komen wat je baby precies wil. Soms gaan dingen in één keer goed, andere keren heb je het gevoel totaal niet te weten waar je het zoeken moet. Maak jezelf niet gek: verwarring is een belangrijk *onderdeel* van het ouderschap.

Het is niet altijd eenvoudig om vertrouwen te krijgen in jezelf als het om je baby gaat. Het gaat vaak een stuk makkelijker als je een goed netwerk om je heen hebt, dat je helpt en aanmoedigt. Maar ook zonder deze supporters kun je deze klus klaren. Besef gewoon dat er niet zoiets bestaat als een superouder. We zijn allemaal mensen, we hebben allemaal emoties en iedereen die ooit een baby heeft gehad die langdurig lag te huilen, heeft wel eens op het punt gestaan met hem mee te gaan doen.

TIP

Het is in deze beginperiode van essentieel belang dat je je niet gek laat maken. Wisseling van de wacht kan in deze dagen heel goed werken: doe een dutje als je partner een uurtje voor de baby kan zorgen. Als je partner niet beschikbaar is, maar een betrouwbare vriend biedt hulp aan, neem die dan aan. Een goed uitgeruste ouder kan veel meer van zijn baby genieten dan een uitgeputte ouder.

Wachten... en wachten... op de emotionele band

Je baby is nu een week oud en je voelt je nog steeds geen echte ouder. Misschien ben je nog steeds herstellende van een zware bevalling en zeer waarschijnlijk heb je ook last van de heftige hormoonschommelingen die kort na de bevalling gaan plaatsvinden. Daarbij kunnen je borsten vreselijk pijnlijk zijn als je borstvoeding geeft. Als jij de vader bent, heb je misschien last van een chronisch slaaptekort en heb je het druk met het steunen van je partner. Dit is voor niemand gemakkelijk.

Zowel vaders als moeders kunnen teleurgesteld zijn omdat dit niet de ideale ervaring is die ze hadden verwacht. Misschien voel je je zelfs schuldig omdat je je niet wat gelukkiger voelt. Hou op met denken dat elke nieuwe ouder in de zevende hemel is.

Kraamtranen – gevoelens van angst en verdriet – komen veel voor in de eerste twee weken na de bevalling. Ze kunnen je geloof in jouw ouderschapsvermogen behoorlijk onderuit halen en het aangaan van een band met je baby bemoeilijken. In hoofdstuk 2 lees je meer over kraamtranen.

De meeste artsen doen niets aan deze lichte depressie van mama. Huil gewoon lekker uit op de schouder van je partner, je moeder of een goede vriend of vriendin. Doe het in elk geval niet alleen.

Hoewel kraamtranen veel voorkomen en meestal vanzelf overgaan, is een postnatale depressie minder gebruikelijk en veel ernstiger. Als je humeur verandert van een verdrietig gevoel in een gevoel van wanhoop, als je niet kunt slapen of niet uit je bed kunt komen, als je niet kunt ophouden met huilen of als je eraan denkt om jezelf of je baby wat aan te doen, dan moet je direct contact opnemen met je huisarts.

Vele ouders hebben tijd nodig om die liefdevolle band te creëren, die ze eigenlijk direct hadden verwacht. Maak je geen zorgen, die liefde komt heus wel en ze zal sterker zijn dan je ooit had kunnen denken.

De schoonheidsvlekjes van je baby

Als je zwanger bent, zie je je kind voor je als een perfecte, kleine baby met kuiltjes in zijn wangen en een gezonde blos. Geen enkele ouder stelt zich daar een geboortevlek bij voor, terwijl die toch heel veel voorkomen. Vele ervan verdwijnen in de loop van de tijd ook weer, terwijl andere voor altijd bij je kind zullen horen. Hieronder verklaren we de meest voorkomende geboortevlekken.

Ooievaarsbeet of engeltjeskus

Dit zijn de meest voorkomende geboortevlekken. Meer dan de helft van alle baby's heeft een of meer van deze platte, paarse, rode of roze vlekken. Ze komen het meeste voor achter op de nek, op de oogleden, aan de zijkant van de neus of op het voorhoofd. Deze *beetjes* of *kusjes* zijn in feite groepjes bloedvaten vlak onder de huid die (tijdelijk) wat te wijd en uitgezet zijn. Meestal verdwijnen deze vlekken voor de tweede verjaardag van je kind (de vlekken achterop de nek blijven het langste zitten). Ze zijn in elk geval onschuldig en hoeven niet behandeld te worden. Soms worden ze roder als je baby huilt of poept, omdat de bloedvaten zich dan vullen met bloed. Dit is normaal en niets om je zorgen over te maken.

Moedervlekken

Ook deze licht- of donkerbruine vlekken komen veel voor en kunnen overal op het lichaam verschijnen. Soms komen ze in groepjes voor. Ze kunnen al bij de geboorte aanwezig zijn, maar ook in de eerste levensjaren van je kind ontstaan. Ze verdwijnen niet en kunnen donkerder worden door de zon. Stel je consultatiebureauarts op de hoogte als je baby veel moedervlekken heeft; hij of zij kan ze dan in de gaten houden en eventueel kijken of er verder iets aan de hand is.

Mongolenvlekken

Deze pigmentvlekken zijn blauwachtig zwart of grijs van kleur en komen meestal voor op de onderrug of billen van baby's met een donkere huidskleur. Ze kunnen ook wel voorkomen op de schouders en benen. Mongolenvlekken worden veroorzaakt door een groep melanocytes (cellen met melanine) vlak onder de huid. Statistieken wijzen uit dat bijna alle Afrikaanse, Aziatische, Indiase en Zuid-Amerikaanse baby's mongolenvlekken hebben. Ze kunnen in de loop van het eerste jaar donkerder worden, maar verdwijnen uiteindelijk helemaal.

Zorg ervoor dat je arts deze vlekken vastlegt. Ze kunnen namelijk worden aangezien voor blauwe plekken.

Hemangioom

Hemangiomen zijn clusters van bloedvaten. Er zijn twee typen.

- **Aardbeienvlekken** worden ook wel eens een frambozenvlekken genoemd. Net als bij de ooievaarsbeet is er er sprake van een kluwen bloedvaatjes die zich in de huid hebben opgehoopt. Ze zijn ongevaarlijk, maar dat neemt niet weg dat ze behoorlijk opvallend kunnen zijn. Aardbeienvlekken kunnen behalve in het gezicht en in de hals ook op andere plekken van het lichaam voorkomen.

De vlekken worden vaak tussen zes maanden en een jaar groter. Als je baby anderhalf jaar oud is, begint de vlek kleiner te worden en zal in de loop van de jaren verdwijnen.

- **Caverneus hemangioom (cavernoom)** zit in diepere lagen van de huid en de bloedvaten. Ze komen minder vaak voor dan aardbeienvlekken en zijn vaak niet zichtbaar bij de geboorte. In plaats daarvan beginnen ze als platte vlekken (ze kunnen er uitzien als een krasje) die gedurende het eerste jaar snel in omvang toenemen. Ze kunnen behoorlijk groot, sponsachtig en blauwachtig van kleur zijn – sommige kunnen er uitzien als een bloeduitstorting of blauwe plek (en zorgen ervoor dat je talloze keren aan wildvreemden moet uitleggen wat er met je kind aan de hand is). De meeste cavernomen worden na enkele jaren kleiner en zijn doorgaans verdwenen tegen de tijd dat je kind naar school gaat.

Hemangiomen kunnen behoorlijk groot en opvallend zijn, vooral als ze in het gezicht voorkomen. Dit kan vooral voor ouders soms heel pijnlijk zijn (omdat tactloze mensen het voortdurend nodig zullen vinden erop te wijzen, alsof je het zelf nog niet gezien had). Als een geboortevlek de normale lichaamsfuncties niet beperkt (de baby kan moeilijk ademhalen of hij kan niet eten omdat de hemangioom op zijn lip zit), zal een huidarts voorstellen te wachten met operatieve ingrepen. Als je een hemangioom te vroeg weghaalt, kan er een litteken voor het leven achterblijven, terwijl de natuur vaak zonder sporen achter te laten zijn werk doet.

Artsen kunnen zich zorgen maken om hemangiomen bij het oog en op de ruggengraat. Hemangiomen op de ruggengraat kunnen een aanwijzing zijn voor een onderliggende afwijking aan de ruggengraat en moeten onderzocht worden.

Wijnvlekken

Een wijnvlek is een vaak grote, rode of paarsachtige vlek op de huid, die het meest voorkomt in het gezicht of in de hals. In tegenstelling tot de ooievaarsbeet en de aardbeienvlek gaat een wijnvlek niet uit zichzelf weg. Ze groeien ook mee met je kind. Zonder behandeling blijven ze het hele leven duidelijk zichtbaar. Dit kan tot grote emotionele problemen leiden. Vaak is rond de puberteit door middel van lasertechnieken wel iets aan deze vlekken te doen.

Tot voor kort was de oorzaak van wijnvlekken onbekend. Vandaag de dag wordt gedacht dat ze worden veroorzaakt door een onvermogen van het lichaam om de aanmaak van bepaalde bloedvaten in te dammen. Wijnvlekken die voorkomen bij het oog van je baby of op zijn wang kunnen ook een aanwijzing zijn voor andere medische aandoeningen, zoals het Sturge-Weber-syndroom, waarbij ook bloedvaten in de ogen en hersenen zijn aangetast. Je arts zal wijnvlekken in het gezicht controleren om verdere aandoeningen uit te sluiten.

Laat hem maar slapen

Een baby in huis zorgt ervoor dat eens stilstaat bij de meest rudimentaire behoeften van de mens. Je dag draait plotseling om een basale behoefte die je jarenlang voor lief hebt genomen of waarbij je nooit echt hebt stilgestaan: slaap. Het eerste wat je zult merken, is dat de innerlijke klok van je baby totaal anders werkt dan die van jou.

Hoeveel slaap heeft hij nodig?

TIP

Elk kind is anders, maar over het algemeen geldt dat een pasgeboren baby zestien tot twintig uur per dag slaapt. Dat gebeurt meestal in een paar uur hier en een paar uur daar. Je kleintje wordt waarschijnlijk wakker om te eten, zijn luier te laten verschonen, naar je te staren terwijl jij hem knuffelt en valt dan weer in slaap.

De meeste kinderen van deze leeftijd hebben nog niet echt een vast slaappatroon. Je doet niets verkeerd als je baby elke dag op andere tijden wakker is. Je baby volgt gewoon de aanwijzingen van zijn kleine lichaam: eten en slapen. (Was ons leven maar zo simpel.) Daarbij komt dat hij nog steeds bezig is zijn zenuwstelsel op orde te krijgen, wat behoorlijk vermoeiend werk is voor een pasgeboren baby. Een onvolgroeid, overactief zenuwstelsel kan een baby op de meest ongelukkige tijden wakker houden (de hele nacht, bijvoorbeeld). Zodra alle neuronen in de loop van de komende maanden de juiste kant op gaan schieten, zal er een duidelijk patroon in zijn slaapcyclus verschijnen.

Nachtbrakers en actievelingen

BELANGRIJK

Baby's die maar niet willen slapen, kunnen het slachtoffer zijn van hun onvolgroeide zenuwstelsel. Omdat je baby overdag gemakkelijk overprikkeld kan raken, zou hij moeite kunnen hebben met zelf in slaap vallen. Het is prima om hem in een rustige omgeving te wiegen en te aaien om hem in slaap te krijgen. Probeer hem echter wel in zijn wiegje of bedje te leggen als hij nog wakker is. Je wilt niet verzeild raken in een patroon waarin jij hem in slaap moet wiegen. Hij leert dan nooit hoe hij zelf in slaap moet vallen.

Bij nachtbrakers (baby's die laat op de avond klaarwakker worden en dat blijven tot in de vroege ochtend) is de biologische klok wat in de war. De theorie betreffende de reden hiervoor is heel plausibel: in de baarmoeder vallen baby's in slaap door de dagelijkse bewegingen van hun moeder. Deze baby's beginnen te schoppen en draaien op het moment dat hun moeder 's avonds uitrust. Dat kan al behoorlijk vermoeiend zijn als je zwanger bent, maar wat doe je als het schoppen en draaien verandert in hardop schreeuwen en huilen?

TIP

Je kunt het schema van je baby bijstellen met behulp van onderstaande tips.

- **Maak de avond tot een rustmoment.** Dim de lichten, houd harde geluiden buiten en zorg voor zo min mogelijk prikkelingen.
- **Bewaar het ledikant voor 's nachts.** Leg je baby voor dutjes overdag in zijn wiegje of in de box in de kamer.
- **Verminder de dutjes overdag.** Houd hem bezig met speeltjes, een warm bad (tenzij hij daar slaperig van wordt), kietelen of zingen. Door hem overdag wat meer te prikkelen, *wil* hij overdag misschien wel gedurende langere perioden wakker zijn.
- **Loop overdag niet op je tenen door het huis als je baby slaapt.** Laat hem wennen aan de geluiden van de dag, zoals de radio en televisie, de telefoon en de stofzuiger. Als het 's nachts dan stil is, zal hij dieper slapen.

PAS OP!

Probeer niet bij elk geluidje uit het ledikant of de wieg uit je bed te springen en te gaan kijken. Geef hem de kans vanzelf weer in slaap te vallen. Door direct naast zijn bed te staan, kun je hem onbedoeld stimuleren om 's nachts wakker te zijn.

Bij je baby slapen

Omdat het gemakkelijk en gezellig is, slapen veel ouders met hun baby samen in bed. Er is veel tegenstrijdige informatie over het bij je in bed nemen van je kind en veel mensen hebben dan ook een uitgesproken mening. Er zijn duidelijke voor- en nadelen. Kijk naar tabel 6.1 voor een overzicht van beide.

Tabel 6.1: Voor- en nadelen van slapen met je baby

Voordelen	*Nadelen*
Gemak. Het is gewoon makkelijker voor een borstvoedende moeder om haar baby 's nachts vlak naast zich te hebben.	Er zijn enkele veel voorkomende gevaren, zoals verstikking.
Je baby voelt zich veilig en slaapt beter.	Ouders kunnen bang zijn op hun baby te gaan liggen of iets dergelijks en daardoor *minder* slapen.
Voorstanders van samen in een bed slapen zeggen dat het de familieband tussen ouders en kinderen versterkt.	Samen in een bed slapen leidt er heel vaak toe dat een kind alleen tussen de ouders in slaap valt en nog jarenlang bij de ouders in bed ligt of elke avond een scène schopt bij het naar bed gaan.

PAS OP!

Weken van nachtelijke voedingen eisen hun tol en je zult een punt bereiken waarop je gewoon een volle nacht slaap nodig hebt – of iets wat erop lijkt. De mogelijke gevaren zijn echter belangrijk om in acht te nemen dan de tijdelijke voordelen. Je kunt het ledikant van je kind beter dicht bij je bed zetten; hij ligt dan vlak naast je en toch in zijn eigen bed.

TIP

Je kunt ook kijken naar bedjes waarvan je een kant kunt laten zakken en die je aan jouw bed kunt vastmaken (figuur 6.1). Zo ligt je baby vlak naast je, maar toch in zijn eigen bed. Je hebt het gemak van je baby op armlengte afstand, zonder je zorgen te hoeven maken over de gevaren.

Figuur 6.1: Een baby in een bedje dat aan het jouwe is vastgemaakt, is handig voor de nachtelijke voedingen

Voedertijd

Net als slaap wordt voeden een essentieel element in het leven van nieuwe ouders. Je zult misschien verbaasd staan over de hoeveelheid tijd die je kwijt bent aan het bezorgd zijn over of je baby wel voldoende of te veel eten binnenkrijgt. Daar komen de zorgen over gasvorming en ontlasting nog bij en dan ben je toch wel echt ingewijd in het ouderschap.

Groeipijn

Omdat artsen adviseren om je baby op aanvraag te voeden (dus als je baby aangeeft dat hij honger heeft), moeten ouders voortdurend standby staan, wachtend met een fles of borst voor het geval het geschreeuw of gehuil begint. Verwacht niet dat je baby in de eerste paar weken al een vast patroon ontwikkelt.

BELANGRIJK

Bij drie weken (en opnieuw bij zes weken en drie maanden) maken alle baby's een groeispurt door. Je baby zal vaker, fanatieker en misschien zelfs langer drinken. Je borsten kunnen gaan lekken (bijna net zo erg als toen je borstvoeding net goed op gang kwam) en ze kunnen pijnlijker zijn dan gebruikelijk.

Je lichaam is opvallend goed in staat zich aan deze vraag aan te passen en het onprettige gevoel daarbij is maar van tijdelijke aard. Zodra je baby heeft aangegeven hoeveel melk hij op dit moment nodig heeft (dat

Krijgt je baby te veel voeding?

Zelfs kleine baby's kunnen hongerig zijn. Sommige ouders, vooral die van flesgevoede kinderen, die grote hoeveelheden melk geven (in tegenstelling tot moeders die borstvoeding geven, die niet kunnen zien hoeveel hun kind drinkt), beginnen zich af te vragen of ze hun baby te veel te eten geven. Zo lang je je baby echter laat bepalen hoeveel en wanneer hij drinkt, zal hij stoppen als hij genoeg heeft. Dit is een automatische respons. Je kunt hem niet echt te veel geven, maar je kunt hem wel te *weinig* geven. Onthoud dat er op dit moment veel gebeurt met zijn lichaam en dat hij elke slok melk heel hard nodig heeft.

doet hij door meer te drinken en harder te zuigen), zullen je borsten zich aan deze fase aanpassen. Deze omschakeling duurt waarschijnlijk een paar dagen en hooguit een week.

PAS OP!

Het is belangrijk om je baby borstvoeding te blijven geven gedurende een groeispurt, zodat je melkvoorraad is afgestemd op zijn behoefte. Je bent misschien geneigd om tussendoor een flesvoeding te geven om jezelf even pauze te gunnen tijdens deze groeispurten, maar dat is nu juist contraproductief. Alleen als je baby mag drinken zo vaak hij wil, zal je melkvoorraad toenemen tot de juiste hoeveelheid. Door flesvoeding erbij te geven, zou je je baby wel eens sneller kunnen moeten spenen dan je bedoeling was.

Poepbroeken

Veel pasgeboren baby's lijken vastberaden te zijn in hun eentje de hele luierindustrie in stand te houden. Een jonge baby kan zijn luier bij elke voeding vullen, wat zou kunnen uitkomen op zo'n tien luiers per dag voor een kind dat borstvoeding krijgt. Dit is niet ongebruikelijk. Wat erin gaat, moet er immers ook weer uit en de frequente poepbroeken van je baby zijn voor jou een aanwijzing dat hij voldoende te eten krijgt. (Als je borstgevoede baby minder dan vijf poepluiers per dag heeft, zou hij wel eens te weinig moedermelk binnen kunnen krijgen.) De ontlasting van een baby die borstvoeding krijgt, is gelig, dun en korrelig. Een flesgevoede baby heeft minder poepluiers (een per dag, een om de dag, een elke drie dagen... Je kind ontwikkelt zijn eigen ritme) en zijn ontlasting is meestal bruin en steviger.

De ontlasting van een pasgeboren baby kan behoorlijk explosief naar buiten komen. Wees dus niet bezorgd over het geluid (hij kan er zelfs bij kreunen) of de hoeveelheid ontlasting in zijn luier. Zorg altijd voor voldoende luiers in huis, evenals voldoende schone kleren bij de commode.

In de tweede maand gaat je baby iets minder vaak poepen, al is het vaak nog steeds explosief tot je baby vast voedsel krijgt. Dan zal het... nou ja, vaster worden.

BELANGRIJK

Groene ontlasting is heel normaal. Laat wel even kijken naar rode (bloed), zwarte (oud bloed) of witte (mogelijke leverproblemen) ontlasting.

Wat een lucht!

Baby's kunnen behoorlijke winden laten. Gasvorming kan ontstaan door tijdens het drinken lucht binnen te krijgen of door iets wat de moeder heeft gegeten. Sommige baby's laten gedurende de dag regelmatig winden en zijn zich daar heerlijk onbewust van. Soms blijft dit gas steken in hun maag of darmen, waar het blijft bubbelen en daar kan je baby behoorlijk ongelukkig van worden.

Darmkrampjes zijn niet om te lachen. Je baby kan schreeuwen van pijn en/of zijn beentjes optrekken naar zijn buik. Jouw doel is natuurlijk om hem te kalmeren, de lucht naar buiten te krijgen en te voorkomen dat het vaker gebeurt.

TIP

Als je baby de fles krijgt en vaak last heeft van gasvorming, kun je proberen een fles met een geknikte hals te gebruiken. Op deze manier komt er minder lucht in de speen en dus in de maag van je kindje. Je kunt ook een ander soort speen proberen. De speen die je gebruikt kan te klein zijn, waardoor je baby vooral lucht binnenkrijgt in plaats van melk.

BELANGRIJK

Laat je baby halverwege de voeding boeren (of vaker als je baby erg veel last heeft van gasvorming) en nog een keer als hij klaar is. Ook als er geen gezonde boer komt na een minuut of twee, moet je het blijven proberen. Het is belangrijk om de lucht zo snel mogelijk uit het lichaam te krijgen, zodat die niet een uur later met veel geweld en pijn naar buiten komt.

PAS OP!

Een moeder die borstvoeding geeft, moet een paar dagen in de gaten houden wat ze eet. Ze moet proberen voedsel te vermijden dat het darmstelsel van de baby kan irriteren.

- melkproducten (melk, kaas, ijs). Onthoud dat je geen melk hoeft te drinken om melk te maken;
- scherpe gerechten (met pepers en knoflook);
- stimulerende middelen (zoals cafeïne);
- gasbevorderend voedsel (broccoli, bonen of vegetarisch voedsel met veel groenten)

Laat niet al deze voedingsmiddelen tegelijkertijd achterwege, want dan kom je er nooit achter wat de boosdoener is. Stop steeds gedurende enkele dagen met een bepaalde groep voedingsmiddelen en kijk wat je baby's reactie daarop is. Als de gasvorming is verdwenen, dan kun je dat hoogstwaarschijnlijk toeschrijven aan het eten dat je de afgelopen dagen hebt laten staan.

TIP

Ondanks al jouw verwoede pogingen kan je baby soms nog steeds last hebben van krampjes. Er zijn een paar houdingen die je baby kunnen kalmeren en de lucht uit zijn lichaam kunnen persen. In alle gevallen moet je druk uitoefenen op zijn buik. Als je baby dit onprettig vindt, dan moet je onmiddellijk ophouden.

- Leg hem op zijn rug op een plat oppervlak en druk zacht op zijn buik terwijl je erover wrijft.
- Leg hem over je schouder en klop op zijn rug, net zoals je doet wanneer je hem laat boeren tijdens en na een voeding. Dit kan een behoorlijke boer aan hem ontlokken.
- Ga in een stoel zitten en leg hem met zijn gezicht naar beneden op je benen. Klop zachtjes op zijn rug en wiebel hem op en neer met je benen.
- Geef hem wat warmte. Vul een kruik met warm water en leg je baby er met zijn buikje bovenop (op een veilig oppervlak, zoals de vloer) en wrijf over zijn rug. (***Let op:*** gebruik geen heet water! Je kunt je baby's huid verbranden.)

Als niets helpt en je baby vaak last heeft van gasvorming, vraag dan eens om advies bij het consultatiebureau.

Tranen met tuiten

Elke baby huilt en sommigen huilen meer en intenser dan andere. Jouw baby, zo intelligent als hij is, kan niet anders met jou communiceren dan door te huilen. Als je baby wat groter wordt, ben je misschien in staat het verschil te horen tussen de manieren van huilen en weet je ook wat de betekenis ervan is. Op dit moment zal het echter geregeld gebeuren dat je geen flauw idee hebt wat er met je kind loos is. Houd vol. Dit overkomt elke ouder en is altijd lastig, hoe goed je ook voorbereid bent op de zorg voor je baby.

Redenen voor tranen

BELANGRIJK

Honger staat bovenaan de lijst van mogelijke redenen voor tranen. Als hij nog steeds huilt nadat je hem een fles of je borst hebt aangeboden, loop dan deze checklist langs om te zien wat eventueel ook een probleem zou kunnen zijn.

- Heeft hij een schone luier nodig?
- Heeft hij het te warm of te koud?
- Zou hij moe kunnen zijn?

- Heeft hij last van een kledinglabel of zit zijn teen klem achter een drukknoop?
- Is hij ziek? (Een kind dat hoge koorts heeft of overgeeft, moet zo snel mogelijk naar een arts.)

Je weet waarschijnlijk wel wat je aan bovenstaande kunt doen. Als je geen duidelijke reden kunt aanwijzen voor zijn verdriet, kan hij overprikkeld, bang of gewoon *niet lekker* zijn. Onthoud dat zijn zenuwstelsel nog niet volledig ontwikkeld is en dat dingen die wij niet irritant vinden (geluid, licht, een gekke geur) voor hem heel vervelend kunnen zijn.

TIP

In dat geval kun je enkele van onderstaande troostmethoden proberen.

- **Inbakeren.** Baby's houden ervan ingepakt te worden; ze voelen zich veilig en zeker. Zorg ervoor dat je hem niet te strak inpakt, want dan zou hij wel eens harder kunnen gaan huilen.
- **Houd hem vast, wieg hem en loop met hem rond.** Beweging kan huilers kalmeren.
- **Geef hem een fopspeen.** Baby's kalmeren als ze zuigen. Jouw kind heeft misschien meer zuigbehoefte dan die paar uur drinken per dag hem kunnen geven. In hoofdstuk 8 lees je meer over de voor- en nadelen van fopspenen.

Het kan enorm frustrerend zijn als niets je baby kan troosten. Besef dat ook dit normaal is en dat het eigenlijk niets te maken heeft met jouw capaciteiten als ouder. Zolang je zoekt naar een reden en hem niet verder prikkelt, doe je alles wat je kunt.

Als je denkt dat gasvorming de oorzaak is van het huilen van je borstgevoede baby, lees dan de vorige paragraaf, 'Wat een lucht!' Je kunt ook een kind hebben dat zich meer bewust is van de wereld om zich heen dan andere kinderen. Een hele dag van prikkelingen – licht, stemmen, bewegingen – kan dan 's avonds uitmonden in een vulkanische huilexplosie, als je baby zich even moet ontladen. Ik bespreek de omgang met gevoelige baby's in hoofdstuk 8.

TIP

Als je frustratie het kookpunt bereikt en je baby huilt nog steeds, laat hem dan enkele minuten in zijn bedje liggen terwijl jij even tot rust komt. Alle ouders voelen zich soms wanhopig en geïrriteerd. Soms help je je kind en jezelf het meeste door weg te lopen van de situatie waarin je je bevindt. Haal een paar keer diep adem. Doe wat rekoefeningen als dat helpt. Bel een vriendin of je moeder. Vertel jezelf dat je baby dit niet doet om jou te pesten en dat het uiteindelijk echt een keer overgaat.

Omgaan met koliek

Een baby die op bepaalde tijden uren achter elkaar huilt zonder duidelijke aanleiding kan last hebben van koliek. We hebben het hier over een behoorlijk ellendige situatie – voor je baby en voor jou. Elke ouder die te maken heeft gehad met een baby met koliek kan je vertellen hoe moeilijk het is. Als je dus denkt dat jouw baby huilt vanwege iets anders dan honger of ongemak, dan leven duizenden verzorgers over de hele wereld met je mee.

Koliek wordt grofweg gedefinieerd als huilen dat minstens twee uur lang doorgaat, dat plaatsvindt op bepaalde tijden van de dag (vaak laat op de avond) en minimaal drie keer per week. Dit patroon begint meestal ergens in de eerste maand. De oorzaak is niet duidelijk. Het werd altijd geweten aan het onvolgroeide spijsverteringsstelsel van de baby waardoor gasvorming plaats zou vinden. Terwijl deze theorie nog steeds rondwaart, suggereren andere theorieën dat koliek te maken heeft met het onvolgroeide zenuwstelsel van een baby en zijn onvermogen om zich af te sluiten voor te veel prikkels uit zijn omgeving.

Wat de oorzaak ook is, koliek is ongevaarlijk voor je kind en verdwijnt doorgaans vanzelf aan het einde van de derde maand. Koliek is vooral zwaar voor de verzorgers van de baby, die dag en nacht het gehuil van hun kind moeten aanhoren. Er zijn enkele beproefde tips voor het kalmeren van een baby met koliek.

- **Kalmeer hem met geluiden en trillingen.** Zet de stofzuiger of afzuigkap aan. Zet je baby naast de wasdroger als deze aanstaat. Neem hem mee voor een lange rit in de auto. Laat hem slapen in een schommel. De combinatie van frequente geluidstrillingen en vibratie kan je baby direct in slaap laten vallen.
- **Wandel met hem rond.** Doe je baby in een draagzak. Soms wil je huilende baby alleen maar dicht bij jou zijn.
- **Geef hem een fopspeen.** Zuigen heeft een kalmerende werking, vooral voor een kind dat overgevoelig is.
- **Masseer hem.** Aanraking is enorm rustgevend voor een baby.
- **Verander van omgeving.** Probeer hem mee naar buiten te nemen of doe hem in bad. Om de een of andere reden reageren sommige baby's met koliek heel goed op deze plotselinge verandering van omgeving. (En als het werkt, hoef je je verder niet af te vragen waarom!)

Het allerbelangrijkste is dat je hulp aanvaardt als die je wordt aangeboden. Dagelijks moeten luisteren naar een huilende baby is zelfs voor de beste ouder te veel gevraagd. Maak het jezelf niet te moeilijk als je merkt dat je op je eigen bed ligt te huilen terwijl je baby in zijn bedje ligt te schreeuwen. De uitspraak dat het ouderschap een van de zwaarste banen ter wereld is, is vast gedaan door iemand met een baby met koliek.

Koliek kan tot problemen in je relatie leiden. Blijf over de situatie communiceren en gun elkaar af en toe een pauze. Eén persoon moet niet voortdurend verantwoordelijk zijn voor een schreeuwende baby. Dat is niet goed voor de ouder en het is beter voor de baby om te maken te krijgen met een goed uitgeruste (zo goed als mogelijk is dan) verzorger.

Met je baby de hort op

Thuisblijven met je baby is niet altijd zo leuk als sommige mensen wel denken. (Je voormalige collega's denken waarschijnlijk dat jij de hele dag een beetje rondhangt en je nagels lakt wanneer je daar zin in hebt.) Elke minuut van de dag in je huis doorbrengen gaat op den duur aanvoelen alsof je in de gevangenis zit – ongeacht het goede gezelschap en de reden.

TIP

Zolang je je goed voelt (en de bevalling al tot een herinnering is verworden), kun je met je baby naar buiten. Hieronder volgen enkele tips voor je eerste uitstapjes.

- **Vul de luiertas met alles wat je nodig hebt.** Stop hem vol met luiers, een mat of dekentje om je baby op te verschonen, billendoekjes, indien nodig flessen en flesvoeding, spuugdoekjes en een fopspeen als je kind die gebruikt.
- **Maak geen al te grote plannen.** Er komt nogal wat kijken bij het uitgaan met je baby, zoals voedingen en luiers verschonen. Een boodschap die je in je pre-babytijd in een halfuur kon doen, zou nu wel eens een uur kunnen duren. Wees hierop voorbereid.
- **Neem iemand mee op je eerste paar uitjes.** Je zult moeten wennen aan een heel nieuwe manier van je huis verlaten en omgaan met de behoeften van je baby als je buitenshuis bent. Met een assistent om je heen gaat dat gewenningsproces veel soepeler.
- **Vermijd een bezoek aan zieke of verkouden mensen.** Het immuunsysteem van een pasgeboren baby werkt nog niet op volle toeren en kan een griep of verkoudheid nog niet goed aan. Je baby is dus gevoeliger voor dit soort aandoeningen en wordt er ook veel zieker van.

Hoewel je je huis in het verleden natuurlijk vaak hebt verlaten, wordt het een heel ander verhaal als je dat met je baby doet. Je planning zal anders zijn en je moet je hele uitstapje inrichten rond je baby's behoeften. Neem daarom elk moment zoals het komt en verwacht niet te veel van wat er komen gaat. In de loop van de tijd zullen – geloof het of niet – je uitstapjes de gewoonste zaak van de wereld worden. Meer informatie over het maken van uitstapjes met je baby lees je in hoofdstuk 3.

TIP

Voor jezelf zorgen

Niet alleen ben je deze eerste maand bezig met ontdekken wat je baby wil en nodig heeft, maar ook wat jijzelf nodig hebt. Het ouderschap is behoorlijk veeleisend en vraagt om je geduld, uithoudingsvermogen en opofferingsgezindheid (het eerste wat je opoffert is slaap, zoals je wel zult hebben gemerkt). Om goed voor je kind te kunnen zorgen, moet je ook goed voor jezelf zorgen. Zorg dat je voldoende eet. Slaap (of rust) als je baby slaapt. Accepteer alle hulp die je krijgen kunt en bespreek hoe die hulp eruit moet zien. (Misschien wil je je moeder niet de hele dag over de vloer, maar je kunt haar wel zeggen dat je het heel fijn zou vinden als ze 's avonds een paar uur zou kunnen komen.)

Boven alles moet je realistisch zijn. De eerste paar maanden met je baby vereisen een groot aanpassingsvermogen en iedereen heeft tijd nodig om daarin een weg te vinden. Wees niet te hard voor jezelf en voor je partner die ook een weg moet vinden in zijn omgang met jullie kind.

Sta jezelf wat gemakzucht toe die je tot nu toe hebt vermeden: eet eens een kant-en-klaarmaaltijd, maak het huis wat minder vaak schoon, laat je moeder de was opvouwen. Waarschijnlijk behoorden een afhaalpizza, een groezelige badkamer en vreemd gevouwen onderbroeken nooit tot je fantasieën over een ideaal leven met je baby, maar alles wat je leven eenvoudiger kan maken, geeft je meer tijd en energie voor je baby. Dat is toch behoorlijk ideaal.

Hoofdstuk 7

De tweede maand: je ritme vinden

In dit hoofdstuk

- Je baby zien veranderen
- Kijken of je baby zich aan een schema houdt
- Je aanpassen aan het borstvoedingsschema van je kind

Je baby heeft het erg druk met groeien en het aanleren van nieuwe vaardigheden. Je kunt je bijna niet meer voorstellen dat hij een paar weken geleden nog maar een klein bundeltje was dat nog niet kon glimlachen, geluiden kon maken en langere tijd wakker kon zijn. De tweede maand is een periode van kleine prestaties en voortdurende aanpassingen. Ouders die in staat zijn zich aan te passen aan wat er komt, hebben hier wellicht een kleine voorsprong op ouders die graag volgens een strak schema leven. Op dit moment zijn de meeste baby's namelijk nog niet in staat zich aan een vast patroon te houden.

In dit hoofdstuk laten we zien wat je kunt verwachten van je baby's ontwikkeling en helpen we je om te gaan met het veranderende activiteitenpatroon van je kind. Moeders die hun baby flesvoeding geven, merken deze maand misschien dat hun kind een vast eetpatroon krijgt. Je weet hoeveel je baby per voeding drinkt en de voedingen vinden op regelmatige tijden plaats. Moeders die borstvoeding geven, hebben waarschijnlijk minder geluk. In dit hoofdstuk geven we je tips voor het omgaan met het chaotische schema van een borstgevoede baby.

Op controle met je baby

Vanaf nu vinden de veranderingen veelvuldig en snel plaats. Je baby begint er nu meer uit te zien als het schatje dat je je tijdens de zwangerschap had voorgesteld en hij wordt zich meer bewust van de wereld om zich heen. En hoewel jij misschien het liefste achterover zou gaan zitten om hem te zien groeien, kun jij zijn ontwikkeling actief stimuleren. Verwacht echter niet te veel: hij kan dan misschien omrollen, maar kan nog niet echt een marathon lopen.

In deze paragraaf vertellen we je wat je kunt verwachten van je bezoek aan het consultatiebureau, geven we je wat ideeën over de mogelijke veranderingen in je baby en geven je dan wat tips over hoe zijn nieuwe vaardigheden kunt stimuleren.

Het tweede bezoek aan het consultatiebureau

Bij deze tweede controle wordt aan zo'n beetje alles aandacht besteed. Jij bent uiteraard doodmoe (zowel van het in de gaten houden van de ontwikkeling van je kind als van de nachtelijke voedingen), maar moet je voorbereiden op een hele reeks vragen die je aan je arts wilt stellen. Je wilt misschien wel weten of het explosieve poepen van je kind normaal is (ja dus) en of hij je al vanaf de andere kant van de kamer kan zien (nog niet). Omdat je je voortdurend dingen over je baby zult afvragen, bestaan er oneindig veel vragen die je je arts kunt stellen. Wees niet verlegen en vraag wat je wilt. De consultatiebureauarts is je beste informatiebron!

TIP

Houd thuis een notitieblokje in de aanslag om alle vragen op te schrijven die je tussen de consultatiebureaubezoeken door te binnen schieten. Doe het in de luiertas, zodat je het niet kwijtraakt tussen alle babyspullen in je huis.

Tijdens het tweede bezoek kun je onderstaande zaken verwachten.

- Je baby wordt gewogen en gemeten (ook zijn hoofdomtrek).
- De arts kijkt naar de lichamelijke ontwikkeling van je kind. Kan hij zijn hoofdje al optillen als hij op zijn buik ligt? Hoe ziet de navel eruit? En de eventueel besneden penis?
- De arts vraagt je naar alle mogelijke zorgen die je hebt. Zijn de billen rood en geïrriteerd? Is je kind een spuugkampioen? De arts kan je raad geven met betrekking tot alles waarover jij je zorgen maakt (zinkzalf voor de billen). Hij zal doorvragen over aspecten die hij verontrustend vindt (hij wil misschien weten hoe je baby spuugt om problemen met het darmstelsel uit te sluiten).
- De arts zal vragen hoe het met je baby gaat wat betreft voedingen, slapen, ontlasting, het contact met jou en de algemene toestand thuis. Wees eerlijk. (Deze eerste maanden zijn voor niemand gemakkelijk en je arts heeft misschien nuttige tips die aansluiten bij jouw situatie.)

Vaccinaties

TECHNISCHE INFO

In het eerste jaar krijgt je baby geregeld een of meerdere vaccinaties tijdens een bezoek aan het consultatiebureau. Deze inentingen hebben totaal onbekende afkortingen. Maak je geen zorgen, in hoofdstuk 18 leggen we je het allemaal uit. Deze maand krijgt je kind:

DKTP-1

Hib-1

TIP

Vraag bij het consultatiebureau naar de bijwerkingen, hoe je je baby kunt troosten en bij welke reacties je een arts moet bellen.

Mijlpalen deze maand

Je kind verandert deze maand van een lieve, kleine vreemdeling in een schattige baby, zowel lichamelijk als sociaal. Tijdens de tweede maand kun je het volgende van hem verwachten.

- Je baby raakt zijn punthoofd kwijt. Zijn schedel is nog steeds vormbaar en deze maand krijgt hij een normale vorm. De zachte plekken boven- en achterop de schedel (fontanellen) zorgen ervoor dat de schedelplaten beweeglijk zijn.
- Hij kan zijn hoofdje 45 graden optillen als hij op zijn buik ligt.
- Hij kan een bewegend object voor hem met zijn hoofd volgen.
- Zijn bewegingen worden minder schokkerig en meer doelgericht.
- Je baby vindt zijn handen, die voor sommige baby's een oneindige bron van plezier zijn (tegen het einde van de maand kan hij misschien zelfs een greep doen naar de speeltjes die boven zijn hoofd hangen).
- Hij kan glimlachen en geluidjes maken.

PAS OP!

Ondersteun die nek! Sommige baby's zijn op dit moment al goed in staat hun hoofd zelf op te houden, maar de meeste zijn nog behoorlijk wiebelig. Echte en betrouwbare kracht in hun nek krijgen ze pas rond de vierde maand. Blijf je baby's nek ondersteunen als je hem optilt. Laat hem zijn nekkracht testen als je hem vasthoudt, maar wees erop voorbereid dat je zijn hoofdje moet opvangen.

De ontwikkeling van je baby stimuleren

Tijdens de tweede maand worden de kracht en de hand-oogcoördinatie van je baby steeds beter. Je kunt de ontwikkeling echter stimuleren (en daarvoor hoef je echt geen gewichten of een leesplankje te kopen).

Laat je baby elke dag een tijdje op zijn buik liggen. Het ziet er misschien wat ongelukkig uit, maar het is een uitstekende manier om die nekspieren te trainen. Til op dat hoofd! Draai die nek! Vind die handen!

Leg je baby op een veilige en schone ondergrond voor deze oefeningen – een deken op de vloer is prima. Laat hem zijn spierkracht testen zolang hij het zelf wil of zolang als jij het volhoudt naar zijn geworstel te kijken. Zelfs op deze jonge leeftijd kun je er nooit zeker van zijn dat je baby niet plotseling een onverwachte beweging achteruit, vooruit of naar opzij maakt. Dat betekent dat je hem niet op een tafel, commode of bank moet leggen.

Geef je baby een babyspiegel (te koop in speelgoedwinkels), zodat hij tijdens zijn oefensessie ook nog wat heeft om naar te kijken.

Stimuleer zijn oog-handcoördinatie door je baby op zijn rug te leggen of in een wipstoeltje te zetten en allerlei interessante voorwerpen boven hem te houden. Baby's houden van het contrast tussen zwart en wit en zijn gek op gezichten. Het duurt niet lang of je baby zal proberen het object of het gezicht te pakken – het begin van de oog-handcoördinatie. Hoe meer kans hij krijgt om deze vaardigheid te oefenen, hoe sneller hij deze ontwikkelt.

Baby's kunnen tot de vierde maand geen kleuren onderscheiden. Onderzoek heeft echter uitgewezen dat pasgeboren baby's houden van contrasterende, zwart-witte patronen. Ga op zoek naar speelgoed met zwart-witte spiralen, strepen of ruiten. Baby's zijn ook gefascineerd door gezichten, vooral de gebieden die contrastrijk zijn, zoals de haarlijn. (Je verbeeldt je dus niet dat je baby geobsedeerd door je is.)

Slaap kindje, slaap (alsjeblieft!)

Ouders van pasgeboren baby's zijn te herkennen aan wallen onder hun ogen, bleke gezichten en hun uitstekende vermogen om exact aan te geven hoeveel minuten slaap ze de afgelopen week hebben gehad. De eerste slapeloze maand eist zijn tol en tijdens de tweede maand begin je je serieus af te vragen of je baby ooit wel door zal slapen 's nachts. Het antwoord is 'ja, maar het kan nog wel even duren'.

Dutjes overdag verminderen

Als je kleintje weigert om 's nachts te slapen, slaapt hij overdag misschien te veel. Als je baby dag en nacht nog steeds niet uit elkaar kan houden of heeft besloten dat de nacht de tijd is om wakker te zijn, dan is nu de tijd aangebroken om hem overdag langer wakker te houden. Een slaperige pasgeborene kan in de eerste maand van zijn leven nog niet zo heel veel prikkels hebben, maar een baby van twee maanden kan al wat meer aan.

Hoe houd je je baby langer wakker en alert?

- Leg hem op zijn buik voor zijn dagelijkse oefeningen.
- Laat hem wat leuke zwart-witte patronen zien.
- Kietel zijn tenen en buik.
- Zing voor hem.
- Laat bezoek komen.

Probeer een baby van twee maanden overdag twee uur achter elkaar wakker te houden. Als dat goed gaat en als hij alerter wordt, kun je er steeds tien minuten aan toevoegen.

Laat je baby slapen als hij er genoeg van heeft! De meeste baby's van deze leeftijd kunnen niet langer dan drie tot vier uur wakker blijven. Hij mag rustig een beetje kriegelig worden, maar niet al te lang. Laat hem slapen voor hij echt overstuur raakt. Als ze overprikkeld zijn, kunnen oververmoeide kinderen heel veel moeite hebben om nog in slaap te vallen. Met alle gevolgen van dien.

Plan wat avondactiviteiten voor de baby die om zeven uur 's avonds in slaap valt en drie uur later weer klaarwakker is, klaar voor het nachtleven. Veel baby's vinden een warm bad voor het slapengaan erg lekker – en vermoeiend (bonuspunten voor jou!).

Ben je nu 's nachts gegarandeerd van succes als je alle bovengenoemde adviezen opvolgt? Nee dus. Elk kind is anders en wat de twee maanden oude baby van je vrienden in slaap sust, kan vreselijk irritant zijn voor jouw hummel. Sommige ouders komen erachter dat het niet uitmaakt wat ze proberen: hun kind wil gewoon 's nachts nog niet doorslapen. Blijf jezelf voorhouden dat jouw kind uiteindelijk ook een keer zal doorslapen en jij ook.

Een flesje voor het slapengaan

Flesgevoede baby's slapen vaak langer achter elkaar en slapen 's nachts sneller door dan hun vriendjes die borstvoeding krijgen. Flesvoeding wordt niet zo snel verteerd als moedermelk, waardoor baby's langer een volle maag houden. Als jouw kleintje twee uur na de late voeding alweer wakker is en wil eten, dan is de kans groot dat hij ook echt honger heeft.

Als je het punt hebt bereikt dat je er niet meer tegen kunt om halve nachten wakker te zijn, kun je je consultatiebureauarts vragen naar de mogelijkheid om je baby 's avonds laat een flesje te geven. Lees de paragraaf 'Moet ik gaan bijvoeden?', verderop in dit hoofdstuk, voor meer informatie.

Borstvoedingmalaise

In de tweede maand is het voeden van je baby niet meer zo'n spannend avontuur als in het begin. Je weet ondertussen wat je kunt verwachten bij elke voeding, wat op zich al een reden tot vreugde is. Je wordt er bijvoorbeeld niet meer warm of koud van als je borst ineens melk gaat sproeien.

Moeders die borstvoeding geven, raken soms wat radeloos rond de tweede maand omdat hun kind zich nog steeds niet aan een schema houdt. Dat had niemand je van tevoren verteld. Jouw functie als 24-uurs restaurant (Dag en nacht open! Ontbijten wanneer je maar wilt!) kan je aardig op de zenuwen gaan werken. Je vraagt je af waarom je je baby niet dwingt om zich aan een schema te houden – zo doe je dat toch?

Moet ik gaan bijvoeden?

BEL DE DOKTER

Tijdens de controle bij het consultatiebureau kun je het voedingspatroon van je kind bespreken. De arts zal je aan de hand van de groeicurve van je baby kunnen vertellen of hij voldoende melk krijgt. Heel af en toe gebeurt het dat een baby niet genoeg melk binnenkrijgt (misschien heb je ingetrokken tepels, is de zuigreflex van je kind niet sterk genoeg of is je melkproductie aan de lage kant). Dit is niet jouw schuld; het kan gewoon gebeuren. Als de arts vaststelt dat dit het geval is, zal hij je zeggen dat je je baby moet gaan bijvoeden.

TIP

Als je niet genoeg melk produceert naar baby's wens, kun je eens kijken wat er in je leven allemaal gaande is en proberen wat meer te ontspannen. Als je op dit moment al aan het werk bent en de hele dag bezig bent, drink je misschien niet genoeg. Misschien eet je niet goed of rust je niet genoeg. Dit zijn allemaal essentiële voorwaarden voor een goede voedselproductie.

Bijvoeden vult niet alleen de buik van je baby. Als je baby af en toe een fles krijgt, kan ook papa's nachts ook eens zijn bed uit gaan voor een voeding. Je kunt zelfs een keer een babysitter inschakelen en samen weer eens uitgaan, wetend dat je baby niet zal omkomen van de honger.

PAS OP!

Begin niet met bijvoeden tot je melkproductie goed op gang is gekomen; dat gebeurt meestal na zes weken. Als je je baby eerder met de fles confronteert, kan dat leiden tot tepel-speenverwarring, omdat verschillende methoden nodig zijn voor het drinken van de borst en de fles.

Misschien maak je je wat zorgen om nu al andere voeding te introduceren, maar er is geen betere tijd dan nu. Wacht je tot je baby vier maanden is, dan heb je kans dat hij elke andere voeding ronduit weigert.

Je baby zal een flesvoeding makkelijker accepteren als hij vrolijk is en honger heeft – maar ook weer niet zoveel honger dat hij om eten brult.

Als hij erg verdrietig is, wil hij waarschijnlijk alleen de troost die jij (en je borst) kunnen bieden.

Baby's kunnen lui worden van de fles ten opzichte van de borst. Ze krijgen directe voldoening van de fles, terwijl ze bij de borst moeten wachten op het toeschieten van de melk. Als dat een probleem is, kun je een beetje melk uit je borst knijpen voor je je baby aanlegt, zodat hij direct iets in zijn mondje krijgt.

Wat als je baby uitgehongerd is (maar niet schreeuwt) en de fles blijft weigeren? Laat dan papa of een andere verzorger de taak op zich nemen. Jouw intelligente, zeer gevoelige kind herkent jouw stem, jouw aanraking en bovenal jouw geur en die van jouw melk. Zelfs als je naar lavendelzeep ruikt, zal zijn gehuil jouw borstvoeding stimuleren. Als hij er ook maar iets van ruikt, zal hij vechten voor zijn kostje.

Het is prima om flesvoeding te introduceren bij de borstvoeding. Het is echter niet goed om je kind nu al boterhammen te geven. Zijn maagdarmstelsel kan op dit moment nog geen vast voedsel aan. Dus ook als jij denkt dat hij het aankan… doe het niet.

Vaker voeden

Als je volledig borstvoeding wilt blijven geven, moet je je baby misschien vaker voeden. Hoe vaker je hem voedt, hoe meer melk je zult produceren.

De noodzaak van een schema

Als jouw baby voldoende voeding blijkt te krijgen, zou je gewoon tegen hem moeten kunnen zeggen dat hij vanaf dat moment alleen nog maar elke drie uur eten krijgt. Toch?

Nee dus. Baby's drinken niet alleen om voeding binnen te krijgen. Zuigen en lichaamscontact werken kalmerend voor een baby. De meeste specialisten zullen moeders adviseren te blijven voeden als de baby aangeeft dat hij honger heeft (door zijn hoofd naar opzij te draaien, te zoeken naar iets om op te zuigen en uiteindelijk te gaan huilen).

De voortdurende noodzaak om je baby te moeten voeden, kan ontmoedigend zijn. De moeder die borstvoeding geeft, kan het daardoor een stuk zwaarder vinden dan ze had gedacht. Onthoud echter dat deze eerste maanden de meest tijdverslindende periode zijn als het om de voedingen gaat. Als dit je eerste keer is op het mamaparcours, kan borstvoeding geven behoorlijk overweldigend zijn – vooral als je erg moe bent (en had verwacht dat je baby zich nu toch wel aan een normaal schema zou houden).

BELANGRIJK

Je bent geen vreselijke moeder als je je een slaaf voelt van je kind. Veel moeders herkennen dat gevoel. Berust in het idee dat je baby niet voor de rest van zijn leven elke twee uur gevoed moet worden. Over een paar maanden krijgt hij ook vast voedsel en dan zal zijn behoefte aan moedermelk langzaamaan minder worden.

Leg je op dit moment gewoon neer bij het feit dat je baby op willekeurige momenten wil drinken en dat dat niets te maken heeft met jouw onvermogen om hem een schema op te leggen. Hier is de natuur aan het werk.

Als jij borstvoeding echt helemaal niet meer ziet zitten, kun je natuurlijk overgaan op flesvoeding. In hoofdstuk 2 vind je tips voor het geven van flesvoeding en in hoofdstuk 16 staan tips voor het spenen van je kind.

Dingen in een nieuw daglicht zien

Als je begint met borstvoeding geven, is elke sessie een enorme opgave. Je probeert uit te vinden hoe je je baby het beste vast kunt houden, hoe hij je tepel goed kan pakken en hoe jij je kunt ontspannen zodat je melk goed toeschiet. Verder laat je ook je borsten zien aan iedereen die maar in je buurt komt. Als je kind wat groter wordt, zul je minder gespannen zijn over de voedingen en ze in je drukke leven in weten te passen.

TIP

Als de voedingen nog steeds een toestand zijn, probeer dan eens een andere houding voor je baby of jezelf. Lees een boek, schrijf je boodschappenlijstje of pleeg een telefoontje en doe andere eenvoudige klussen terwijl je je baby voedt. Als je je moe voelt, moet je juist niets doen en samen met baby ontspannen terwijl hij drinkt. Leg je voeten op tafel en leun achterover in je favoriete stoel. Wie weet kijk je de volgende keer wel uit naar een voeding.

Hoofdstuk 8

De derde maand: niet langer pasgeboren

In dit hoofdstuk

- Ontwikkelingen in de derde maand
- Zorgen voor de veiligheid van je baby
- Kijken of baby klaar is voor routines
- Een aantal zorgen onder de loep

Tijdens de derde maand blijft je baby zijn persoonlijkheid ontwikkelen. Hij verandert van een pasgeborene in een echte baby (*nu* ziet hij eruit zoals de baby's in reclames). Afhankelijk van zijn aanpassingsvermogen zul je denken dat het ouderschap een makkie is of juist veel moeilijker dan je je ooit had voorgesteld. Je zult je hoe dan ook afvragen hoe de rest van het eerste jaar zal gaan verlopen: als je baby nu heel gemakkelijk is, krijg je het dan straks zwaar te verduren als hij gaat lopen? Als je baby nog nooit langer dan drie uur achter elkaar geslapen heeft, betekent dat dan dat hij nooit zal gaan doorslapen?

De derde maand is een overgangsfase van pasgeborene naar een echte, actieve baby. Ook ouders veranderen omdat ze steeds meer gewend raken aan hun leven met een baby, al blijven ze zich nog voortdurend aanpassen aan nieuwe situaties.

Op controle met je baby

Tijdens de derde maand hoef je meestal niet naar het consultatiebureau voor een medische controle. Tijdens dit bezoek zie je de arts niet, maar heb je alleen contact met de wijkverpleegkundige. Omdat je baby deze maand actiever en alerter is, heb je waarschijnlijk tal van vragen voor haar. Schrijf thuis vragen op en bewaar ze in je luiertas zodat je ze in elk geval bij je hebt als je naar het consultatiebureau gaat. In deze paragraaf lees je wat je baby zowel lichamelijk als sociaal doormaakt in de loop van deze maand.

Vaccinaties

Deze maand krijgt je baby opnieuw een vaccinatie. In hoofdstuk 18 leggen we de betekenis van deze afkortingen uitgebreid aan je uit.

Deze maand krijgt je baby:

- DKTP-2
- Hib-2

Mijlpalen deze maand

Wat gebeurt er deze maand met je baby? Hij heeft het erg druk met groeien, bewegen en het ontwikkelen van zijn communicatieve vaardigheden. Hieronder hebben we enkele veranderingen opgesomd die je deze maand kunt verwachten.

- Je baby komt ongeveer een kilo aan en groeit twee tot drie centimeter.
- Je baby krijgt meer kracht in en beheersing over zijn nek. Als je hem optrekt tot zithouding blijft zijn hoofd nog steeds achter, maar duidelijk minder ver dan vorige maand.
- Hij tilt zijn hoofd en borst van de grond als je hem op zijn buik legt. Hij doet nog geen volledige push-ups, maar rust op zijn onderarmen uit.
- Hij slaat en graait naar objecten die boven hem hangen. Hij kan ze waarschijnlijk nog niet pakken, maar hij begint in de buurt te komen.
- Hij kan zijn kleine knuistjes openmaken en misschien al een rammelaar of klein speeltje vasthouden.
- Je baby maakt kleine cirkelvormige bewegingen met zijn armen.
- Je kind onderzoekt en ontdekt verschillende delen van zijn lichaam. (Wat is dit? Een oor?)
- Hij kan misschien al naar een kant rollen of is druk bezig met proberen.
- Hij maakt en houdt langere tijd oogcontact.
- Hij is langere tijd achter elkaar wakker (en ook in slaap).
- Hij laat nu emoties zien: verbaasdheid, angst, boosheid, blijdschap. Hij kan ook emoties van anderen nadoen.

- Je baby krijgt meer belangstelling voor de wereld om hem heen (wat kan betekenen dat hij minder interesse heeft in zijn voedingen).
- Hij herkent stemmen.
- Hij probeert bewust te communiceren door op verschillende manieren te huilen of geluidjes te maken.
- Je baby kijkt naar de plaats waar eens een voorwerp was, maar heeft geen idee dat het nu ergens anders is. Hij heeft dus in de gaten dat iets niet meer is waar het hoort te zijn of eens was en denkt dat het helemaal verdwenen is. Voor hem is het voorwerp gewoon weg.

Onverdeelde aandacht van je baby krijgen

Mensen zonder kinderen schrikken soms van familieleden die lekker tegen hun baby aan het kletsen zijn. Het kan er ronduit gek uitzien. Het kind heeft geen flauw idee wat je tegen hem zegt, dus waarom zou je wat zeggen, toch?

Als je beter kijkt, zie je dat je baby gek is op de aandacht. Hij mag dan nog niet in staat zijn om je te antwoorden, maar je baby begrijpt wel degelijk iets van je boodschap. De manier waarop jij je stem gebruikt, is voor hem bijvoorbeeld een goede indicatie van je humeur, en hoe meer jouw stem zingt, hoe liever hij naar je luistert.

Hoe kun je je baby laten reageren als je tegen hem praat? Door enkele van onderstaande trucs te proberen.

- **Praat tegen hem.** Vertel hem voortdurend wat er gaande is: 'Nu gaan we eten en daarna gaan we even naar buiten.'
- **Zing voor hem.** Zelfs als je geen natuurtalent bent. Het kan je baby niks schelen. Zing gekke liedjes, slaapliedjes of wat er ook maar in je opkomt.
- **Speel spelletjes met hem.** Kietel zijn teentjes en speel vingerspelletjes. Houd speeltjes voor hem zodat hij ernaar grijpt. Proest hard op zijn buik.
- **Kijk naar hem.** Je hoeft niet 24 uur per dag naar hem te staren, maar maak gewoon oogcontact als je met hem communiceert.

Je hoeft geen babypraat te gebruiken tegen je baby. Praat met een zachte stem tegen hem en geef hem je onverdeelde aandacht. Je zult verrast zijn over zijn reacties (bijvoorbeeld als hij zijn stem gebruikt tijdens een favoriet liedje), die kunnen leiden tot meer en betere interactie tussen jou en hem.

Over lichamen gesproken

Baby's zijn een beetje van dit en een beetje van dat. De dikke baby kan magere ouders hebben en het magere kind kan uit een zware familie komen.

Moet je je zorgen maken over een mollige baby of een heel magere? Zolang je arts zich geen zorgen maakt, hoef jij dat ook niet te doen. Je baby wordt elke maand gewogen en gemeten en deze maten worden genoteerd op een groeicurve. (Kijk op www.groeistichting.nl voor meer informatie.)

Kinderen veranderen vaak heel snel. Zodra je mollige baby begint te kruipen, klauteren en lopen, zal hij waarschijnlijk snel dunner worden (en dat blijft hij de komende jaren, aangezien kruipen en lopen overgaat in rennen, fietsen en skateboarden). In plaats van een nadeel is dunner zijn vaak een voordeel als het op bewegen aankomt: als je minder gewicht mee te torsen hebt, kun je vaak eerder omhoog en vooruit komen.

Soms kan een kind met over- of ondergewicht een onderliggende medische aandoening hebben waardoor hij op onnatuurlijke wijze in gewicht toe- of afneemt. De consultatiebureauarts zal hierop letten en ingrijpen als hij het idee heeft dat er iets aan de hand is, bijvoorbeeld als hij denkt dat de schildklier niet goed werkt. Probeer je verder geen zorgen te maken over het babyvet van je kind of het ontbreken ervan.

Zorgen voor de veiligheid van je kind

Je baby wordt deze maand actiever. Hij rolt, grijpt naar dingen en is bijna klaar om nog verder te gaan. Elke dag is een nieuwe kans om zijn horizon te verbreden en verder te kijken dan zijn speelkleed. Dat betekent dat de tijd ook rijp is om de veiligheid aan te scherpen.

Veilig zitten

Je baby houdt van zijn kleine stoeltje, waarin hij kan zitten en kan toekijken hoe jij de keuken schoonmaakt, zijn fles klaarmaakt of zit te kletsen met oma. Toen hij nog onbeweeglijk was, was het redelijk veilig om zijn wipstoeltje of het autostoeltje bovenop het aanrecht of de tafel te zetten. Hij sliep immers bijna altijd en als hij wakker was dan lag hij meestal stilletjes om zich heen te kijken.

Dat verandert nu natuurlijk. Je baby is enerzijds vaker en langer wakker en wordt anderzijds ook steeds nieuwsgieriger – vooral naar zichzelf en wat hij allemaal kan, maar ook naar zijn omgeving. Baby's van drie maanden rollen, schoppen en grijpen, en jouw kind zou deze vaardigheden wel eens met meer geweld kunnen uitvoeren dan jij verwacht. Als hij niet goed vastzit in zijn stoeltje, kan hij zichzelf per ongeluk lanceren.

Dit is vooral belangrijk als je tot nu toe wat laks bent geweest als het aankomt op het vastsnoeren van je baby, ervan uitgaand dat hij toch wel sliep en zich niet echt kon bewegen.

PAS OP!

De riempjes moeten altijd worden gebruikt als je baby in zijn stoel zit. Als de riempjes of gordels loshangen, kunnen ze je kind wurgen als hij onderuit glijdt en uit het stoeltje glipt. In figuur 8.1 zie je hoe je je baby veilig kunt vastmaken.

Figuur 8.1: Je baby zit veilig vast in zijn autostoeltje

Als je volgende zaken in acht houdt, zit je baby veilig in zijn stoel.

- **Maak altijd de riemen vast als je kind in zijn stoeltje zit.** Verstel ze zodat ze strak genoeg zitten om je baby op zijn plaats te houden.
- **Zet het stoeltje niet op een verhoogd oppervlak.** Op deze leeftijd weet je gewoon nooit tot wat je baby al in staat blijkt te zijn.
- **Laat je baby nooit alleen in zijn stoel zitten.** Als je bijvoorbeeld de was gaat ophangen, neem de stoel dan mee naar boven, zodat je hem voortdurend in de gaten kunt houden.

Met je kind in zijn autostoeltje kun jij vaak op de veiligste manier iets doen in huis (vooral als je geen box hebt of hem er niet graag in legt). Als je hem nu op een speelkleed legt, zal hij er zo vanaf rollen. Let er alleen op dat je hem niet de hele dag in dat stoeltje zet. Hij moet de kans krijgen om zijn nieuwe bewegingen zonder beperkingen te oefenen terwijl jij hem in de gaten houdt.

Veilig in de box

Boxen zijn een veilige ruimte voor je baby om in te spelen, slapen of rustig te wachten tot jij hem er weer uithaalt.

Laat je baby niet te lang in de box liggen. Zet hem erin als je het eten klaarmaakt of de deur moet opendoen (op dit soort momenten is de box de veiligste plek voor je altijd actieve mannetje). Hij kan in de box geen nieuwe vaardigheden oefenen en hij kan er ook wel eens heel snel verveeld raken.

Baby's worden zich op deze leeftijd bewuster van wat er om hen heen gebeurt. Als je baby op een speelkleed op de vloer ligt, kan hij naar een object grijpen dat net buiten zijn bereik ligt. Hij zou daarin nog wel eens kunnen slagen ook, wat weer tot nieuwe uitdagingen leidt. Als je baby probeert iets te pakken dat buiten de box ligt, zal hij altijd missen. Geen beloning voor je baby.

Wat voor box je ook kiest, zorg er altijd voor dat je hem goed inspecteert voor je je baby erin legt.

- **Controleer alle scharnieren en sluitingen om te zien of ze wel goed vast zitten.** Leun er een beetje op en test hoe sterk ze zijn. Als ze niet dicht blijven zitten, kan de box inklappen en je baby verwonden of inklemmen.
- **Zet de box helemaal op.** Bij inklapbare boxen kun je een kant soms naar beneden laten, maar je loopt dan het risico dat je baby eruit rolt en ergens onder terecht komt (zie figuur 8.2).
- **Leg geen grote knuffels, wollige dekens of andere grote voorwerpen in de box.** Deze objecten kunnen enerzijds worden gebruikt als een ladder naar de vrijheid en vormen anderzijds verstikkingsgevaar voor je baby.
- **Gebruik alleen het boxkleed of matrasje dat bij de box geleverd werd.** Het is stevig en past precies in de box, waardoor de kans op verstikking en wiegendood gereduceerd wordt. (Lees hoofdstuk 20 voor meer informatie over wiegendood.)
- **Bind nooit speeltjes met koorden vast aan de box.** Als je baby zich op weet te trekken, kan hij de koorden om zijn nek krijgen en stikken. Als het koord losgaat en in de box terechtkomt, kan hetzelfde gebeuren.
- **Controleer de spijlen en zijkanten van de box op beetsporen en beschadigingen.** Bij opklapbare of netboxen van zacht materiaal kan de baby zijn tanden in de box zetten en er een stukje afbijten waarin hij vervolgens zou kunnen stikken. Houten boxen zijn geschilderd of gelakt met babyveilige verfproducten. Controleer de box dan wel op losse onderdelen, spijkers of schroeven.
- **Controleer of de spijlen ver genoeg, maar niet te ver uit elkaar staan.** De spijlen moeten 4,5 tot 6,5 cm uit elkaar staan. Zijn de openingen groter, dan kan je baby zijn hoofd er door duwen en zijn ze kleiner, dan kan zijn voetje of handje ertussen beklemd raken. Een netbox moet fijnmazig zijn (maximaal 7 mm), zodat je baby er niet op kan gaan klimmen.

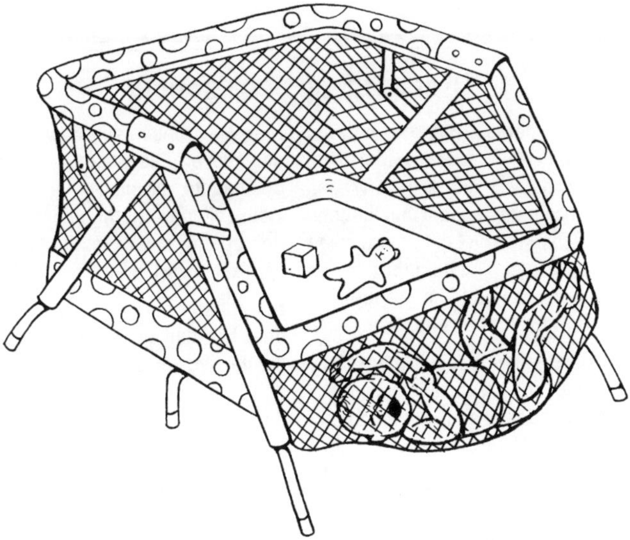

Figuur 8.2: Laat de zijkant van een box nooit opengeklapt staan

- **Zet de box op een veilige plaats.** Zet hem niet te dicht bij een verwarming, planten of een raam dat openkan. Vergeet ook niet om de bodemplaat naar beneden te doen als je baby zich begint op te trekken.

Het is overigens helemaal veilig om je baby speelgoed te geven in de box. Als hij tevreden is terwijl jij aan de telefoon zit of rekeningen uitschrijft, voel je dan niet schuldig dat je wat tijd voor jezelf hebt. Baby's moeten leren zichzelf te vermaken (sommige zijn er gewoon beter in dan andere, zoals veel moeders je zullen kunnen vertellen). Overmatig gebruik van een box kan echter een verkeerde uitwerking hebben op de ontwikkeling van je kind.

De klok gelijk zetten met die van je baby… of niet

Tegen de derde maand beginnen veel baby's enkele dingen elke dag op ongeveer dezelfde tijd te doen. Dit kan een grote troost zijn voor ouders die zich al begonnen af te vragen of er in hun huis nog ooit zoiets als een routine zou ontstaan.

Er zijn echter evenveel ouders die een baby hebben die geen flauw idee heeft dat er zoiets als een routine van hem wordt verwacht. Voor ouders van dit soort baby's is de babytijd een lange, onvoorspelbare en vaak vermoeiende reis – een reis die hen achterlaat met de vraag hoe het in vredesnaam in het tweede jaar zal gaan, en het derde. Zal dit kind ooit begrijpen wat routine eigenlijk is?

BEL DE DOKTER

Het recht op een schema

Co-auteur dr. James Gaylord ziet het voortdurend: oververmoeide ouders met pasgeboren baby's die zich afvragen waar ze zich in hemelsnaam mee hebben ingelaten. Ze wisten wel dat ze wat slaap tekort zouden komen na de geboorte van hun baby, maar ze hadden nooit voorzien dat hij hen *zo* zou kunnen uitputten.

Hoe kalmeert en bemoedigt James deze ouders? Door hen te vertellen wanneer (in welke kalendermaand) het leven met hun baby makkelijker zal worden. Meestal kloppen zijn voorspellingen als een bus: ergens tussen de derde en vierde maand verandert hun baby in een klein bolletje schattigheid, zelfs wanneer de eerste paar maanden behoorlijk moeizaam verliepen.

Als je baby net drie maanden is geworden, kijk dan goed naar wat er de komende weken gebeurt. Je zou nog wel eens aangenaam verrast kunnen worden door de manier waarop hij zich settelt in zijn jonge leventje.

Je baby krijgt een routine

In de loop van de derde maand lijkt je baby steeds meer ingenomen met de manier waarop hij zijn dagen doorkomt. Hij blijft langer wakker, doet elke dag rond dezelfde tijd een dutje, vindt manieren om zichzelf te troosten en kalmeren en hij wil elke dag rond dezelfde tijd een voeding. Zijn zenuwstelsel is nu ongeveer volgroeid en zijn innerlijke klok begint eindelijk goed te werken. (Hoera!)

Als je baby een soort routine krijgt, kun je daarvan op aan. Hij zal volgende week niet ineens een heel ander schema hanteren. Je hebt de zwaarste tijd gehad, in elk geval als het om je eigen vermoeidheid gaat. Gefeliciteerd!

Wees echter niet verrast als je baby ergens in de komende tijd 's nachts weer wakker wordt, niet wil eten of gewoon geïrriteerd lijkt. Zijn tanden staan op doorbreken, misschien al wel in de vierde of vijfde maand, en de routine van je baby kan dan wel eens helemaal overhoop worden gehaald. (In hoofdstuk 10 lees je meer over tanden krijgen.)

Stimuleer de routine tot die tijd. Houd je eraan. Houd van de routine en wees er dankbaar voor. De ouders van een routineloze baby zijn nu jaloers op je (die kinderen bespreken we later in dit hoofdstuk). Het is echter niet altijd eenvoudig om je strak aan de routine van je baby te houden, vooral als je erg druk bent. Hieronder volgen enkele tips om je baby op schema te houden zonder een slaaf te zijn van zijn innerlijke klok.

- **Geef je oppas uitgebreide instructies over de tijden waarop je baby slaapt, eet, naar buiten gaat enzovoort.** Kinderen die eenmaal in een ritme zitten, worden boos als hun fles wat te laat uit de keuken komt of als een oppas besluit dat het nog te vroeg is voor een middagdutje.

- **Doe alles wat je kunt om tijd voor een slaapje in te ruimen als jij en je kind niet thuis zijn tijdens het middagdutje van je baby.** Als hij niet zelf omvalt van de slaap, kun je hem meenemen voor een ritje in de auto tot hij slaapt. Je kunt hem misschien vanuit de auto in de kinderwagen leggen en doorgaan met je boodschappen.
- **Beperk slaapjes buiten de gewone slaaptijd om.** Als het je niet lukt hem op de gebruikelijke tijd te laten slapen, ben je misschien geneigd hem later op de dag te laten slapen. Hij heeft wat rust nodig, maar als je hem twee uur laat slapen rond etenstijd, dan ligt zijn hele schema in duigen (en waarschijnlijk ook de volgende dag nog). Het inperken van de slaaptijd kan een lastige klus zijn, maar probeer hem toch maar kort te laten dutten en leg hem vervolgens iets vroeger dan normaal in bed.
- **Voed hem als zijn maag zegt dat het daar tijd voor is.** Voedingstijd is niet bespreekbaar als het aan je baby ligt. Ja, het is misschien je allereerste dag buitenshuis in weken, maar je baby heeft er echt lak aan dat jij net zit te genieten van een cappuccino met je vriendinnen. Hij wil zijn melk als hij er klaar voor is.

Op deze leeftijd mogen baby's alleen nog maar flesvoeding of moedermelk. Hun spijsverteringssysteem is nog niet toe aan vast voedsel en onderzoek heeft uitgewezen dat een te vroege introductie van vast voedsel kan leiden tot allergieën en diabetes. (Meer informatie over voedselallergie staat in hoofdstuk 11.)

Wat je ook met dit kind doet, blijf het doen. Hij is blij, jij bent blij en dat is wat telt.

Een vroege vogel

Jij hebt het gevoel dat je net in slaap bent gevallen en dan hoor je 't: het gebrabbel. Zachte pruttelgeluidjes en gebonk tegen het ledikant. Vervolgens het huilen. Je baby is klaar voor een nieuwe dag. Je kijkt op de klok: kwart over vijf. Is dit soms een grapje?

Is er een manier om het schema van je baby bij te stellen of moet je je hier gewoon maar bij neerleggen?

Het antwoord ligt ergens in het midden en is afhankelijk van verschillende factoren.

- **Gaat je baby te vroeg naar bed?** Als hij kort na het avondeten al naar bed gaat, kun je proberen hem wat langer wakker te houden. Voer dit wel langzaam door. Een kwartier per avond kan ertoe leiden dat hij 's morgens wat langer doorslaapt.

- **Kun je hem weer in slaap laten vallen?** Geef je te snel toe aan deze heel vroege ochtend, bijvoorbeeld door het licht aan te doen? Probeer je kind te voeden en sussen in het donker en kijk wat er gebeurt. Als hij weer in slaap valt, kun je misschien nog een paar uur verder slapen.
- **Hoe vaak slaapt je baby overdag nog?** Tel alle kleine slaapjes en dutjes en zijn slaapuren 's nachts bij elkaar op. Hoewel een baby van drie maanden nog veel rust nodig heeft, moet hij in de loop van de dag toch wel zo'n tien uur wakker zijn. Schrap een van zijn slaapjes of maak ze allemaal wat korter.
- **Is de kamer te licht?** Je baby zou wel eens gevoelig kunnen zijn voor het ochtendlicht. Koop verduisterende gordijnen.
- **Houden geluiden van buiten je baby wakker?** Misschien wekt het verkeer of andere geluiden je baby 's ochtends. Overweeg om je baby aan een andere kant van het huis te laten slapen. Houd in elk geval de ramen en gordijnen dicht om zoveel mogelijk geluid buiten te sluiten.
- **Ga je meteen naar je baby?** Geef je baby een paar minuten de tijd om weer tot rust te komen voor je naar zijn kamer gaat. Doe daar elke ochtend een of twee minuten bij en misschien besluit hij uiteindelijk dat hij geen zin meer heeft om te wachten en eigenlijk nog best moe is. Misschien valt hij weer in slaap.

Routineloze baby's

Het is niet jouw schuld dat je kind zich nog niet aan een voorspelbaar patroon houdt. Je hebt waarschijnlijk alle adviezen opgevolgd die je hebt gekregen (je baby op aanvraag voeden, hem even laten huilen maar niet schreeuwen in zijn bedje) en dit is gewoon zoals het is. Het is niet jouw schuld. Zo gaan dingen soms. Andere ouders hebben in het verleden in jouw schoenen gestaan of staan er nu in, en geen van jullie is een mindere ouder dan die van baby's die zich wel aan een schema houden.

Een baby van drie maanden is echter wel klaar voor een regelmatiger ritme, vooral als zijn slaapjes de hele dag een beetje komen en gaan en hij de hele nacht wil doordrinken. Als hij in staat blijkt om te slapen, heeft hij misschien wat hulp nodig bij het in een patroon brengen van die slaaptijden, zodat hij ook 's nachts beter slaapt. Om een regelmatig eet- en slaappatroon te bevorderen, moet je eens kijken hoe de dag van je baby er nu uitziet.

- Slaapt hij overdag te vaak of weigert hij om te slapen?
- Is er wel zoiets als een patroon in zijn voedingstijden of zijn ze elke dag anders?
- Hoe reageert hij als je hem op regelmatige tijden probeert te voeden of in bed legt?

De controle krijgen over het schema van je baby kan een uitzichtloze strijd lijken, omdat hij er waarschijnlijk helemaal niet blij mee is. De slaaptijden zijn waarschijnlijk eenvoudiger te beheersen dan de voedingstijden, omdat hij waarschijnlijk elke dag gewoon op verschillende tijden honger heeft. Je kunt hem waarschijnlijk elke dag een beetje langer wakker houden met tien tot vijftien minuten per keer tot je een slaapje helemaal hebt weggewerkt of zijn bedtijd hebt verlaat of wat het ook is dat je wilt bereiken.

Een baby die nooit lijkt te willen slapen, vormt een speciaal probleem voor ouders. Dit kind lijkt gewoon niet langer dan een paar minuten te kunnen slapen op de schouder van zijn moeder – niet echt de pauze waar mama op zit te wachten (en na drie maanden chronisch slaaptekort kan mama echt wel een pauze gebruiken!). Wanhopige tijden vereisen drastische maatregelen. Als eerste moet je je baby gaan leren dat slapen heel prettig is voor hem, zelfs als dat betekent dat je hem moet wiegen, met hem moet rondwandelen of hem meeneemt in de auto. Kijk hoe lang hij slaapt en laat hem zelf wakker worden als het tijd is. Je overtuigt jezelf er zo van dat dit kind toch echt slaap nodig heeft en niet een of ander ruimtewezen is dat op batterijen werkt.

Je kunt dit blijven doen tot een slaaproutine is ontstaan. Jij creëert de gewoonte voor hem. Hij gaat het dan vanzelf elke dag om dezelfde tijd verwachten. Dat is het moment dat je de slaaptijd verplaatst naar het ledikant. Hij kan even tegenstribbelen, maar het kan ook zijn dat hij direct zijn ogen dichtdoet. Geef niet op als hij huilt. Troost hem, maar laat hem dan alleen om in zijn bedje tot rust te komen (tenzij hij zijn longen uit zijn lijf schreeuwt – dat maakt het alleen maar erger, zowel voor hem als voor jou). Dit lijkt misschien veel werk om je kind overdag in slaap te krijgen, maar als hij het niet zelf kan, zul jij hem moeten helpen.

Het is jouw doel om je baby uit zichzelf in slaap te laten vallen. Zorg dat je niet in een patroon verzeild raakt waarbij jij hem altijd in slaap moet sussen. Hij leert dan nooit om zelf te gaan slapen.

Andere aspecten rond de drie maanden

Nu je kind ouder wordt, begin je een idee te krijgen van zijn persoonlijkheid. Tegen het einde van de derde maand kan het je duidelijk zijn geworden dat je een lachebekje hebt of dat je baby juist niet echt veel lacht (zelfs nadat de darmkrampjes over zijn). Net als dat volwassenen heel verschillende karakters hebben, zo hebben baby's die ook. In deze paragraaf gaan we in op zorgen van ouders met kinderen die wat al te serieus de wereld in lijken te kijken. We vertellen je ook dat koliek nu echt zo goed als over zou moeten zijn. Ook duimzuigen en fopspenen zijn voor sommige ouders belangrijke kwesties op dit moment; we bespreken beide en of het nodig is om ze uit jullie huis te bannen.

Ongelukkige baby's: fictie of werkelijkheid?

Net zoals dat kinderen fysiek verschillend zijn, zijn ze ook verschillend van karakter. Sommige baby's zijn ronduit grappig en andere glimlachen zelden. Als jouw kind tot de laatste categorie behoort, komt dat dan omdat jij vergeet iets te doen wat hem in een lachzak verandert?

De kans is groot van niet. Hij is gewoon zoals hij is. Onderzoeken hebben aangetoond dat de 'ongelukkige' of 'moeilijke' baby gewoon een andere kijk op de wereld heeft. Deze kinderen observeren vaak meer en zijn gevoelig voor wat er om hen heen gebeurt, waaronder geuren, smaken en gevoelens (ze worden vaak als 'ongelukkig' bestempeld omdat een bepaalde deken te kriebelig is of mama's melk niet lekker is nadat ze iets bepaalds gegeten heeft). Jouw serieuze kleintje heeft misschien last gehad van koliek, wat veel voorkomt bij dit soort baby's. Deze kinderen hebben vaak ook onregelmatige slaap- en voedingstijden en zijn met geen mogelijkheid in een patroon te dwingen.

Om met dit kind om te kunnen gaan, moet je er achterkomen wat hem van streek maakt en dat zien te voorkomen of verhelpen. Als je baby elke keer huilt als je hem sokken aandoet, laat zijn voeten dan bloot. Het kan zijn dat zijn huid overgevoelig is. Als te veel lawaai een huilbui tot gevolg heeft, moet je proberen het zo rustig mogelijk te maken in huis. Je kunt niet alles en iedereen dwingen zich aan jouw baby aan te passen, maar thuis kun je natuurlijk wel heel veel doen voor hem – en dus ook voor jezelf.

Het einde van de koliektijd! Hoera!

Aan het einde van de derde maand worden baby's die last hadden van koliek ineens heel andere mensen. Plotseling kunnen ze glimlachen. Ze slapen. Nee maar, ze zijn tevreden! Het is alsof iemand een knop heeft omgezet en jou het kind geeft waarvan je altijd gedroomd had (voor de koliek kwam).

Drie maanden van darm- en maagkrampen kunnen een jaar lijken. Je kunt behoorlijk schrikken – echt schrikken – van je 'nieuwe' baby en van hoe geweldig je het vindt om zijn ouder te zijn.

Duimzuigen: prima of pertinent niet?

Baby's worden geboren met een zuigreflex, die niet alleen handig is tijdens het drinken van melk, maar ook als ze zichzelf willen troosten en kalmeren als ze moe of verdrietig zijn. Moeten baby's worden gestimuleerd om op hun duim (of vingers) te zuigen of leidt het alleen maar tot scheve tanden?

Een baby die op zijn vingers zuigt, doet wat voor hem natuurlijk is. Het grote voordeel is dat die vingers er altijd zijn als hij ze nodig heeft. Je hoeft nooit naar een speen te zoeken in de auto of midden in de nacht en je hebt geen jengelend kind terwijl jij aan het zoeken bent. Aan de andere kant kan het om dezelfde reden moeilijker zijn om je baby van deze gewoonte af te krijgen. Er is immers een vinger, hij verveelt zich en voor hij er erg in heeft, zit de vinger alweer in zijn mond. Veel kinderen houden er later in het eerste jaar vanzelf mee op en de meeste artsen adviseren om je kind er uiterlijk mee te laten stoppen als hij twee is, omdat langdurig duimzuigen kan leiden tot een misvormd gebit. Als je jonge baby echter nu blij is met zijn duimpje, laat hem dan lekker zuigen.

De fopspeen: geweldige uitvinding of onding?

Wat nu met die fopspenen? Mensen (en baby's) vinden ze geweldig of haten ze. Als je baby van zijn speentje houdt, laat hem er dan een gebruiken. Sommige baby's hebben nu eenmaal meer zuigbehoefte dan andere en lang na zijn voedingstijd heeft deze baby behoefte aan wat troost.

Over het algemeen geldt dat kinderartsen niet tegen het gebruik van spenen zijn, als het maar niet overdreven wordt. Als je baby zo af en toe een speen gebruikt om zichzelf te kalmeren, dan is dat prima. Als hij echter voortdurend met zo'n ding in zijn mond zit, is het wellicht tijd om te gaan minderen. Als je de speen bewaart voor momenten waarop je baby moe of geïrriteerd is, zal het effect veel groter zijn dan wanneer hij het ding altijd tot zijn beschikking heeft.

Als je je baby kunt aanmoedigen zich op een andere manier te kalmeren (zoals zuigen op een vinger), of als je baby ontdekt dat hij de speen eigenlijk niet echt nodig heeft, kan het werken om hem van de een op de andere dag af te pakken. Lukt dat niet, dan minder je langzaamaan het gebruik ervan.

Als je eenmaal van de fopspeen af bent, moet je hem ook niet bewaren voor 'noodgevallen'. Als je baby de speen de ene dag wel mag en de andere niet, dan leidt dat alleen tot verwarring en irritatie.

Het grootste nadeel van een fopspeen is uiteraard dat hij op de meest ongepaste momenten uit je baby's mond valt. Zorg altijd voor een reservespeen als je de deur uitgaat of als hij in zijn bedje ligt. Houd een schone speen bij de hand, zodat je niet midden in de nacht met een zaklamp onder zijn bedje moet kijken waar de andere ligt.

Maak de speen nooit vast aan je baby om hem dichtbij te houden. Je baby kan zichzelf wurgen met het koordje. Er zijn speciale bevestigingskettingen op de markt die in tweeën breken als er druk op komt te staan.

Hieronder enkele tips voor het gebruik van een speen.

- **Koop het juiste formaat.** Er zijn kleine spenen voor jonge baby's en grotere voor oudere baby's.
- **Let erop dat de rand rond de speen groot genoeg is, zodat de speen niet in zijn geheel in je baby's mond kan verdwijnen.** Er moeten ook luchtgaatjes inzitten.
- **Was spenen in de vaatwasser of steriliseer ze in kokend water tot je baby zes maanden oud is.** Daarna is hij minder gevoelig voor bacteriën.
- **Probeer alle soorten spenen tot je er een gevonden hebt waar je baby blij mee is.**
- **Gebruik nooit een flessenspeen als fopspeen.** Een harde zuiger kan de speen uit de ring trekken en erin stikken.
- **Controleer spenen regelmatig op scheuren en andere beschadigingen.** Gooi ze weg als er scheuren in de speen zitten, als ze kapot zijn of als ze plakkerig aanvoelen.

Deel III

Bewegen, communiceren, groeien

'Met de baby gaat het goed, maar Karin zoekt nog steeds naar een goede houding om borstvoeding te geven.'

In dit deel...

In de vierde, vijfde en zesde maand verandert je baby van een piepklein hummeltje in een echte persoon. Hij gaat bewust hand- en hoofdbewegingen maken, gaat voor het eerst echt lachen en zou aan het einde van de zesde maand wel eens door je keuken kunnen racen! In deze periode begint hij ook bewuster te communiceren en geeft je nu inzicht in wat hij *echt* van je zangtalent vindt (de kans is groot dat hij het geweldig vindt, zelfs als niemand anders het met hem eens is).

De moeilijkste maanden liggen achter je – nu wordt het pas echt leuk! Ontdek hoe je je baby in deze spannende tijd kunt stimuleren en motiveren.

Hoofdstuk 9

De vierde maand: eten!

In dit hoofdstuk

- De controle bij vier maanden
- De veiligheid van je baby
- Mondig worden
- Het eerste vaste voedsel

De eerste drie maanden zijn een testfase voor zowel de ouders als de baby. Je leert elkaar kennen. Je probeert elkaar uit en ontdekt hoe je met elkaar moet omgaan (al ben *jij* degene die zich voortdurend aanpast). Je komt nu in een periode van spectaculaire groei en ontwikkeling. Als de eerste drie maanden voorbij zijn, lijkt je baby nog maar in weinig opzichten op dat pasgeboren hummeltje van niet zo lang geleden.

Op controle met je baby

Tijdens de vierde maand maakt je baby zich echt los van zijn pasgeboren status door wat mondiger te worden en belangstelling te tonen voor voedsel en activiteiten. Hij wordt wat zelfstandiger, begint over de vloer te rollen en naar speelgoed en andere interessante voorwerpen te grijpen. Hij begint ook een onderscheid te maken tussen zijn verschillende familieleden (mama is de beste, papa is die grote, sterke beer en zijn zusje is de mafkees), die tot nu toe allemaal zo'n beetje dezelfde persoon leken voor je baby. We kunnen zeggen dat je baby zich tot een echte persoonlijkheid ontwikkelt, wat een van de leukste periodes is in zijn eerste jaar.

Het vierde bezoek aan het consultatiebureau

Tijdens de vierde controle in het consultatiebureau vindt het gebruikelijke ritueel plaats. De wijkverpleegkundige weegt en meet je baby en noteert zijn groei op de groeicurve. De consultatiebureauarts doet een lichamelijke test en controleert de *fontanellen* (zachte plekken op het hoofd die het je baby mogelijk maakt door het geboortekanaal naar buiten te komen). De fontanel aan de achterkant kan op dit moment al helemaal gesloten zijn (wat betekent dat de schedelplaten hier al tegen elkaar aan zijn gegroeid); de fontanel bovenop het hoofd zal kleiner in omvang zijn geworden.

Terwijl de dokter de fontanellen controleert, zal hij of zij ook kijken naar de symmetrie van je baby's hoofd. Je hebt waarschijnlijk wel verhalen gehoord of gelezen over kinderen die een plat hoofd hebben omdat hun moeder hun hoofdje nooit draaide in het bedje. Het is ongelooflijk maar waar; door de vormbaarheid van de schedel kan dit daadwerkelijk gebeuren.

Als je arts ziet dat de achterkant van je baby's hoofd duidelijk platter is, zal hij je voorstellen om in de gaten te houden voor welke kant je baby een voorkeur heeft in bed. Al leg je hem plat op zijn rug in bed, in de loop van de nacht zal hij toch zijn hoofdje naar de deur of het raam draaien. Zorg ervoor dat je aan beide zijden van het ledikant iets leuks ophangt om naar te kijken of hang iets op dat je van de ene naar de andere kant kunt verplaatsen, zodat je baby af en toe zijn hoofdje draait. Meestal verdwijnt de afplatting weer als je baby langer wakker is en vaker rechtop zit.

Zorg ervoor dat je baby voldoende tijd op zijn buik ligt als hij wakker is. Geef de achterkant van zijn hoofd even pauze.

De consultatiebureauarts zal ook de inwendige organen van je baby controleren, waaronder de lever en de nieren (om er zeker van te zijn dat ze niet vergroot zijn). Hij controleert het hart en de ademhaling van je kind en kijkt ook naar de liesstreek (in verband met een mogelijke breuk) en je baby's heupen (om dysplasie uit te sluiten).

Er zijn twee soorten breuken (uitstulping van de darm): de liesbreuk die in de liesstreek zit en meestal geopereerd moet worden om complicaties te voorkomen en de navelbreuk (juist, bij de navel), die doorgaans vanzelf is verdwenen tegen de tijd dat je kind naar school gaat en dus niet hoeft te worden geopereerd.

Als je baby een van beide breuktypen lijkt te hebben omdat het vast lijkt te zitten, pijn doet als je eraan komt of een paarse kleur krijgt, moet je direct een arts bellen.

Je arts zal ook kijken of je baby al tandjes begint te krijgen. Aanwijzingen daarvoor zijn:

- kwijlen;
- bijten op allerlei voorwerpen;
- geïrriteerdheid;
- lichte koorts;
- bobbels op de kaken.

Je arts let op deze aanwijzingen zodat hij jou kan laten weten wat er gebeurt. Als je weet dat er een tandje doorkomt, hoef je niet verbaasd te zijn als je baby huilt van de pijn terwijl je verder niets kunt vinden. Je arts kan je advies geven over pijnstillers die je kunt gebruiken. Onthoud echter dat je baby je helemaal onder kan kwijlen, maar pas na een maand een tand heeft – of misschien wel twee.

Tijdens de vierde controle kan je arts je allerlei vragen stellen.

- Hoe slaapt je baby? Hoeveel uren slaapt hij 's nachts? Wordt hij nog steeds wakker voor een voeding? Hoe vaak slaapt hij overdag? (Je baby moet per etmaal zo'n veertien tot zeventien uur slapen.)
- Als je baby last had van koliek, is dat dan nu weg? Meer informatie over koliek lees je in hoofdstuk 6.
- Wat eet je baby op dit moment? Moedermelk? Flesvoeding? Een combinatie van beide? Ben je al begonnen met vast voedsel?
- Is de ontlasting van je baby normaal? (Voor je baby met vast voedsel begint, zal die redelijk consistent zijn: gelig en korrelig bij borstgevoede kinderen, bruin en vaster bij flesgevoede kinderen.)
- Kan je baby al naar een kant rollen? Kan hij zichzelf opdrukken als hij op zijn buik ligt? Is hij op zijn minst bezig om deze dingen uit te proberen?
- Probeert hij dingen te pakken? Kan hij een speeltje of rammelaar vasthouden?
- Lijkt je baby goed te kunnen zien en horen?
- Probeert je baby geluiden te maken? (je leest hierover meer in dit hoofdstuk.)

Verder wil je arts natuurlijk alles weten over hoe het thuis gaat. Zelfs als je je ondertussen een echte ouder voelt, komen er toch elke maand weer nieuwe aspecten om de hoek kijken die onbekend voor je zijn. Als je je ergens zorgen om maakt, moet je daarnaar vragen (bijvoorbeeld of je baby op deze leeftijd nog steeds een nachtvoeding nodig heeft.)

Vaccinaties

Deze maand krijgt je baby opnieuw een inenting. In hoofdstuk 18 krijg je uitgebreide informatie over de betekenis van de afkortingen en de noodzaak van deze vaccinaties.

Deze maand krijgt je baby:

- DKTP-3
- Hib-3

Je baby kan een paar dagen wat last hebben van de inentingen. Vraag je arts naar de mogelijke bijwerkingen van elke vaccinatie en bij welke reacties je een arts moet waarschuwen. Vraag ook naar wat voor pijnstiller je je baby eventueel mag geven en hoeveel.

Mijlpalen deze maand

De gemiddelde baby is een druk baasje met aan het einde van deze maand tal van kleine mijlpalen.

- Je baby komt deze maand ongeveer zevenhonderd gram aan.
- De nek van je baby begint nu echt sterk te worden. Hij kan zijn hoofd langere tijd ophouden als hij bij je op schoot zit of als je hem optrekt (zachtjes natuurlijk) vanuit een liggende positie. Hij kan zijn hoofd echter nog niet onbeperkt lang ophouden. Zie figuur 9.1.
- Bij een sterke nek hoort ook beheersing van het hoofd. Hij kan niet alleen zijn hoofd ophouden, maar het ook draaien om naar iets te kijken.
- Hij kan vanuit de buik misschien al twee kanten op rollen (en moet minimaal naar één kant kunnen rollen).
- Hij kan zichzelf opduwen en op zijn handen steunen (en dus hoofd en borst optillen) terwijl hij op zijn buik ligt.
- Je baby kan zijn ogen op een voorwerp richten en zijn blik enige tijd vasthouden. Hij kan ook een persoon of object door de kamer volgen.
- Je baby grijpt naar objecten, houdt ze vast en stopt dingen in zijn mond (er kunnen al tanden doorkomen, al gebeurt dat meestal pas een maand of twee later).
- Je baby wiebelt en schopt nu.

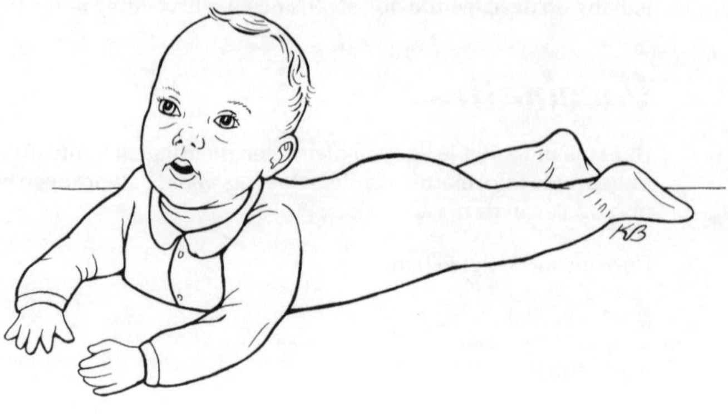

Figuur 9.1: Rond de vierde maand kan je baby zijn hoofd rechtop houden

- Hij kan gewicht op zijn benen dragen als je hem op je schoot zet (het lijkt of hij 'staat'). In tegenstelling tot oude bakerpraatjes krijgt hij hier geen kromme benen van, maar worden ze juist sterker en rechter.
- Hij kan waarschijnlijk zitten als je hem met kussens ondersteunt (hierbij komt je voedingskussen goed van pas).
- Hij vindt op deze leeftijd vaak zijn handen en voeten en wordt er echt verliefd op. Je zult merken dat hij bij elke ontdekking van een nieuw lichaamsdeel helemaal gefascineerd raakt (tot de nieuwigheid eraf is en hij weer iets anders ontdekt).
- Je baby houdt van interactie met anderen en kan teleurgesteld zijn als de speeltijd over is. Hij kan zijn ongenoegen uiten door te fronsen, pruilen of huilen.
- Hij is in staat angst, pijn en eenzaamheid te uiten door middel van huilen (met echte tranen).
- Je baby kan opgewonden raken. Hij is echt in staat plezier en interesse te uiten. Hij kan opgewonden raken van een nieuw speeltje, omdat je zijn voeten kietelt of omdat hij iets van je eten wil hebben.
- Hij reageert op jouw glimlach door ook te glimlachen. Hij zal ook naar jou glimlachen om een lach aan jou te ontlokken.
- Hij kan op een boos gezicht reageren door te gaan huilen.
- Baby's van deze leeftijd vinden een kiekeboespelletje helemaal het einde.
- Je baby ontdekt de wereld met zijn mond en zal proberen er alles in te stoppen (of probeert zijn mond overal op en aan te duwen).
- Je baby probeert zijn stem te gebruiken. Hij kan eenvoudige geluiden als 'oh' en 'ah' imiteren en zal dat ook doen als jij het voordoet. Ga bijvoorbeeld voor hem staan en zeg langzaam 'ah' en geef hem dan de tijd om te reageren.

De veiligheid van je baby

Je baby grijpt, rolt, pakt, rekt en vindt alles op de vloer vreselijk interessant. Dit samen met zijn verbeterde mobiliteit leidt ertoe dat hij in staat is om kleine voorwerpen vast te pakken en naar zijn mond te brengen – en *alles* gaat ook in zijn mond op deze leeftijd. Dit is het moment dat je de veiligheid van je kind extra goed in acht moet gaan nemen: overal loert verstikkingsgevaar.

Taal gebruiken

Vroeger werd gedacht dat een baby een wezen was zonder kennis, iemand die het belang van communicatie moest leren. Recente onderzoeken hebben echter uitgewezen dat een baby bij de geboorte al klaar is voor het gebruiken van taal. Ouders kunnen een baby helpen bij de communicatie door tegen hem te praten en oogcontact met hem te maken tijdens elke interactie. Gedurende de vierde maand kun je je baby een kans geven zijn communicatieve vaardigheden te testen en gebruiken.

Rond de vierde maand gaat je baby waarschijnlijk klinkerachtige geluiden maken als 'uuh', 'ahh' en 'ooh'. Je kunt het maken van deze klanken stimuleren door een 'echospelletje' met hem te spelen. Maak een eenvoudig geluid dat hij vervolgens terug kan maken en toon je enthousiasme over deze prestatie. Hierdoor leert je kind dat voor communicatie twee mensen nodig zijn en dat hij met succes mee kan doen met het spelletje. De eerste medeklinkers die baby's meestal maken, zijn de 'm', 'p', 'b'en 'd' en het kan nog een paar maanden duren voor je baby hiertoe in staat is. Je mag uiteraard rustig beginnen om deze letters voor hem uit te spreken.

Je baby leert de verschillende medeklinkers te onderscheiden als je korte, eenvoudige zinnetjes uitspreekt, waarin je de medeklinkers benadrukt. Ook kun je korte klanken met medeklinkers maken, 'badabada' of 'mamama' enzovoort.

Gevaren opvegen

Geef je baby speelgoed dat hij veilig in zijn mond kan stoppen. Je kunt daarbij denken aan bijtringen, rammelaars of kunststof blokken.

Zacht speelgoed is niet automatisch veilig speelgoed. Controleer het label om te zien dit speeltje wel geschikt is voor de leeftijd van je kind. Een sponsachtige bal is bijvoorbeeld niet bedoeld om op te bijten. Deze kan een plastic laagje bevatten en je baby zal er ongetwijfeld stukken afbijten die in zijn keel terechtkomen en waarin hij kan stikken.

Je moet ook eens gaan bedenken wat er eigenlijk allemaal *op* je vloer ligt. Je baby zal er meer en meer tijd doorbrengen nu hij gaat rollen, zitten en binnenkort ook kruipen. Zijn handen zijn voortdurend op die vloer en raad eens waar ze daarna naartoe gaan? Precies – zijn mond. Hoewel je je vloer niet elke keer hoeft te steriliseren als je je baby erop legt (als hij nooit met bacteriën in contact komt, zal hij ook geen weerstand opbouwen), moet je wel alle stofwolken, zand of modder weghalen. Wen jezelf aan om harde vloeren (tegels, parket, zeil en laminaat) elke ochtend en avond te vegen om viezigheid uit de handen en mond van je kind te houden.

Zorg ervoor dat je baby op een relatief schoon oppervlak ligt en laat hem niet spelen op een vloer die net is schoongemaakt met schoonmaakmiddel. Eigenlijk zijn alle schoonmaakmiddelen slecht voor je kind als ze in aanraking komen met zijn mond – ook 'biologische' schoonmaakmiddelen als groene zeep.

BELANGRIJK

Blijf je vloer afspeuren naar kleine stukjes voedsel, knopen, muntjes en andere kleine voorwerpen die je baby in zijn mond kan stoppen en waarin hij zou kunnen stikken. Het is in jouw ogen misschien onwaarschijnlijk dat je kleintje een muntje oppakt en in zijn mond stopt, maar hij zal nog wel gekkere dingen in zijn mond willen stoppen. Als je iets ziet liggen, haal het dan weg.

In hoofdstuk 20 geven we je meer adviezen over het beveiligen van je huis voor je baby.

Je baby in de hoogte

Nu je baby bewuster gaat schoppen en bewegen, wordt de commode een gevaarlijke plek. Natuurlijk houd je hem altijd met een hand vast als hij erop ligt, maar vanaf nu mag je ook je ogen niet meer van hem afhouden als je hem verschoont. Hij kan omrollen, zich onder je handen uit wiebelen en schoppen zodat hij van de commode afvalt en zich ernstig bezeert.

PAS OP!

Als je kind het prima naar zijn zin heeft op de commode of aankleedtafel en er heel stil ligt, moet je er toch op voorbereid zijn dat hij zich plotseling met één beweging naar links of rechts van de tafel lanceert. Zelfs als je je baby tot nu toe niet hebt hoeven vasthouden, moet je dat vanaf nu echt gaan doen. Onthoud dat je baby geen idee heeft van hoogten en dus ook geen angst kent om te vallen. Het is daarom jouw verantwoordelijkheid om hem veilig op de commode te houden. Vroeger of later wordt de veiligheid van de baby tijdens het verschonen belangrijk voor elke ouder. Je wilt er op tijd bij zijn en niet pas als de baby al op weg is naar beneden.

Probeer een heel onrustig kind af te leiden. Omdat hij een speeltje kan vasthouden, is het handig om wat speelgoed en rammelaars in de buurt van de commode te hebben. Je kunt hiervoor wat speeltjes reserveren die alleen tevoorschijn komen tijdens het verschonen of je kunt zijn favorieten meenemen (daar moet je dan wel op tijd aan denken). Als dat niet werkt, kun je proberen tegen hem te praten als je zijn luier verschoont. Spreek medeklinkers voor hem uit. Lach naar hem. Zing voor hem. Zorg dat hij zich op jou blijft concentreren en de kans is groot dat hij vergeet dat hij ook kan omrollen – in elk geval voor een paar seconden.

TIP

Op het moment dat verschonen een dramatische gebeurtenis begint te worden voor jou en je baby (hij doet zijn uiterste best weg te rollen en jij doet je best hem tegen te houden), verhuis dan naar de vloer. Je luiertas heeft waarschijnlijk alles wat je nodig hebt om hem te verschonen en je kunt het aankleedkussen gewoon op de vloer leggen. Je baby zal blijven bewegen, maar hij kan in elk geval niet meer hard vallen.

Een mondige baby

Rond deze leeftijd gebeurt er iets uitzonderlijks met je baby. Hij begint zichzelf te herkennen als een wezen dat losstaat van de rest van de wereld. Dit besef zal in de loop van de tijd sterker worden, maar op dit moment begint de kern van dit feit tot hem door te dringen. Zijn verlangen en vermogen om te communiceren is hiervan een aanwijzing. Binnenkort zul je ook andere aanwijzingen krijgen van hoe je baby zich kan uiten.

Tranen met tuiten

Stel je bent je baby lekker aan het kietelen als plotseling de telefoon gaat. Hoewel er uiteraard helemaal niets gaat boven dit fantastische spel dat jullie samen aan het spelen zijn, verwacht je een telefoontje van je moeder of je werk en moet je dit spelletje even staken om je aandacht op de telefoon te richten. Je kind zal in eerste instantie met al zijn intelligentie en groeiende onafhankelijkheid zijn wenkbrauwen fronsen, maar dan is de kans groot dat hij uit frustratie begint te huilen. Hij zal snel doorhebben dat hij met huilen jouw aandacht weer krijgt.

Dit vermogen om jouw aandacht te trekken, is een heel nieuwe vaardigheid voor je baby. Nog maar een paar weken geleden had hij niet in de gaten dat hij dit kon. Deze vaardigheid is erg belangrijk in zowel sociale als communicatieve zin. Hij zal hem in de toekomst samen met andere nieuwe vaardigheden gaan gebruiken. (Huilen? Dat werkt. Lachen? Dat werkt. Stilletjes spelen om jouw aandacht te trekken? Werkt niet.)

Frustratie maakt deel uit van zijn ontwikkeling

Op deze leeftijd kan frustratie een vast onderdeel gaan worden van de dagelijkse activiteiten van je baby. Hij leert nieuwe vaardigheden met het doel om iets te bereiken (met andere woorden, hij *probeert* om te rollen; het is geen reflex). Als de wens om iets te doen er eerder is dan dat je baby ertoe in staat is, kan hij gefrustreerd raken en gaan huilen – *heel hard*. Het huilen kan erger worden als je baby bezig is een nieuw trucje te leren. Dit heeft vaak te maken met het temperament van je kind. Zeer intense kinderen (degenen die erg serieus en vastbesloten lijken, ongeacht wat ze doen en waarschijnlijk dezelfde kinderen die koliek hadden) raken waarschijnlijk sneller gefrustreerd als een nieuwe vaardigheid niet gaat zoals ze willen. Makkelijke baby's zijn waarschijnlijk niet zo snel gefrustreerd, in elk geval niet op deze leeftijd.

Wat kun je het beste doen als je kind harder gaat huilen als hij steeds opnieuw iets probeert? Moet je hem gewoon dat speeltje geven dat hij probeert te grijpen? Wordt hij daar blij van?

Waarschijnlijk niet. Het is waarschijnlijk het verstandigst om je kind het probleem zelf te laten oplossen (binnen bepaalde grenzen natuurlijk). Laat hem centimeter na centimeter afleggen naar dat speelgoed toe, zelfs als hij er erg ongelukkig van wordt. Geef hem een klein duwtje om te helpen bij het omrollen als je het niet langer kunt aanzien, maar laat hem het meeste werk zelf doen. Kinderen die intens genoeg zijn om gefrustreerd te raken, zijn ook intens genoeg om gefrustreerd te *blijven* tot hun gelukt is wat ze willen bereiken. Het kan dus zijn dat je kind ongelukkig blijft als je hem de speen geeft die hij al een hele tijd probeert te pakken. Hij zal gefrustreerd blijven omdat hij niet geslaagd is in zijn missie of omdat hij nog niet al zijn energie kwijt is. Een beetje frustratie kan helpen om iets gedaan te krijgen.

Jij kent je kind het beste. Als hij gefrustreerd raakt bij het uitproberen van iets nieuws, moet je hem goed observeren. Laat hem zijn best doen tot hij er duidelijk genoeg van heeft (als een gezonde frustratie is veranderd in een boze huilbui). Pak hem dan op en troost hem. Laat het hem later nog eens proberen. Geef hem het speeltje dat hij probeerde te pakken. Het is mooi als hij daar rustiger van wordt, maar als dat niet het geval is, kun je het net zo goed weer wegleggen. Het gaat er hier om dat hij leert om iets zelf te doen. Als je elk speeltje pakt voordat hij zich er naartoe heeft kunnen werken, vertraag je het proces.

Jou leren kennen

Baby's hebben op deze leeftijd een duidelijke voorkeur voor hun ouders, broers en zussen en verzorgers – iedereen dus met wie ze regelmatig contact hebben (maar niemand kan zich echt meten met mama en papa). Ze vinden het geweldig om glimlachjes uit te delen aan mensen om wie ze geven, maar ze kunnen ook tekenen van achterdocht gaan vertonen bij mensen die ze niet kennen. Dat is een andere aanwijzing dat ze socialer worden. Hij vindt het geweldig om bij bepaalde mensen in de buurt te zijn, maar heeft wat tijd nodig om te ontspannen bij andere.

Hier zien we een allereerste begin van eenkennigheid ontstaan. Dit zal pas een belangrijke rol gaan spelen als je baby een maand of drie, vier ouder is. Als je nu merkt dat je baby zich niet zo op zijn gemak voelt bij vreemden, kun je hem gewoon wat tijd geven om aan deze nieuwe persoon te wennen. De kans is groot dat deze twee dikke maatjes worden als je baby eenmaal over die eerste argwaan heen is.

Baby's eerste echte maaltijd

De meeste kinderartsen adviseren om met vast voedsel te wachten tot je baby rond de zes maanden is. Als je baby echter aangeeft klaar te zijn voor vast voedsel, zullen de meeste artsen je groen licht geven om wat ijzerhoudende pap aan het dieet van je kleintje toe te voegen. Let op onderstaande aanwijzingen.

- Je baby kan zijn hoofd goed ophouden.
- Hij stopt dingen in zijn mond.
- Hij heeft grote belangstelling voor alles wat jij eet.

Met ijzer verrijkte pap is om meerdere redenen goed als eerste vaste voeding:

- **Je baby krijgt misschien niet genoeg ijzer uit de moedermelk.** Baby's die borstvoeding krijgen, hebben rond de vier tot zes maanden wat extra ijzer nodig om bloedarmoede te voorkomen.
- **Pap is een redelijk neutrale en goedvullende substantie.** Het is dus de moeite waard. Het kwetsbare spijsverteringssysteem van je baby is nog niet toe aan suikers en kruiden.
- **Pap zal hoogstwaarschijnlijk geen voedselallergie veroorzaken.** Het is daarom een prima start in de wereld van vast voedsel.

Je begint met één voeding per dag en pap is dan zeer geschikt als avondmaaltijd, omdat je baby dan tot de volgende ochtend een gevulde maag heeft. Als je baby tot nu toe nog niet doorsliep, kan het zomaar gebeuren dat hij dat wel doet als hij pap krijgt voor het slapengaan. De maag van je baby wordt immers groter nu en kan daarom genoeg voedsel opslaan om een nacht zonder honger te kunnen doorbrengen. Sommige kinderen blijven 's nachts om hun moeder roepen, zelfs als ze voor het slapengaan pap krijgen. Deze baby's hebben waarschijnlijk geen honger, maar zoeken het gezelschap van hun ouders.

Als je baby 's nachts wakker blijft worden, ook als hij elke avond een papmaaltijd krijgt, moet je eens met je consultatiebureauarts praten. Hij kan je baby eens bekijken en misschien adviseren hem overdag meer te eten te geven. Dit is namelijk de tijd dat kinderen 's nachts moeten gaan doorslapen. De meeste artsen adviseren om minimaal vier borst- of flesvoedingen te blijven geven per dag, ongeacht de hoeveelheid vast voedsel die je baby krijgt.

Je zult even wat tijd moeten uittrekken voor een nieuwe routine als je begint met vast voedsel. Je kunt zijn pap aanmaken met moedermelk of flesvoeding, zodat hij toch de nodige voedingsstoffen binnenkrijgt. Omdat hij moet gaan slapen, zal hij tot slot nog een flesje willen of aan de borst drinken. Je kunt ervoor kiezen hem een voeding te geven, een fles met pap en hem bij wijze van toetje nog even aan de borst laten drinken. Je kunt hem ook pap geven en afsluiten met een fles- of borstvoeding.

Wees je ervan bewust dat je baby misschien alle tekenen vertoont die zeggen dat hij klaar is voor vast voedsel, terwijl hij er toch niet echt klaar voor is. Als je merkt dat bijna alle pap die je in zijn mondje stopt ook steeds opnieuw weer direct naar buiten loopt, kan het zijn dat je baby nog steeds zijn tong uitsteekt op het moment dat iets tegen zijn mond komt. Dit is een reflex die hij heeft sinds de geboorte en die enkele maanden na de geboorte verdwijnt. Houd op met de pap en probeer het over een paar weken opnieuw.

Klaar voor de voeding

De eerste papvoeding is heel eenvoudig klaar te maken. Hij zal in het begin nog niet zoveel eten, dus je kunt beginnen met een eetlepel babypap in een schaaltje (naarmate je baby meer honger krijgt, gebruik je meer pap). Meng de pap met moedermelk of flesvoeding tot deze heel dun is en schenk hem in een fles of voer je baby met een lepeltje. Je hoeft de pap niet warm te maken, al vinden veel baby's dat wel lekker.

TIP

In dit eerste jaar weet je nooit wat er gaat gebeuren. Als je je baby voor het eerst pap geeft, moet je daarom voor enkele voorwaarden zorgen.

- **Zorg dat je baby honger heeft.** Hij zal het vaste voedsel veel meer kans geven als het etenstijd is. Pas er alleen voor op dat hij niet zoveel honger heeft dat hij op uitbarsten staat. Hij moet wel een beetje op zijn gemak zijn als hij met iets nieuws geconfronteerd wordt. Je kunt hem even voeden voor je hem pap geeft, maar zorg dat hij zich niet helemaal vol drinkt.
- **Gebruik de juiste materialen.** Als je je baby pap in een fles geeft, moet je ervoor zorgen dat het gaatje in de speen groot genoeg is zodat de pap erdoor kan. Doe je dat niet, dan krijg je een zeer gefrustreerd kind dat voorlopig geen pap meer hoeft. Geef je hem pap uit een schaaltje, voer hem dan met een speciale babylepel.
- **Probeer niet ineens te veel.** Vooral de eerste keer moet je je baby maar een heel klein beetje pap aanbieden. Laat hem wennen aan de nieuwe textuur en smaak. Jij kunt het een saaie maaltijd vinden, maar je moet bedenken dat je baby er niet aan gewend is om iets dat niet vloeibaar is in zijn mond te stoppen en door te slikken. Hij moet een nieuwe sliktechniek aanleren.
- **Houd de pap in het begin heel dun, zodat je baby kan wennen aan een lepel en de textuur.** Als hij eraan gewend raakt, kun je de pap langzaamaan wat dikker maken.
- **Gebruik een slabbetje en houd een spuugdoekje bij de hand om de rommel op te ruimen.** Daarvan zal genoeg voorhanden zijn.

Als je baby vast voedsel begint te eten, merk je een verschil op in zijn ontlasting. Produceerde een zuiver borstgevoed kind eerst korrelige, zachte ontlasting, nu zal deze vastere vormen aan gaan nemen. De ontlasting van een kind dat de fles krijgt, is al wat vaster, maar zal er nu meer als echte poep gaan uitzien. Hij zal ook minder vaak gaan poepen. Dit is goed nieuws voor jou, want dan gebruikt je baby minder luiers en zal hij minder gauw poep lanceren (ja, vies hè?).

Veiligheidstips voor vast voedsel

Een baby van vier maanden hoort nog niet echt in een kinderstoel, tenzij er een stoelverkleiner inzit, waardoor je baby goed rechtop kan (blijven) zitten. Hoewel je kind zijn hoofd nu goed recht kan houden, kan hij nog niet zelfstandig zitten zonder ondersteund te worden – en die riempjes aan de kinderstoel kun je daarvoor niet gebruiken.

In plaats daarvan kun je hem beter in zijn auto- of wipstoeltje laten zitten als je hem vast voedsel geeft. Hij mag uiteraard niet liggen, maar mag wel iets achterover leunen. Als je hem dwingt om tijdens het eten rechtop te zitten, zal zijn hoofd uiteindelijk naar voren vallen en zakt zijn lijfje in elkaar.

Laat je baby niet achterover liggen als hij pap drinkt uit een fles, omdat hij er dan in kan stikken. Je kunt hem beter met een lepel voeden, aangezien hij over een paar maanden toch echt aan de groente en het fruit moet!

Hoofdstuk 10

De vijfde maand: je baby's wereld op zijn kop

In dit hoofdstuk

- Wat je baby kan
- De veiligheid van je baby
- Meer variatie in de maaltijden
- Tanden

De vijfde maand is een fijne, rustige tijd voor je baby, waarin hij kan oefenen wat hij tot nu toe heeft geleerd en zich kan voorbereiden op de volgende fase van zijn ontwikkeling. Zijn communicatieve vaardigheden gaan ook deze maand met sprongen vooruit en voor het eerst kun je tekenen zien van een gevoel voor humor (als hij heel hard proest en daar zelf om moet lachen). Je baby kan ook iemand die tegen hem praat gaan imiteren door met intonatie, toonhoogte en lengte van geluiden te experimenteren. Deze maand rolt hij van de ene naar de andere kant en aan het einde van de maand steunen sommige kinderen op hun ellebogen terwijl ze hun knieën proberen op te trekken. Ze hebben zin om de wijde wereld in te trekken en maken zich op voor een ontdekkingstocht buiten het speelkleed.

In dit hoofdstuk kijken we naar veilige 'oefenmethoden' voor je steeds actiever wordende kind en vertellen we je waarom een baby niet in een loopstoeltje mag. We gaan ook in op het fenomeen tanden krijgen, waarop je moet letten en hoe je je kind kunt troosten als hij plotseling boos is op alles en iedereen (en vooral op zijn kaken).

Op controle met je baby

In de vijfde maand zie je de arts van het consultatiebureau waarschijnlijk niet, maar ga je op bezoek bij de wijkverpleegkundige. Zij meet en weegt je kind en noteert deze gegevens op de groeicurve. Je kunt bij haar terecht met brandende vragen.

Mijlpalen deze maand

Wat kan je baby allemaal deze maand? Hij wordt groter en sterker en krijgt steeds meer een eigen karakter. Hieronder staan enkele dingen die hij aan het einde van de maand waarschijnlijk kan.

- Je baby kan zijn hoofd goed rechtop houden.
- Hij drukt zichzelf op en tilt zijn borst van de grond.
- Hij zou kunnen proberen om zijn knieën onder zijn billen te duwen en een primitieve kruipvorm te ontwikkelen.
- Hij kan voorwerpen pakken en ze van een hand overpakken in de andere.
- PAS OP! Hij kan voorwerpen in zijn mond stoppen. Dat betekent dat je voortdurend moet opletten dat er geen gevaarlijke objecten rondslingeren. In hoofdstuk 20 lees je hoe je de Heimlich-manoeuvre toepast.
- Baby's kunnen laten zien dat ze boos of ontevreden zijn als je iets van ze afpakt.
- TIP Hij (glim)lacht. Kietelspelletjes zijn geweldig – je baby rolt om van het lachen en jij ook!
- Hij kan misschien al een seconde of twee alleen zitten en langer als je hem ondersteunt. (De meeste kinderen zijn op deze leeftijd nog behoorlijk wiebelig.)
- Je baby draait zijn hoofd in de richting van de spreker.
- Hij probeert een spreker te imiteren door een zangerige stem te gebruiken.
- Je baby houdt van proesten.
- Zijn tanden kunnen nu doorkomen.
- Je baby vindt het misschien geweldig om op je schoot te *staan* als jij hem vasthoudt.
- Een heel sterk kind kan zichzelf aan het einde van deze maand misschien optrekken en staan als hij zich aan iets of iemand vasthoudt.
- Je baby kan misschien uit een beker drinken of zelf een fles vasthouden. Misschien kan hij zelf een babykoekje eten.
- Op deze leeftijd kan je baby gaan brabbelen (als hij nu 'mama' of 'papa' lijkt te zeggen, weet hij nog niet wat dat betekent.)

In deze maand beginnen de emoties van je baby echt duidelijke vormen te krijgen. Hij laat je weten dat hij het er niet mee eens is dat je iets van hem afpakt. Hij laat je zijn blijdschap zien als hij iets te pakken heeft gekregen.

Taalontwikkeling stimuleren

BELANGRIJK

Hoewel je baby nog geen verstaanbare woorden zegt, begint hij wel door te krijgen dat mensen communiceren met een doel, dat mensen om de beurt praten en dat jij blij bent als hij tegen jou 'praat'. Hij houdt van interactie met mensen en oefent graag zijn eigen taalgebruik. Moedig hem daartoe aan door voortdurend tegen hem te praten. Houd je woorden kort en eenvoudig en geef hem de kans naar de klanken te luisteren. Als hij vijf maanden is, vormt hij misschien medeklinkerklanken: 'ma', 'ka', 'da', 'ba' of 'ga'.

Op deze leeftijd (en al eerder) kun je boeken introduceren bij je kind. Het is een geweldige manier om taal en spraak te bevorderen. Plaatjesboeken bevatten eenvoudige woorden – dezelfde woorden als die van je baby. Bal. Poes. Hond. Je kind begrijpt misschien op dit moment nog niet dat alles een naam heeft, maar het is nooit te vroeg om hem bekend te maken met nieuwe klanken en woorden.

TIP

Boeken voor je baby moeten kort, leuk en vol kleurige plaatjes zijn. Hij is nog niet klaar voor verhaaltjes. Koop boeken die van duurzaam materiaal zijn, zoals karton, stof en goedgekeurd kunststof – je kind vindt het waarschijnlijk net zo leuk om op de boeken te kauwen als om ze te lezen. Je kind moet de boekjes goed vast kunnen houden.

Als hij klaar is met plaatjes kijken, kun je een eenvoudig verhaal aan hem voorlezen. Door te lezen stimuleer je hem op verschillende manieren: hij kijkt, hij luistert en hij probeert jouw klanken na te bootsen. Zijn jonge hersenen krijgen op deze manier een echte training.

Lezen voor je jonge kind heeft nog meer voordelen:

- Het is knuffeltijd voor jullie beiden, wat een belangrijk onderdeel is van de dag van je kind.
- Zijn woordenschat zal later in dit eerste jaar waarschijnlijk groter zijn.
- Door naar een verhaal te luisteren, leert je baby om langer zijn aandacht vast te houden.
- Als je hem nu bekendmaakt met het fenomeen boeken, zal hij later waarschijnlijk graag zelf lezen. Hij zal zelf willen weten wat die woorden betekenen!

BELANGRIJK

Als je je kind nu al een liefde voor lezen bijbrengt, geniet hij daar de rest van zijn leven van. Als je kind eenmaal zelf kan lezen, gaat een hele wereld van nieuwe ideeën en verbeelding voor hem open. Jij kunt hem daar nu al mee confronteren door voor hem te lezen. Probeer op deze leeftijd minimaal vijftien minuten per dag voor te lezen. Ook als hij aanvankelijk geen belangstelling toont, kan hij na verloop van tijd gaan uitkijken naar dat vaste onderdeel van de dag. Die vijftien minuten kunnen verdeeld worden in blokjes van vijf minuten als dat beter werkt voor je baby.

De veiligheid van je baby

Je baby is deze maand op een nieuw punt in zijn leven aangekomen: hij is nog te klein om zelfstandig te zitten, maar wil toch al graag meer alleen doen. Voor je hem in een activiteitentoestel of kinderstoel hijst waarvoor hij nog niet klaar is, moet je ervoor zorgen dat alles veilig is. Je zult merken dat hij zich de laatste tijd wat verveelt omdat hij zich nog niet kan voortbewegen, maar hij is er zeker ook niet op uit om zwaar gewond te raken.

Loopstoelen en springdingen

Actieve kinderen willen, nou ja, actie. Enkele jaren geleden zetten ouders hun kind dan in een loopstoel en keken toe hoe hun baby heerlijk door de kamer rondscheurde. Kinderen vonden deze stoeltjes op wielen helemaal geweldig. Ze konden door het hele huis racen en ondertussen een koekje eten. Wat deze kinderen betreft, kon het leven niet veel mooier worden.

PAS OP!

Vandaag de dag adviseren kinderartsen om deze loopstoelen niet meer te gebruiken. Elk jaar raken talloze kinderen ernstig gewond door dit soort objecten, meestal omdat zo'n loopstoeltje met kind en al van de trap valt. Daarbij komt dat een kind niet voor niets nog niet kan lopen op deze leeftijd. Hij is er simpelweg nog niet klaar voor en zo'n loopstoel geeft hem mogelijkheden waarmee hij nog niets kan beginnen. Koop ze dus gewoon niet.

PAS OP!

Eveneens afgeraden wordt het gebruik van allerlei schommels en verende springzitjes die aan de deurpost kunnen worden bevestigd. Dit zijn eveneens een soort stoeltjes waarin de baby kan worden vastgemaakt en waarmee hij kan ronddraaien en op-en-neer bewegen. Het gevaar is echter dat hij voorover duikelt en met zijn hoofd op de vloer terechtkomt. Verder kunnen dit soort 'springdingen' slecht zijn voor de beentjes van je kind en breuken en kneuzingen veroorzaken. Ook dit soort 'leuke' activiteiten zijn dus niet geschikt.

Je kind in de kinderstoel

Als je baby deze maand al redelijk goed kan zitten, kun je proberen of hij al in de kinderstoel kan zitten voor zijn voedingen. Bij de meeste kinderstoelen kun je een zogenaamde stoelverkleiner kopen, een kussenachtig zitje dat in de stoel past en dat voorkomt dat je baby wegglijdt of onderuitzakt. Als je geen stoelverkleiner hebt, kun je je baby ondersteunen met een kussen.

BELANGRIJK

Gebruik altijd de veiligheidsriempjes aan de kinderstoel. Het is geen ondersteuning voor je baby, maar zorgt er wel voor dat hij niet kan wegglijden.

Als hij nog niet goed kan zitten, moet je hem ook nog niet in een kinderstoel zetten. Daar zijn die veiligheidsriempjes *niet* voor bedoeld! Blijf hem voeden in de autostoel of een wipstoeltje dat je steeds rechter zet tot hij beter kan zitten – in elk geval gedurende korte perioden.

Het eerste vaste voedsel kopen (of maken)

Of je baby nu ondertussen al pap krijgt of niet, dit is het moment dat je baby toe is aan wat fruit en groente in zijn dieet. Je vraagt je misschien af of je moet kiezen voor potjes babyvoeding, biologische voeding of zelf moet gaan koken.

Ouderwetse babyvoeding

Veel ouders wandelen in de supermarkt langs de verschillende soorten babyvoedsel en vragen zich of er misschien een truc is om te bepalen wat de beste keuze is. Moeten ze kiezen voor het bekendste merk of voor de biologische potjes? Met welk voedsel moet je eigenlijk beginnen?

TIP

Veel artsen adviseren om te beginnen met potjes waarin één ingrediënt zit, dus alleen worteltjes of alleen appel. Zo kan je baby langzaam wennen aan een nieuwe smaak en weet je het direct als je baby iets niet lekker vindt. De voeding in potjes voldoet aan strenge veiligheids- en kwaliteitseisen en bevat geen toegevoegde suikers of zout. Op de potjes staat voor welke leeftijd de voeding bestemd is. Voor deze eerste periode is de voeding gepureerd en precies afgestemd op de smaak en behoeften van je baby.

Het grootste voordeel van potjes is dat ze vreselijk gemakkelijk zijn. Je kunt zoveel gebruiken als je nodig hebt en de rest voor een ander tijdstip bewaren, de structuur van het voedsel is precies afgestemd op de leeftijd van je kind en je kunt het gemakkelijk meenemen zonder dat het gekoeld hoeft te worden. Potjes zijn echter wel een stuk duurder dan zelfgemaakt eten. Als je graag wat minder geld wilt uitgeven, geven we je later in dit hoofdstuk wat tips voor het zelf maken van babyvoeding.

Biologische voeding

In de meeste winkels is tegenwoordig ook biologische babyvoeding te koop. Je bent er dan zeker van dat de gebruikte groenten en fruit onbespoten zijn.

Veel ouders kiezen biologische potjes omdat ze zich zorgen maken over de hoeveelheid insecticiden in de voeding van hun kind. Omdat de meeste onderzoeken naar insecticiden in voeding en het effect ervan (als dat er is), gehouden zijn onder volwassenen, weten we eigenlijk niets over de effecten van insecticiden op een kind in ontwikkeling.

De persoonlijke kok van je baby

Het is supereenvoudig om zelf babyvoeding te maken (al is je baby nog niet toe aan heerlijke toetjes). Zelf koken heeft een paar belangrijke voordelen. Allereerst is het veel goedkoper om een hele bloemkool te kopen, te koken, te pureren en in porties in te vriezen dan dezelfde hoeveelheid in potjes te moeten aanschaffen. Ten tweede bepaal jij wat je baby binnenkrijgt als hij eet.

Het is echt niet moeilijk om zelf babyvoeding te maken. Je hebt een basisuitrusting nodig, vers fruit en verse groente. Onthoud dat de groente die je in de supermarkt koopt waarschijnlijk bespoten is. Wil je dat niet, dan moet je in natuurwinkels of op de markt biologische groente kopen of in je supermarkt op zoek gaan naar biologische groente en fruit.

Om je eigen babyvoeding te maken, heb je onderstaande nodig.

- **Een pan:** om fruit en groente in te koken (eventueel een stoompan om groente in de stomen).
- **Een staafmixer of keukenmachine:** om het voedsel te pureren.
- **Een schilmesje:** om fruit te schillen en ontpitten.
- **Diepvriesbakjes en/of -zakjes:** om het voedsel in porties te verdelen en in te vriezen.

Zelfs als je geen ervaren kok bent, is het maken van babyvoeding geen probleem. Hieronder geven we je enkele tips om het hele proces nog makkelijker te maken.

- Schil en ontpit harde fruitsoorten, zoals appels en peren, snijd ze in stukjes en kook ze 10 tot 30 minuten met wat water (zoveel dat het fruit net onder staat) om ze zacht te maken. Laat het fruit afkoelen en pureer het. Serveer het direct of verdeel het in porties en vries het in.
- Door groenten te stomen, blijven de voedingsstoffen beter behouden. Groenten moeten indien nodig worden geschild en in stukken gesneden. Doe ze vervolgens in een stoompan of kook ze met wat water. Laat ze afkoelen en pureer ze.
- Als je baby toe is aan vlees moet je dat eerst koken voor je het pureert.
- Zacht fruit, zoals bananen en mango, kun je prakken en direct aan je baby geven.
- Voeg nooit zout, suiker of boter toe aan het eten van je baby. Hij kent het nog niet en zal het dus ook niet missen.
- Als je baby gewend is aan vast voedsel en gaat eten wat de pot schaft, pureer zijn deel dan voordat je kruiden en zout toevoegt.
- Je kunt gepureerd voedsel enkele maanden bewaren in de diepvries en een dag of drie in de koelkast.

TIP

Je kunt babyvoeding in de ijsbakjes van de vriezer doen. Je hebt dan kleine porties die ook eenvoudig met elkaar te combineren zijn. Als je baby bijvoorbeeld niet van erwten houdt, maar wel gek is op worteltjes, kun je proberen ze bij elkaar te doen. Dek de bakjes wel af met een stukje huishoudfolie of doe ze in een diepvrieszakje. Om de bakjes te ontdooien zet je ze een nacht in de koelkast of in een bak met heet water.

Gevaarlijk voer

Het lichaam van je baby groeit en ontwikkelt zich als een razende in het eerste jaar – zowel aan de binnen- als aan de buitenkant. Omdat zijn spijsverterings- en immuunsystemen niet zo sterk zijn als die van een ouder kind, is er voedsel dat hij niet al te vaak of helemaal niet moet krijgen in het eerste jaar.

PAS OP!

Geef je baby in het eerste jaar geen honing, omdat daar *clostridium botulinum* in kan zitten, de sporen die botulisme kunnen veroorzaken. Botulisme is een soort voedselvergiftiging waardoor een baby heel erg ziek kan worden.

Geef je baby nog geen vezelachtige groente zoals broccoli, tenzij je het na het pureren nog door een zeef doet. Je baby kan in de vezels stikken.

PAS OP!

Beperk ook voeding met veel nitraten die in grote hoeveelheden kunnen leiden tot *methemoglobinemia*, een ernstige aandoening die voorkomt dat de rode bloedlichaampjes effectief zuurstof door het lichaam kunnen vervoeren. Vooral kinderen onder de zes maanden zijn vatbaar voor deze aandoening, die ook wel de blauwebabyziekte wordt genoemd.

Nitraten zijn vooral te vinden in groene bladgroente, zoals:

- spinazie
- boerenkool
- groene kool en spitskool
- witte kool
- sla

TECHNISCHE INFO

Het nitraatgehalte in deze groenten is van zichzelf al hoog, maar wordt nog hoger als ze zijn geteelt met nitraathoudende mest. Een onjuiste opslag en bereiding van deze groenten verhoogt het gehalte nog meer (en laat de nitraten veranderen in nitriet, dat de rode bloedlichaampjes beschadigt).

Wortelgroenten (wortels, bieten, pastinaak enzovoort) bevatten ook nitraten, maar niet zoveel als groene bladgroente.

Als je deze groenten thuis klaarmaakt voor je baby, kies dan alleen biologische groenten en vries alles wat overblijft direct in. Biologische groenten zijn geteeld zonder het gebruik van nitraatrijke mest en voorkomen daarmee ernstige aandoeningen. Ook potjes zijn in dat geval een veilige keuze; daarvoor wordt gebruikgemaakt van nitraatarme gebieden (streken waar het nitraatgehalte in de grond laag is en minder snel in de groenten terecht zullen komen). Door de bereidingswijze is er ook niet voldoende tijd om nitraten te veranderen in nitriet.

Het tandentrauma verminderen

Als je baby nog geen tanden heeft, kun je er vanaf nu op wachten. Veel kinderen krijgen hun eerste tanden tussen de vier en zes maanden, al is het niet ongebruikelijk dat ze al eerder doorkomen. Meestal komen de onderste snijtanden (de vier middelste tanden) als eerste door en daarna de bovenste.

Enkele aanwijzingen dat er tanden op doorbreken staan:

- geïrriteerdheid;
- kwijlen;

- uitslag;
- *overal* op kauwen of bijten;
- diarree;
- lage koorts (maximaal 38.5 °C);
- verminderde eetlust;
- slecht slapen;
- hoesten (door het kwijlen).

Nou zijn dit natuurlijk ook allemaal aanwijzingen voor ziekte. Hoe zie je het verschil tussen een ziek kind en een kind met een doorkomende tand?

Meestal krijg je daarvoor een aanwijzing als je naar het tandvlees van je baby kijkt. Als het tandvlees er rood en geïrriteerd uitziet en je kind vertoont ook andere symptomen, dan staat er een tand op doorkomen. Het kan dan echter nog een behoorlijke tijd duren voor de tand er ook daadwerkelijk is. Het kan wel twee maanden duren voor een tand door het tandvlees heen breekt. Als je een blauwe, blaarachtige plek ziet op de kaak (een zogenaamde *hematoom*), dan komt de tand eraan. Hematomen bevatten bloed. Die blauwe blaren zijn meestal uitbarstingcysten, waarin helder vocht zit. Ze barsten open en tadaaa, een tand!

BELANGRIJK

Je baby bevindt zich momenteel in een orale fase, wat betekent dat hij het liefste alles in zijn mond zou stoppen. Op alles bijten is op zich dus geen betrouwbare aanwijzing dat er een tand op doorbreken staat.

Hoe kun je je baby sussen en de pijn verminderen? Soms doet een pijnstiller wonderen (al maakt 't soms ook nauwelijks verschil). Kijk voor de dosering op de verpakking van het middel. Er is ook een soort zalf te koop die je op je baby's kaken kunt smeren. Gebruik echter alleen medicijnen als je baby echt last heeft van zijn mond.

Hieronder volgen enkele andere manieren om de pijn wat te verminderen.

- **Houd wat bijtringen bij de hand.** Daar zijn ze immers voor gemaakt. Je baby kan een voorkeur hebben voor een massief rubberen speeltje of voor een met vocht gevulde bijtring. Geef hem wat werkt. Leg de ring niet in de vriezer, maar achter in de koelkast, zodat hij goed koud is.
- **Geef je baby koud, zacht eten en drinken.**
- **Misschien vindt je baby het lekker om op een broodje of koekje te kauwen.**

- **Knuffel hem extra vaak.** Het enige wat hij voelt is dat hij pijn heeft. Mama's liefde kan de pijn een beetje verzachten.
- **Veeg zo vaak mogelijk het kwijl weg van zijn kin en nek.** Trek hem eventueel een droog truitje aan. Het speeksel kan uitslag veroorzaken.
- **Als je baby diarree heeft, moet je hem zo vaak mogelijk verschonen**. Het laatste waar hij nu behoefte aan heeft, zijn pijnlijke billen.

Als je baby hoge koorts krijgt of ziek lijkt, moet je een arts bellen om ziekte uit te sluiten. Omdat een doorbrekende tand dezelfde klachten kan geven als andere aandoeningen (zoals oorontsteking), is het altijd verstandig om bij twijfel een arts in te schakelen.

Hoofdstuk 11

De zesde maand: baby gaat er vandoor!

In dit hoofdstuk

- De controle bij zes maanden
- De veiligheid van een actieve baby
- Een veranderende smaak
- Slaappatronen in de zesde maand

Als je in de zesde maand terechtkomt, realiseer je je plotseling dat je al halverwege het eerste jaar zit! In deze periode wordt je baby onafhankelijker, kan op handen en knieën gaan zitten en kan zich misschien zelfs al optrekken aan de salontafel. Op dit moment wordt veiligheid nog belangrijker, aangezien je je baby nu in de richting van de trap ziet bewegen (met geen flauw idee van het gevaar dat daar beneden loert). Sommige ouders voelen voortdurend bezorgdheid. Hoe is het mogelijk, nog maar even geleden werd hij geboren en nu blijft hij geen seconde meer liggen waar we hem hebben neergelegd! In de tweede helft van het eerste jaar komen de veranderingen in sneltreinvaart. Doe je ogen dus niet meer dicht, want je zou wel eens iets kunnen missen!

Op controle met je baby

Op deze leeftijd wordt je baby mobieler, socialer en reageert hij actiever tijdens het spelen. Je zult echt van de periode genieten, omdat je baby voorspelbaarder wordt en makkelijker om voor te zorgen. Dit is ook het moment dat hij verandert van een schattige pasgeborene in een echte, actieve baby. Hij kruipt, zit, houdt zijn fles vast, giechelt en verovert je hart elke keer weer als hij naar je lacht.

Controle tijdens de zesde maand

De controle in de zesde maand is heel uitgebreid. Je baby wordt, zoals gewoonlijk, gewogen en gemeten en zijn groei wordt op de groeicurve ingevuld. De consultatiebureauarts onderzoekt je baby en je waarschijnlijk vragen stellen over hoe het met je baby gaat. De arts zal vragen of je baby naar speeltjes of andere objecten grijpt, of hij probeert dingen te pakken die buiten zijn bereik liggen, of hij beide kanten op kan rollen, of hij zit en of hij zich kan opduwen op handen en knieën.

Mijlpalen deze maand

Je baby is deze maand een druk baasje, zowel fysiek als sociaal. In deze maand kun je de onderstaande veranderingen waarnemen.

- Je baby zal 500 gram aankomen.
- Hij wordt ongeveer 1 tot 1,5 cm langer.
- Je baby kan zijn hoofd nu goed recht houden.
- Je baby kan een beker of fles vasthouden en zelf drinken.
- Hij kan beide kanten op rollen.
- Je baby kan objecten van de ene naar de andere hand overpakken.
- Je baby kan misschien 'staan' (gewicht op zijn benen dragen) als je hem op schoot houdt.
- Hij kan waarschijnlijk voor korte tijd zelf zitten en zichzelf in balans houden met zijn handen.
- Je baby kan zich gaan opduwen tot kruiphouding of zichzelf voorwaarts slepen; enkele kinderen kunnen deze maand al kruipen.
- Hij kan zelf snacks eten (zoals een babykoekje).
- Je baby herkent het verschil tussen zijn ouders en anderen; hij kan wat last krijgen van eenkennigheid.
- Hij imiteert gezichtsuitdrukkingen en geluiden.
- Hij keert zijn hoofd in de richting van een stem of geluid.
- Hij herkent en reageert op zijn eigen naam.
- Hij kan kiekeboe-spelletjes spelen.
- Hij begint te brabbelen.

Hoewel sommige kinderen langzamer zijn in het bereiken van lichamelijke mijlpalen, kunnen zij toch prima 'op schema' liggen als het om hun ontwikkeling gaat. De dokters kijken vooral naar een gestage vooruitgang – of je baby op weg is *naar* deze mijlpalen. Misschien kan hij nog geen blokje van zijn ene in zijn andere hand overpakken, maar probeert hij het wel. Probeert hij om te rollen of ligt hij stil op zijn speelkleed?

Sommige kinderen leren nooit echt kruipen, maar ontwikkelen hun zeer persoonlijke manier van voortbewegen. Dat is heel normaal en niets om je zorgen over te maken.

De oudere baby stimuleren

Nu je baby zo aan het groeien en ontwikkelen is, zou het handig zijn om te weten hoe je hem daarin kunt stimuleren.

Het allereerste wat je moet doen, is achteroverleunen en hem zelf wat laten proberen. Als je de fles al in zijn mond stopt als hij er maar naar kijkt, vertraag je het moment waarop hij de fles zelf kan vasthouden en in zijn mond stopt. Hetzelfde geldt voor speelgoed: laat je baby even worstelen met een speeltje dat net buiten zijn bereik ligt. Hij zal het een hele prestatie vinden als hij het uiteindelijk te pakken heeft. Hij zal de volgende keer nog harder werken omdat hij beseft dat zijn pogingen hem iets opleveren.

Je moet speelgoed voor je baby kopen dat bij zijn leeftijd past. Op deze leeftijd houdt hij van dingen die geluid maken (iets wat rammelt of klingelt als hij ermee schudt) of speeltjes die visueel interessant zijn (felle, primaire kleuren vallen hem nu op).

Je kunt je baby het beste stimuleren door met hem te spelen. Neem de tijd om kiekeboe-spelletjes te doen, zing liedjes en kietel zijn buik en geef hem de kans daarop te reageren.

Veel mensen vinden het onzin om op deze leeftijd voor te lezen (Kan hij er al iets van volgen? Zal hij wel een heel boek lang kunnen blijven luisteren?) Je baby's vermogen om naar een boek te luisteren is even belangrijk als het boek dat je kiest. Een kind dat niet langer dan een minuut of twee stil kan zitten, zal niet kunnen genieten van een verhaaltje. Als je hem ertoe probeert te dwingen, eindig je zeer waarschijnlijk in een onnodig machtsspelletje. Zorg dat je wat stoffen of plastic boekjes hebt, waarin hij kan kijken als hij daar zin in heeft en koop een paar heel eenvoudige kartonnen boeken. Laat hem naar de plaatjes kijken als hij er zin in heeft. Snel genoeg zal hij het leuk vinden als je iets voor hem leest, al kan hij het prettig blijven vinden om tegelijkertijd ook met andere dingen bezig te zijn.

Blijf tegen je kind praten door hem de hele dag door te vertellen wat er allemaal gebeurt. Nu hij begint te brabbelen, kun je eenlettergrepige woorden wat langzamer uitspreken, zodat hij de tijd krijgt de klanken tot zich door te laten dringen. Kinderen van zes maanden beginnen net door te krijgen hoe ze klanken kunnen herhalen. Geef hem elke mogelijke kans om te oefenen, zelfs als hij alleen de intonatie van je stem weet te imiteren. Het zal niet lang meer duren voor hij kleine woordjes kan zeggen.

De veiligheid van je baby

Hij rolt, hij sleept zichzelf over de vloer, hij kan dingen van de vloer pakken en hij kan zichzelf misschien al optrekken. Deze maand wordt je baby duidelijk actiever en je zult dus opnieuw naar je veiligheidsplan moeten kijken en je huis opnieuw moeten inspecteren. Je moet er ook voor zorgen dat je baby altijd goed vast zit als je hem in wat dan ook mee naar buiten neemt (kinderwagen, autostoeltje, winkelwagentje enzovoort). In hoofdstuk 20 lees je meer over het beveiligen van je huis voor je baby.

Nu je baby mobieler wordt, is het belangrijk dat hij buiten de auto geen toegang heeft tot het autostoeltje. Soms blijft een autostoeltje tot in de eeuwigheid in dezelfde auto zitten (of in elk geval tot de baby er te groot voor is), maar in sommige huishoudens gaat het stoeltje van papa's auto naar mama's auto en misschien ook nog naar oma's auto en staat het soms ook wel eens in huis. De veiligheidsriemen, die essentieel zijn voor de veiligheid van de baby tijdens een autorit, zijn levensgevaarlijk als het stoeltje niet gebruikt wordt. Laat je baby niet in of bij een autostoeltje spelen.

Omdat je je baby nu zoveel makkelijker mee kunt nemen, geven we je wat tips over hoe je je baby op een veilige manier mee kunt nemen als je gaat winkelen of wandelen.

Veilig in de kinderwagen

Alle kinderen moeten worden vastgemaakt in de kinderwagen, of ze nu gek zijn op een ritje of niet. Je weet maar nooit wat je onderweg tegenkomt als je met je baby door het park loopt of op straat. Je zou over een losliggende tegel kunnen rijden of de kinderwagen kan ongezien wegrollen als je hem even ergens hebt neergezet. Er kan ook een technisch mankement zijn, zodat een onderdeel kapot gaat of de wagen door zijn as zakt. Er zijn genoeg kinderen uit een kinderwagen gelanceerd voor hun moeders goed en wel doorhadden wat er aan de hand was. Een veiligheidsriem kan niet altijd voorkomen dat er iets gebeurt, maar het helpt wel en maakt de situatie in elk geval niet erger.

Een andere reden om je baby goed vast te maken, is dat de riemen gevaarlijk zijn als ze los hangen. Nu je baby zich kan voortbewegen, wil je geen enkel risico nemen met gevaren als deze. Je kunt ze om zijn middel vastmaken en hoeft je verder geen zorgen te maken.

PAS OP!

Zogenaamde 'easywalkers' zijn kinderwagens op drie wielen die je kunt meenemen als je gaat hardlopen. Artsen adviseren echter om daarmee te wachten tot je baby zes maanden is. Voor die tijd is zijn nek nog niet sterk genoeg om eventuele oneffenheden in de weg op te vangen en ook de snelheid kan een effect hebben op zijn ruggengraat en nek. Veel artsen adviseren zelfs om te wachten tot je baby één jaar oud is voor je hem meeneemt tijdens je training. Hetzelfde geldt voor fietskarren die je aan een volwassen fiets vastmaakt. Deze zijn alleen geschikt voor kinderen die al goed kunnen zitten en hun hoofd zelf rechtop kunnen houden.

Controleer regelmatig of alle onderdelen van de kinderwagen nog goed vast zitten en of alles nog goed werkt. Kijk ook of niets aan het roesten is of op afbreken staat. Nu je baby ouder en groter wordt en beweeglijker is, zal alles wat op afbreken staat ook daadwerkelijk afbreken. Kinderen kunnen zwaar gewond raken door een instortende kinderwagen: neem dus geen risico's. Vervang een gevaarlijke kinderwagen door een stevige.

Boodschappen doen met je baby

Winkelwagentjes zijn een veelvoorkomend, vaak ongekend, gevaar voor baby's en grotere kinderen. Elke jaar opnieuw vinden ongelukken plaats met winkelwagentjes.

Winkelwagentjes kunnen vrij gemakkelijk omvallen. Sommige winkels hebben karren met een bredere onderkant zodat ze minder gemakkelijk kunnen omvallen, maar als een ouder broertje of zusje op de voor-, zij- of achterkant klimt, kan hij of zij de kar omtrekken. Als je baby ook in het winkelwagentje zit, zal hij dus mee vallen.

Als een kind valt, is het een lange weg naar beneden tot hij de harde vloer raakt. Om dit te voorkomen, moet je de veiligheidsriemen van het winkelwagentje altijd vastdoen, zowel van het zitje voor grotere kinderen als van het soort autostoeltje voor jonge baby's. Als je je eigen autostoeltje gebruikt, kun je dat het beste in de wagen zelf neerzetten – probeer het niet op het kinderzitje aan de voorkant te plaatsen. Veel supermarkten hebben echter winkelwagentjes waarop een babystoeltje is gemonteerd.

TIP

Zet aan het begin van de supermarkt iets zwaars achter in het winkelwagentje, zodat beide zijden even zwaar zijn. Als je baby het enige is in de kar en je moet hem even alleen laten om ijs uit de vriezer te pakken, dan kan de kar bij het minste of geringste al omvallen.

De veranderende smaak van je baby

Deze maand introduceer je meer vast voedsel (zoals gepureerde groenten) in het dieet van je kleintje. Moedermelk en flesvoeding zijn voldoende voor je pasgeboren baby, maar halverwege het eerste jaar krijgt je baby behoefte aan meer. Hij wordt actiever en zijn lichaam groeit. Ook wordt zijn maag groter en kan meer voedsel bevatten. Je baby kan dus meer eten en hoeft ook niet meer zo vaak te eten (wat ook betekent dat hij 's nachts langer slaapt).

Wat voor effect heeft dit op zijn eerdere routine? Hij zal borst- of flesvoeding nodig blijven hebben. Laat je baby nog steeds bepalen wanneer hij wil drinken, net als toen hij pas was geboren. Hij zorgt er zelf wel voor dat hij genoeg binnenkrijgt en hij kan flesvoeding krijgen bij elke maaltijd.

TIP

Als je je baby vanaf nu uit een beker laat drinken, kun je hem straks makkelijker spenen, vooral als hij borstvoeding krijgt. Kinderen die borstvoeding krijgen en uit een beker leren drinken, hoeven niet eerst weer te wennen aan een fles, maar kunnen direct van de borst naar de beker.

Meer vast voedsel

Je baby heeft rond deze tijd waarschijnlijk al heel wat pap gehad. Als hij nog geen groenten heeft gehad, is het nu tijd om daar langzaamaan mee te beginnen, bij voorkeur voordat hij aan fruit begint (je baby zal minder gemakkelijk erwtjes en boontjes eten als hij gewend is aan zoete bananen en appelmoes). Het invoeren van vast voedsel moet geleidelijk aan gebeuren. Zelfs als hij alles eet wat je hem in zijn mond stopt, moet je toch weer een vast patroon creëren waarin je hem elke dag voedt. Overhaast het niet. Sommige dagen zal hij zijn hele bordje in één keer leegeten en andere dagen wil hij alleen maar borst- of flesvoeding. Dit is normaal bij alle kinderen die beginnen met vast voedsel.

Hoe weet je of je baby toe is aan vast voedsel? Hij moet zijn hoofd goed rechtop kunnen houden en zal belangstelling tonen voor jouw eten. Plan je eerste voedingen heel zorgvuldig: probeer hem geen gepureerde wortelen te geven als hij net een flesvoeding heeft gehad – hij zal niet geïnteresseerd zijn. Wacht tot het etenstijd is. Laat hem eerst heel even bij jou of van de fles drinken en zet hem vervolgens in de kinderstoel. Kom dan met het lekkers: groente!

TIP

Op deze leeftijd kan je baby waarschijnlijk niet meer dan een half potje babyvoeding eten. Omdat zijn speeksel de resterende voeding kan afbreken en heel waterig kan maken, moet je het eten nooit direct uit het potje geven. Schep de helft in een schaaltje en zet het potje, goed afgesloten, in de koelkast.

Neem de tijd en geef je kind alle tijd om het eten in zijn mond te voelen, te proeven en door te slikken voor je hem meer aanbiedt. Hij kan net als een vogeltje met zijn mond open gaan zitten wachten op het volgende hapje, maar hij kan ook besluiten dat hij dit hele gedoe maar niks vindt. Je wilt dat hij vast voedsel probeert op een moment dat hij nog redelijk openstaat voor nieuwe dingen, maar je hoeft hem niet koste wat kost de hele maaltijd op te voeren. Als hij niet veel voelt voor de groente, kun je van de lepel een treintje of een vliegtuig maken dat in zijn mondje terechtkomt. Etenstijd moet vooral leuk zijn, ook op deze leeftijd.

Voer langzaamaan nieuwe etenswaren in. Je kunt als regel aanhouden dat je eens in de vier, vijf dagen iets nieuws op tafel zet. Zo heb je genoeg tijd om te zien of je baby allergische reacties vertoont. Sommige ouders willen zo graag allerlei nieuwe dingen introduceren dat ze dit advies in de wind slaan. Je kunt je echter voorstellen wat een gedoe het is om er dan nog achter te komen waarvan je baby uitslag of iets anders heeft gekregen. Je zult alle nieuwe groenten weer moeten weglaten en ze opnieuw, een voor een dit keer, moeten introduceren om te zien op welke je baby slecht reageert. Het is eenvoudiger – zowel voor jou als je baby – om niet te snel met nieuwe voedingsmiddelen te beginnen om zeker te weten dat je baby er tegen kan.

Veel artsen adviseren om te beginnen met groente en pas daarna fruit in te voeren. Groenten zijn niet zoet en smaken niet zo lekker als fruit (dat doen de meeste kinderen ons tenminste geloven, gezien de lelijke gezichten die ze trekken als ze een lepel spinazie voor zich krijgen). Sommige ouders zullen beweren dat kinderen groenten pas later vies gaan vinden, maar het is een feit dat de meeste kinderen zoet eten lekkerder vinden. Zelfs een baby zal zich afkeren van een vreemd smakende groente – vooral als hij alleen nog maar gewend is aan bananen en appelmoes. De theorie is daarom dat je kind groenten eerder zal accepteren en zal blijven eten als hij niet eerst allerlei zoet fruit heeft gehad.

Geef je baby geen echte toetjes, maar gebruik fruit als nagerecht. Je baby zal snel genoeg echte toetjes gaan eten!

Als je baby gewend is aan vast voedsel, kun je ook wat snacks gaan invoeren. Je kunt dat waarschijnlijk aan het einde van de zevende of het begin van de achtste maand doen. Hierover lees je meer in hoofdstuk 12.

Als je baby vast voedsel gaat eten, zal hij minder vaak poepen en ziet zijn ontlasting er meer uit als echte poep. Het uiterlijk ervan is afhankelijk van wat hij heeft gegeten: een kind dat pompoen heel lekker vindt, zal bijvoorbeeld oranje ontlasting hebben. Dat verandert als hij groter wordt en zijn spijsverteringssysteem het voedsel beter kan verteren.

Voedselallergieën

Je moet goed letten op allergische reacties als je nieuw voedsel introduceert. De reactie komt meestal een uur of twee nadat je kind iets heeft gegeten waarvoor hij allergisch is. De meeste reacties komen echter pas als je kind iets vaker eet. Allergieën ontwikkelen zich doorgaans in de loop van de tijd; het immuunsysteem van het lichaam legt de basis voor toekomstige allergische reacties. Dat betekent dus dat je baby iets al drie keer gegeten kan hebben zonder reactie en toch bij een vierde keer een allergische reactie kan vertonen. Dit is precies de reden waarom het zo belangrijk is om nieuwe voedingsmiddelen een voor een te introduceren. Het goede nieuws is wel dat de meeste kinderen over hun allergie heen zijn tegen de tijd dat ze naar school gaan.

Let op de volgende tekenen van voedselallergie:

- **Darmkrampen.** Je baby lijkt krampen te hebben, voelt zich beroerd en heeft diaree of geeft over.
- **Huiduitslag.** Voedselallergie kan zich uiten in de vorm van uitslag in het gezicht of een jeukende mond. Galbulten, eczeem en jeuk zijn andere tekenen van voedselallergie.
- **Verkoudheidssymptomen zonder verkoudheid.** Niezen, een loopneus of jeukende en tranende ogen met donkere kringen eronder kunnen ook een aanwijzing zijn voor voedselallergie.
- **Geïrriteerdheid.** Als je kind zowel overdag als 's nachts onverklaarbare huilbuien heeft (vooral als je baby normaal gesproken een goede slaper is) kan dat erop wijzen dat hij zich niet lekker voelt. Als hij onlangs iets nieuws heeft gegeten, kan dat de reden zijn.

Veel kinderartsen raden bepaalde voedingsmiddelen af. Onderzoeken hebben aangetoond dat voedselallergieën kunnen worden veroorzaakt door bepaald voedsel te vroeg te introduceren, waardoor het lichaam antistoffen gaat aanmaken. Voedingsmiddelen die je je kind het eerste jaar beter niet kunt geven zijn: koemelk, eieren, tarwe, aardbeien en soja. Ook schaaldieren en noten veroorzaken nogal eens allergieën die ernstige reacties kunnen vertonen, zoals het *anaphylactisch shock syndroom*. Dit is een ernstige, soms zelfs fatale reactie die gepaard kan gaan met ademnood, een zwelling van de mond, keel of ogen, galbulten, jeuk en bewusteloosheid. Als je een van deze symptomen ziet bij je kind, dan moet je zo snel mogelijk een arts bellen of naar de eerste hulp rijden.

Een koemelkallergie komt vrij veel voor bij kleine kinderen en is iets anders dan koemelkintolerantie, zowel wat betreft de symptomen als de oorzaak. De meeste kinderen groeien over hun allergieën voor koemelk heen terwijl koemelkintolerantie het hele leven lang kan duren. In hoofdstuk 18 staat uitgebreide informatie over beide aandoeningen.

Als je het vermoeden hebt dat je baby allergische reacties vertoont op bepaalde voedingsmiddelen, geef ze hem dan niet meer en geef ze een dag of tien tot twee weken later opnieuw. Kijk of zich dezelfde symptomen voordoen. Als dat het geval is, is er waarschijnlijk sprake van een voedselallergie. Ga naar je consultatiebureauarts en bespreek de klachten. Mocht je baby allergisch reageren op verschillende voedingsmiddelen, dan kun je doorverwezen worden naar een specialist.

Drinken uit een beker

Als je je baby nu leert om uit een beker te drinken, dan heb je het later een stuk makkelijker. Onthoud dat je baby op een dag zal ophouden met drinken van je borst of de fles. Een borstgevoede baby die goed uit een beker kan drinken, hoeft nooit een flesvoeding te krijgen. Als je je flesgevoede baby leert om uit een beker te drinken, zal het spenen straks een stuk sneller gaan.

Koop een beker die je kind zelf kan vasthouden. Gebruik op dit moment nog geen antilekbeker. Je baby is totaal onbekend met een beker en zal moeite hebben om het vocht eruit te zuigen als dat niet vanzelf een beetje in zijn mond loopt. Help hem om het drinken eruit te krijgen. Weiger hem de beker echter niet als hij het zelf wil proberen – doe dit alleen niet op je splinternieuwe tapijt! Je kunt hem ook uit een beker zonder deksel laten drinken; dit zul je echter goed moeten begeleiden.

Verlies niet de moed als je baby gewoon weigert om uit de beker te drinken, ongeacht al jouw pogingen. Zet de beker een tijdje weg en laat hem uit zijn fles drinken. Probeer het een paar weken later nog een keer.

Geef je baby tijdens maaltijden moedermelk of flesvoeding. Je kunt hem overdag ook wat verdund vruchtensap of diksap geven. Het speenproces begint nu langzaam op gang te komen, maar kan maanden duren. Je baby zal van je borst of de fles willen blijven drinken voor hij gaat slapen. In hoofdstuk 16 gaan we uitgebreid in op het spenen van je kind.

Slaapliedjes en welterusten

Als jij de ouder bent van een kind dat nog steeds niet doorheeft dat je 's nachts moet rusten en ook overdag meer moet doen dan een hazenslaapje op de schouder van papa of mama, zul je waarschijnlijk denken een hoofdstuk te hebben overgeslagen in de babyboeken die je hebt gelezen. Je baby ervan overtuigen dat hij toch echt moet gaan slapen, kan een haast onmogelijke taak lijken. Er zijn echter enkele beproefde methoden die je zou kunnen uitproberen en die in elk geval voorkomen dat het nog erger wordt. Soms kun je niet meer dan dat verwachten.

Op deze leeftijd zou je baby twee keer per dag behoorlijk moeten slapen, dat wil zeggen anderhalf tot twee uur per keer. Sommige kinderen gaan maar één keer slapen, maar doen dan een superslaap van drie uur. Kinderen die vroeg wakker zijn, moeten ergens halverwege of laat in de ochtend slapen en kinderen die laat wakker worden, hebben waarschijnlijk alleen een langer dutje in de middag nodig. Zolang het slaappatroon voor jou en je huishoudelijke schema werkt, is het goed, zelfs als het heel anders gaat dan bij de kinderen van je vriendinnen.

Dit is ook de periode dat je baby 's nachts goed kan gaan slapen.

Een routine invoeren

Misschien heeft jouw kind nog steeds geen goed slaappatroon. Op dit moment zou dat jou wel eens kunnen gaan opbreken en zie je andere baby's die perfect op schema slapen. De moeders van die baby's kunnen hun hele dag plannen rond de slaaptijden van hun baby's. Jij moet er nog steeds naar raden: wanneer zou hij gaan slapen en hoe lang deze keer? Kun je boodschappen doen voordat je baby in de auto in slaap valt? Hoe vaak zul je vannacht weer moeten opstaan?

Voorbereiding op een slaapje

Sommige kinderen vinden het moeilijk om overdag tot rust te komen omdat ze zich voortdurend bewust zijn van hun omgeving. Het is een sprookje dat alle kinderen kunnen slapen bij de geluiden in huis. (Kun *jij* je afsluiten voor daglicht en straatgeluiden en zomaar in slaap vallen?) Er zijn genoeg kinderen die het kunnen, maar er zijn er ook genoeg die echt een stille en donkere kamer nodig hebben om in slaap te kunnen vallen.

Als je baby van zes maanden nog steeds moeite heeft om overdag te slapen, kun je zijn kamer en de dagelijkse routine misschien wat aanpassen.

- **Maak de kamer donker.** Hang verduisterende gordijnen, blinderingen of rolgordijnen op en zet het ledikant zo neer dat je kind geen last heeft van binnenkomende zonnestralen.
- **Houd het stil.** Sommige baby's slapen heel licht. Plaats een ventilator in de kamer en zet die op de laagste stand om achtergrondgeluiden (zoals de telefoon, hondengeblaf en de vuilniswagen) te elimineren.
- **Neem de tijd.** Leg hem niet zomaar in bed als het een bepaalde tijd is. Maak van de slaaptijd een routine van gebeurtenissen die naar het slapen toe leiden. Geef hem wat te eten, lees een verhaaltje voor of wieg hem een paar minuten en leg hem dan pas in bed – wakker, zodat hij weet dat dit bij de routine hoort.
- **Laat hem zijn eigen patroon bepalen.** Slaaptijd is heilig, gooi deze niet in de war. Als je baby eenmaal slaapt, moet je hem laten slapen. Zolang de middagslaapjes de nachtrust niet verstoren, moet je jouw klussen voor de dag (boodschappen en uitstapjes) rond zijn schema plannen en niet andersom.

Besef goed dat dit een tijdelijke fase in je baby's leven is. Over ongeveer een jaar zullen zijn slaapjes veranderen en korter worden. Als je nu werkt aan een fatsoenlijk slaappatroon, heeft dat een langetermijneffect op het slaapritme van je kind.

Een bedtijdritueel

Als je baby overdag niet zo goed slaapt, zou het avondritueel een eitje moeten zijn. (Hij moet toch doodmoe zijn als hij nauwelijks geslapen heeft?) Helaas is dat niet altijd het geval. Baby's die overdag niet genoeg rust krijgen, kunnen oververmoeid en overprikkeld raken en daardoor nou net niet kunnen slapen. Dit soort patronen leidt vaak tot een vicieuze, slapeloze cirkel die zichzelf dag in, dag uit herhaalt.

Om tot een goed patroon te komen, kun je dezelfde maatregelen treffen als voor de slaapjes overdag: maak van het slapengaan een gebeurtenis. Als je merkt dat je kind heerlijk gaat doezelen van een bad, geef hem dan een bad. Lees hem voor, wieg hem, voed hem nog een keer en leg hem in bed. Let erop dat hij dan nog wakker is, zodat hij doorheeft dat hij zelf in slaap moet vallen.

PAS OP!

Als je hem op deze leeftijd in slaap wiegt, leert hij niet om zelf in slaap te vallen en ben jij ervan verzekerd dat jij hem moet helpen als hij midden in de nacht wakker wordt.

Vermijd 's avonds activiteiten die je baby opwinden, zodat hij niet meer kan slapen. Begin hem bijvoorbeeld niet te kietelen vlak voor het slapen. Leg de meest stimulerende speeltjes weg en ga een uur voor hij moet slapen niet meer met hem naar buiten. Hij heeft echt tijd nodig om tot rust te komen na een lange dag van ontdekkingen en leermomenten.

BELANGRIJK

Het kan soms erg moeilijk zijn voor ouders om een rustig avondritueel te introduceren, vooral als je overdag allebei werkt en je verheugt op wat tijd met je baby. Onthoud echter dat je er ook op de lange termijn van profiteert als je je baby nu goede slaapgewoonten bijbrengt. Hoe sneller je dat doet, hoe beter.

Het uitbannen van nachtelijk ontwaken

Baby's van deze leeftijd slapen gemiddeld elf uur per nacht – meestal achter elkaar door. Soms worden ze een of twee keer per nacht even wakker, maar hebben hun moeder niet nodig om weer in slaap te vallen. Meestal slapen ze overdag dan nog twee keer een uur of twee lang.

Dit kan een hartverscheurend bericht zijn als je een kind hebt dat 's nachts nog steeds een keer of twee, drie wakker wordt en dan hard begint te huilen. Jouw kind lijkt toch echt honger te hebben en kan niet in slaap vallen zonder dat jij bij hem bent.

BELANGRIJK

Dit is echter het geval: je baby krijgt nu vast voedsel en tegen de tijd dat hij zes maanden is, heeft hij 's nachts echt geen voeding meer nodig. Als hij om twee uur (en drie uur en vier uur) wakker wordt en je borst zoekt, dan doet hij dat omdat hij getroost wil worden en gezelschap wil. Vooral baby's die borstvoeding krijgen, hebben de neiging dit te doen en dat komt niet omdat ze niet genoeg te eten krijgen. Het is zeer waarschijnlijk dat ze het heel gezellig vinden om midden in de nacht tegen hun moeder aan te liggen. Jij bent zijn ouder en het is moeilijk om nee te zeggen als je baby zo wanhopig lijkt.

Kun je 'hard zijn uit liefde' voor je baby? Ja, en doorgaans betekent dat dat je je kind 's nachts laat huilen. Het gaat als volgt: je baby wordt wakker en begint te huilen omdat jij moet komen. Hij merkt dat jij en jouw borst niet tot zijn beschikking staan en huilt zichzelf weer in slaap.

Het is vreselijk moeilijk om je baby te laten huilen, maar wel heel effectief. Gelukkig duurt het meestal ook niet lang. De eerste nacht huilt je baby waarschijnlijk behoorlijk lang (een uur of langer) en de tweede nacht zal dat al een stuk korter zijn (misschien maar een kwartier). De derde en vierde nacht zul je hem al nauwelijks meer horen. Geloof het of niet, maar na een paar dagen slaapt je baby gewoon door.

TIP

Nachtelijk gezelschap ontwennen

Niet alleen het laten huilen, maar ook andere methoden kunnen je baby eraan laten wennen dat je niet te pas en te onpas aan zijn bedje staat.

- **Ga naar je baby als hij huilt, maar pak hem niet op.** Laat de lichten gewoon uit en probeer hem op een andere manier te sussen. Wrijf over zijn rug, zing zachtjes voor hem of ga gewoon bij hem staan. Doe dit elke avond steeds korter (de eerste nacht vijf minuten, de tweede nacht vier enzovoort), totdat hij je niet meer nodig heeft.

Besluiten om je baby te laten huilen

Dit is zo'n opvoedkundige zaak waarover mensen uiteenlopende meningen hebben. Voorstanders beweren dat je je baby leert om zichzelf te troosten als je hem laat huilen, dat je er niet omheen kunt en het niet halfbakken kunt aanpakken, en dat hij zichzelf in vrij korte tijd leert hoe hij in slaap moet vallen. Tegenstanders echter vinden dat je het niet kunt maken om een weerloze, bange baby aan zijn lot over te laten in zijn bedje.

Welke mening jij bent toegedaan, is waarschijnlijk afhankelijk van twee dingen:

- jouw mate van wanhoop,
- jouw vermogen om naar het gehuil van je kind te luisteren.

Verschillende artikelen van verschillende experts zullen je tegenstrijdige adviezen geven. Het ene zal je zeggen dat het zelfvertrouwen van je baby voor de rest van zijn leven geschaad zal zijn als je hem laat huilen, terwijl het andere zal beweren dat je baby zelfstandiger zal zijn tijdens zijn jeugd als hij nu al leert om zelf te gaan slapen. Laat de experts kletsen en beslis zelf wat je ervan vindt. Alleen jij kent de situatie bij jou thuis en weet wat het effect van slapeloze nachten op jou, je partner en je kind is.

Het is een feit dat je alleen maar de behoefte zult hebben om je baby te laten huilen als je al zes maanden lang geen enkele nacht hebt kunnen doorslapen. Je bent echt niet wreed; je wilt gewoon een goede nachtrust voor iedereen.

- **Laat je baby elke keer dat hij wakker wordt een vooraf bepaalde tijd huilen voor je naar hem toe gaat.** Als je baby bijvoorbeeld drie keer wakker wordt 's nachts, kun je de eerste keer vijf minuten wachten voor je reageert, de tweede keer tien minuten en de derde keer vijftien minuten. Deze methode kan enkele nachten in beslag nemen, maar als het werkt, is het minder pijnlijk dan een uur lang naar je huilende baby moeten luisteren.

Of deze mildere methoden voor jou en je kind werken, is grotendeels afhankelijk van het temperament van je kind. Als je een paar minuten wacht voor je naar binnen gaat, zal voor een zeer vastbesloten baby betekenen dat jij komt als hij maar hard en lang genoeg huilt. Dit zou de zaak dus wel eens erger kunnen maken. Je kunt de hoop op een goede nachtrust opgeven tot je baby de tijd daarvoor rijp acht (en dat zou nog wel eens lang kunnen duren). Als je alsnog besluit om hem te laten huilen, zal het waarschijnlijk langer duren, omdat je baby inmiddels heeft geleerd dat je uiteindelijk toch wel komt.

TIP

Een moeilijk proces makkelijker maken

Het is een echte uitdaging om je baby 's nachts door te laten slapen. Onderstaande punten kunnen het proces vereenvoudigen.

- **Zorg ervoor dat hij zijn buikje vol heeft.** Praat met je arts als je denkt dat je baby 's nachts echt honger heeft. Hij kan de groeicurve van je kind bekijken en bepalen of je kind misschien te weinig eten krijgt. Misschien adviseert hij je om je baby overdag meer te eten te geven, zodat hij 's nachts kan slapen.

- **Maak meer lichamelijk contact als je baby nog wakker is.** Houd hem wat langer vast, speel wat langer met hem, wieg hem wat extra op en neer voordat je hem in bed legt. Dit kan jullie beide helpen de nachtelijke ontmoetingen los te laten.

- **Help hem zichzelf te troosten.** Laat je baby zien dat hij op zijn vingers kan zuigen. Zuigen geeft een baby troost en als hij doorheeft dat hij daar rustig van wordt, heb je kans dat hij 's nachts als hij wakker wordt vanzelf zijn vingers opzoekt. Tegen het einde van het eerste jaar houden de meeste baby's vanzelf op met deze gewoonte.

- **Wees standvastig.** Probeer je baby langzaam, maar vastbesloten los te maken van jouw gezelschap. Houd je aan de regels die je gesteld hebt. Als je hebt besloten hem twee minuten te troosten zonder hem op te pakken, houd je daar dan aan, vooral als hij blijft huilen als je in de kamer bent. Als je dan toegeeft, overtuig je hem ervan dat hij alleen maar langer en harder hoeft te huilen om zijn zin te krijgen. Het zal de nachtelijke onrust voor jullie beiden alleen maar verlengen.

BELANGRIJK

Je baby houdt 's morgens nog steeds van je als hem 's nachts hebt laten huilen. Jij houdt ook nog steeds van hem!

Met de fles naar bed: zuigflescariës

Sommige baby's vinden het heerlijk om met een fles (met flesvoeding, pap, moedermelk of sap) naar bed te gaan. Hij wordt er rustig van, het troost hem en zijn ouders weten dat hij 's nachts in elk geval geen honger zal hebben. Klinkt best goed, hè?

Niet dus. De suikers kunnen een verwoestend effect hebben op de doorkomende tanden van je baby, vooral als hij naar bed gaat en zijn tanden urenlang blootstelt aan zoetigheid.

Zuigflescariës is tandbederf van de voortanden en kan voorkomen bij kinderen tussen de wieg en hun tweede jaar. Bij tandbederf voeden bacteriën zich met elke mogelijke voedselbron die ze kunnen vinden en breken hierbij het tandglazuur af. Je kind houdt er verkleurde en verrotte tanden aan over (als ze al niet uitvallen of moeten worden getrokken).

PAS OP!

De melktanden van je kind bepalen zijn toekomstige gebit en gezondheid. Hij heeft zijn voortanden nodig om te bijten en kauwen. Het voortijdige verlies van de voortanden kan spraakproblemen geven. Ook kan vroeg tandbederf leiden tot een verminderd zelfvertrouwen omdat het kind wordt geplaagd vanwege ontbrekende of verrotte tanden. Daarbij komt dat de melktanden de basis vormen voor het latere gebit. Als de zuigflescariës heel ernstig is, kan dat betekenen dat je kind zijn hele leven slechte tanden zal hebben.

Zuigflescariës ontstaat meestal als een kind urenlang aan een fles kan zuigen. Er zijn gevallen van cariës bij baby's die borstvoeding kregen, maar dat kwam voor omdat deze kinderen urenlang bij hun moeders mochten drinken. Dat kan bijvoorbeeld gebeuren als de moeder in slaap valt tijdens het voeden en de baby de hele nacht door kan zuigen.

PAS OP!

Natuurlijk zijn sommige drankjes erger dan andere. Hoewel het geen enkel probleem is om je baby overdag wat vruchtensap te geven, is frisdrank toch echt niet de bedoeling. Het heeft absoluut geen voedingswaarde en is een van de slechtste dingen die je je kind kunt geven, vooral een kind dat zijn eerste tandjes net krijgt. Onderzoeken hebben ook aangetoond dat kinderen die vroeg gewend raken aan frisdrank, later vaak ook andere problemen krijgen, waaronder overgewicht.

Het goede nieuws is dat zuigflescariës eenvoudig te voorkomen is. Houd onderstaande regels in acht:

- Geef je baby geen met suiker gezoete dranken.
- Maak van een zuigfles geen speen. Baby's die willen zuigen en daarom een fles krijgen waarop ze de hele dag (of nacht) kunnen sabbelen, krijgen bijna gegarandeerd last van zuigflescariës.
- Doop de speen van je baby niet in suiker of honing. Je kunt de zoetigheid dan net zo goed rechtstreeks op zijn tanden smeren en het daar laten. De tanden gaan binnen afzienbare tijd rotten.

- Laat je baby 's nachts niet drinken.
- Doe water in de fles als je baby 's avonds graag nog wat wil drinken.
- Speen je baby van de borst of de fles als hij ongeveer twaalf maanden oud is.

Wanneer moet je eigenlijk gaan zorgen voor die kleine tandjes? Zodra ze doorkomen. De tanden van je kind spelen een essentiële rol bij het eten en zijn spraakontwikkeling en vormen daarbij ook nog eens de basis voor zijn definitieve gebit.

Fluoride kan tandbederf tegengaan en is erg belangrijk voor nieuwe tanden. Gebruik daarom peutertandpasta om de tandjes van je kind schoon te houden. Voor de eerste tanden kun je ook een gaasje gebruiken. Bij de drogist en in de apotheek zijn vingertandenborstels te koop van siliconen, die je over je vinger kunt schuiven en waarmee je de tanden van je baby kunt borstelen. Ze zijn ook ideaal voor het masseren van tandvlees als een tandje op doorbreken staat. Als je het aandurft, kun je ook een kleine tandenborstel gebruiken.

Veeg of borstel de tanden van je baby direct na een maaltijd schoon. Zo verwijder je plak en voedselresten, waardoor de bacteriën weinig hebben om tandrot mee te veroorzaken.

Gebruik geen tandpasta voor volwassenen. Er zit te veel fluoride in en je baby kan de tandpasta na het poetsen nog niet uitspugen. Er zijn diverse goede kindertandpasta's te koop die minder fluoride bevatten. Als je baby nog maar een paar tanden heeft, is het voldoende om ze schoon te vegen met een doekje of ze licht te borstelen.

Let op de tanden van je baby en houd tekenen van tandbederf in de gaten (verkleuringen en gaatjes). Als je een probleem vermoet, ga dan naar je consultatiebureau. Meestal gaan kinderen voor het eerst naar een tandarts als ze twee jaar zijn. Bij ernstige problemen is het echter nodig om eerder te gaan.

Deel IV

De wereld voorbij mama ontdekken

In dit deel...

In de zevende tot de negende maand wordt je baby steeds nieuwsgieriger en mobieler – en leuker! Natuurlijk krijgen ouders te maken met nieuwe veiligheidsmaatregelen en in deze hoofdstukken geven we tips om de veiligheid van je actieve hummel te bewaken. Je zou wel eens kunnen merken dat hij zo druk is, dat hij niet eens tijd heeft om te eten of te drinken. Lees hoe je vast voedsel kunt introduceren en wat je kunt doen als je baby in deze periode zijn interesse in je borst verliest.

Je baby gaat in deze periode nog beter zijn best doen om te communiceren en hij zal binnenkort zeer waarschijnlijk zijn eerste woordje zeggen. Je kunt enorm veel invloed uitoefenen op zijn taalontwikkeling door tegen hem te praten. In deze hoofdstukken krijg je ook daarover advies. (Luister goed wat hij zegt: 'Het eerste jaar vliegt voorbij, mama!')

Hoofdstuk 12

De zevende maand: prachtige ontwikkelingen

In dit hoofdstuk

- Kijken naar wat je baby kan
- Je baby beschermen
- Nog meer eten

De zevende maand is er een van enorme prestaties voor je baby, zowel in beweging en ontwikkeling als in persoonlijkheid. Hoewel je de veranderingen van de geboorte tot nu bijna niet meer kunt bijhouden, kun je minstens net zo veel verwachten in de komende zes maanden. Niet alleen worden de spieren van je baby steeds sterker en laat hij je zien waartoe hij lichamelijk in staat is, ook gaat hij zijn hersenen gebruiken om de wereld om hem heen te begrijpen. Hij is echt niet meer dat schatje dat lekker op zijn rug lag rond te kijken – hij probeert grip te krijgen op wat er om hem heen gebeurt. Hij weet nu bijvoorbeeld dat iets niet verdwijnt als hij het laat vallen en dat iemand het hem waarschijnlijk terug zal geven. Hij komt er ook achter dat het heel erg leuk is om iets te laten vallen en weer terug te krijgen!

Je kind wordt zelfstandiger, krijgt steeds meer een eigen mening en wordt daarom ook steeds liever. Hij kan meer eten aan en kan minder interesse krijgen voor je borst of de fles omdat hij het zo vreselijk druk heeft met wat hij allemaal kan. Een andere belangrijke mijlpaal deze maand is zijn gebrabbel.

Op controle met je baby

Meestal hoef je in de zevende maand niet naar het consultatiebureau. Je gaat pas weer naar de arts als je kindje negen maanden oud is. Misschien dat je toch wat vragen hebt, aangezien je baby op dit moment zo verandert. Je kunt altijd bij het consultatiebureau binnenlopen om je baby te laten wegen en meten en kunt dan ook dringende vragen stellen. Je mag ook altijd bellen. Je kunt nog zoveel babyboeken lezen en informatie zoeken op internet, sommige vragen wil je toch liever aan een arts stellen.

Als je je zorgen maakt over het gedrag van je baby deze maand, dan kun je het consultatiebureau bellen en met de wijkverpleegkundige praten. Misschien kan zij je al direct vertellen dat je baby zich normaal gedraagt of dat je even met hem langs moet komen zodat de arts hem kan zien. Je baby verandert enorm op dit moment en dat kan een verklaring zijn voor zijn vele huilen: hij kan gefrustreerd zijn omdat hij van alles wil bereiken, maar dat nog niet altijd kan.

Bel direct een arts als je met iets te maken krijgt wat een medische oorzaak lijkt te hebben. Je baby huilt enorm zonder aanwijsbare reden, hij heeft hoge koorts of er is iets met zijn gedrag of bewegingen dat er niet goed uitziet.

In hoofdstuk 23 vind je een lijst met redenen waarom je je arts zeker moet bellen; in hoofdstuk 24 vind je een lijst wanneer je het niet hoeft te doen.

Mijlpalen deze maand

Je baby is deze maand mobieler dan ooit. Wat voor ontwikkelingen kun je deze maand allemaal verwachten?

- Je baby heeft zijn hoofdbewegingen helemaal onder controle en kan zijn hoofd oneindig lang ophouden.
- Als hij nog niet naar beide kanten kon rollen, zal hij dat deze maand zeker kunnen.
- Hij kan zich misschien vanuit de buik opdrukken tot hij zit.
- Hij kan zelf zitten.
- Je baby houdt ervan zijn kracht te testen en vindt het misschien heerlijk om te 'staan' terwijl je hem op schoot houdt.
- Hij kan zichzelf misschien optrekken (zie figuur 12.1) en al korte tijd staan. (Kleine, dunne baby's lijken dit eerder te kunnen dan kun grotere leeftijdgenoten.)
- Als hij kan staan terwijl hij zich aan iets vasthoudt, kan hij misschien zelfs al van het ene object naar het andere 'lopen'.
- Baby's houden van hobbelen op schoot als ze staan of zitten.
- Zijn fijne motorische vaardigheden gaan steeds beter: hij kan een voorwerp met een hand vasthouden, waardoor de andere hand vrij blijft om op onderzoek uit te gaan.
- Je baby kan zelf snacks eten.
- Als je baby nog geen tanden heeft, kunnen die nu gaan doorkomen.

Figuur 12.1: Als je baby zich begint op te trekken, moet je alles verwijderen of vastzetten wat hij mee kan trekken en op zich kan krijgen

- Je baby draait zich in de richting van geluid of iets anders als hij op zijn buik ligt of zit.
- Je baby zou kunnen beginnen met kruipen of iets wat daarop lijkt, als hij dat nog niet deed.
- Je baby verkiest mama boven alles en iedereen in de wereld.
- Omdat je baby zich meer aan jou gaat hechten, kunnen de eerste tekenen van eenkennigheid zich voordoen, al worden ze waarschijnlijk pas over een maand of twee heel sterk.
- Je baby kan zich gaan hechten aan iets waarbij hij troost vindt (een gevolg van eenkennigheid en een steeds groter wordend begrip voor het feit dat een object niet verdwijnt).
- Je baby houdt van kiekeboespelletjes of spelletjes waarop hij kan reageren.
- Aan het einde van deze maand kan hij gaan brabbelen.
- Als je je baby roept, zal hij zijn hoofd naar je toe draaien.

BEL DE DOKTER

In deze periode moet je baby zijn naam herkennen en erop reageren. Als je hem steeds weer roept zonder dat hij reageert, moet je dat melden aan je consultatiebureauarts. Het kan heel goed zijn dat je baby niet reageert omdat hij zich concentreert op een nieuwe vaardigheid of iets wat buiten gebeurt, maar er is ook een kleine kans dat hij je niet kan horen. De arts zal je kind onderzoeken om te kijken of er sprake is van gehoorproblemen. Behalve dat hij niet reageert op zijn naam, zou hij dan ook zijn stem nog niet of nauwelijks gebruiken (hij probeert nog niet te brabbelen en/of zijn stem klinkt wat monotoon).

Geen zin in kruipen?

Begint je baby bij zeven maanden nog steeds niet te kruipen of zich op een andere manier voort te bewegen? Maak je niet druk. Al begint de meerderheid van de kinderen zich rond deze leeftijd voort te bewegen, ze doen het zeker niet allemaal. De kinderen in laatstgenoemde groep zijn tevreden op hun speelkleed en maken helemaal geen haast om van A naar B te gaan. Sommige baby's kruipen nooit; ze slepen zich op de een of andere manier voort over de vloer en trekken zich dan op om te gaan lopen. Sommige kinderen ontwikkelen een eigen kruipmethode (met rechte benen of op hun billen bijvoorbeeld). Zolang je baby maar op de een of andere manier belangstelling toont voor beweging en niet de hele dag lusteloos op een deken ligt, heb je geen reden om je zorgen te maken. Je zult hem snel genoeg achterna moeten rennen en zult je dan nauwelijks kunnen herinneren dat er een tijd was dat hij alleen maar op zijn kleed lag.

Goed geheugen

Je baby begint nu echt door te krijgen dat een object niet verdwijnt als hij het laat vallen, maar dat het ergens anders is. Tot nu toe dacht je baby dat een speeltje of een persoon voorgoed weg was als hij het niet meer kon zien.

Rond de zevende maand wordt het geheugen van je baby steeds beter (al kan je kind op deze leeftijd waarschijnlijk maar een week of twee iets onthouden). Als zijn geheugen beter wordt, kan hij ook conclusies gaan trekken uit de aanwezigheid van objecten en begint hij dingen te verwachten. Als hij bijvoorbeeld op een knop drukt van een speeltje die een geluid of opspringend poppetje voortbrengt, dan zal hij met dat speelgoed gaan spelen met de *wetenschap* dat dat zal gebeuren.

Dit is ook de leeftijd dat je baby jouw grenzen gaat verkennen, zonder daarmee iets kwaads in de zin te hebben. Als hij zijn speeltje steeds opnieuw vanuit de kinderstoel naar beneden gooit, doet hij dat om jouw reactie daarop te zien. (Omdat hij ondertussen heeft geleerd dat dat speeltje niet voorgoed verdwijnt, kan hij dit doen zonder zelf van streek te raken.) Als je het speeltje een paar keer achter elkaar teruggeeft, zal hij denken dat dit een spelletje is. (Slim hè?) Je kunt op zo'n moment het beste duidelijk 'nee' tegen hem zeggen (zelfs als je stiekem eigenlijk beste trots bent op deze nieuwe cognitieve vaardigheden) en hem afleiden, zodat dit geen dagelijkse aangelegenheid wordt.

Geweldig gebrabbel

Op deze leeftijd gaat je baby naast klinkers ('aah', 'ooh') ook medeklinkers zeggen. De eerste medeklinkers zijn waarschijnlijk de 'k', 'p', 'b' en 'm', al zullen andere ('d'en 'g') snel volgen. Hoe kun je de taalontwikkeling van je baby stimuleren? Door te doen wat je de afgelopen maanden al steeds hebt gedaan: langzaam en duidelijk tegen hem praten, korte woorden en zinnen gebruiken en hem de kans geven de woorden echt in zich op te nemen. Op deze leeftijd luistert een kind naar het begin en einde van een woord – dit noemen we *woordsegmentatie*. Hij weet nog niet echt wat de woorden betekenen (dan kan nog wel een maand of twee, drie duren), maar dit is een belangrijke stap in de richting. Hij zal je woorden gaan imiteren. Wees enthousiast als hij dat doet. Moedig hem aan om het nog een keer te proberen. Zo leert hij wat communicatie is: mensen die op elkaar reageren.

Achterlopen: een veelvoorkomende zorg

Moet je je zorgen maken als je kind de voorgeschreven mijlpalen niet bereikt? Misschien zijn er verborgen problemen – lichamelijk, neurologisch of een combinatie van beide?

Over het algemeen gelden mijlpalen als een soort richtlijn: ze geven aan wat de *meeste* kinderen rond een bepaalde leeftijd kunnen. Als je kind altijd een beetje achter lijkt te lopen, maar wel bezig is de voorgeschreven mijlpalen te bereiken, dan is er waarschijnlijk niets aan de hand. Praat met je consultatiebureauarts om eventuele problemen uit te sluiten; de kans is groot dat hij je gerust zal stellen.

Veel baby's blinken uit op een bepaald terrein en lopen wat achter op een ander (heel beweeglijk, maar praat weinig, bijvoorbeeld). Dit is heel gebruikelijk en niets om je zorgen over te maken.

Voor premature baby's kan het echter jaren duren voor zij zich hebben opgetrokken tot het niveau van leeftijdgenoten die op tijd geboren werden. Afhankelijk van hoeveel te vroeg je kind was, kan hij te maken krijgen met verschillende problemen; het hoeft echter niet. Een kind dat bijvoorbeeld last heeft van een stofwisselingstoornis, zal minder snel groeien dan een kind dat daar geen last van heeft. Het zal ook moeilijker zijn om hem te voeden en dat kan ertoe leiden dat hij wat kleiner en zwakker is dan zijn leeftijdgenoten. Dit zal dan ook zeer waarschijnlijk leiden tot een ontwikkelingsachterstand, omdat hij bijvoorbeeld niet sterk genoeg is om zichzelf op te trekken en dus niet zo snel zal staan of lopen als andere kinderen van zijn leeftijd. Premature kinderen halen hun leeftijdgenoten in de loop van de jaren echter wel weer in, al zullen sommige altijd wat achterblijven. Jouw arts zal je het beste kunnen adviseren als het gaat om een prematuur kind.

De veiligheid van je baby

Wanneer je baby zich vaker en beter gaat voortbewegen, zul je je huis opnieuw op veiligheid moeten controleren.

BELANGRIJK

Je kunt nog zoveel doen in je huis, maar je baby zal echt regelmatig vallen. Zorg er alleen voor dat hij niet van de trap duikelt of uit zijn slaapkamerraam valt. Je kunt niet de hele dag achter hem aan lopen om hem voortdurend op te vangen als hij onderuit gaat en dat moet je ook niet willen. Hij moet leren dat vallen geen falen is; het hoort gewoon bij het leven.

Waarop moet je letten, gezien de verbeterde mobiliteit van je baby van zeven maanden? In principe op alles wat binnen zijn handbereik is, zowel op de vloer als daarboven. Onthoud dat hij zich op dit moment leert optrekken en dat dat betekent dat hij ook dingen over zichzelf heen kan trekken. Dingen als een tafelkleed, een kop hete thee, een zware schaal met leuke drijfkaarsjes (waarvan de inhoud nog interessant lijkt om op te eten ook) moeten vanaf nu buiten het bereik van je baby blijven. Als hij zich nu nog niet optrekt, zal hij dat binnen afzienbare tijd doen en je wilt dan niet onaangenaam verrast worden.

Onthoud ook dat je baby sneller en beter wordt in het grijpen van dingen. Was het een tijd geleden nog een hele klus om een muntje van de vloer te rapen, nu gaat dat aanzienlijk beter en sneller. Het was natuurlijk altijd al belangrijk om dingen van de vloer te houden, maar dat wordt nu zo mogelijk nog belangrijker omdat hij er nu zo gemakkelijk bij kan.

PAS OP!

Hieronder volgen enkele veiligheidsmaatregelen die je op deze leeftijd in acht moet nemen.

- **Bescherm je baby tegen een hoge val.** Plaats traphekjes boven- en onder aan de trap. Vooral boven aan de trap is het heel belangrijk dat het hekje stevig verankerd is en niet losgaat als je baby ertegen duwt of erop klimt.
- **Bescherm je baby tegen scherpe randen.** Hij leert nu te gaan staan en zich op te trekken en zal daarbij niet letten op eventuele gevaren. Scherm scherpe hoeken en randen van tafels, kasten, vensterbanken en andere uitstekende elementen in je interieur af.
- **Let op dingen waaraan hij kan trekken als hij zich optrekt.** Denk aan stoelen, tafelkleden, gordijnen, maar ook laden die open kunnen schieten, waardoor je baby achterover zal duikelen. Haal deze dingen weg of bevestig ze zodanig dat ze niet meer gevaarlijk zijn.
- **Houd kleine voorwerpen buiten het bereik van je kind.** Munten, pennendoppen, knikkers, zuurtjes, knopen, batterijen enzovoort zijn levensgevaarlijk voor hem. Als het ook maar enigszins in zijn mond past en ingeslikt kan worden, dan moet je het weghalen. Je kunt als graadmeter aanhouden dat als iets door een toiletrol past, het ook in de keel van je baby kan verdwijnen.

- **Zet giftige stoffen achter slot en grendel.** Je baby wordt sneller en kan dingen beter vastpakken. Zet alle gevaarlijke spullen op een dusdanige plaats dat hij er met geen mogelijkheid bij kan (letterlijk achter slot en grendel, of zo hoog dat je baby er ook staand nog niet bij kan). Houd ook planten – die vaak giftig zijn – buiten het bereik van je kind.

Het is nooit te vroeg om je huis te beveiligen. Deze maanden gaan snel voorbij en je baby leert voortdurend nieuwe vaardigheden (zoals klimmen of kasten openmaken), vaak zonder dat jij doorhebt dat hij iets nieuws kan. Wees voortdurend op je hoede en houd je baby steeds goed in de gaten. Kruip op handen en voeten over de vloer om een idee te krijgen van wat je baby allemaal ziet – je zult versteld staan van wat je over het hoofd hebt gezien. In hoofdstuk 20 lees je meer over het beveiligen van je huis.

Volgooien alstublieft! De voeding bij zeven maanden

Tegen het einde van deze maand zal je baby vast voedsel accepteren als een vast onderdeel van zijn dagelijkse maaltijd. Dat komt allereerst omdat hij meer voedingsstoffen nodig heeft dan in moedermelk of flesvoeding zitten. Hij groeit, zijn tanden komen door en hoewel borst- en flesvoeding hem in de eerste maanden van alle benodigde voedingsstoffen voorzagen, heeft hij nu ook andere voedingsstoffen nodig.

Het tweede punt is dat hij toch echt een keer vast voedsel moet gaan eten. Het is nu veel eenvoudiger om hem 'echt' eten te geven dan wanneer hij een jaar oud is en niet veel zin heeft in nieuwe dingen. (Als je baby nog geen vast voedsel krijgt, kun je in hoofdstuk 11 lezen hoe je dat introduceert.)

Als je baby gewend is geraakt aan vast voedsel, zal hij meer willen. Het is niet ongebruikelijk dat kinderen veel belangstelling tonen voor wat jij eet door ernaar te grijpen of door een babyvogeltje te imiteren dat met zijn bekje open zit te wachten tot er iets ingestopt wordt. Omdat je baby op deze leeftijd kleine en grote dingen kan pakken en vasthouden, kun je hem lekkere hapjes in zijn hand geven of een lepel zodat hij zichzelf kan voeren.

Zoals bij alles wat nieuw is voor hem, zal je baby het meest openstaan voor nieuwe hapjes als hij een beetje honger en goede zin heeft. Geef hem geen soepstengel als hij net een hele melkfles heeft leeggedronken, maar wacht ook niet tot hij huilend van de honger in zijn kinderstoel zit.

TIP

Als je baby nog niet doorheeft hoe je een lekker hapje moet pakken en in je mond stoppen, kun je hem het koekje of stuk fruit in zijn hand geven. Hij zal waarschijnlijk snel doorhebben dat hij het in zijn mond kan stoppen. Als hij echter helemaal geen interesse toont, wacht dan nog een paar weken. Eten moet voor honderd procent vrijwillig gebeuren en je baby moet zo veel of zo weinig eten als hij zelf wil. Hij kan zelf heel goed aangeven wat hij wil, en als hij er klaar voor is om zichzelf te voeren, zal hij dat vanzelf duidelijk maken.

Je kunt je baby het beste eerst wat grotere hapjes geven, zoals babykoekjes, soepstengels of iets in die geest. Als je baby nog beter wordt in het vasthouden van dingen dan kun je ook kleinere hapjes geven, zoals

- een schaaltje ontbijtgranen;
- fijngeprakt zacht fruit (kiwi, mango, peer, banaan – zorg ervoor dat er geen lange vezels of schilletjes in zitten);
- brood zonder korst;
- kleine stukjes zacht en gaar vlees (kip of gehakt, bijvoorbeeld);
- gekookte pasta (geen spaghetti, maar grovere vormen);
- zachtgekookte groenten (broccoli, courgette, aardappelen, bonen, erwten of aardappelpuree).

Let op bij het voeden van mogelijk 'draderig' voedsel, zoals bananen, sinaasappelen of bepaalde kaassoorten (en vlees kan pezen bevatten), omdat je baby erdoor kan gaan kokhalzen of erin kan stikken.

Kan je baby met je gezin mee-eten? Tot op zekere hoogte wel. Je wilt het voedsel op dit moment nog redelijk eenvoudig houden totdat je er zeker van bent dat hij geen voedselallergie heeft. Zodra hij de meeste ingrediënten van een bepaald gerecht heeft gehad, kun je het hem voorzetten. (Meer informatie over voedselallergie vind je in hoofdstuk 11.)

Geef je baby geen voedsel dat heel kruidig, zout of zoet is. Zijn spijsverteringssysteem kan een teveel van deze ingrediënten nog niet aan.

Om verstikking te voorkomen, mag je baby alleen eten als hij rechtop in de kinderstoel zit. Maak ook altijd de riempjes vast, zodat hij geen gekke grappen kan uithalen ('Mama, kijk eens, ik kan staan!').

Welke hapjes kunnen je hem beter nog niet voorzetten? Alles wat hard is en niet gemakkelijk kan worden verwerkt door zijn (tandeloze) kaken. Je baby is nog niet echt klaar voor:

- rozijnen;
- noten;
- knakworst (zelfs niet als ze in stukjes zijn gesneden; ze bevatten heel veel natrium en zijn sowieso niet erg gezond);
- olijven;

- popcorn;
- snoep (of het nu hard of zacht is, het zal moeilijk te kauwen zijn);
- harde en/of rauwe groente.

Onthoud dat je baby nog heel wat jaren zal kunnen genieten van allerlei culinaire hoogstandjes. Hij krijgt die popcorn heus wel als hij wat ouder is. Houd de maaltijden tot die tijd zacht, eenvoudig en veilig.

Je baby zal waarschijnlijk onderstaande dingen eten als hij zeven maanden is.

- twee keer per dag fruit en groente (bij de lunch en het avondeten misschien);
- twee keer per dag pap (vooral borstgevoede baby's hebben de ijzer nodig die daarin zit);
- drie tot vijf keer per dag flesvoeding of moedermelk.

Wat voor voedingsstoffen haalt je baby nu uit dit eten? Fruit en groente zijn uitstekende bronnen van vitamine A en C. Pap bevat veel ijzer. Dit zijn essentiële voedingsstoffen voor een groeiend kind. Zijn flesvoeding geeft hem proteïne en moedermelk geeft hem proteïne en antistoffen.

Denk je al aan spenen?

Als kinderen een voedingsschema hebben waarin vast voedsel een belangrijke rol speelt, zullen veel moeders zich afvragen wat het effect is op het fles- of borstvoedingsschema.

PAS OP!

Je baby is er nog niet helemaal klaar voor om koemelk te gaan drinken in plaats van flesvoeding of moedermelk. In het eerste jaar kan koemelk een allergische reactie veroorzaken en zelfs leiden tot een lichte ontsteking van de darmen. Een dergelijke ontsteking kan chronische bloedingen en bloedarmoede veroorzaken.

Flesvoeding is nog steeds ideaal voor moeders die geen borstvoeding geven. In het eerste half jaar zal je baby steeds meer melk gaan drinken, maar na de invoering van vast voedsel zal dat weer minder worden. Je baby moet nog zo'n halve liter per dag drinken. Drinkt hij meer, dan zal hij niet genoeg honger hebben om allerlei nieuwe hapjes te proeven (hmmm, gepureerde broccoli!) die je hem voorzet en dus ook niet de voedingsstoffen krijgen die daarin zitten. Zie hoofdstuk 9 en 10 voor meer informatie over het invoeren van vast voedsel.

BELANGRIJK

Geef je baby bij elke maaltijd een beker flesvoeding, moedermelk of verdund vruchtensap. Zodra hij een beker kan vasthouden en eruit kan drinken kun je de fles vervangen door een beker. Hoe sneller hij dit kan, hoe meer profijt jullie er allebei van hebben. Als je kind borstvoeding krijgt en je leert hem nu uit een beker drinken, dan kan hij straks bij het spenen direct overgaan op een beker en de fles overslaan.

Varieer met wat je in je baby's beker doet. Als hij alleen maar sap krijgt uit de beker, verwacht hij dat er alleen zoetigheid in hoort en kan hij flesvoeding of moedermelk uit een beker weigeren.

Als je erover denkt om je baby te spenen van de borst, ga dan niet te snel. Hij wordt actiever, leert nieuwe vaardigheden en proeft nieuw voedsel – elke dag is nieuw voor hem. Het is daarom niet gek dat hij oude gewoonten wat laat versloffen om het nieuwste om hem heen te onderzoeken. Het is dus niet zo dat hij de borst weigert, maar dat hij al het nieuwe om hem heen onderzoekt en in zich opneemt. Je kunt hem zelf laten bepalen hoeveel hij wil drinken en hem na elke maaltijd je borst aanbieden. Je kunt ook zelf het heft in handen nemen en hem op verschillende momenten op de dag de borst aanbieden (al kun je dan het gevoel krijgen dat je de hele dag alleen met voeden bezig bent).

Het kan even duren voor je een geschikt voedingspatroon hebt gevonden waarin zowel borstvoeding als maaltijden van vast voedsel zijn verwerkt. Let niet op wat je vriendinnen doen. Kijk naar wat het beste werkt voor jou en je kinderen en kies daarvoor.

Probeer vast te houden aan vier borstvoedingen per dag om je baby te voorzien van de benodigde voedingsstoffen. Laat je baby vast voedsel niet verkiezen boven borst- of flesvoeding.

De meeste artsen zullen je adviseren het hele eerste jaar borstvoeding te geven. Als je baby echter helemaal geen interesse meer heeft in je borst, kun je het gevoel krijgen dat dat een onmogelijke opdracht is. Het lijkt erop dat borstvoeding voor jou belangrijker is dan voor je kind. Hieronder volgen enkele tips om je kind aan de borst te houden.

- **Onderbreek zijn speeltijd niet voor een voeding.** Hij heeft tijd nodig voor de overgang (bijvoorbeeld door hem eerst wat vast voedsel te geven) van spelen naar eten.
- **Geef hem alleen een beker bij maaltijden.** Als hij kan rondkruipen, spelen, staan en springen met voortdurend een beker voor zijn neus, zal hij uiteraard nooit bij jou willen drinken.
- **Maak het leuk.** Laat hem een speeltje meenemen bij het voeden (tenzij hij daardoor afgeleid wordt) of draag bij elke voeding een bepaalde ketting waarnaar hij kan kijken.
- **Neem een andere houding aan.** Misschien wil hij liever drinken als hij rechtop zit? Deze verandering kan zo interessant zijn dat je baby zich weer gaat verheugen op de borstvoeding.
- **Bied je borst vaker aan als je het idee hebt dat je baby nauwelijks drinkt of ga kolven.** Je moet je melkvoorraad op peil houden, anders zul je gedwongen moeten spenen.

BELANGRIJK

Vaak begin je je baby op deze leeftijd van nature geleidelijk aan te spenen, simpelweg door hem minder vaak te voeden. Je hoeft er niet helemaal mee te stoppen. Je kunt hem minder vaak voeden zonder er helemaal mee op te houden.

Lees hoofdstuk 16 voor meer informatie over spenen.

Meer eten, minder eten

Hoeveel moet een baby van zeven maanden nu eigenlijk eten op een dag? Zoveel als hij zelf wil. Je kunt een kind op deze leeftijd eigenlijk nooit te veel geven. Zijn maag kan maar een beperkte hoeveelheid aan en hij heeft nog steeds een geweldige ingebouwde 'vollemaagmeter' die hem vertelt wanneer zijn buikje vol is. Afhankelijk van hoe actief hij is, kan hij uitgehongerd in de kinderstoel zitten of nauwelijks geïnteresseerd zijn in eten. Dit patroon kan per dag verschillen. Vertel je net aan je schoonmoeder dat je kind op zijn bord aanvalt alsof hij weken niet gegeten heeft, raakt hij zijn eten nauwelijks aan.

Als je baby op deze leeftijd regelmatig geen zin heeft om zijn vaste voedsel te eten, volgen hieronder enkele tips.

- **Maak etenstijd gezellig.** Geef hem ruim voldoende tijd om zijn eten te proeven. Als hij graag speelt met koekjes en sap, laat hem dat dan doen.
- **Kies het goede moment.** Als je baby erg geconcentreerd is op zijn activiteiten, heeft hij een paar minuten nodig om te wennen aan het idee dat hij moet eten. Hij kan zo druk zijn met kruipen en spelen dat hij niet eens voelt dat hij honger heeft. Begin met een beker water of verdund vruchtensap als hij nog op zijn speelkleed zit. Dit is voor hem een teken dat het bijna etenstijd is. Zet hem een paar minuten later in de kinderstoel. Op deze manier gaat de overgang van spelen naar eten wat geleidelijker.
- **Doe het voor.** Iedereen heeft wel eens ouders gelukzalige gezichten zien trekken als teken dat het lekker is. Waarom zouden ze dat toch doen? Omdat het werkt – soms wel in elk geval.
- **Geef je baby snacks.** Niet elke maaltijd hoeft gestructureerd te verlopen. Geef je baby in de loop van de dag wat lekkere hapjes (ontbijtgranen of soepstengels), zodat hij ook zin krijgt in iets substantieels.

Moet je je zorgen maken als je baby op deze leeftijd nog geen vast voedsel eet? Niet echt. Hij komt er uiteindelijk wel aan toe. Qua ontwikkeling is hij er klaar voor, maar ja, hij is op dit moment ook klaar voor heel veel *andere* dingen. Eten staat waarschijnlijk gewoon onder aan zijn prioriteitenlijstje. Wanneer moet je je wel zorgen maken?

- **Als je baby helemaal niet wil eten.** Hij kan ziek zijn. Bij een oorontsteking wil een baby bijvoorbeeld vaak niet eten omdat de pijn uitstraalt naar zijn kaak, waardoor kauwen en slikken pijnlijk zijn.

- **Als je baby consequent vast voedsel weigert.** Hij kan zo afhankelijk zijn van borst- of flesvoeding dat hij geen belangstelling heeft voor ander voedsel. Er bestaat weliswaar een theorie dat een kind van nature het hele eerste jaar borst- of flesvoeding nodig heeft (een theorie die gebaseerd is op ervaringen uit andere landen), maar het is echt belangrijk dat een kind nu met andere voedingsstoffen in aanraking komt. Onthoud dat kinderen in andere landen vaak geen andere voedingsstoffen tot hun beschikking hebben.

BELANGRIJK

Een baby van zeven maanden die twee maanden te vroeg geboren werd, is eigenlijk nog maar vijf maanden oud als het om zijn ontwikkeling gaat (wat betekent dat zijn spijsverteringssysteem nog niet klaar is voor gekookt kippenvlees en gepureerde mango's). Hij is op dit moment toe aan zijn eerste hapjes vast voedsel. Verwacht ook niet dat hij zichzelf al kan voeren. In hoofdstuk 11 lees je meer over het introduceren van vast voedsel. In het geval van een prematuur kind kun je het beste overleggen met je consultatiebureauarts. Hij kan je advies geven over het beginnen met vast voedsel.

Bij het voeden van je baby gaat het erom dat je uitvindt wat het beste werkt. Moet hij bijvoorbeeld overdag wat snacks eten of belemmert dat juist zijn eetlust? Houdt hij het een hele maaltijd vol om in een kinderstoel te zitten of wil hij het liefst zo snel mogelijk weer spelen? Je moet alles uitproberen en kiezen voor wat het beste werkt. Bied hem eten aan, maar dring het niet aan hem op. Er zal echt een patroon ontstaan.

Hoofdstuk 13

De achtste maand: de eerste stappen

In dit hoofdstuk

- De controle tijdens de achtste maand
- De veiligheid van je baby
- Van babybadje naar groot bad

Ho eens even! Waar gaat baby naartoe? Hij staat, staat stevig, houdt vast en... beweegt zich door de kamer! Lang niet alle baby's zijn in staat om zich van het ene meubelstuk naar het andere te bewegen aan het einde van deze maand, maar sommige wel.

De achtste maand is een drukke periode, gevuld met mijlpalen en ontwikkelingen. Veel ouders vragen zich af wat er is gebeurd met hun vrolijke, iedereen-is-aardig-kind dat heeft plaatsgemaakt voor een verlegen en teruggetrokken dreumes. Hoewel het niet altijd prettig is om mee te maken, is eenkennigheid wel heel normaal en een teken van een goede ontwikkeling. Tegen het einde van deze maand zal je baby een duidelijke voorkeur aan de dag leggen voor sommige mensen en dingen in het leven, of dat nu speelgoed, eten of activiteiten zijn. Hij kan op dit moment ook belangstelling krijgen voor – oh nee – televisie. In dit hoofdstuk gaan we in op dat fenomeen en wat voor effecten dat kan hebben.

Op controle met je baby

Tijdens de achtste maand zie je meestal alleen de wijkverpleegkundige op het consultatiebureau. Pas in de negende maand krijgt hij weer een volledig onderzoek.

Als je baby ziek wordt, moet je misschien toch naar de arts. Blijf dus vragen opschrijven en stel ze als je op bezoek bent in het consultatiebureau. Bij dringende vragen kun je uiteraard ook altijd bellen.

Mijlpalen deze maand

Staan en gaan deze maand – nou ja, bijna dan. Je baby kan het idee hebben superkracht te hebben verworven nu hij redelijk zelfstandig door de kamer kan bewegen. Deze vrijheid zal elke dag weer leiden tot interessante en spannende situaties en ontdekkingen, en kan leiden tot totale tevredenheid (omdat hij zichzelf kan vermaken) of totale frustratie (omdat hij nog zoveel meer zou willen).

Tegen het einde van deze maand kan je baby onderstaande mijlpalen hebben bereikt:

- Je baby kan kruipen of zich op een andere manier voortbewegen over de vloer (bijvoorbeeld door zichzelf voort te slepen).
- Hij zit zonder ondersteuning.
- Hij heeft de volledige controle over zijn hoofd en nek. Hij draait zich in de richting van een stem of als hij zijn naam hoort.
- Je baby kan vanuit een buikligging tot zitstand komen.
- Hij is in staat zichzelf op te duwen.
- Hij kan staan als hij zich ergens aan vasthoudt.
- Hij kan misschien korte tijd alleen staan.
- Je baby kan zich misschien van het ene meubelstuk naar het andere verplaatsen. Zie figuur 13.1.
- Hij kan in elke hand een voorwerp vasthouden.
- Hij kan zelf eten.
- Hij kan met zijn vingers een voorwerp naar zich toehalen en oppakken.
- Hij zwaait.
- Hij heeft een duidelijke voorkeur voor bepaalde mensen, speeltjes en activiteiten.
- Je baby toont zijn boosheid of frustratie als je iets van hem afpakt.
- Hij zegt ‘mama’ of ‘papa’ zonder de betekenis te begrijpen.
- Je baby begrijpt het woordje ‘nee’.
- Hij kan een reeks van klanken brabbelen.
- Je baby begint nu echt te begrijpen dat objecten niet verdwijnen als ze uit het zicht zijn. (Meer informatie hierover lees je in hoofdstuk 12.)

Figuur 13.1: Je baby kan zich van het ene meubelstuk naar het andere bewegen

- Deze maand zet de eenkennigheid goed door. (Hierover meer in dit hoofdstuk.)
- Je baby begint te begrijpen dat sommige voorwerpen een speciale functie hebben. Hij begint bijvoorbeeld in een speelgoedtelefoon te brabbelen.

Schoeisel aanmeten?

Als je baby gaat staan en zich op zijn voeten weet voort te bewegen, ben je misschien geneigd de nieuwste sportschoenen voor hem te kopen. Schoenen zijn echter nog niet handig op dit moment. Ze geven hem nog geen steun of stevigheid, maar zorgen er waarschijnlijk eerder voor dat hij valt (dat gebeurt zelfs als hij al goed kan lopen). Sokken zijn erg glad, tenzij ze rubber aan de onderkant hebben.

BELANGRIJK

Het is voor je baby het allerbeste om op blote voeten te experimenteren met lopen. Hij moet goed kunnen voelen hoe zijn voeten werken als hij het lopen goed onder de knie wil krijgen. De voeten van een baby zijn nog behoorlijk plat en door op blote voeten te lopen, ontwikkelt hij een goede voetvorm. Door op blote voeten te lopen, maakt hij ook zijn enkels sterker.

Het is leuk om schoenen te hebben voor speciale gelegenheden. Onthoud echter dat extreem dure schoenen echt niet beter zijn voor de ontwikkeling van je baby's voeten. Koop dus liever goedkope, lichtgewicht schoenen die de voeten en enkels goede steun verlenen.

TV voor baby's? Geen denken aan!

Ja, ja, we weten dat er vandaag de dag video's te koop zijn die bedoeld zijn voor baby's en die beloven dat je baby een genie zal worden als hij ernaar mag kijken.

Hoe voel je je daarbij? De kans is groot dat je vindt dat televisiekijken toch niet echt goed kan zijn voor een kind dat eigenlijk bezig zou moeten zijn met zelf spelen en ontdekken. Daar gaat het de eerste jaren toch om – het ontdekken van de wereld (en niet de magische wereld van de televisie).

Je weet zelf hoe gemakkelijk je verslaafd kunt raken aan de tv. Denk eens aan alle dingen die je mist als je behoorlijk vastgeroest zit voor de televisie. Je communiceert niet met je gezin. Je hebt geen hobby's. Je leest geen boeken. Je gebruikt je fantasie niet om iets te verzinnen wat je kunt doen. En je wordt nog dik ook.

PAS OP!

Hetzelfde geldt voor kinderen die verslaafd zijn aan de televisie, al kunnen de gevolgen nog veel ernstiger zijn. Sommige onderzoeken hebben aangetoond dat te veel televisiekijken kan leiden tot concentratieproblemen en agressief gedrag bij oudere kinderen. In elk geval doet een kind niet wat het moet doen als het veel tijd voor de televisie doorbrengt, namelijk actief zijn in de echte wereld en ontdekken waartoe het in staat is. Televisie is geen noodzakelijk onderdeel van je baby's leven. Voorkom dus dat hij er nu al aan begint, het zal dan des te moeilijker zijn om van die gewoonte af te komen.

BELANGRIJK

Kinderartsen raden kinderen onder de twee jaar af om televisie te kijken. Op tweejarige leeftijd zou een kind niet meer dan een uur per dag naar educatieve televisie moeten kijken.

Als je je baby af en toe naar een kinderprogramma laat kijken, raakt hij niet onherstelbaar beschadigd. Het gaat erom dat hij niet zo vaak kijkt

TIP

Televisie uit

Zelfs als je je voorgenomen hebt om je baby niet te veel bloot te stellen aan de televisie, kan het zijn dat je jezelf er niet van kunt losrukken. Probeer onderstaande alternatieven.

- **Ga naar buiten.** Word lid van een speelgroep. Ga elke dag een boodschap doen. Ga bij vriendinnen op bezoek of nodig ze bij jou uit. Doe *iets.* Het is goed voor jou en je baby.
- **Lees.** Nu je baby groot genoeg is om gedurende korte perioden zelf te spelen, kun je weer eens wat lezen. Niet alleen is het goed voor jouw geestelijke welzijn, ook geef je het goede voorbeeld aan je kind. Onthoud dat hij een leeftijd heeft waarin hij jouw activiteiten kopieert. Hij kan ineens belangstelling krijgen voor zijn eigen boeken als hij jou ziet lezen.
- **Doe dingen in huis.** Jij weet als geen ander dat je nooit klaar bent in huis. Het is verbazingwekkend hoeveel je gedaan kunt krijgen als de televisie je niet afleidt.
- **Neem de tijd om met je baby te spelen.** Stimuleer nieuwe vaardigheden. Kietel hem. Dans met hem. Luister samen naar muziek. Lees hem voor. De tijd die je met je kind door kunt brengen, wordt beduidend langer als er niets is dat je aandacht afleidt.

dat hij niet meer zonder kan en niet in staat is zichzelf te vermaken of contact te maken met andere mensen. Als je grotere kinderen kent die over niets anders kunnen praten dan hun favoriete tekenfilmseries, dan weet je waar we het hier over hebben. Deze kinderen kunnen nergens anders over praten omdat hun leven zich grotendeels voor de televisie afspeelt.

Onthoud altijd het volgende: de hersenen van je baby staan open voor allerlei spannende ontwikkelingen. Als hij nu al op elektronische wijze vermaakt wordt, zal hij een groot deel van zijn creatieve ontwikkeling mislopen.

Pas op dat je de televisie niet gebruikt als elektronische oppas. In geval van nood zal het je baby geen kwaad doen, maar als je je kind een halve dag voor de tv zet zodat jij andere dingen kunt doen, kan dat wel eens heel ernstige gevolgen hebben.

En hoe zit het nu met die video's die speciaal voor baby's zijn gemaakt? Bekijk die banden eens goed en bedenk dan of je niet *zelf* de ster van de show kunt zijn door het alfabet voor hem te zingen. (Ja hoor, dat *kun* je best.)

Stimuleer je baby om zichzelf te vermaken

Als je elke minuut van de dag niet meer dan een meter van je baby verwijderd bent, wordt het tijd dat je hem wat meer ruimte geeft. Hij heeft nu de leeftijd dat hij begrijpt en jij en hij twee verschillende wezens zijn en daarnaast weet hij ook dat iets of iemand niet voorgoed verdwijnt als hij uit het zicht is. (Hij weet dat je weer terugkomt als je even de kamer uitgaat.)

Hoewel je er zeker naar moet streven om veel met je kind te spelen, is het belangrijk om een goed evenwicht te vinden. Op een gegeven moment zal je kind moeten leren dat hij zichzelf moet kunnen vermaken. Net zoals hij zichzelf heeft moeten leren om in slaap te vallen zonder jou, zal hij ook moeten kunnen spelen zonder jou, in elk geval voor korte tijd. Hij is fysiek in staat om met speelgoed te spelen dat geschikt is voor zijn leeftijd. Hij heeft waarschijnlijk favoriete speeltjes op dit moment en weet precies wat hij ermee kan doen (wat heerlijk is omdat kinderen van herhaling houden).

Probeer je kind niet *elke* minuut van de dag te vermaken. Natuurlijk is hij jouw oogappel en natuurlijk wil je met hem spelen en hem stimuleren en doen wat het beste voor hem is. Het is echter niet het beste voor hem als je vindt dat je zijn persoonlijke entertainer moet zijn. (Wil je een kind dat gaat huilen als je niet voortdurend voor hem zingt en danst?) Geef je baby elke dag wat tijd voor zichzelf – ook als je in de buurt bent. En als je niet in de buurt bent, moet je hem op een veilige plek zetten, zoals zijn box. Zo kan hij zichzelf vermaken met zijn speelgoed. Door erachter te komen wat hij leuk vindt, leert hij heel veel over zichzelf – over wat hij grappig vindt of wat hem helemaal niet interesseert.

Eenkennigheid steekt de angstaanjagende kop op

Plotseling kijkt je kind heel bang als je buurman (iemand die hij al vaak gezien en ook geaccepteerd heeft) binnenkomt. Voor je het weet, begint je baby te huilen, houdt hij zich aan je vast en wil hij zijn hoofd niet van je schouder halen. Wat gebeurt er?

In de afgelopen maanden heeft je baby duidelijk belangstelling gekregen voor contact met andere mensen. Misschien voelde je je wel trots dat je baby zo gemakkelijk was, zo ontspannen en zo lief voor iedereen. Je kon zijn latere rapporten al zien: hij behoort duidelijk tot de populairste leerlingen, zowel bij zijn medescholieren als de leerkrachten. Door de laatste ontwikkelingen vraag je je echter af wat er in zijn persoonlijkheid veranderd is waardoor hij andere mensen niet meer leuk vindt. Als hij zo doorgaat, zullen anderen hem echt niet leuk vinden.

Hou maar op je zorgen te maken. Jouw intelligente kind maakt een heel normale fase door: hij ervaart eenkennigheid. Hij heeft nu een aantal maanden enorm genoten van het contact met andere mensen (ongeacht wie zij waren) en begint nu te beseffen dat niet iedereen hetzelfde is. Of beter gezegd: hij weet dat deze mensen niet zijn *ouders* zijn. Hij wordt kieskeuriger in zijn keuzen voor mensen met wie hij wil omgaan.

Hoe eenkennig je kind is, hangt wat af van zijn persoonlijkheid. Elk kind krijgt er echter mee te maken. Sommige kinderen vinden het wat lastig om een vreemde te begroeten, terwijl andere verstijven van angst. Er is niets mis mee en het betekent zeker niet dat jij iets verkeerd hebt gedaan in de opvoeding. Dit hoort gewoon bij opgroeien.

TIP

Je kunt je kind helpen in deze verwarrende fase.

- **Erken zijn angsten.** Al vind jij het gek dat hij zo bang is voor zijn ooms en tantes, hij vindt dat niet. Dwing hem niet zich open te stellen. Hij moet het gevoel hebben veilig te zijn bij jou.
- **Bespreek de eenkennigheid van je baby met vrienden en familieleden.** Laat ze weten dat je baby in een periode zit die elk kind doormaakt, zodat ze zich niet beledigd hoeven voelen door zijn gedrag.
- **Geef hem tijd en ruimte.** Als hij in een nieuwe situatie terechtkomt met buitenstaanders (of vrienden die bij jou thuis komen), gun je baby dan de tijd om aan de situatie te wennen. Misschien wil hij de hele tijd op schoot zitten, wil hij een tijdje alleen spelen of kan hij vanaf een veilige afstand besluiten dat deze mensen best aardig zijn. Laat hem zijn gang gaan en vraag je bezoek dat ook te doen.

- **Vraag je bezoek om zich niet op kind te storten en hem te overladen met vragen en aandacht.** Laat ze je baby even negeren, tot hij klaar is voor contact.

Tegen de tijd dat kinderen drie jaar oud zijn, is de eenkennigheid meestal verdwenen.

De veiligheid van je baby

In de achtste maand is je baby zo mogelijk nog actiever dan hiervoor. Dat betekent dat hij zich zo af en toe eens een buil zal vallen. Omdat hij de wereld aan het ontdekken is, kan hij ook wat vaker in contact komen met bacteriën en bacillen. Maak je niet druk: bulten en blauwe plekken, snotneuzen en niesbuien horen allemaal bij het opgroeien.

Grote stappen, grote bulten

Bij betere mobiliteit hoort een vergrote kans op ongelukken. Je baby zal regelmatig op zijn goed ingepakte billen vallen, wat zelden alarmerend is. Zijn trots mag misschien gekrenkt zijn, maar zijn luier beschermt zijn achterwerk dusdanig dat er niet eens een rode plek ontstaat.

De eerste keer dat je baby echt flink onderuit gaat, kan echter zowel voor jou als voor hem heel beangstigend zijn. Als hij zich eenmaal op kan trekken en vooral ook als hij van het ene meubelstuk naar het andere begint te gaan, kun je niet meer voorspellen wat er zal gebeuren. Als hij met zijn voorhoofd op de salontafel terechtkomt of languit op de vloer valt, zal hij waarschijnlijk heel hard gaan huilen. Als je bloed of een grote bult ziet, doe jij misschien hetzelfde – alsof je zijn pijn *zelf* voelt.

Houd je in. je helpt de situatie niet door hysterisch te reageren als je baby zich pijn heeft gedaan. Je voelt je er niet eens beter door (een rechtvaardiging die wij moeders nogal eens gebruiken als we emotioneel worden). Je maakt je baby en jezelf alleen maar bang, misschien wel veel meer dan nodig is in dit geval.

Als je baby zijn hoofd stoot, kun je het beste onderstaande dingen doen.

- Ga naar hem toe. Til hem op en troost hem.
- Blijf rustig, ook als je bloed ziet.
- Bekijk de situatie eerst goed voor je iets doet. Voor meer informatie over hoe je moet reageren bij een hoofdwond, kun je gewoon verder lezen.

In hoofdstuk 19 lees je meer over de behandeling van veelvoorkomende verwondingen. Wat je op dit moment moet weten, is dat baby's zich pijn kunnen doen – sommige meer dan andere.

Niet elke bult vereist een ritje naar de eerste hulp. Bel de dokter wel in onderstaande gevallen:

- **Je baby is op zijn hoofd gevallen en is bewusteloos, al is het maar heel kort. Bel ook als je baby op zijn hoofd is gevallen en heel bleek en geïrriteerd is, moet overgeven en zijn gebruikelijke bewegingen niet kan maken, als hij vergrote pupillen heeft of als er afscheiding uit zijn oren komt.** Bel zonder aarzeling. Dit zijn aanwijzingen voor een ernstige verwonding.
- **Je baby heeft een snee in zijn hoofd en je kunt het bloeden niet stoppen.** Hoofdwonden bloeden vaak erg, maar een snee die blijft bloeden nadat je de wond herhaaldelijk hebt dichtgedrukt (tien minuten per keer) en die gerafelde randen heeft, moet door een arts worden bekeken en waarschijnlijk gehecht.
- **Je baby heeft zijn hoofd gestoten na een val van grote hoogte (van de bank of het aanrecht, bijvoorbeeld).** Een dergelijke hoofdwond kan ernstigere gevolgen hebben dan wanneer je baby vanuit een staande positie op de grond is gevallen.

Nou vraag je je misschien af of het niet een beter idee is om je baby een helmpje op te zetten of om voortdurend om hem heen te dartelen en ervoor te zorgen dat hij niet valt. Dat is dus geen goed idee. Hoe moet leren dat vallen een normaal onderdeel van het leerproces is.

Doe wat je kunt om ernstige ongelukken te voorkomen. Sluit de trap af met traphekjes en beveilig de ruimten waarin je baby zich begeeft zo goed mogelijk. Wees alleen niet overbezorgd en laat hem niet zien dat je iets eng vindt. Als jij emotioneel instort als hij zich een bult valt, zal hij denken dat lopen levensgevaarlijk is en zal hij het misschien niet opnieuw willen proberen.

Stop het gevecht tegen bacteriën

Als je baby wel eens vreselijk verkouden is geweest, weet je hoe moeilijk het is om te zien hoe een virus je kleine hummel onderuit haalt. Je bent vastbesloten om al het mogelijke te doen om je kind, je huis, je auto, je echtgenoot en je hele leven bacterievrij te houden. Je vindt het een vast onderdeel van het ouderschap en doet je kind daar een enorm plezier mee.

Zet je schoonmaakmiddelen even in de kast en laat de boel even de boel. De wereld is een vieze, bacterievolle wereld. We zitten allemaal helemaal vol met bacteriën – onze lichamen en onze monden *wemelen* van deze wezentjes. We komen elke dag in aanraking met bacillen en bacteriën, meestal zonder dat we het weten, en over het algemeen passen we ons eraan aan en overleven deze aanval. We kunnen ons aanpassen omdat we met bacteriën in aanraking komen en er grotendeels immuun voor worden. Je kunt dus niet vechten tegen bacteriën als je er

Sterkere bacteriën ontwikkelen

Naarmate steeds meer mensen zich wassen met antibacteriële zeep en schoonmaken met reinigingsmiddelen, zou je denken dat de wereld toch langzaamaan steeds minder bacteriën zou moeten bevatten. Niets is echter minder waar. Veel wetenschappers denken dat het veelvuldige gebruik van zeep en schoonmaakmiddelen bacteriën alleen maar hebben gestimuleerd zich tot nieuwe vormen te ontwikkelen die immuun zijn voor antibiotica en antibacteriële middelen. Om deze theorie te kunnen bewijzen of weerleggen zal nog meer onderzoek moeten worden gedaan.

niet mee geconfronteerd wordt. Alleen door een confrontatie krijg je de kracht om ertegen te vechten.

Dit wil uiteraard niet zeggen dat je ziekten niet serieus moet nemen. Je moet alleen niet denken dat je elke ziekte kunt voorkomen. Als je baby ziek is, houd je in de gaten of hij geen ernstige symptomen krijgt (hoge koorts, lusteloosheid, zwaar ademen) en bel je onmiddellijk een arts als je vermoed dat er iets helemaal mis is.

Je moet een tussenweg zien te vinden. Laat je kind bijvoorbeeld niet in de kattenbak spelen of eten van de vloer, maar besef goed dat je niet elke bacterie kunt tegenhouden. Je kunt ze niet eens zien, laat staan dat je ze kunt vermijden.

Je kunt wel maatregelen nemen om ernstige ziekten te voorkomen, maar je hoeft niet elke minuut van de dag met een poetsdoek rond te lopen. Het enige wat je nodig hebt is wat gezond verstand en wat voorkennis.

- **Neem voorzorgsmaatregelen in de keuken, vooral als je met rauwe ingrediënten werkt.** Bereid vlees en andere rauwe producten op verschillende snijplanken en met verschillende messen om de verspreiding van salmonella (in gevogelte) en andere bacteriën in vlees tegen te gaan. Was snijplanken en messen na elk gebruik grondig (in de vaatwasser of in een heet sopje).

Speelgoed steriliseren

Moet je het speelgoed van je baby steriliseren als je erachter komt dat zijn speelvriendje een besmettelijke ziekte heeft? Als je baby vlak bij een kind heeft gezeten met een ziekte die zich via de lucht verspreidt, dan is hij er al aan blootgesteld. Onthoud ook dat de meeste virussen niet lang op oppervlakken kunnen leven en dat je dus voor niks zit te schrobben. Dat geldt ook voor speelgoed in de wachtkamer van het consultatiebureau. Laat je baby er niet aan sabbelen of op bijten, maar laat hem er rustig mee spelen.

Zieke baby, goede ontwikkeling?

Je kind zal verkoudheden en andere virussen te pakken krijgen. Elke keer als dat gebeurt, wordt zijn immuunsysteem echter sterker en dat is een *goede* ontwikkeling! Onderzoeken hebben aangetoond dat kinderen in een kinderdagverblijf net zo vaak ziek worden als kinderen die niet voortdurend omgeven zijn door andere kinderen. De kinderen in een kinderdagverblijf worden echter al vroeg in hun leven geconfronteerd met tal van bacteriën, waardoor hun immuunsysteem een stuk sterker is tegen de tijd dat ze naar school gaan. Je kind wordt dan niet meteen geveld door elk virus dat rondwaart (en dat zijn er veel).

- **Gebruik geen sponzen en keukendoekjes om het aanrecht en de kinderstoel schoon te maken.** Sponzen en keukendoekjes zijn de ideale omgeving voor de ontwikkeling en verspreiding van bacteriën. Je kunt beter een stuk keukenrol gebruiken.
- **Was altijd je handen voor je je baby eten geeft, nadat je zijn luier hebt verschoond en op andere momenten dat het nodig is.** Deze eenvoudige handeling kan de verspreiding van bacteriën en ziekten al voor een groot deel tegengaan.

In sommige omstandigheden moet je voorzichtiger zijn dan andere ouders. Als je kind bijvoorbeeld astma heeft, kan een simpele verkoudheid heel ernstig zijn. Je doet er dan goed aan om de confrontatie met de buitenwereld te beperken tijdens het griepseizoen. Voor een gewoon kind is de confrontatie met ziekten een normaal onderdeel van het leven. Ja, het is vervelend om met een ziek kind thuis te zitten, maar het is nog veel vervelender om dag in, dag uit de strijd te moeten aangaan met alle bacteriën om je heen.

In het grote bad

Nu je baby groter wordt, vind je het misschien veel makkelijker om je baby in het grote bad te baden dan steeds dat babybadje te moeten klaarzetten en de hele omgeving te moeten schoonmaken als je baby eenmaal klaar is. In deze paragraaf geven we je wat tips om de overgang naar het grote bad soepel te laten verlopen.

BELANGRIJK

Als je baby aan het einde van de dag niet uitzonderlijk smerig is (opgedroogde yoghurt in zijn haren en erwten in zijn oren), dan hoeft hij niet vaker dan een keer of twee, drie per week in bad. Sommige ouders hebben echter ontdekt dat een badje helpt om hun kind wat slaperig te maken of te kalmeren na een drukke dag. Als dat bij jullie het geval is, laat je kind dan vooral elke avond even in bad zitten, gevolgd door een boekje en knuffeltijd. (Je actieve kereltje zou zich wel eens kunnen gaan verheugen op dit avondritueel!)

Blijf je kind ondersteunen

Op dit moment moet je baby zonder steun kunnen zitten. Als hij nog steeds wat wiebelig is en je het niet aandurft om hem zonder steun in bad te zetten, kun je een *badring* gebruiken, die je met zuignappen aan de bodem van je bad bevestigt. Deze ring ondersteunt je baby en geeft hem het veilige gevoel van een stoeltje terwijl hij lekker in het grote bad zit. (Zie Figuur 13.2.)

PAS OP!

Hoewel badringen al jaren bestaan en talloze keren zijn gebruikt zonder incidenten, zijn ze niet bedoeld als vervanging voor constante supervisie. De ringen kunnen losgaan, waardoor je baby voor- of achterover duikelt en kopje onder gaat als je het niet in de gaten hebt. Of je nu een zitje gebruikt of niet, je moet voortdurend naast het bad zitten, met je ogen op je baby gericht terwijl hij zit te spetteren.

Veilig in bad

Voor het grote bad gelden grotendeels dezelfde veiligheidsmaatregelen als voor het babybadje (zie daarvoor hoofdstuk 6).

- **Leg een antislipmatje in bad.**
- **Laat je baby nooit met de kraan spelen.** Hij is nog niet zo gecoördineerd dat hij de kraan kan aan- en uitzetten en je wilt dat ook niet stimuleren. Als hij de kraan kan aanzetten, kan hij zich ook per ongeluk branden.
- **Dek de kraan af of draai hem weg.** De kraan kan scherpe randen hebben die ernstige verwondingen kunnen veroorzaken als je baby zijn hoofd ertegen stoot.

Figuur 13.2: Het gebruik van een badring vereist voortdurende oplettendheid van de ouders

- **Laat je baby niet staan of zich optrekken in bad.** Hij kan uitglijden en zijn hoofd bezeren aan de zijkant of bodem van het bad.
- **Gebruik vloeibare babyzeep en -shampoo.** Deze prikken niet in de oogjes en zijn mild voor de huid. Gewone zeep kan je baby in zijn mondje stoppen.
- **Laat je baby nooit, nooit, nooit alleen in bad zitten.** Een baby kan in minder dan een minuut verdrinken in drie centimeter water. Niets is het risico van je baby's leven waard. Als je de badkamer om wat voor reden dan ook per se moet verlaten, neem hem dan mee.
- **Laat het bad direct leeglopen als je baby klaar is.** Een bad met water erin kan gevaarlijk zijn met een beweeglijk kind in de buurt.

Je baby heeft niet zo veel water nodig in het bad. Hij hoeft zich niet onder te dompelen in dampend water met bubbels om zijn zorgen te vergeten – dat is *jouw* manier om de hectiek van alledag te ontvluchten. Hij wil alleen maar wat water om mee te spetteren.

Gezellig in bad gaan

Er is geen reden om aan te nemen dat in bad gaan niet leuk kan zijn. Probeer onderstaande tips voor een blije baby in bad.

- **Als hij het doodeng vindt om in zo'n groot en eng, met water gevuld bad te zitten, houd hem dan dicht tegen de kant aan.** Hierdoor zal hij zich waarschijnlijk veilig genoeg voelen om erin te blijven.
- **Als hij een hekel heeft aan water in zijn gezicht, probeer dan een washandje boven zijn oogjes te houden als je zijn haartjes wast.** Op die manier komt er geen water in zijn gezicht.
- **Was zijn haren vlak voor hij uit bad gaat.** Als je hem te vroeg inzeept, kan hij het koud krijgen en zal hij niet meer kunnen genieten van de speeltijd in bad.
- **Zorg ervoor dat je een grote handdoek klaar hebt liggen.** De handdoek moet groot genoeg zijn om je baby in te wikkelen, zodat hij lekker warm blijft totdat hij zijn pyjama aandoet.
- **Houd badspeeltjes bij de hand.** Je hoeft echt niet naar de winkel om allerlei luxueuze educatieve speeltjes te kopen (al kan het geen kwaad natuurlijk). Op deze leeftijd zijn kinderen dolgelukkig met plastic bakjes en bekers die ze met water kunnen vullen en weer laten leeglopen – steeds weer opnieuw.

Hoofdstuk 14

De negende maand: aandacht vragen

In dit hoofdstuk

- Je baby's acteerdebuut
- Liefde voor een beschermend voorwerp
- Kinderen met elkaar vergelijken
- Gezinsleden die jouw regels negeren

In de loop van de negende maand wordt je baby steeds meer een echt mensje. Hij kan communiceren, zelfstandig door het huis bewegen en heeft zo zijn voorkeuren. Het is bijna makkelijker om je hem voor te stellen als peuter dan je te herinneren hoe hij was toen hij pas was geboren (gelukkig kun je die dagen dankzij de video's en dvd's zo vaak terugkijken als je wilt).

Omdat hij ondertussen zo veel bereikt heeft en nog zo veel moet leren, trap je gemakkelijk in de val van het vergelijken van jouw kind met die van vrienden of met oudere broertjes of zusjes. Als je te maken krijgt met kinderen die even oud zijn als jouw baby (of als je zelf oudere kinderen hebt), besef je meer dan ooit dat elk kind anders is. Ze hebben allemaal hun bijzonderheden en talenten en hun eigen manier om dingen te doen. Het is niet eerlijk om ze met elkaar te vergelijken.

Op controle met je baby

Je baby ontmoet de consultatiebureauarts weer deze maand. De arts zal hem lichamelijk onderzoeken. Jij kunt natuurlijk weer terecht met al je vragen en zorgen. Deze maand bereikt je kind enkele belangrijke fysieke en cognitieve mijlpalen, die we in deze paragraaf voor je opsommen.

De controle in de negende maand

Deze maand mag je baby weer op bezoek bij de consultatiebureauarts voor een algemeen onderzoek. Hij hoeft deze maand geen vaccinaties en dat zal hem vrolijk stemmen. Wat gebeurt er echter wel tijdens deze controle?

Aan het begin van de controle weegt en meet de wijkverpleegkundige je baby en noteert de bevindingen op de groeicurve. Ook zijn hoofdomtrek wordt weer gemeten. De arts doet het gebruikelijke onderzoek om te kijken of je baby zich goed ontwikkelt en om te zien of zich afwijkingen voordoen aan de organen, het hart en de longen, de heupen en de ruggengraat en zijn oren, ogen en mond.

De arts zal je een aantal vragen stellen.

- **Hoe eet je baby?** Als hij de fles krijgt, zal je arts willen weten hoeveel voeding hij dagelijks krijgt. Wanneer je borstvoeding geeft, zal hij of zij vragen hoe vaak en hoe lang je voedt.
- **Wat voor vast voedsel eet je baby?** Je baby moet nu vast voedsel eten. Je arts zal willen weten wat voor voedsel hij krijgt.
- **Hoe lang slaapt je baby 's nachts? Hoe vaak slaapt hij overdag en hoe lang?** Baby's van deze leeftijd slapen ongeveer veertien uur per etmaal (ongeveer elf uur 's nachts en een totaal van drie uur overdag). Als je baby minder slaapt of 's nachts nog wakker wordt, kan je arts voorstellen hem overdag wat meer te eten te geven.
- **Wat voor lichamelijke activiteiten onderneemt je baby?** Kan hij zelf zitten? Trekt hij zichzelf op? Kan hij alleen staan? Brabbelt hij? Houdt hij van kiekeboespelletjes en speelt hij met zijn speelgoed? In dit hoofdstuk vind je een lijst met mijlpalen voor deze periode.

BELANGRIJK

Het maakt niet uit wat de arts je vraagt, als je maar eerlijk antwoordt. Hij of zij wil echt alleen het beste voor je kind en is de specialist. Je arts heeft elke situatie en elke verwonding en ziekte al eens gezien of erover gehoord.

Mijlpalen deze maand

Tijdens de negende maand blijft je baby nieuwe vaardigheden leren en hij zou wel eens kunnen ontdekken dat een toneelcarrière voor hem in het verschiet ligt. Je zult merken dat hij het niet zo leuk vindt om rustig in zijn kinderstoel te zitten eten terwijl jij in de keuken rommelt – hij wil namelijk graag alle aandacht. Kinderen ontdekken op deze leeftijd dat ze aandacht krijgen als ze hoesten, gillen van plezier (of ongenoegen) en hun ouders voor de gek houden. Ouders vinden deze communicatiepogingen zo grappig en geweldig dat ze maar al te graag het spelletje meespelen. Hieronder volgen de andere vaardigheden die je kind in deze maand zal leren:

- Je baby kan goed kruipen of zich op een andere manier voortbewegen.
- Hij zou wel eens kunnen ontdekken dat hij de trap op kan klimmen, maar ook dat hij er dan niet meer af kan.
- Je baby kan oneindig lang zelfstandig zitten. Hij moet zich op deze leeftijd van een liggende positie kunnen oprichten tot zitstand.
- Hij trekt zichzelf op.
- Hij kan misschien staan zonder zich vast te houden, mogelijk al behoorlijk lange tijd.
- Hij kan van het ene meubelstuk, of wat er maar beschikbaar is, naar het andere gaan.
- Je baby kan misschien al zelf gaan zitten als hij moe is van het staan. Tot nu toe zou hij gewoon los hebben gelaten wat hij vasthield en zich achterover hebben laten vallen.
- Hij kan met zijn duim en wijsvinger heel kleine voorwerpen oppakken (in plaats van met zijn duim en vingers over de vloer te 'harken'). Zie figuur 14.1.

  Nu je baby makkelijker dingen van de vloer kan pakken, moet je extra alert zijn op kleine voorwerpen die hij in zijn mond kan stoppen. Haal ze weg en leg ze buiten zijn bereik.
- Je baby leert hoe hij aandacht moet trekken door opzettelijk te hoesten, gillen of mopperen. Dit is het gevolg van zijn vermogen om alles wat om hem heen gebeurt te imiteren en herhalen.

Figuur 14.1: Je baby kan in de negende maand dingen oppakken met zijn duim en wijsvinger

- Een ander aspect van deze bewuste communicatie en imitatie is zijn zangerige gebrabbel. Dit is een poging om hetzelfde te klinken als jij.
- Je baby is een schattig acteurtje deze maand, dat bewust dingen doet (als staan, lachen of in zijn handen klappen) om jouw aandacht te vragen, je te laten lachen of jouw goedkeuring te krijgen.
- Je baby wijst naar dingen die hij interessant vindt.
- Hij kijkt naar een voorwerp dat hij heeft laten vallen (hij begrijpt dat een object niet voorgoed is verdwenen als hij het niet meer kan zien) en kan behoorlijk boos worden als je iets van hem afpakt.
- Hij zwaait.
- Hij kan 'mama' en 'papa' zeggen, misschien nog zonder te begrijpen wat dat betekent. Sommige kinderen beginnen echter nu een betekenis te koppelen aan woorden. (Behalve 'mama' en 'papa' zegt hij misschien ook 'ba' voor bal en 'ka' voor kat.)
- Je baby is in staat om zich in een ander in te leven en kan in huilen uitbarsten als zijn speelkameraadje begint te huilen.
- Je baby wordt eenkennig, als hij dat nog niet was. Je baby kruipt waarschijnlijk voor iedereen in een hoekje, behalve voor papa en mama (of zijn belangrijkste verzorger). Hierover meer in hoofdstuk 13.
- Je baby kan misschien al eenvoudige instructies volgen, zoals 'Leg dat neer' of 'Kom eens bij mij.'
- Hij begrijpt de betekenis van het woord 'nee'.
- Hij kan deze maand een lievelingsobject met zich mee gaan slepen waarbij hij zich veilig voelt. (Meer hierover later in dit hoofdstuk.)
- Kinderen van deze leeftijd beginnen angsten te krijgen. Tot nu toe waren de hersenen van je kind nog niet klaar voor het concept gevaar. Je baby kan bang worden voor grote hoogten als hij bijvoorbeeld de trap opklimt en beseft dat hij niet meer naar beneden kan zonder zichzelf pijn te doen.

TIP

- Op deze leeftijd wordt het geheugen van je kind beter. Hij zal niet voor de rest van zijn leven onthouden waarover jullie spraken tijdens de lunch. Wel zal hij kunnen onthouden hoe een verhaaltje gaat (als er bijvoorbeeld iets spannends staat te gebeuren halverwege het boek, dan kun je zien dat zijn ogen groter worden van opwinding) of hoe hij kan 'meezingen' met zijn favoriete liedje.

De veiligheid van je baby

Je baby's nieuwe stappen naar onafhankelijkheid kunnen erg opwindend zijn, maar ook erg verwarrend. Hij kan daarom een object willen vasthouden dat hem een veilig gevoel geeft. Vooral nu je baby de trap op gaat kruipen, is het belangrijk om opnieuw je veiligheidsplan bij te stellen.

Naar boven! Je baby neemt de trap

Als je baby negen maanden is, is hij niet langer tevreden met heen en weer kruipen op de woonkamervloer, zich optrekken, even staan, een stap of twee zetten en dan weer gaan zitten. Je ziet hem denken dat er toch echt meer te doen moet zijn in dit huis.

Dan ziet hij de trap. Het is zo'n logische stap, zo spannend, zo natuurlijk – hij voelt dat hij op die trap *hoort* en hij zal er alles aan doen om zich er naartoe te werken en erop te klimmen. Hij wil hetzelfde doen als de andere gezinsleden. (Onthoud dat hij elke stap die je zet, volgt en wil imiteren.) Voor sommige kinderen is de trap opkruipen nauwelijks een hindernis en een fluitje van een cent. Voor anderen is het alsof ze de Mount Everest beklimmen.

Het zou het beste zijn om kinderen van deze leeftijd helemaal niet op de trap te laten. In werkelijkheid laten ouders hun kinderen erop kruipen. Als je baby voortdurend aan het traphekje hangt en zeurt om naar boven te gaan, dan kun je ervan uitgaan dat hij er klaar voor is en dat hij de trap maar het beste op de juiste manier kan leren beklimmen. Sta dit alleen toe als je hem met een hand vasthoudt en hem in geval van nood zo kunt opvangen.

TIP

Je kunt van geluk spreken als je baby geen belangstelling heeft voor de trap. Zie dit niet als een teken dat je hem moet leren de trap op te kruipen. Je kunt hem maar het beste zo ver mogelijk bij de trap vandaan houden om te voorkomen dat hij naar beneden valt.

PAS OP!

Zelfs als je baby de trap goed weet te beklimmen, moet je de traphekken te allen tijden dicht laten. Trappen zijn ronduit gevaarlijk en je baby mag er nooit zonder begeleiding op of af kunnen. Onthoud dat je baby toegang heeft tot het hele huis als hij de trap kan beklimmen en dat je hem zo uit het zicht kunt verliezen, zonder te weten op welke verdieping je hem moet gaan zoeken. Hij mag nooit op de trap komen zonder dat jij bij hem bent om hem te beschermen tegen ongelukken.

Kinderen van deze leeftijd begrijpen meestal nog niet hoe ze weer van de trap af kunnen komen (en dit kan nog wel een paar maanden of langer duren). Wees je ervan bewust dat wanneer hij nog geen angst kent – vooral als het gaat om hoogten of vallen – hij wel eens met zijn hoofd naar beneden de trap af kan proberen te kruipen. Om die reden zou je toch nog eens moeten heroverwegen of je hem wel op die trap wilt hebben. Daarom is het ook zo belangrijk om de traphekken voortdurend goed te sluiten. Goed naar boven kunnen is nog geen garantie dat hij ook goed naar beneden kan.

Veilige deken

Rond deze tijd kun je erachter komen dat je kind een lievelingsknuffel, -deken of -speeltje heeft dat hij een groot deel van de dag met zich meesleept. Sommige kinderen beginnen al rond de derde maand een liefdesrelatie met een bepaald voorwerp, terwijl andere er nooit een krijgen. Je baby kan spelen met en praten tegen zijn favoriete beer of kan op verschillende momenten van de dag wegkruipen onder zijn geliefde dekentje. Wat het ook is dat hij vasthoudt, het zal zeker meegaan als hij gaat slapen. (Het kunnen ook de *enige* momenten zijn dat hij het bij zich wil hebben.)

Wees niet ongerust: deze nieuwe liefde is niet ontstaan omdat jij iets hebt gedaan of gelaten. Het is heel normaal dat hij zich vastklampt aan een voorwerp dat hem een veilig gevoel geeft.

Naarmate je baby meer vaardigheden leert, zal hij ook gaan beseffen dat hij geen verlengstuk van zijn ouders is, maar een zelfstandige persoon die steeds meer in staat is zelfstandig door het leven te bewegen. Tegelijkertijd heeft hij al een paar keer iets omgegooid, wat blauwe plekken en bulten opgelopen en zich gerealiseerd dat de wereld heel, heel groot is en vol zit met niet-zo-leuke dingen. Daarbij realiseert hij zich ook dat zijn ouders er niet altijd kunnen zijn om zijn angsten weg te nemen. Met behulp van een zacht en veilig voorwerp kan hij zichzelf wat geruststellen en troosten als hij bang is – iets wat misschien heel vaak of misschien juist bijna nooit zal voorkomen.

Specialisten noemen deze voorwerpen *overgangsobjecten*, wat betekent dat het object waaraan je baby zich vastklampt een tijdelijke vervanging is van de troost en liefde van zijn ouders. Het overgangsobject kan voortdurend aanwezig zijn in het leven van de baby, terwijl mama – hoe liefdevol en aandachtig ook – niet elke minuut van de dag naast hem kan staan. De overgangsobjecten spelen ook een rol bij het ontwikkelen van zijn zelfstandigheid – *hij* besluit zelf hoeveel troost hij nodig heeft en *hij* beheerst het object dat hem troost biedt.

Het gebruik van een overgangsobject is ook prettig voor de ouders. Je baby moet leren zichzelf te troosten en kalmeren. Als hij moeilijk zelf in slaap valt, kan een overgangsobject hem helpen heerlijk weg te doezelen. Als hij huilt als jij hem achterlaat bij de oppas kan iets dat hem aan thuis of aan jou herinnert helpen om weer rustig te worden.

Sommige experts denken dat kinderen die nooit een overgangsobject vinden om zich aan te hechten meer moeite hebben om zichzelf te troosten. Als je een bijna ontroostbaar kind hebt, dat in de loop van de dag erg geprikkeld raakt en zich uit door te huilen of mopperen, kun je hem een zachte deken of een knuffeldier aanbieden. Troost hem daarmee en het kan zijn dat je een verandering in hem ziet. Misschien kan hij zich dan eindelijk gaan verheugen op naar bed gaan en even lekker rustig zitten.

Als je baby zich echter zo aan zijn overgangsobject hecht dat hij moeite heeft om contact te maken met anderen of niet in staat is zijn beoogde mijlpalen te halen, is het wellicht verstandig om het gebruik van de deken of het knuffeldier te beperken tot bedtijd.

TIP

Zo is het gebruik van een knuffel of dekentje in orde:

- **Laat je baby zijn favoriete voorwerp hebben.** Zo lang het zijn normale ontwikkeling niet in de weg staat, geeft het niets als hij zijn knuffel of deken met zich meesleept.

BELANGRIJK

- **Was het voorwerp.** Je baby is waarschijnlijk net zo gehecht aan de geur van zijn deken of knuffel als aan hoe deze aanvoelt. Ook al haat hij de geur van een gewassen knuffel of deken, is het wel belangrijk om het object van zijn voorkeur vrij te houden van bacteriën en bacillen. Die hebben ruimschoots de gelegenheid zich erin te nestelen als je kind het ding voortdurend over de vloer sleept. Het is vooral belangrijk om de knuffel of deken te wassen als je baby ziek is geweest. Je wilt niet dat hij opnieuw aangestoken wordt.
- **Laat hem het object meenemen als het mogelijk en nodig is.** Het doel van een overgangsobject is het verlichten van de angsten van je kind. Als hij op onbekend terrein komt, zal hij zijn pandabeer *harder* nodig hebben dan anders.
- **Respecteer het object.** Je baby hecht grote waarde aan het overgangsobject. Op dit moment komt het op de tweede plaats op zijn ranglijst, na jou. Plaag hem er niet mee en verstop het niet.

PAS OP!

- **Let erop dat het lievelingsvoorwerp niet gevaarlijk is.** Spenen en flessen water zijn aanvaardbaar zolang ze de taalontwikkeling van je kind niet in de weg staan. Als je baby echter gehecht is aan een fles sap of flesvoeding zul je deze gewoonte moeten doorbreken. Kinderen die de hele dag een fles met zoete drank bij zich hebben en die daar ook de hele dag en nacht uit mogen drinken, zullen heel waarschijnlijk *zuigflescariës* ontwikkelen, tandbederf bij baby's. In hoofdstuk 11 lees je meer over zuigflescariës.
- **Realiseer je dat dit voorwerp geen vervanging voor jou is.** Zijn overgangsobject helpt hem bij het besef dat hij niet altijd bij jou kan zijn. Geef je baby nog steeds veel aandacht en knuffel hem vaak.
- **Laat je baby aangeven wanneer hij zijn lievelingsvoorwerp wil hebben.** Als hij zijn knuffelkat helemaal vergeten is terwijl hij lekker zit te spelen, ga het beest dan niet ongevraagd halen. Laat je kind beslissen wanneer hij zijn knuffel nodig heeft en wanneer niet.

- **Let op de knuffel of wees in staat het te vervangen.** Iedere ouder wiens kind wel eens een favoriete deken, knuffel of speeltje is kwijt geweest, weet dat het niet leuk is om midden in de nacht met een zaklantaarn door het park te lopen terwijl de ander tevergeefs probeert de kleine in bed te krijgen. Als het enigszins mogelijk is, zorg dan dat je een reserve-exemplaar bij de hand hebt. Probeer te voorkomen dat je nu al getuige moet zijn van het eerste liefdesverdriet van je kind.

Je kunt verwachten dat je baby wel tot zijn tweede jaar zal vasthouden aan zijn favoriete knuffeldier of -deken. Rond het derde levensjaar verdwijnt de behoefte aan een overgangsobject langzaamaan, omdat je baby zich dan emotioneel kan gaan hechten aan andere mensen dan alleen jou en je partner. Je kind kan dan getroost worden door meerdere mensen en is minder afhankelijk van de exclusieve liefde van mama en papa.

Nee, je hoeft je niet schuldig te voelen als je kind in het kinderdagverblijf is en zich vastklampt aan zijn knuffel. Ook kinderen die thuis bij een van hun ouders zijn, hebben vaak behoefte aan een knuffel of deken.

Kinderen vergelijken: de onweerstaanbare neiging om de ontwikkeling van je kind te meten

Het vergelijken van kinderen is voor ouders even gebruikelijk als het bereiken van de mijlpalen zijn voor je kind. De meeste ouders doen het zelfs zonder zich er bewust van te zijn. Zij zijn ervan overtuigd dat hun kind het goed doet. Heel af en toe maar kom je een ouder tegen die zo overtuigd is van zijn of haar eigen onkunde dat hij of zij denkt dat het kind zijn leeftijdgenoten nooit zal evenaren (en doorgaans is dit behoorlijk overdreven).

Waarom doen ouders (en grootouders, ooms en tantes en vrienden) dit? Het kan uit pure nieuwsgierigheid zijn. Vooral nieuwe ouders hebben de behoefte aan vergelijkbare verhalen van andere ouders. Het kan zeer behulpzaam zijn als zij zich bijvoorbeeld onzeker voelen over de manier waarop hun kind eet (door het eten over zijn hele gezicht te smeren en niet in zijn mond). Als zij horen dat een ander kind hetzelfde doet, weten ze dat het niets is om zich zorgen over te maken.

De interactie tussen ouders als ze rond de zandbak zitten of ergens anders waar meerdere kinderen zijn die met elkaar vergeleken worden, kan het feit benadrukken dat alle kinderen verschillend zijn.

Hoe doet die van hiernaast het?

We leven in een competitieve maatschappij. Veel moeders hebben ooit buitenshuis gewerkt en de harde wereld van de werkvloer ervaren. Veel vaders zijn elke dag bezig om opdrachten binnen te halen en klanten tevreden te houden en weten dat je met assertiviteit een heel eind komt. Veel mensen wonen in wijken waar het erg belangrijk is om elkaar in de gaten te houden en niet voor elkaar onder te doen. Ouders die van nature competitief ingesteld zijn, zullen hun kinderen vaak beschouwen als dominante wezens – in elk geval ten opzichte van andere kinderen.

Het is natuurlijk helemaal niet erg als je vindt dat jouw baby het allerleukste kind ter wereld is, zolang je maar beseft dat andere ouders hetzelfde denken over hun kind. Jullie hebben het allemaal bij het rechte eind!

Als jullie vrienden of buren een kind hebben van ongeveer dezelfde leeftijd als dat van jullie, zul je in eerste instantie denken, 'Hé, te gek, vrienden voor het leven!' Dat gevoel kan snel veranderen in, 'Hoe kom ik van deze mensen af?' als je doorkrijgt dat jullie kind, in elk geval in hun ogen, nog lang niet zo ver is als hun kind. Hun kind kan veel beter lopen, is veel grappiger en jij gebruikt echt de verkeerde luiers. Oh ja, en je kind gaat ook veel te laat naar bed en moet in deze koude wintermaanden echt altijd een mutsje op – net als hun dochter.

Geloof het of niet, maar de ouders die zich zo gedragen en ervan overtuigd zijn dat hun kind echt verder gevorderd is dan dat van jou en dat jij hun adviezen echt nodig hebt, zijn zeer waarschijnlijk alleen maar op zoek naar bevestiging. Misschien zijn ze er ook echt van overtuigd dat zij hun kind op de enige juiste manier opvoeden – wat fantastisch voor ze is. We zouden allemaal zo overtuigd moeten zijn van onze opvoedkundige vaardigheden. Laat deze competitiegerichte mensen je alleen niet aan het twijfelen brengen over de manier waarop jij je kind opvoedt.

BELANGRIJK

Kinderen bereiken rond dezelfde leeftijden fysieke, sociale en cognitieve mijlpalen, maar daarin kunnen ook behoorlijke verschillen zitten. Sommige sterke kinderen beginnen zichzelf al rond de zesde maand op te trekken, terwijl anderen hun billen nog niet van de grond proberen te tillen als ze tien maanden oud zijn. Zolang je consultatiebureauarts tevreden is over de ontwikkeling van je kind, moet je je door andere ouders niets wijs laten maken. Laat ze je nooit het gevoel geven dat je kind op de een of andere manier achterloopt.

Zelfvertrouwen hebben

Niet alleen ontwikkelt elk kind zich op een eigen manier, ook zijn ouders allemaal verschillend. Ouders kunnen geheel uiteenlopende filosofieën aanhangen als het gaat om de opvoeding. Het ene ouderpaar kan een felle voorstander zijn van een strakke schema's, terwijl een ander paar het juist niet zo nauw neemt met schema's en routines. Uiteindelijk komen de kinderen bijna allemaal prima terecht. Zolang wat jullie doen maar goed werkt voor jullie zelf en het gezin en je kind gelukkig lijkt te zijn, kan niemand beweren dat jullie het verkeerde doen.

BELANGRIJK

Een buurvrouw die jou adviezen geeft, controleert misschien alleen maar of haar methode wel goed is. Elke keer dat zij haar kind vergelijkt met dat van jullie probeert ze zichzelf te vertellen dat haar manier oké is. Misschien heeft ze daarin ook wel gelijk, als het om haar kind gaat. Onthoud alleen dat zij jouw methoden toepast op de persoonlijkheid en behoeften van haar kind. Als haar zoon 's avonds om zeven uur omvalt van de slaap, ja, dan moet hij op dat moment naar bed. Als jouw dochter tot half negen nog springlevend is, zul je haar pas dan naar bed doen. Zorg dat je achter je eigen ideeën en routines staat; de filosofie van anderen past waarschijnlijk helemaal niet in jouw leven.

Gelukkig zijn dit soort vergelijkingen het ergste bij nieuwbakken ouders en worden ze in de loop van de jaren (meestal) minder. Naarmate er meer kinderen in het gezin komen, zie je deze mensen wat verzachten, aangezien ze hun handen er vol aan hebben. Ze beseffen nu dat hun oudste niet het centrum van de wereld is en dat zij niet de wijsheid in pacht hadden over hoe je een kind moet opvoeden. Waarschijnlijk zijn zij er ook achtergekomen dat hun tweede kind het helemaal niet zo goed doet in het schema dat zij toepasten op hun eerste kind. (Ja hoor, dan mag je best even in jezelf gniffelen.)

Kinderwagenjaloezie: een goede uitrusting als equivalent van goede opvoeding

Sommige ouders zien het uitgeven van veel geld aan hun kind als een bewijs van goede opvoeding. Je ziet het soms gebeuren in parken en winkelcentra: moeders die elkaars kinderwagens bekijken en vergelijken. Je kunt dan zien dat sommige ouders erg veel geld hebben uitgegeven aan de kinderwagen om ervan verzekerd te zijn dat hun kind in de meest comfortabele omstandigheden vervoerd wordt. Zij kijken enigszins neer op moeders die hun kind in een minder dure kar rondrijden. Geven die soms niet om hun kinderen?

Dit soort vergelijkingen beperkt zich uiteraard niet tot de kinderwagen. Die ouders verkiezen waarschijnlijk ook exclusieve handgebreide truien boven een lekkere sweater. Zij kopen de duurste biologische babyvoeding omdat zij zich meer zorgen maken om de gezondheid van hun kind dan andere ouders (dat maken ze zichzelf en anderen tenminste wijs). Het speelkleed van hun kind is speciaal voor hen geïmporteerd uit weet-ik-veel-waar en de bijtring van hun hummel werd speciaal voor hen ontworpen.

Op die manier kunnen ouders die de eindjes nog maar net aan elkaar kunnen knopen (bijvoorbeeld omdat ze hebben besloten dat een van hen stopt met werken), een behoorlijk minderwaardig gevoel krijgen. Jij wist niet eens dat je een bijtring kon laten ontwerpen!

Zeg hardop: 'Minder geld uitgeven aan spullen voor mijn baby maakt mij geen slechte ouder.' Meer geld uitgeven aan de spullen voor je kind betekent niet dat je de beste ouder van de wereld bent. Geef uit wat je je kunt permitteren en houd dan op jezelf en wat je baby heeft met anderen te vergelijken.

Je eerste kind krijgen is ongelooflijk spannend en er is niets leukers dan je huis volladen met kleding, speelgoed en andere spulletjes voor je kleine schat. Maar je hoeft je echt niet slecht te voelen als je niet in staat bent de duurste en meest exclusieve spullen te kopen voor je kind. Misschien had je wel liever een mooi rond, kersenhouten bedje gewild in plaats van dat witte ledikant dat hij nu heeft. En dat is natuurlijk ook prachtig, maar je baby wordt er echt geen haar beter van en slaapt er geen minuut langer door. Het is maar een bedje – een ding dat je binnen afzienbare tijd zult moeten vervangen voor een kinderbed.

Bijna alles wat je baby nu gebruikt of nodig heeft, zal over een tijdje worden opgeborgen of zelfs weggegeven. Om die reden geven veel mensen juist niet te veel geld uit aan deze dingen. Anderzijds zijn er ouders die weten dat ze graag meer kinderen willen en investeren daarom in duurzaam materiaal zodat ook hun volgende kinderen er nog profijt van kunnen hebben. Beide redeneringen zijn prima en ze zeggen geen van tweeën iets over de hoeveelheid liefde die je je kind geeft.

De volgende keer dat je in een winkel iemand tegenkomt die jouw kinderwagen vergelijkt met die van zichzelf, bedenk dan dat zij degene is die zich onzeker voelt. Zij probeert uit het merk van haar kinderwagen een kwaliteitsoordeel te halen over haar ouderschap. (Belachelijk? Nou en of!)

Je eigen kinderen vergelijken

Misschien is dit niet je eerste kind. Als je een ouder kind hebt, zul je hem zeer waarschijnlijk vergelijken met je jongste kind. De meeste ouders doen dit, ook al is het niet de beste manier om naar je kind te kijken.

Neem nou de kinderen in het speelgroepje van je kind. Zij verschillen van elkaar in:

- formaat
- uiterlijk
- ontwikkeling en vaardigheden
- taalontwikkeling

- cognitieve ontwikkeling en vaardigheden
- karakter

Wat denk je? Broertjes en zusjes kunnen net zo verschillend zijn.

Hoe is dat mogelijk? Als ze worden opgevoed door dezelfde ouders, in hetzelfde gezin en met dezelfde regels, hoe kunnen kinderen dan toch zo verschillend zijn?

TECHNISCHE INFO

Er zijn tal van theorieën over de reden waarom deze verschillen er zijn. Zo zijn jongens over het algemeen actiever en meer gericht op motorische vaardigheden dan meisjes, terwijl meisjes vaak eerder met taal bezig zijn. Het karakter wordt vaak bepaald door de geboortevolgorde – ouders zijn geneigd hun kinderen anders te behandelen afhankelijk van het moment waarop ze geboren zijn.

- **Oudste kinderen** zijn vaak meer verantwoordelijk en volwassen dan hun jongere broers en zussen, omdat hun ouders van hen verwachten dat ze 'grote broer' of 'grote zus' zijn.
- **Jongste kinderen** zijn vaak vrijer en grotere grappenmakers. Tegen de tijd dat deze kinderen op de wereld komen, zijn de regels wat versoepeld. Het jongste kind voelt nooit de noodzaak te moeten wedijveren met een pasgeboren baby.
- **Kinderen in het midden** zijn vaak zachtaardig en volgen de regels zonder morren op. Zij zijn vaak degenen die de vrede bewaren in huis. Ze bevinden zich tussen dominante oudsten en aandachttrekkende jongsten en vinden het prettig om routines te hebben en volgen.

De kleur van het haar en de lengte worden bepaald door de natuur. Je kunt een zoon hebben die sprekend op mama lijkt, een andere die het evenbeeld van papa is en een derde die op niemand in het bijzonder lijkt. (Kom maar op met die melkboergrap.) Je kunt je kleine zoon niet groter of het zwarte haar van je dochter blond maken. Accepteer hen zoals ze zijn, want ze zijn prachtig, ook als ze op niemand uit de familie lijken.

Cognitieve vaardigheden en taalontwikkeling kunnen afhankelijk zijn van de natuur of de opvoeding (of beide!). Sommige kinderen zitten nu eenmaal anders in elkaar. Het is bijvoorbeeld heel moeilijk te bepalen wanneer een kind zal gaan praten. Dat varieert van kind tot kind, zelfs binnen één gezin. Jouw oudste kind wees met acht maanden naar jou en zei 'mama', terwijl je jongste van tien maanden alles wat voorbijkomt aanduidt met 'ma'.

Je eerste kind liep misschien al toen hij tien maanden oud was. Hij was misschien ook een klein, mager scharminkel dat zich gemakkelijk kon optrekken en kon bewegen zonder lichamelijke beperkingen. Als je tweede kind groot en mollig is, zal hij waarschijnlijk langzamer zijn als het op bewegen aankomt, eenvoudigweg omdat hij meer gewicht mee te torsen heeft. Misschien was je ook wel in staat om je oudste dochter aan de hand mee te nemen en te helpen bij het lopen – iets wat veel moeilijker is bij het tweede kind omdat er dan een ander kind rondloopt dat je in de gaten moet houden.

Het goede nieuws is dat het meestal niets uitmaakt of het ene kind iets sneller leert dan het andere en dat ze zich uiteindelijk beide hetzelfde ontwikkelen. Het slechte nieuws is dat sommige ouders hun kinderen hardop met elkaar vergelijken. Dat kan gebeuren tijdens het avondeten als papa tegen de jongste zegt, 'Je had je broer moeten zien tijdens het voetballen vandaag. Zo had jij die bal nooit kunnen schoppen.' Of zoiets als, 'Je oudere zus haalt altijd goede cijfers voor wiskunde. Dat zou jij ook kunnen als je eens wat beter je best deed.' Deze ouders proberen hun kinderen te motiveren door ze met elkaar te vergelijken.

Kinderen met elkaar vergelijken is een *heel slecht* idee – vooral als je het doet waar ze bij zijn. De competitiedrang die dan ontstaat, is bijna nooit gezond. Het 'mindere' kind krijgt een hekel aan het 'betere' kind en voelt zich verraden door de ouder die, in zijn ogen, een duidelijke voorkeur aan de dag legt voor dat kind.

Natuurlijk heb je het bij een baby nog niet over goede en slechte cijfers en voetballen. Wel kun je tegen een huilende baby roepen dat zijn oudere broer nooit zo zou schreeuwen en vragen of hij misschien net zo stil kan zijn als hij. Een onschuldige vergelijking zal echt niet leiden tot competitie tussen broers en zussen, maar als je peuter steeds meer een eigen willetje krijgt terwijl je baby steeds schattiger wordt, kan het wel eens moeilijk zijn om je kinderen niet in stilte met elkaar te vergelijken.

Langzame prater, snelle kruiper

Kinderartsen komen vaak tot een interessante constatering bij gezinnen met meerdere kinderen, namelijk dat het eerste kind meestal sneller praat dan zijn jongere broers of zussen. Wel zijn de motorische vaardigheden van de jongere kinderen eerder ontwikkeld dan bij het eerste kind. Deze verschillen in ontwikkeling zijn helemaal normaal en geen reden tot paniek. Er bestaan verschillende verklaringen:

- Ouders zijn beter voorbereid op hoe ze hun tweede kind kunnen helpen bij zijn motorische vaardigheden.
- Oudere kinderen kunnen reageren voor hun jongere broer of zus en voor hem praten of handelen, zodat deze zelfs nog niet verbaal hoeft te reageren.
- De moeder is bezig met de oudste en laat de baby wat langer alleen in zijn box. Het jongste kind leert eerder om zichzelf te vermaken (door te grijpen naar een speeltje, bijvoorbeeld), omdat hij wel zal moeten.
- Het tweede kind kan proberen zijn oudere broer of zus fysiek te evenaren. Het oudste kind had niemand die hij kon volgen – of die *hem* volgde.

Een van deze verklaringen zal voor jouw gezin gelden.

PAS OP!

Dit soort gedachten lijkt het gedrag van je peuter erger te maken dan het in werkelijkheid is. Door positieve en negatieve eigenschappen met elkaar te vergelijken, kun je een verwrongen beeld van de werkelijkheid creëren. Je zou kunnen denken dat je baby het allerliefste kind van de wereld is, vergeleken met de ellende die je hebt gehad met de oudste. Probeer deze gedachten te stoppen en laat ze zeker nooit blijken aan je kinderen.

Het kan erg moeilijk zijn om kinderen niet met elkaar te vergelijken. Het zal zelfs onmogelijk blijken om hun verschillen en overeenkomsten niet te zien. Je moet echter open blijven staan voor een persoonlijke behandeling van je kind; een behandeling die afhankelijk is van zijn of haar eigenschappen, behoeften en wensen. Je lastige peuter is er zeer waarschijnlijk niet op uit om jou boos te maken, maar wil gewoon graag wat meer aandacht.

TIP

Onthoud ook dat wat voor het ene kind werkt, olie op het vuur kan zijn voor het andere. Beschouw elk kind in huis als een individu met zijn eigen mogelijkheden en vaardigheden. Alleen op die manier zorg je ervoor dat broers en zussen op een gezonde manier met elkaar omgaan en geen strijd met elkaar hoeven aan te gaan.

Opa en oma in huis: als regels botsen

Je houdt van je ouders – echt waar. Maar waarom moeten ze je kind ijs en snoep voeren als ze komen oppassen? Je hebt toch duidelijk gezegd dat je bang bent voor koemelkallergie tijdens het eerste jaar en dat je niet wilt dat je kind iets krijgt wat vol zit met suiker, vet of cafeïne. Waarom kunnen ze zich daar niet aan houden?

De oude regels die golden voor jouw opvoeding (papa en mama weten wat goed voor je is) schijnen niet meer te gelden nu je zelf ouder bent. De regel is nu aangepast: opa en oma mogen doen wat ze maar willen. Ze verwachten dat je alles maar goed vindt en er niets over zult zeggen. Zij zijn immers de grootouders en het is hun recht om de baby te verwennen. Ze zullen naar je kind wijzen en zeggen: 'Kijk toch eens hoe blij hij is. Je zou hem ook wat vaker snoep moeten geven.'

Het is de strijd tussen nieuwe ouders en hun eigen ouders. Niet alleen zullen sommige grootouders (of vrienden of andere familieleden) de eetgewoonten van je kind willen veranderen, ze zullen ook jouw routines negeren.

- **Bedtijd.** Jij wilt dat je kind om acht uur in bed ligt omdat hij anders de volgende ochtend niet te genieten is. Je moeder komt het kleine mannetje bezoeken en wil dan ook optimaal van hem kunnen genieten. Zij stopt hem dan ook pas in bed als zij er klaar voor is, of dat nu om negen uur is of om half twaalf.

- **Medicijnen.** Je zus vindt niet dat je baby er erg ziek uitziet en geeft hem daarom de antibiotica niet die je (inclusief duidelijke instructies) hebt achtergelaten.
- **Kleding.** Je vader neemt je kind in februari mee naar het park zonder hem een muts op te zetten. Hij zegt dat het warm genoeg is om zonder naar buiten te gaan; jij controleert je kind op bevroren oorlellen.
- **Baden.** Het is een vast onderdeel van de bedtijdroutine, maar je schoonouders vonden dat je baby er nog schoon uitzag en hebben hem daarom zo in bed gestopt.
- **Huisdieren rond je kind.** Je tante zweert dat haar hond ongevaarlijk is en laat hem aan je baby snuffelen terwijl hij bij haar op schoot zit.
- **Hygiëne.** Je schoonmoeder vindt het belachelijk dat je de handen van je kind met een washandje schoonmaakt voor hij aan tafel gaat. Ze vertelt je dat zij dat nooit heeft gedaan bij haar kinderen. Jij *weet* dat ze het ook niet doet bij jouw kind als ze komt oppassen.

Hoe ga je hiermee om? Het is absoluut fout van deze mensen om jouw regels te negeren als het gaat om jouw kind, maar wil je ze deze regels echt opleggen en het risico lopen dat je slaande ruzie krijgt over een stukje chocolade? Onthoud dat sommige grootouders erg beledigd kunnen zijn als hun mening in twijfel wordt getrokken. Zij vergeten daarbij dat zij jouw mening zelfs totaal negeren.

TIP

Weeg bij elk geval af hoe belangrijk het voor je is. Het was natuurlijk geen probleem geweest voor je vader om je kind een muts op zetten, maar misschien kon hij hem niet vinden of misschien, heel misschien, was het echt warm genoeg om zonder naar buiten te gaan. Je baby heeft er niets aan overgehouden en het is misschien maar het beste om er verder niets van te zeggen. De volgende keer dat je vader met je kind wil gaan wandelen, geef je hem de muts in handen en zegt erbij, 'Pap, je weet dat ik me altijd zorgen maak. Kun je hem alsjeblieft zijn muts opzetten als je naar buiten gaat?' Zo vertel je hem dat deze regel voortkomt uit jouw bezorgdheid om je kind en niet omdat je hem het leven moeilijk wilt maken.

Je baby's routine wordt niet in de war geschopt als hij een keer niet in bad gaat of later eet en het is daarom niet de moeite waard om erover te ruziën. Wat gebeurd is, is gebeurd, en wie de baby laat eten heeft gegeven zal ook last hebben gehad van de gevolgen van een geïrriteerd kind dat honger heeft. Een uitzondering hierop is laat naar bed gaan, omdat *jij* dan voor de gevolgen moet opdraaien. Dit is een ruzie waard als het regelmatig voorkomt.

Hygiëne kan voor sommige ouders belangrijker zijn dan voor andere. De handen van je baby moeten worden schoongemaakt als hij zelf een snack gaat eten. Hij heeft net rondgekropen, zichzelf aan van alles en nog wat opgetrokken en heeft de wereld wellicht ontdekt met zijn vingers. Handen afvegen voor het eten is dus geen dwangmatig gedrag van jouw kant, maar een goede voorzorgsmaatregel om geen viezigheid in zijn mond te zien verdwijnen. Ga je accepteren dat je schoonmoeder zijn handen niet schoonmaakt of ga je het van haar eisen? Als je ruzie maakt over dit onderwerp kan het zijn dat ze zo beledigd is dat ze helemaal niet meer wil oppassen. Zolang hij niet ziek bij haar vandaan komt, kun je dit gedrag misschien maar beter door de vingers zien.

BELANGRIJK

Over sommige zaken is onderhandeling niet mogelijk. Als je baby bepaalde medicijnen nodig heeft, moet hij ze krijgen. Wie ook voor je kind zorgt, zal dit moeten begrijpen. Hij of zij zal daarvoor specifieke aanwijzingen krijgen als het gaat om het tijdstip en de wijze waarop. Huisdieren moeten altijd op afstand worden gehouden van je baby, hoe lief en kindvriendelijk het dier ook is.

TIP

Niemand wil dat de zorg voor je baby leidt tot een onherstelbare breuk binnen de familie. Doe de volgende dingen eerst, voor het uit de hand loopt:

- **Overweeg voors en tegens.** Is dit belangrijk genoeg om ruzie over te maken of kan ik het (steeds weer) door de vingers zien?
- **Plannen.** Als het voor jou heel belangrijk is, bedenk dan een manier om zo aardig mogelijk te vertellen dat het echt niet meer mag gebeuren.
- **Loslaten.** Je kunt en moet vasthouden aan zaken die voor jou belangrijk zijn. Als je jezelf er echter van hebt overtuigd dat alles goed gaat, hoef je je tante niet steeds weer te vertellen dat ze de hond bij je baby vandaan moet houden. Ze heeft de boodschap begrepen.
- **Zoek een nieuwe oppas.** Als de zaak zo uit de hand gelopen is dat er een machtsstrijd is ontstaan tussen jou en degene die oppast, zoek dan iemand anders, wat dat ook moge kosten. Vertrouwen hebben in degene die op je kind past, is goud waard.

Het komt hier uiteindelijk aan op respect, zowel voor je opvoedingsmethoden als voor jouw autoriteit als ouder van dit kind. Niemand mag jouw regels zomaar van tafel vegen. Als iemand eens iets anders doet of vergeet, is dat geen halszaak (oma is immers ook maar een mens). Wat jij jouw kind wel en niet laat eten, gaat echter niemand wat aan – zo lang je kind gezond is en je arts tevreden is over zijn ontwikkeling.

Deel V

Je baby bijhouden

'Of je bent het deksel van de keukenmachine kwijt, of je hebt de baby te eten gegeven.'

In dit deel...

In de tiende, elfde en twaalfde maand gaat je baby met sprongen vooruit, zowel fysiek als sociaal. Hij kan zelf staan en zich door de kamer bewegen als hij een jaar is en hij kan al wat woordjes zeggen. Hij is regelrecht op weg naar het dreumesschap en jij kunt niet geloven hoe dit eerste jaar is omgevlogen!

Op dit moment wordt spenen belangrijk. In dit deel krijg je tips voor het versoepelen van de overgang van borst of fles naar alleen vast voedsel en ook voor het verlichten van de pijn van de moeder die borstvoeding geeft. Omdat je de eerste verjaardag van je kind al langzaamaan zult moeten gaan plannen, geven we je een lijst met speelgoed voor je bijna-dreumes en wat tips voor een goed verloop van zijn eerste verjaardag.

Hoofdstuk 15

De tiende maand: kletsen met je kind

In dit hoofdstuk

- Staan en lopen
- De betekenis van je baby's woorden
- Zorgen voor een actief kind
- Reageren op het 'nee' van je kind
- Goede eetgewoonten creëren

Je baby beweegt zich – letterlijk – door de tiende maand. Misschien kan hij ondertussen al op zijn eigen benen staan en zet hij aan het einde van deze maand zijn eerste stapjes. Hij gaat betekenis toekennen aan zijn eerste woordjes. Hoewel hij misschien eerder al 'papa' en 'mama' heeft gezegd, zal hij deze maand echt gaan begrijpen dat mensen en objecten namen hebben en hij zal die beginnen te gebruiken!

Je kind zal korte aanwijzingen en 'nee' gaan begrijpen en begint eveneens het idee te begrijpen dat hij iets zelf doet. Specialisten noemen dit de *autonomie* van je kind. Hij beseft dat hij fysiek niet aan jou gebonden is, maar dat zijn ongebondenheid hem ook bepaalde voordelen verschaft. Zo hoeft je baby niet altijd te doen wat jij zegt. Jij weet heel goed dat je hem kunt dwingen niet meer aan de gordijnen te trekken, maar hij zal niet direct gehoorzamen als je hem dat vanaf de andere kant van de kamer vraagt. Hij kijkt misschien naar je, naar de gordijnen en besluit dan dat het best leuk is om eraan te gaan hangen. Hij is niet echt stout, maar doet gewoon wat hij op dat moment leuk vindt en probeert jou tegelijkertijd uit.

In de tiende maand komt je kind stapje voor stapje dichter bij het einde van zijn eerste jaar. Hij eet nu echt voedsel en hij kan belangstelling krijgen voor zoetigheid. Zodra je dat doorkrijgt, is het belangrijk om die belangstelling in te dammen. In dit hoofdstuk krijg je daar tips voor, evenals voor de veiligheid van je actieve kind, zowel binnen als buiten.

Op controle met je baby

De meeste artsen plannen geen controle tijdens de tiende maand. Je baby mag dus tot volgende maand uitrusten.

In deze periode kunnen de eerste kiezen gaan doorbreken. Deze kunnen behoorlijk wat pijn veroorzaken in je baby's kaken en oren – de symptomen lijken op die van een oorontsteking of een ander virus. Als je baby geïrriteerd is, voortdurend aan zijn oor trekt, niet wil eten, lage koorts heeft (rond 38,5 °C), wat dunne ontlasting heeft en slecht slaapt, kun je eens naar zijn onderkaak kijken. Als het achterin rood en gezwollen is, is de kans groot dat deze ellende wordt veroorzaakt door een of meerdere kiezen die op doorbreken staan.

Pijnstillers kunnen helpen tegen de pijn van doorbrekende kiezen. Praat met de wijkverpleegkundige van het consultatiebureau over het juiste middel en de juiste dosering als je niet goed weet wat je je baby moet geven.

Zacht voedsel is op dit moment het prettigste voor je kind. Hoewel je baby nog niet zelf een waterijsje kan eten, kun je hem kleine hapjes ijs, yoghurt, appelmoes, soep of ander gepureerd eten geven. Koud voedsel is waarschijnlijk prettiger voor zijn pijnlijke tandvlees.

Er zijn gels op de markt die je op de kaken van je kind kunt smeren. Veel ouders vinden echter dat deze niet goed werken en dat hun kind blijft huilen nadat de gel erop is gesmeerd. Als de gel werkt, is het prima, maar als dat niet het geval is, kun je er maar beter mee stoppen. Het heeft geen zin om medicijnen te gebruiken die niet werken.

Veeg je baby's kin zo vaak mogelijk af als hij veel kwijlt. Voortdurend contact met speeksel kan leiden tot huiduitslag, wat het ellendige gevoel alleen maar versterkt.

Als je denkt dat de symptomen van je baby niet worden veroorzaakt door doorkomende kiezen, moet je uiteraard je arts bellen en een afspraak maken voor een controle.

Mijlpalen deze maand

Tijdens de tiende maand verbetert de mobiliteit van je kind, evenals zijn streven naar autonomie en onafhankelijkheid. Het zal je opvallen dat hij weliswaar nog een baby is, maar toch ook steeds meer een echt mensje wordt – een echte *dreumes*. Hieronder volgt een lijst van mogelijke mijlpalen deze maand.

- Je baby zit net zo goed als jij en net zo lang als hij zelf wil.
- Hij kruipt of heeft zijn eigen manier van voortbewegen ontwikkeld. Hij kan zich nu met één hand in evenwicht houden, wat be-

tekent dat hij met de andere hand dingen kan pakken of zich kan optrekken terwijl hij aan het kruipen is.

- Je kind kan de trap op kruipen, maar kan waarschijnlijk niet zelf naar beneden.
- Je baby kan zichzelf vanuit zit- of kruipstand optrekken tot staan.
- Hij beweegt zonder problemen van het ene meubelstuk naar het andere.
- Je baby kan misschien enkele minuten los staan. Hij kan misschien zelfs keurig gaan zitten als hij daarmee klaar is.
- Hij kan lopen als iemand zijn beide handen vasthoudt.
- Misschien zet hij al een paar stapjes alleen.
- Je baby kan de kleinste dingetjes met duim en wijsvinger oppakken.
- Je baby begrijpt het verband tussen namen en mensen en objecten. Als hij nu 'mama' zegt, *bedoelt* hij ook 'mama'.
- Hij begrijpt ook korte zinnen en aanwijzingen. Als jij 'Geef me de bal' zegt, zal hij je de bal geven.
- Je baby houdt ervan anderen te imiteren. Hij wil misschien zijn eigen tanden poetsen of haren kammen als hij ziet dat jullie dat doen.
- Hij wijst naar dingen die hij leuk vindt of reageert wijzend op een vraag. (Als je vraagt: 'Waar is de hond?', zal hij naar Bello wijzen.)
- Je baby zwaait.
- Je baby toont zijn liefde aan mensen die belangrijk zijn voor hem; hij kan eenkennig zijn.
- Je kind weet wat 'nee' betekent, maar hij kan zijn autonomie testen door jouw aanwijzingen *niet* op te volgen.
- Zijn zangerige gebrabbel blijft nog even voortduren, maar hij kan op deze leeftijd ook al een paar woordjes hebben opgepikt.

De taalvaardigheid van je kind

Het begrip voor woorden en hun betekenissen blijft zich deze maand ontwikkelen. Je hebt hem de kans gegeven klanken te imiteren en nu kun je hem de kans geven de betekenis van woorden te leren begrijpen.

De volgende oefeningen helpen je baby om taal beter te begrijpen en te gebruiken.

- Benoem alles wat je ziet, van het raam tot de vloer en van zijn hoofd tot zijn tenen.

  Spreek de namen van deze dingen langzaam uit en wacht op een reactie. Zijn uitspraak zal niet perfect zijn, maar hij kan misschien een deel van het woord nadoen, 'aam' voor 'raam' of 'mo' voor 'mond', bijvoorbeeld. Misschien is hij al klaar voor wat moeilijkere medeklinkers.

- Stel je baby in de loop van de dag tal van vragen en geef hem de kans daarop te reageren. Dat kan hij doen door te brabbelen, een echt woord proberen te zeggen of te wijzen (wat een non-verbale manier is om aan te geven dat hij je begrijpt).

- Herhaal zijn woorden om hem te laten weten dat je begrijpt wat hij zegt (hij zal het geweldig vinden) en om hem aan te moedigen nieuwe woorden te vormen.

- Gebruik plaatjesboeken om je baby woordjes te leren die hij anders misschien niet zo snel zou horen. Je hebt misschien geen paarden en koeien in de buurt, maar kunt ze wel aanwijzen op een plaatje in een boek.

TIP

Als een kind er niet in slaagt zich verbaal uit te drukken, kan hij uit frustratie een driftbui krijgen. Als dat gebeurt, leef dan met hem mee en dwing hem niet het woord nog een keer te zeggen. Laat het dan even rusten.

Taal is een variabele mijlpaal; sommige kinderen kletsen je in hun tweede levensjaar de oren van het hoofd en andere (helemaal gezonde) kinderen gaan pas veel later goed praten. Je baby moet zijn eigen naam kennen en erop reageren. Hij moet proberen te brabbelen; als hij dat niet doet, kan het een aanwijzing zijn voor een gehoorprobleem. Als je je zorgen maakt over de taalontwikkeling van je kind, kun je uiteraard altijd naar je consultatiebureauarts.

De veiligheid van je kind

Hij is hier, hij is daar… Wacht even, *waar is hij nou*?

Natuurlijk speelt je baby gewoon in zijn kamer, zit in de kast of probeert de achterdeur open te maken. Meestal loopt hij daarbij ook geen enkel gevaar (dankzij jouw veiligheidsplan). Als je er echter achterkomt dat je baby niet is waar jij dacht dat hij was, kun je behoorlijk in paniek raken.

Hoe kun je momenten als deze voorkomen? Je kunt hem immers niet aan de ketting leggen. Hij moet weten dat hij een zelfstandig mensje is dat de wereld om zich heen mag ontdekken. Hij moet echter ook weten dat er beperkingen zijn aan wat hij wel en niet kan doen.

Je veiligheidsplan bijstellen

PAS OP!

Je hebt al heel wat gevaren weten uit te bannen. Je zult bij deze leeftijd opnieuw alles moeten controleren.

- **Deurklinken en sloten.** Hoewel de meeste kleine kinderen een deur nog niet zelf kunnen openmaken, kunnen sommige het wel, al dan niet per ongeluk. Je kunt de klinken omhoog zetten zodat je kind er niet meer bijkan. Zorg er ook voor dat deuren niet in het slot kunnen vallen en niet gemakkelijk op slot te draaien zijn, zodat je baby niet opgesloten zit in de badkamer terwijl jij aan de andere kant het hele slot eruit moet slopen. Als je deurbeschermers op de deuren zet, kan de deur nooit helemaal gesloten worden – je baby kan zichzelf niet in- of buitensluiten en krijgt zijn vingers niet tussen de deur.
- **Kasten.** Je baby kan heel gemakkelijk zelf een kast openmaken op deze leeftijd. Houd gevaarlijke materialen helemaal buiten het bereik van je kind. Als ze in een lage kast staan, zorg dan voor een kinderslot.
- **Klimobjecten.** Je baby kan wel eens zo slim zijn dat hij speelgoed of andere objecten gebruikt om op te klimmen. Op die manier kan hij eenvoudig bij een plank of de tv. Houd krukken, stoeltjes en grote knuffeldieren uit de buurt van gevaarlijke plekken.
- **Ramen.** Zet kindersloten of -beveiligingen op alle vensters. Een voorzetraam of hor kan zo naar buiten worden geduwd en is geen kindveilige bescherming.
- **Hekken.** Kamers die niet geschikt zijn voor je baby moeten worden afgeschermd met een hekje. Ook de trap moet nog steeds aan beide zijden worden afgeschermd met een traphek, ook als je baby zelf de trap op kan klimmen.

Natuurlijk kan niets een goede supervisie vervangen. Zelfs kinderen die niet echt op zoek zijn naar hun onafhankelijkheid moeten altijd in het oog worden gehouden. Je weet gewoon nooit wat een kind van tien maanden kan doen. Fysiek is hij in staat van de ene kant van het huis naar de andere te gaan. Hij begrijpt misschien de betekenis van 'niet aankomen' als het om de televisie gaat, maar hij begrijpt niet dat hij ernstig gewond kan raken als hij deze raad niet opvolgt. Hij is natuurlijk nieuwsgierig. Tot nu toe heeft hij misschien helemaal geen belangstelling gehad voor de televisie, maar op een dag kan hij besluiten om dat ding toch eens van dichtbij te gaan bekijken. Als jij niet in de buurt bent om dat plan in de war te sturen, kunnen de gevolgen rampzalig zijn.

BELANGRIJK

Hoe ouder je baby wordt, hoe voorzichtiger je moet zijn als het om zijn veiligheid gaat. Dit wordt pas minder als hij oud genoeg is om de gevaren van bepaalde activiteiten in te zien. En dat duurt nog tot ver na zijn peuterjaren. We bedoelen uiteraard niet dat je je kind moet vastketenen tot hij naar de middelbare school gaat, maar je zult hem zeker nog in de gaten moeten blijven houden tot hij naar de basisschool gaat.

Veiligheid buiten

Toen je baby nog klein was, pakte je hem in, legde je hem in de kinderwagen en ging je met hem naar buiten voor wat frisse lucht. Qua veiligheid hoefde je er alleen maar voor te zorgen dat hij goed ingepakt was en dat je de riempjes van de kinderwagen had vastgemaakt. Nu je baby zich kan voortbewegen, wordt het verhaal heel anders. Het begint al met waar je naartoe gaat.

Als je samen naar het park gaat, moet je goed rondkijken waar je hem los kunt laten. Kijk of de speeltuin netjes is, of de babyschommels niet kapot zijn en of er niet al te veel rotzooi ligt die je baby in zijn mond kan stoppen. Laat hem lekker rondkruipen – ja, hij wordt vies, maar dat is allemaal onderdeel van het grote leerproces. Hoe kan hij ooit leren hoe het voelt om in het gras te kruipen of hoe het voelt om met herfstblaadjes te spelen, als hij het niet mag?

Neem wat extra schoonmaakdoekjes mee als je met je kind naar het park gaat. Zelfs als je hem uit de modder weet te houden, zal hij zijn handen vies weten te maken. Als hij dan vervolgens iets wil eten, wil jij er zeker van zijn dat hij niets anders eet dan het babykoekje dat jij hem hebt gegeven.

Hij is oud genoeg om de klimtoestellen uit te proberen, zolang jij maar vlak achter hem staat. Deze toestellen zijn meestal bedoeld voor oudere kinderen en kunnen grote openingen hebben. Misschien vindt je baby het leuk om van de glijbaan te gaan op jouw schoot of als jij zijn handje vasthoudt.

Houd je baby voortdurend in de gaten als je buiten bent. Hij zal in deze onmetelijke wereld gaan kijken hoe ver hij kan gaan.

Het kan zijn dat je kind van je wegkruipt en dan omkijkt om te zien waar jij bent, wat je ervan zegt en of je hem volgt. Dit is zijn manier om zijn autonomie te testen. Hij is zijn eigen persoon, heeft de controle over zichzelf (of denkt dat) en als hij besluit om terug te komen, doet hij dat. Hij kan ook gaan zitten wachten om te zien wat jij doet. Wees niet verrast als hij de andere kant op kruipt als je hem roept. Hier is de roep om vrijheid aan het werk.

Veiligheid aan het water

Als je vlakbij het strand of een zwembad woont en je bent van plan een duik te gaan nemen, bel dan van tevoren op wat is toegestaan. In sommige zwembaden zijn kinderen verplicht een zwemvest of zwembandjes te dragen. Hoewel je baby nog niet in het diepe zal plonzen, moet hij altijd iets om of aan hebben dat hem beschermt, ook als je hem vasthoudt. Als hij om wat voor reden ook uit je handen glipt terwijl je in het meer zwemt, zal hij in elk geval blijven drijven en kun je hem ook direct terugvinden.

PAS OP!

Zwemvesten en -bandjes bieden geen optimale bescherming. Je moet altijd bij je baby blijven. Kinderen mogen nooit bij of in het water spelen zonder volwassen begeleider. Een volwassene moet altijd zo dichtbij zijn dat hij in een fractie van een seconde een kind uit het water kan vissen. Nog beter is het als hij of zij een kind met een hand vasthoudt.

Als je een zwembad hebt of vaak iemand bezoekt die er een heeft, kun je zwemlessen voor je baby overwegen. We hebben allemaal wel eens foto's gezien van baby's die leren zwemmen. De vraag is echter of deze baby's echt zwemmen of niet veel meer doen dan uiting geven aan een reflex. Zijn ze daadwerkelijk veiliger in het water dan andere kinderen?

Het is helemaal geen slecht idee om met je kind het water in te gaan of zelfs op 'babyzwemles' te gaan. Als je baby altijd graag in bad gaat en erg actief is, zal hij het misschien geweldig vinden om in het water te spetteren. Zeer jonge kinderen kunnen korte afstanden leren zwemmen (zelfs onder water), maar de meeste kinderartsen en zwembaden adviseren om met echte zwemles te wachten tot je kind vier of vijf jaar oud is. Op die leeftijd is je kind fysiek in staat om de bewegingen en gevaren te leren die gepaard gaan met zwemmen.

PAS OP!

Een kind dat in zijn peuterjaren zwemles krijgt, ontwikkelt vaak geen gezonde angst voor water – iets wat elk kind zou moeten hebben.

Zwemmen met je kind kan een rustgevende activiteit zijn voor jullie allebei en iets waarvan jullie samen kunnen genieten. Het probleem met babyzwemles is dat ouders soms onterecht het idee krijgen dat hun baby veilig is in het water. Dat komt omdat hun baby een klein stukje kan zwemmen. De ouders denken dan dat hun kind niet verdrinkt als het in een vijver zou vallen. Dat klopt echter niet. Van geen enkel kind kun je zeggen dat hij nooit zal verdrinken. Het maakt niet uit hoe oud je kinderen zijn en of ze hun zwemdiploma hebben gehaald. Als je een zwembad hebt, moet je het hek er omheen altijd dichthouden en ook altijd een zwembadalarm gebruiken (een alarm dat afgaat als iets of iemand in het water valt).

De gevolgen van de beweeglijkheid van je kind

Het is dodelijk vermoeiend om voortdurend je kind achterna te moeten lopen en tegelijkertijd te moeten letten op mogelijke gevaren. Het is tevens een uitdaging voor je mentale gezondheid, want je zoekt op de meeste idiote plaatsen naar gevaren. Dit hoort echter bij het leven met een bijna-dreumes. Je zult het uiteindelijk wel accepteren en het zoeken naar en uit de weg ruimen van gevaren voor je baby zal een vast onderdeel van je dagritme worden. Je zult er de komende jaren nog een dagtaak aan krijgen.

BELANGRIJK

Als je eenmaal een kind hebt, zul je nooit meer op dezelfde manier naar de wereld kijken. Je vond het strand altijd heerlijk, maar nu zie je dat de zee heel gevaarlijk is voor je kind. Je houdt van een stevige wandeling door het bos, maar nu maak je je zorgen over hygiëne en het weer en hoe deze dingen invloed zullen hebben op je kind. Ouders lijken altijd alleen de meest dramatische omstandigheden te zien in elke omgeving.

Het is eenvoudig om aan deze angsten toe te geven, je handen in de lucht te steken en te zeggen, 'Oké, dat was het. We gaan nergens meer heen. Het is overal onveilig.' Je zou echter je hele gezin tekort doen en je baby zou heel veel missen in zijn jonge leventje. Het zou hem aan heel wat ervaringen ontbreken als hij zijn huis nooit zou mogen verlaten. Wees je ervan bewust dat buiten de deur gevaren schuilen, maar ook dat je die kunt minimaliseren en zelfs kunt uitsluiten in veel gevallen. In hoofdstuk 3 lees je meer over naar buiten gaan met je baby.

De veiligheid van je actieve kind zonder zelf gek te worden

Al deze adviezen bieden nauwelijks troost aan een ouder van een ongelooflijk actieve baby van tien maanden. Zo'n kind dat al geleerd heeft op een barkruk te klauteren zodat hij op het aanrecht bij alle spannende hapjes kan, dat kan lopen en het hele huis en de tuin onveilig maakt en waar je de hele dag achteraan moet hollen. Een kind dat het haat om te worden vastgesnoerd in een autostoel en dat het zeker niet meer accepteert om in de box te worden gezet. De ouders van een dergelijk kind zijn waarschijnlijk doodop. Ze zijn de overspannenheid nabij. Dag in, dag uit achter een overactieve hummel aan lopen, kan daartoe leiden.

TIP

Een actief kind heeft een veilige plek in huis nodig waar hij kan spelen. Het moet een plek zijn waar hij kan springen en klimmen zonder het risico op ongelukken. Je zou bijvoorbeeld kussens uit een oude bank kunnen neerleggen of een klein klimtoestel voor in huis kunnen aanschaffen. Je kunt ook gymmatten kopen die je kunt oprollen, zodat je ze kunt opbergen.

Als jouw kind voortdurend bezig moet zijn, ga dan eens op zoek naar een speelgroep, babymuziekles of iets anders waar je baby zijn energie kwijt kan. Omdat jouw baby een geboren ontdekker lijkt, kan het voor hem geweldig zijn om met andere kinderen te spelen (die hij waarschijnlijk ook reuze interessant vindt). Jij hebt dan de kans om te praten met ouders van even actieve en vermoeiende kinderen. Er moet op zijn minst één ander kind zijn met hetzelfde energieniveau als jouw kind. Misschien zie je wel een heel nieuwe kant van je kind als hij een vriendschappelijke band krijgt met zijn speelvriendjes.

Een speelgroep of andere activiteit is ook een leuke verandering van omgeving. Je baby kan nieuw terrein ontdekken. Dat kan twee voordelen hebben: het kan hem lekker moe maken en hij is minder geneigd om thuis gevaarlijke dingen uit te halen. Omdat hij thuis zo op zijn gemak is en alles zo goed kent, zal zijn nieuwsgierigheid hem ertoe verleiden nog *meer* te ontdekken (wat natuurlijk prima is, maar niet als hij jou daarmee tot waanzin drijft).

De kracht van het woordje 'nee'

Dit is het moment waarop je baby 'nee' begint te gebruiken tegen jou. Je bent waarschijnlijk niet echt blij met deze ontwikkeling. In eerste instantie is het natuurlijk schattig dat je baby jouw woorden heeft overgenomen en die nu zelf gebruikt. Je zult je echter ook zorgen maken dat je baby vanaf nu in een eigenwijze donder verandert. Hoe ga je om met een kind van tien maanden dat het geweldig vindt om 'nee' tegen zijn moeder te zeggen?

BELANGRIJK

Misschien zeg je vaker 'nee' dan je denkt en dat is op dit moment ook heel logisch. Je baby wordt actiever en zijn nieuwsgierigheid drijft hem steeds vaker naar onveilige of ongewenste situaties. Plotseling moet je hem leren wat goed en wat fout is, veilig en onveilig. De makkelijkste manier om dit te doen is door een ongewenste handeling te stoppen als hij plaatsvindt. Je zegt dan gewoon 'nee'.

Minder 'nee'

Je wilt niet dat je baby opgroeit en alleen maar hoort wat *niet* mag. Probeer jezelf eens in zijn positie te verplaatsen en doe net of je een nieuwsgierig klein kereltje bent dat voortdurend wordt afgeremd als hij iets wil doen. Het is veel leuker om te horen (en dus om te leren) wat *wel* mag.

TIP

Hieronder volgen enkele manieren om het gebruik van het woord 'nee' te beperken.

- **Geef je baby een compliment als hij iets goed doet.** Of hij nu lief zit te spelen of zijn snack opeet zonder ze op de grond te gooien, een positieve benadering is altijd een krachtig instrument.
- **Haal hem weg of leid hem af van een activiteit in plaats van het woordje 'nee' te gebruiken.** Draagt hij jouw bril? Pak hem uit zijn handen en geef hem een speeltje waarmee hij *mag* spelen.
- **Beperk de noodzaak van 'nee' als dat mogelijk is.** Als je niet wilt dat hij met je bril speelt, laat hem dan niet slingeren.

- **Bewaar 'nee' voor écht belangrijke/gevaarlijke situaties.** Een kind dat de hele dag 'nee' hoort, wordt immuun voor de betekenis ervan, zelfs als jij het *echt* meent.
- **Zeg geen 'nee' op een zangerige toon, alsof je het niet echt meent.** 'Nee' betekent 'nee' en moet krachtig worden uitgesproken.

Natuurlijk kun je 'nee' niet uit je vocabulaire schrappen. Je hebt regels in huis en dat is maar goed ook. Je baby moet geregeld 'nee' horen om te beseffen dat hij niet alles kan doen wat hij wil. 'Nee' betekent dat je op hem let, dat je hem in de gaten houdt en dat zijn veiligheid de hoogste prioriteit heeft voor jou.

Eigenwijs? Mooi niet!

Je baby moet weten dat hij een persoontje is dat complimenten en waardering waard is en dat hij niet alleen maar iemand is die dingen doet die niet mogen. Hoewel kinderen van deze leeftijd zich voortdurend op terreinen begeven waar ze niet zouden moeten zijn (proberen een volle luier af te doen is bijvoorbeeld zo'n terrein, evenals het schoonlikken van de vloer), moeten ouders onthouden dat dit gedrag alleen maar voortkomt uit nieuwsgierigheid – in elk geval in het begin.

TECHNISCHE INFO

Doe eens even een stapje terug. In dit hoofdstuk hebben we het zelfbewustzijn, de autonomie, van je baby besproken. Dat is de reden dat hij steeds meer zelf durft te ondernemen: gewoon omdat hij het nu *kan*. Hoewel het niet gebruikelijk is dat kinderen op deze leeftijd al in een machtsstrijd met hun ouders verzeild raken, kan het soms wel gebeuren. Hoe vaker je 'nee' zegt tegen een kind dat vastbesloten is om zijn ding te doen, hoe groter de kans dat hij zal doorzetten. (Omdat jij het niet leuk vindt dat je kind zijn volle luier af wil doen, wordt het voor hem alleen maar interessanter of leuker.)

Afleidingsmanoeuvres zijn een prima manier om een kind af te leiden dat zijn eigen 'nee' gebruikt om zijn macht ten opzichte van jou te testen. Door boos te reageren, laat je hem vreselijk schrikken of zorg je er juist voor dat het gedrag zal doorgaan en verliezen jullie uiteindelijk allebei. Als hij de volgende keer aan zijn luier begint te trekken, kan dat misschien ook een teken zijn dat hij zich erg ongemakkelijk voelt in zo'n vol ding. Verschoon hem dan direct. Als blijkt dat hij de luier alleen maar af doet omdat hij dat leuk vindt, maak dat dan onmogelijk door hem een pak aan te trekken uit één stuk.

BELANGRIJK

Zoek naar de oorzaak van de machtsstrijd en ban deze zo snel mogelijk uit. Waarschijnlijk heb je daarmee ook een heleboel 'nee's' uitgebannen.

'Nee' betekent ook echt 'nee'

Soms is het echt nodig om duidelijk 'nee' te zeggen tegen je baby, bijvoorbeeld als hij op de bank geklommen is en op het punt staat de kop koffie die op tafel staat om te gooien. Doe dit dan in de vorm van een wijze les, waarin je duidelijk maakt dat je niet boos bent, maar bezorgd bent om hem.

Doe het volgende als je kind naar een kop koffie grijpt:

1. Stop zijn handeling door hem luid en duidelijk te waarschuwen.
2. Haal de kop bij hem weg.
3. Neem de tijd om hem twee belangrijke concepten te leren: 'heet' en 'verbranden'. (Of zeg 'au' of wat je hem maar wilt leren.) Neem zijn wijsvinger en kom heel voorzichtig aan het kopje en leer hem 'heet'.

Doe dit niet als de koffie dampend heet is – je kunt het doen als de koffie lauw is. Je wilt hem niet per ongeluk een brandwond toebrengen terwijl je hem leert wat 'heet' is.

Let op het verschil tussen eenvoudigweg 'nee' zeggen en hem leren waarom je 'nee' zegt. In het ene geval bescherm je hem (deze keer) voor een brandwond, in het andere geval leer je hem dat hij van mama's koffiekop moet afblijven omdat hij zich pijn kan doen. Uiteraard moet jij ervoor zorgen dat koffiekoppen buiten zijn bereik staan. Hij leert meteen ook de betekenis van het woordje 'heet'. Je kunt hem nu ook leren om van het fornuis af te blijven en van de kraan in de badkamer.

Voeding bij tien maanden

Op dit moment heeft je baby al een hele reeks van vast voedsel kunnen proeven. Omdat hij waarschijnlijk al wat tanden heeft, ben je misschien geneigd hem wat harder voedsel te geven, zoals stukjes appel of vlees. Onthoud echter dat hij nog steeds kauwt met zijn tandvlees en dat je hem dus nog steeds het beste wat zachter voedsel kunt geven in kleine stukjes.

Voedsel dat je je baby nog niet moet geven is:

- honing (die *botulinum* kan bevatten – sporen die botulisme kunnen veroorzaken);
- koemelk (die in het eerste jaar kan leiden tot koemelkallergie of een ontsteking van het spijsverteringskanaal);
- eiwit (sommige kinderen van deze leeftijd reageren heel heftig op eiwitten);

- aardbeien;
- schaaldieren (die tot ernstige allergische reacties kunnen leiden);
- pinda's (ook pindahoudende producten zouden de eerste twee jaar niet moeten worden gegeven volgens allergiespecialisten).

In hoofdstuk 11 en 18 lees je meer over voedselallergieën.

Verder beginnen de maaltijden van je kind er ongeveer hetzelfde uit te zien als die van jou – al zijn die van hem gepureerde, kleingesneden of fijngehakte versies van wat jij en de rest van het gezin eet. Je baby krijgt ook nog vier keer per dag borst- of flesvoeding (inclusief de melk in zijn pap). Zijn voedingsschema kan er ongeveer als volgt uitzien:

- **Ontbijt:** een portie ijzerhoudende pap en daarbij melk uit de fles of van de borst;
- **Ochtendsnack:** een half potje fruit of een handje ontbijtgranen;
- **Lunch:** een in vierkantjes gesneden boterham zonder korsten met zacht beleg (leverpastei, smeerkaas of iets dergelijks) en een halve beker vruchtensap of melk;
- **Middagsnack:** een beetje yoghurt, wat zacht fruit, een rijstwafel of soepstengel en een beker melk;
- **Avondeten:** hij krijgt waarschijnlijk wat jij en de rest van het gezin eten, maar dan in gepureerde, fijngehakte of fijngesneden vorm. Bied hem een gevarieerde maaltijd met wat vlees of vis, pasta, rijst of aardappelen en groente. Laat hem zo veel of zo weinig eten als hij zelf wil;
- **Voeding voor het slapengaan:** geef hem voor hij naar bed gaat nog een fles of laat hem van je borst drinken. Je kunt hem eventueel ook een fles pap geven.

Op deze leeftijd is het belangrijk dat je baby een gezonde en gevarieerde maaltijd krijgt. Hij heeft ongeveer twee tot vier eetlepels proteïne nodig (aanwezig in vlees en vis, kaas, groenten en eigeel). IJzer voorkomt bloedarmoede.

Doorgaans weten baby's heel goed wanneer ze moeten ophouden met eten en wanneer ze nog honger hebben. Als je je echter zorgen maakt over de (beperkte) hoeveelheid die je baby eet, vraag er dan naar bij je consultatiebureauarts. Hij kan naar het gewicht en groeipatroon van je kind kijken en je vertellen of je reden tot ongerustheid hebt.

Je baby moet zijn gebruikelijke groeipatroon volgen en rond dezelfde percentages blijven wat betreft lengte en gewicht. Als hij begint te zakken en nooit wil eten, kan je arts voorschrijven minder vaak fles- of borstvoeding te geven. Als je baby rond dezelfde lengtecurve blijft hangen, maar enorm in gewicht toeneemt, kan je arts vragen wat voor voeding je kind krijgt.

Blijf je kind nieuwe voeding per ingrediënt aanbieden en ga daar dan vier tot vijf dagen mee door. Op deze manier kun je allergische reacties waarnemen (spugen, diarree, uitslag of jeukende en waterige ogen) en weet je precies waaraan het ligt. Als je je baby op deze leeftijd allerlei dingen laat proeven, zal hij hopelijk later een goede eter worden en geen problemen veroorzaken aan de eettafel. (Als hij vanaf het begin wortelen eet, is het onwaarschijnlijk dat hij ze over een jaar niet meer lust.)

Gevechten aan tafel voorkomen

Sommige kinderen zijn geen grote of enthousiaste eters. In de tweede helft van het eerste jaar kan nieuw voedsel opwindend genoeg zijn voor je baby om in zijn kinderstoel te blijven zitten en te proeven van deze culinaire hoogstandjes. Soms is een kind van negen of tien maanden te druk bezig met andere dingen om te kunnen eten. Op deze leeftijd toont een baby maar zelden een voorkeur voor bepaald eten of een afwijzing van bepaald voedsel.

TIP

Er zijn twee dingen die je kunt doen om gevechten tussen jou en je baby aan tafel te voorkomen. Allereerst moet je zoetigheid en junkfood tot een minimum beperken. Bedenk maar eens waarom tieners en volwassenen zo gek zijn op chips, koekjes en snoep. Omdat ze lekker zijn en omdat ze (vinden de meesten van ons) veel beter smaken dan bijvoorbeeld worteltjes. Moedig je kind niet aan om een smaak te ontwikkelen voor zoetigheid en vet. Als hij eenmaal gewend is aan een dieet vol suiker en vet, zal het niet meevallen om hem ervan te overtuigen dat een aardappel ook gekookt heel lekker is. Als je je nu afvraagt of je je baby helemaal geen zoete dingen zou moeten geven, is het antwoord 'nee'. Fruit is een geweldig toetje – nu en later in zijn leven.

Ten tweede moet je je kind nooit dwingen om te eten. Hij moet zelf kunnen bepalen hoeveel hij eet. Je kunt hem leren dat het avondeten een moment is waarbij iedereen met elkaar aan tafel zit. Onthoud echter dat je baby waarschijnlijk veel geïnteresseerder is in zijn blokken dan in de kip die jij voor hem hebt fijngesneden. Koester realistische verwachtingen van je kind. Als hij geen zin heeft om te eten, laat hem dan niet dertig minuten in zijn stoel zitten terwijl jij en je echtgenoot de dag doornemen. Onthoud ook dat hij een onvoorspelbaar wezentje is. De ene week kan hij *gek* zijn op worteltjes, terwijl hij ze de andere week uitspuugt. Geef hem dan eten dat hij op dat moment ziet zitten en leg een paar weken later weer worteltjes op zijn bord.

PAS OP!

Laat je baby niet in de kinderstoel zitten tot hij zijn bord leeg heeft gegeten. Dit gevecht moet je niet eens aan *willen* gaan. Als je je kind dwingt om te eten terwijl hij geen honger heeft, ontneem je hem een deel van zijn autonomie. Omdat elke persoon een ingebouwd metertje heeft dat hem vertelt wanneer hij genoeg gegeten heeft, is het riskant om voor een ander te willen bepalen wanneer hij genoeg heeft gehad. Door je baby zelf te laten bepalen hoeveel hij wil eten, herkent hij het signaal van een 'volle buik', dat hem vertelt dat hij niet meer wil eten. Als je hem dan dwingt om door te eten, zal hij dat signaal niet herkennen en het negeren. Hierdoor loopt hij het risico te zwaar te worden of eetproblemen te ontwikkelen die de rest van zijn leven een rol kunnen spelen. Laat hem tien tot vijftien minuten in zijn kinderstoel zitten en haal hem eruit als hij klaar is. Leg geen boeken of speelgoed op tafel. Concentreer je op de maaltijd en laat hem daarna weer spelen. Zet hem liever niet in de kinderstoel als je aan het koken bent; hij is de stoel dan al zat als het etenstijd is.

Het gevecht tegen overgewicht

Enkele decennia geleden kon een kind op de lagere school alle kinderen in zijn klas opnoemen die te dik waren – omdat dat er niet zoveel waren. Vandaag de dag lopen ouders met hun kinderen de school binnen en zien dat de kinderen over het algemeen 'groter' zijn dan toen zij op school zaten.

Een van de grootste problemen bij kinderen van dit moment is overgewicht. Hoewel het heel normaal en gezond is dat een baby in zijn eerste jaar lekker mollig is, zijn de eetgewoonten die hij nu ontwikkelt bepalend voor het gewicht dat hij eenmaal op de basisschool en later zal hebben. Je baby kan niet zelf bepalen *wat voor* eten en snacks hij krijgt. Jij bent verantwoordelijk voor die keuzes. Jij zult een verantwoorde afweging moeten maken.

Niet alle voedingsmiddelen zijn hetzelfde opgebouwd als het gaat om voedingsstoffen. Een banaan kan dezelfde hoeveelheid calorieën bevatten als een koekje en is toch veel gezonder. Het koekje biedt je kind niet meer dan wat suikers, terwijl de banaan hem vitaminen, kalium en vezels geeft – essentiële voedingsstoffen voor een opgroeiend kind.

In theorie zouden kinderen hun overgewicht moeten kunnen verbranden als ze groter en actiever worden. Het probleem is echter dat hedendaagse kinderen niet zo actief zijn. Twintig jaar geleden kwamen kinderen thuis van school en gingen buitenspelen. Vandaag de dag spelen kinderen computerspelletjes en kijken tv. Ze chatten met elkaar. Ze krijgen op die manier weinig kans hun overgewicht kwijt te raken. Hoe eerder ze overgewicht hebben, hoe moeilijker het is om dat weer kwijt te raken, omdat eetgewoonten heel moeilijk te veranderen zijn. Daarbij komt dat het alleen maar moeilijker wordt om iets aan overgewicht te doen als ze steeds zwaarder worden.

Overgewicht kan tot tal van problemen leiden:

- weinig zelfvertrouwen;
- suikerziekte;

- apneu (ademhalingsproblemen tijdens het slapen);
- knie- en heupproblemen.

We hebben het hier niet over problemen die ze later in het leven krijgen; dit zijn problemen die ze zullen hebben in hun *jeugd*.

Op deze leeftijd moet een baby echter wel kunnen eten hoeveel hij wil en het is dan ook niet slim om hem nu op rantsoen te zetten. Onthoud dat hij van binnenuit een signaal krijgt als hij genoeg heeft gehad. Rommel daar niet mee. Laat je baby zoveel eten als hij wil, zodat hij dit signaal gaat herkennen. Kinderen die deze beslissing niet zelf mogen nemen (omdat ouders hen volproppen of hun juist minimale porties voorzetten) hebben later meer kans op gewichtsproblemen. Later in hun jeugd zullen de ouders er niet altijd zijn om in de gaten te houden wat er allemaal in hun monden verdwijnt. Deze kinderen zijn niet in staat om te herkennen wanneer ze honger hebben en hoeveel voedsel genoeg is. Ze zijn om die reden geneigd veel te veel te eten.

Help je kind om voor de rest van zijn leven een gezond eetpatroon te ontwikkelen.

- **Wees een goed voorbeeld.** Verwacht niet van je kind dat hij braaf een bord met gegrilde kip en gestoomde groenten eet als jij aan een bord frites met kroketten zit. Kook zo veel mogelijk zelf. Eten van de snackbar en kant-en-klaarmaaltijden bevatten vaak veel vet en zout.
- **Eet zo min mogelijk vet.** Het is op dit moment erg gemakkelijk om met weinig vet te koken. Er zijn talloze producten te koop die weinig tot geen vet bevatten en je hoeft alleen maar te kiezen voor producten als halvanaise in plaats van mayonaise. Na een tijdje proef je het verschil echt niet meer en zou je niet meer terug willen naar volvette producten.
- **Haal geen gezoete dranken in huis.** Hoewel het prima is om je kind wat verdund vruchtensap te geven, hoeft hij er geen pakken van leeg te drinken. Kies dan vooral ook sap zonder toegevoegde suikers. Frisdrank moet je helemaal niet in huis halen, aangezien het een van de grootste boosdoeners is als het gaat om overgewicht en tandbederf.
- **Zet de televisie uit.** Laat je baby zo veel mogelijk naar buiten gaan. Ga bij slecht weer op bezoek bij vrienden met kinderen of word lid van een speelgroep. Het minste wat je kunt doen is een veilige speelplek inrichten in je huis waar je baby zo actief kan zijn als hij maar wil. Als hij nu al verslaafd raakt aan de tv, zal hij er later maar met moeite van los te rukken zijn (hij zal minder beweging krijgen en de komende jaren waarschijnlijk gedachteloos snacks eten voor de televisie).

- **Gebruik voedsel niet als troostmiddel, beloning of afleiding.** Als je baby zijn knie stoot, hoef je er geen koekje op te leggen om het beter te maken. Je hoeft hem niet weg te leiden van de trap met een snoepje. Hij moet voedsel associëren met honger en niet met gedrag.

- **Ontzeg je kind geen eten.** Je mag eten ook niet gebruiken als strafmiddel. Als je baby zijn eten van de tafel gooit, is dat reden genoeg om hem uit zijn kinderstoel te halen tot hij bereid is netjes te eten. Als hij echter groter is en jouw moeder slaat, mag je hem niet naar zijn kamer sturen zonder eten. Hij heeft zijn voedingsstoffen nodig. Voedsel mag niet iets zijn wat je hem kunt onthouden.

Het hele gezin moet bereid zijn om gezond te eten. Dat betekent niet dat je allemaal moet beloven om nooit meer een snoepje te eten. Olijfolie gebruiken in plaats van boter is al een gezonde verandering. Je baby één koekje geven in plaats van drie is er ook een. Je hoeft geen drastische veranderingen door te voeren. Als je het op bescheiden schaal doet, zul je merken dat het helemaal geen moeite kost.

Hoofdstuk 16

De elfde maand: stappen, stappen, stappen

In dit hoofdstuk

- De groei van je baby
- Onveilig gedrag in de kiem smoren
- Spenen
- Goede slaapgewoonten creëren

Waar is de tijd gebleven? Het eerste jaar vliegt voorbij en voor je het weet, rent je kleine uit het zicht, ontdekt in zijn eentje nieuwe dingen, zegt een paar woorden en wordt steeds meer een individu.

Ook voor jou verandert er van alles. Naarmate je kind onafhankelijker wordt, zul jij de dagen missen dat hij in jouw armen lag tot jij hem ergens neerlegde. Je baby wordt een behoorlijk actief mensje en hij lijkt wel te groeien en veranderen waar je bij staat. Lees verder om te ontdekken wat jullie beiden te wachten staat tijdens deze overgangsperiode.

Op controle met je baby

Deze maand mag je kind weer bij de consultatiebureauarts komen voor een vaccinatie. De arts zal je kind dan ook meteen weer onderzoeken, meten en wegen.

De vaccinaties die je kind deze maand krijgt, zijn:

- DKTP-4
- Hib-4

TIP

Als je nog vragen hebt, stel die dan als je op het consultatiebureau bent. Schrijf eventuele adviezen en aanwijzingen op.

Mijlpalen deze maand

Welke mijlpalen zal je kind hebben bereikt aan het einde van deze maand?

- Hij kan zelf staan.
- Je baby loopt zonder problemen van het ene object naar het andere.
- Hij kan zijn eerste stapjes gaan zetten of hij kan al lopen (aan het einde van deze maand).
- Rol een bal naar je baby en hij zal hem terug kunnen rollen.
- Hij eet zelf snacks en drinkt uit een beker.
- Je baby kan heel kleine voorwerpen oppakken.
- Je baby kan eenvoudige instructies opvolgen ('Kom hier', 'Niet aankomen' enzovoort).
- Hij kan 'mama' en 'papa' zeggen en weet wat die woorden betekenen.
- Hij zegt misschien een of twee andere woorden.
- Je kind kan zijn wensen duidelijk maken door te wijzen, te grommen of zelfbedachte woorden te gebruiken. (Hij praat op deze leeftijd misschien wel in zijn eigen taal tegen zichzelf; hij zal zelf begrijpen wat hij bedoelt, maar jij niet.)
- Hij imiteert uitdrukkingen en bewegingen van anderen.
- Hij kan het geweldig vinden om dingen te laten vallen zodat jij ze oppakt (een aanwijzing dat hij goed weet dat iets niet verdwijnt als het valt – en van een beetje humor).
- Je baby speelt *parallel* aan andere kinderen. (Hij speelt naast, maar nog niet met andere kinderen.)
- Hij begrijpt het woordje 'nee'.

Vooruit plannen

In de laatste paar maanden van dit eerste jaar gebeurt iets interessants met baby's. Hun hersenen ontwikkelen zich in sneltreinvaart en ze kunnen bedenken hoe ze kunnen krijgen wat ze willen door vooruit te plannen. Het kan dus gebeuren dat je de tandwielen in zijn kleine hoofdje hoort knarsen als hij denkt, 'Hmm... Als ik wil dat mama naar mijn bedje komt, hoef ik alleen maar uit mijn ledikant te klimmen.' Hij kan ook een lang, dun speeltje pakken om iets van de bovenste plank te vegen. Hij kan je iets laten zien wat hij wil hebben. Hij kan je bijvoorbeeld meenemen naar de koelkast omdat hij dorst heeft of naar de voordeur omdat hij wil buitenspelen. (Ja, het is een slimmerik!)

Bij dit vermogen om logisch te denken, hoort ook de mogelijkheid om in gevaarlijke situaties terecht te komen. Kinderen die graag klimmen, zullen op deze leeftijd nog niet aan hun veiligheid denken. Probeer je slimme dreumes altijd één stap voor te zijn. Hierover krijg je meer informatie in de volgende paragraaf.

De veiligheid van je baby

Hoewel je baby op deze leeftijd al redelijk over dingen kan nadenken, is hij nog niet oud genoeg om de gevolgen van zijn handelingen te kunnen overzien. Naarmate je schijnbaar zorgeloze kind steeds actiever wordt, lijkt een paar goede sportschoenen de beste investering van dit moment, aangezien je de hele dag alleen maar achter hem aan rent. Zelfs de zachtaardigste kinderen (zij die tevreden zijn op hun speelkleed en daar rustig met hun speelgoed spelen) kunnen hun verzorgers plotseling verrassen met een gevaarlijke activiteit (de achterkant van de televisie onderzoeken bijvoorbeeld).

Op deze leeftijd worden de verschillen tussen kinderen duidelijker. Sommige kinderen kunnen gewoon niet stil zitten; andere hebben niet de behoefte veel verder te kruipen dan hun speelkleed. Je moet altijd onthouden dat een actief kind op deze manier is voorgeprogrammeerd. Hij is niet stout en probeert echt niet om jou tot wanhoop te drijven. Hij probeert gewoon de wereld te ontdekken op de manier die hij goed kent: door te *doen*. (Jij krijgt elke dag wat training en hij leert elke dag weer wat nieuws – er zitten heus wel voordelen aan een actief kind.)

Controleer je veiligheidsplan nog maar eens een keer en zorg ervoor dat je huis dreumesveilig is. Zoek naar dingen die je kind kan pakken als hij staat en naar instrumenten die hij kan gebruiken om dingen mee te pakken.

Bedklimmers beperken

Slaaptijd kan een echt probleem worden als je baby besluit dat hij liever probeert over de rand van het bed te klimmen dan erin te slapen. Hij is nog geen jaar oud en dus nog niet klaar om zijn middagslaapje over te slaan, maar voor actieve kinderen kan het echt een probleem zijn om te moeten slapen.

Als je een kind hebt dat het moeilijk vindt om 's middags de omschakeling te maken van speeltijd naar slaaptijd, laat hem dan een kwartier voor hij moet slapen ophouden met spelen. Introduceer een overgangsperiode.

- Lees hem een verhaaltje voor.
- Zet rustige muziek op in de speelruimte, zodat hij ernaar kan luisteren en wat tot rust kan komen voor hij naar bed gaat.
- Zet de meest prikkelende speeltjes weg.
- Laat hem niets meer doen dat hem stimuleert – dus niet meer achter de kat aan rennen of de kieteldood krijgen van papa.

Tegen de tijd dat je hem in bed legt, is hij misschien zo rustig geworden dat hij niet eens meer zin heeft om uit bed te klimmen.

Als je baby dan nog steeds niet rustig kan worden, is hij misschien bang alleen in zijn bedje. Je kunt hem een knuffelbeest geven of iets anders wat hem troost kan bieden. Wrijf even over zijn rug voor je weggaat of zet wat zachte muziek op. Als hij uit zijn bed klimt omdat hij er gewoon niet naar bed wil of omdat hij dat leuk vindt (let op de grote grijns op zijn gezicht als hij de kamer in komt), zal een knuffelbeest niet helpen.

Als hij nog steeds vastbesloten is om uit zijn bed te komen, kijk dan eens naar de opzet van zijn bed en zijn kamer. Misschien kun je het hem wat moeilijker maken om eruit te klimmen. Leg de bedbodem zo laag mogelijk. Haal objecten als knuffels en kussens weg als hij die gebruikt als opstap.

Verhuis hem nog niet naar een groot bed. Hij is er nog niet helemaal klaar voor (en jij ook niet).

Remmen van rondtrekkende baby's

Een baby van elf maanden is erg nieuwsgierig. Hij wil meer weten, zien en doen. Om die reden is hij ook heel snel afgeleid en verstrooid, vooral in nieuwe of interessante situaties. Hij ziet de treden van het terras niet als hij achter een vlinder aan zit. Hij heeft niet door dat hij al aan de andere kant van de tuin is als hij naar de voorbijtrekkende wolken kijkt.

Gelukkig lopen de meeste baby's nog niet echt weg (dat gebeurt pas in de peuterjaren), omdat de meeste ouders hun kleintjes goed in de gaten houden. De meeste kinderen onder één jaar blijven doorgaans ook in de buurt van hun ouders; ze zijn nog steeds wat eenkennig en ze vinden het een veilig idee dat papa en mama vlakbij zijn. Toch zijn er bijna-éénjarigen die hun ouders grijze haren bezorgen door zo af en toe eens te ontsnappen aan hun aandacht.

Kinderen van deze leeftijd, of ze nu heel actief zijn of juist bij je in de buurt blijven, hebben voortdurend volwassen supervisie nodig. Denk nooit dat je huis nu wel veilig genoeg is. Blijf voortdurend controleren of alles wel goed beveiligd is (zie hoofdstuk 20) en of er niets is veranderd of kapot is gegaan. (Misschien is een beveiligingsplaatje van het stopcontact gevallen of hangen de koorden van de gordijnen per ongeluk op de grond.) Omdat je baby nu (bijna) kan klimmen, moet je er ook op letten dat alle meubels en hoger gelegen voorwerpen veilig zijn.

Heb je een echte klimmer of springer? Maak dan een plek die veilig is voor je kleine acrobaat. Gebruik oude kussens of een zachte matras. Je belangrijkste doel is dat je kind zijn energie kwijt kan zonder dat hij zich pijn kan doen.

Paranoïde? Misschien. Maar een kleine dosis daarvan kan een heleboel ellende voorkomen. Een grote dosis – elke stap die hij zet op de voet volgen en hem voortdurend waarschuwen als hij de grote wereld gaat ontdekken – is niet genoeg, niet voor jou en niet voor hem. Oplettendheid en gezond verstand zijn de kern van je baby's veiligheid terwijl je hem toch wat vrijheid biedt.

Je baby spenen van fles of borst

Voor je het goed en wel in de gaten hebt, staat de eerste verjaardag van je baby alweer voor de deur. Dit is het moment waarop je arts zal adviseren de baby te spenen van fles of borst. Niet alleen heeft je baby nu andere voedingsstoffen nodig, het is ook makkelijker om een baby van bijna één los te maken van de fles of borst dan een kind in zijn peutertijd. In deze paragraaf krijg je tips om dat proces voor jullie beide te vereenvoudigen. We kijken ook naar hoe mama's lichaam kan veranderen als ze eenmaal stopt met borstvoeding geven.

Probeer je baby niet te spenen als je in die week ook gaat verhuizen of als hij net van kinderdagverblijf of au pair is veranderd. Het lijkt misschien logisch om twee vliegen in één klap te slaan, maar dat is niet zo. Een verandering van routine is meestal behoorlijk ingrijpend voor een baby van elf maanden, zelfs als hij dat niet zo laat merken. Hij heeft op zo'n moment waarschijnlijk meer behoefte aan troost, en als de fles of borst hem die biedt, moet je dat nog even zo laten. Wacht tot hij gewend is aan de verandering voor je hem de fles voorgoed ontneemt.

Artsen adviseren om te stoppen met fles- en/of borstvoeding als je baby ongeveer één jaar is, om te voorkomen dat hij last krijgt van zuigflescariës. Moedermelk en flesvoeding bevatten voldoende suiker om tandbederf te veroorzaken, wat kan leiden tot levenslange gebitsproblemen. (Meer informatie over zuigflescariës vind je in hoofdstuk 11.)

Ophouden met borstvoeding

Als je baby nauwelijks tijd vrij kan maken in zijn drukke bezigheden om bij jou te drinken en/of als jij de voedingen meer als last ziet dan als een bijzonder moment voor jou en hem (misschien juist *omdat* hij zo druk is en geen zin heeft om te drinken), moet je serieus gaan overwegen om je kindje te spenen.

BELANGRIJK

Veel artsen adviseren rond één jaar met spenen te beginnen. Je baby heeft dan steeds meer behoefte aan onafhankelijkheid en heeft moedermelk niet meer zo hard nodig. Sommige moeders merken dat hun kinderen zichzelf langzaamaan spenen, door steeds meer belangstelling te krijgen voor de wereld om hen heen. Er zijn ook moeders die vinden dat ze na een jaar borstvoeding en negen maanden zwangerschap wel weer recht hebben op hun eigen lichaam.

Spenen kan leiden tot heftige emoties, zelfs als je weet dat je baby helemaal niet meer zoveel belangstelling heeft voor je borsten. Spenen is toch een breuk tussen jou en je kind, en zelfs als je er helemaal klaar voor bent, kan deze breuk je wat verdrietig maken. Spenen betekent dat je baby niet meer lichamelijk afhankelijk is van jou. Zelfs als je alle nieuwe ontwikkelingen vol trots aanschouwt, voel je ook dat deze hem steeds verder van het babyachtige verwijderen.

TIP

Speen een oudere baby niet van de borst naar de fles. Je creëert alleen maar een nieuwe gewoonte die je hem moet afleren. Als hij oud genoeg is om een beker vast te houden, leer hem dan direct om daaruit te drinken.

Geleidelijke overgang

De meeste moeders en hun baby's laten het spenen geleidelijk aan plaatsvinden in de loop van enkele weken of maanden. Het gaat vaak natuurlijk, omdat het kind minder behoefte krijgt aan de voedingen. Meestal stoppen de voedingen overdag als eerste. Je zult merken dat je baby de meeste behoefte heeft aan een voeding voor hij gaat slapen. Omdat hij rustig wordt van het zuigen, zijn deze voedingen nog een laatste overblijfsel van het drukke voedingsschema uit de beginperiode. Deze voedingen zullen ook steeds korter worden, tot je baby nog maar een paar minuten zuigt en dan wil slapen. Dit is een goede aanwijzing dat hij er waarschijnlijk klaar voor is om het helemaal op te geven. Even knuffelen voor hij gaat slapen is nu waarschijnlijk genoeg.

Het kan wat vreemd voelen om je baby voor de eerste keer in bed te leggen zonder hem eerst te voeden. Maak je geen zorgen, hij zal er niets aan overhouden. Het is een natuurlijke stap in zijn leven (en in het jouwe), hoe verdrietig je je nu ook voelt.

PAS OP!

Stop niet van het ene op het andere moment. Niet alleen raakt je baby erdoor van slag, het kan ook tot pijnlijke borsten leiden en het risico op een borstontsteking of verstopte melkklieren vergroten. Plotseling ophouden met borstvoeding kan een hormonale stroomstoot veroorzaken. Een plotseling inzakken van het *prolactine*niveau (een hormoon dat de melkproductie stimuleert en je humeur verbetert) kan je humeur sterk beïnvloeden, vooral als je wat verdrietig bent over het feit dat je je kind gaat spenen. Als je snel last hebt van neerslachtigheid, speen je kind dan zo geleidelijk mogelijk. Zo krijgt je lichaam ruim voldoende tijd om zich aan te passen aan een lager prolactineniveau en zal er geen dip in je humeur komen.

Als je 's avonds niet langer wilt voeden en je hebt niets tegen fopspenen, geef je baby er dan een als hij naar bed moet. In combinatie met een stevige knuffelpartij zal je baby waarschijnlijk prima in slaap kunnen vallen.

Onthoud dat de suiker in jouw melk de hele nacht op je baby's tanden blijft zitten en tandbederf kan veroorzaken. Als je voedt om je baby in slaap te krijgen, wrijf zijn tanden dan schoon met een nat washandje voor je hem in zijn bedje legt.

Maak je geen zorgen als je baby nog geen aanstalten maakt om met de avondvoedingen op te houden. Hoewel de meeste artsen je adviseren op te houden met voeden rond de leeftijd van één jaar, zal niemand je verplichten er ook 's avonds mee op te houden. Als hij er nog niet klaar voor is bij twaalf maanden, is hij dat misschien wel bij dertien of veertien maanden; let op zijn signalen. Als hij niet uit zichzelf minder drinkt, moet je hem een handje helpen. Let erop hoe lang je baby bij je drinkt en haal daar elke paar dagen een minuut vanaf.

Minder pijn voor jou

De pijn die je voelt tijdens het spenen lijkt niet in de verste verte op wat je voelde tijdens de stuwing kort na de geboorte. Je borsten kunnen wat pijnlijk en vol aanvoelen, maar dat is voor elke vrouw anders en hangt ook af van hoe geleidelijk je de voedingen afbouwt. De moeder die structureel elke paar dagen een voeding achterwege laat, zal meer last hebben dan een moeder die in de loop van maanden steeds minder gaat voeden.

Hieronder volgen enkele tips die je helpen de pijn van het spenen te verlichten.

- **Neem een pijnstiller.**
- **Kolf wat melk als dat nodig is.** Volle, pijnlijke borsten raken makkelijker ontstoken of krijgen eerder verstopte melkklieren. Kolf niet meer melk dan absoluut noodzakelijk is; als je regelmatig blijft kolven, houd je de melkstroom op gang.
- **Eet minder zout.** Door zout houdt je lichaam meer vocht vast en dat zul je nu vooral in je borsten merken. Onthoud ook dat je weer gaat menstrueren als je ophoudt met borstvoeding geven. Als je gewoonlijk veel vocht vasthoudt tijdens je menstruatie moet je zeker minder zout gaan eten.

  Hoewel het belangrijk is om minder zout te eten in verband met het vasthouden van vocht, moet je niet minder gaan drinken. Jij en je baby hebben er niets aan als je uitdroogt en het zal je melkproductie ook zeker niet verminderen.
- **Ga onder een warme douche staan.** De warmte is lekker op je pijnlijke borsten en je kunt tijdens het douchen ook wat melk uit je borsten knijpen.

- **Draag een stevige bh, maar zorg ervoor dat hij niet te strak zit.** Houd zoogkompressen bij de hand; je kunt gaan lekken.
- **Drink saliethee. Volgens sommige moeders zit daar iets in wat ervoor zorgt dat je minder melk gaat produceren.** Drink twee tot drie koppen per dag, ongeveer elke zes uur een.
- **Bedek je borsten met rauwe, koude koolbladeren.** Dit huismiddeltje wordt al generaties lang doorgegeven, al bestaat er geen wetenschappelijke verklaring voor het verminderen van de pijn en stuwing. Je moet een verse kool gebruiken. Was de bladeren, droog ze af en leg ze in de koelkast. Als ze koel zijn, leg je op elke borst een blad. Leg ze zo dat het prettig aanvoelt. Als het helpt laat je ze de hele dag zitten, maar vervang ze als ze slap worden (de koolbladeren, niet je borsten).

PAS OP!

Bind je borsten niet af als je gaat spenen. Dat wordt echt niet meer gedaan tegenwoordig. Het afbinden van voedende borsten kan tot ernstige complicaties leiden, zoals infecties en verstopte melkklieren. En het doet nog pijn ook.

De fles gaat in de kast

Of je nu maanden geleden van de borst op de fles bent overgegaan of vanaf het begin flesvoeding hebt gegeven, nu is de tijd gekomen om ook afscheid te nemen van deze trouwe vriend. Er zijn verschillende redenen om rond deze leeftijd met flesvoeding te stoppen. De belangrijkste zijn zuigflescariës (tandbederf) en het feit dat een kind dat de hele dag

Je nieuwe borsten leren kennen

Nadat je je baby gespeend hebt, krijg je vast je mooie, pre-zwangerschapsborsten weer terug, toch? Het spijt me dat ik je moet teleurstellen, maar waarschijnlijk niet. Je borsten zouden wel eens heel anders kunnen zijn, dus haal die oude bh's nog maar niet tevoorschijn. Als je je kind gespeend hebt, kunnen je borsten slapper zijn en wat hangen en ze zijn waarschijnlijk ook kleiner dan je je herinnert. Dit is heel gewoon. Niet alleen heb je een jaar lang een kind gevoed, je bent ook nog eens negen maanden zwanger geweest. Die lichamelijke en hormonale veranderingen hebben geleid tot veranderingen in je borsten en ook je genen gaan hier een rol spelen. Sommige vrouwen hebben een opvallend elastische huid, waardoor hun borsten bijna direct weer in hun oude vorm zijn, maar dat geldt niet voor iedereen.

De meeste vrouwen vinden dat hun borsten na verloop van tijd wel weer enigszins in vorm komen. Dat gebeurt meestal na een maand of zes. Sommige vrouwen keren echter nooit terug naar hun voormalige vorm en maat. Er is van tevoren ook niet in te schatten hoe een vrouw zoiets zal ervaren. Wees dus op alles voorbereid en bedenk steeds dat ze een goed doel hebben gediend.

met een fles rondloopt waarschijnlijk minder geïnteresseerd is in vast voedsel (meer informatie over zuigflescariës lees je in hoofdstuk 11). Op deze leeftijd heeft je baby voedingsstoffen nodig uit diverse soorten voedsel.

Het lijkt niet zo moeilijk om de fles voor altijd in de kast te zetten, maar als je hummel er erg aan gehecht is, is het waarschijnlijk geen goed idee om hem van de ene op de andere dag te laten verdwijnen. De plotselinge verandering kun je alleen toepassen als duidelijk is dat je baby echt niet bereid is om de fles geleidelijk op te geven.

TIP

Hieronder volgen enkele tips om je baby te spenen van flesvoeding:

- Je kunt elke week bij een van de maaltijden een fles vervangen door een beker, tot hij uiteindelijk bij elke maaltijd uit een beker drinkt.

  Als je baby net uit een beker begint te drinken, koop er dan een die hij goed vast kan houden (en een die niet lekt).

- Als je probeert de gewoonte van een fles voor het slapengaan te doorbreken, moet je de hele slaaproutine omver gooien. Als je normaal gesproken lekker met hem op de bank gaat zitten met een flesje, kun je nu met hem gaan lezen in zijn kamertje. Doordat je dingen anders doet, zal hij eerder bereid zijn om die laatste fles van de dag op te geven.

- Zorg ervoor dat je hem extra vaak knuffelt en aandacht geeft in deze periode, vooral als hij erg gehecht was aan zijn fles.

- Laat geen flessen (of onderdelen ervan) rondslingeren. Uit het oog, uit het hart. Stop zelfs alle flessen weg en gebruik er nog maar één om je baby te laten zien dat er nog maar eentje over is.

- Houd vast aan je plan. Laat hem niet de ene dag uit een beker drinken om hem de volgende dag toch weer een fles te geven. Als je hem tijdens een bepaalde maaltijd hebt gespeend, is die fles ook voorgoed verdwenen.

- Als de fles eenmaal uit het leven van je kind is verdwenen, mag je hem er niet meer inbrengen als je kind ziek of verdrietig is. Hij zal er alleen door in de war raken en je zult weer helemaal van voor af aan moeten beginnen. Deze keer zal het alleen nog moeilijker zijn omdat je baby weet dat de fles nog *ergens* in huis moet zijn.

- Veel baby's houden niet van koemelk. Het is echter een essentieel voedingsmiddel dat zorgt voor sterke botten. Introduceer koemelk pas als je baby een jaar is en doe het geleidelijk. Geef melk en flesvoeding in een verhouding van 1:1. Op die manier kun je ook goed in de gaten houden of allergische reacties optreden (lees de hoofdstukken 11 en 18 voor meer informatie over voedselallergieën). Als je baby altijd warme flesvoeding kreeg, zal hij koude melk misschien niet lekker vinden. Begin dan eerst met warme melk en maak deze dan steeds kouder, tot je kind de melk rechtstreeks uit de koelkast drinkt.

- Houd er rekening mee dat de flesjes voor het slapengaan er het laatste uit zullen gaan. Dit zijn de flessen die zeer waarschijnlijk zullen leiden tot tandbederf en het is daarom belangrijk dat je baby daar rond zijn eerste verjaardag van gespeend is. Lees hem voor en knuffel hem wat langer voor hij moet gaan slapen en zorg dat hij zijn favoriete knuffeldier of -deken bij zich heeft.

Je kunt net zo verdrietig worden van het spenen van de fles als van de borst. Het is een teken dat je kind geen baby meer is. Zeg tegen jezelf dat het goed is om hem te spenen en dat het belangrijk is voor zijn ontwikkeling: als hij van de fles is, krijgt hij waarschijnlijk meer belangstelling voor ander eten en activiteiten. Het zal nu makkelijker zijn dan over een jaar.

TIP

Als je baby om de fles huilt als hij in bed ligt, geef hem dan een fles met water (maak het eventueel warm als hij gewend is aan warme flesvoeding). Het zal niet meevallen, maar probeer vast te houden aan je regels. Hoe langer hij een fles met moedermelk, flesvoeding of koemelk mee naar bed neemt, hoe groter de kans is dat zijn tanden te lijden hebben onder de suiker die in deze dranken zit.

Vaarwel, speentje

Nu we het over spenen hebben, vraag je je misschien af hoe het ondertussen moet met de fopspeen van je baby.

Eén ding tegelijk. Vergeet niet dat je baby erg rustig wordt van zuigen – dat is heel natuurlijk bij jonge kinderen. Je wilt misschien niets liever dan de overstap maken naar een volgende fase in het leven van je kind – de fase waarin je niet langer midden in de nacht op jacht moet naar flessen of spenen. Onthoud echter dat het voor je kind erg moeilijk kan zijn als hem al zijn troostmiddelen in één keer worden afgepakt.

PAS OP!

Als je een kind hebt dat het liefste de hele dag met een speen in zijn mond loopt, moet je daar langzaamaan vanaf zien te komen. De redenen hiervoor zijn hetzelfde als waarom een baby wordt gespeend van de fles. Het voortdurende gebruik van een fopspeen belemmert de taalontwikkeling en zijn belangstelling voor voedsel en als hij maar lang genoeg op een speen blijft zuigen, zal ook zijn gebit zich er slecht door ontwikkelen.

Je kunt je baby overdag makkelijker van de speen afhelpen als je iets hebt wat deze gewoonte (in elk geval tijdelijk) vervangt. Als je hem net als elke ochtend op zijn speelkleed zet en hij begint te zoeken naar zijn speen, dan kun je er donder op zeggen dat hij gaat huilen. Als je hem echter een week of twee uit die routine haalt, heb je kans dat hij zijn speen helemaal vergeet. Neem hem bijvoorbeeld mee naar het park of speel eens in een andere kamer van het huis.

Probeer om het gebruik van de speen te beperken tot bedtijd en kijk daarna weer verder. Sommige kinderen blijven de zuigbehoefte tot aan de basisschool houden. Het weghalen van de speen kan hem dan aanmoedigen op zijn duim of vingers te gaan zuigen en die gewoonte is veel moeilijker af te leren (en als je hem die gewoonte niet afleert, zal de orthodontist *gek* op je zijn).

Hij is bijna een jaar oud. Dat is te oud om hem van de ene op de andere minuut zijn speen af te pakken. Hij is nog te jong om zijn frustratie erover te kunnen verwoorden. Als je het voor elkaar krijgt om het speengebruik te beperken tot bedtijd en je kind lijkt er echt aan gehecht te zijn, laat het dan zo tot hij oud genoeg is om te begrijpen dat hij een beloning krijgt als hij ermee stopt. Zal het over een jaar moeilijker zijn? Zou kunnen, maar misschien heeft hij de speen echt nog heel hard nodig. Dit moet je zelf bepalen, waarbij je moet onthouden dat sommige kinderen moeten zuigen om hun spanningen te ontladen. Tandartsen adviseren echter dat je de speen rond achttien maanden echt in de prullenbak gooit.

Bedtijd met baby

Op deze leeftijd zou je baby een goede slaaproutine moeten hebben. Als je baby op dit gebied nog steeds onvoorspelbaar is, moet je daar nu wat aan doen en hem een goed slaapschema opleggen. Je baby heeft om meerdere redenen een goede nachtrust nodig, waarvan de belangrijkste zijn groei en zijn ontwikkeling zijn. (Kinderen groeien echt als ze slapen, en een vermoeid en humeurig kind heeft echt geen zin om op onderzoek uit te gaan.)

Bedtijdrituelen

Iedereen in het gezin heeft er profijt van als je je baby elke avond rond dezelfde tijd in bed legt, ook als je eigenlijk iets tegen schema's hebt. Je moet weten wanneer je kind onder zeil gaat, zodat je wat tijd voor jezelf hebt of dingen kunt doen waar je overdag niet aan toekomt. Je baby moet weten wat hem elke avond te wachten staat.

Kinderen houden van herhalingen. Het geeft hun een veilig en zeker gevoel.

Zelfs als het zo goed als onmogelijk was om je kind in de eerste helft van zijn eerste jaar een schema op te leggen, zou je dat nu wel moeten kunnen doen. Hij eet overdag meer, hij is actiever en moet dus moe en voldaan zijn als het tijd is om naar bed te gaan. Daarbij komt dat hij ondertussen in slaap kan vallen met een knuffeldier of favoriet dekentje.

TIP

Wat voor activiteiten stimuleren een goede nachtrust? Goed dat je het vraagt. Hieronder volgen een paar goede ideeën.

- **Een bad.** Doe je baby vroeg in de avond in bad als een soort aankondiging dat het bijna bedtijd is.
- **Een snack.** Geef je baby iets kleins – een stukje fruit, een cracker of wat yoghurt. Precies genoeg om hem door de nacht te helpen.
- **Tanden poetsen.** Voor je baby erg slaperig wordt, poets je zijn tandjes. Als je er nu een gewoonte van maakt, zal je baby tandenpoetsen associëren met bedtijd en denkt je kind voortaan vlak voor het slapengaan altijd aan zijn tanden.
- **Knuffeltijd.** Jij bent uiteraard betrokken bij zijn bedtijdrituelen, maar je moet ook echt *moeite* doen om een optimale nachtrust te bereiken. Neem de tijd en lees hem voor, zing wat slaapliedjes of wieg samen lekker even heen en weer.
- **Routine.** Zorg dat je baby zijn favoriete deken heeft als je hem in bed legt. Misschien wil je dat bidden een onderdeel van zijn routine wordt, begin daar dan nu mee. Hij zal het nog niet kunnen onthouden, maar zal het wel herkennen als een onderdeel van zijn bedtijdritueel.

Als je baby het moeilijk vindt om tot rust te komen voor hij naar bed moet (of te blijven slapen 's nachts), kijk dan eens hoe vaak en hoe lang hij overdag slaapt. Laat hem overdag minder vaak en korter slapen. Op deze leeftijd slapen de meeste kinderen twaalf tot veertien uur per etmaal. Als hij dus overdag twee uur slaapt, moet hij 's nachts tien tot twaalf uur door kunnen slapen.

BELANGRIJK

Je baby moet wakker zijn als hij naar bed gaat, zodat hij zelf in slaap kan vallen. Als je hem altijd in slaap wiegt of knuffelt, zal hij alleen op die manier in slaap kunnen vallen. Hij moet zijn eigen manier vinden om dromenland te bereiken, anders zal hij jou nodig blijven hebben om midden in de nacht weer in slaap te kunnen vallen.

De meeste kinderen worden een of twee keer wakker per nacht. Je baby moet in staat zijn om zelfstandig weer in slaap te vallen op deze leeftijd. Als hij je om twee en drie uur 's nachts nog steeds roept, wacht dan een paar minuten voor je reageert… en nog een paar minuten… en nog een paar. Als je direct naar hem toe rent, breekt dat je eigen en zijn nachtrust en dat zal tot in zijn peuterjaren doorgaan als je er nu geen stokje voor steekt.

BELANGRIJK

Je baby vertrouwt erop dat jij komt als hij je nodig heeft. Het is aan jou om zijn *wensen* te scheiden van zijn *behoeften*. Hoewel je de neiging moet negeren om meteen uit bed te springen als je baby een kik geeft (omdat hij je graag wil zien), zal je moederinstinct je haarfijn aangeven wanneer het echt nodig is om te gaan. Als hij schreeuwt van pijn of angst (baby's kunnen vervelende dromen hebben), heeft hij je *nodig* en dan moet je hem natuurlijk troosten.

Slechte bedtijdrituelen

Nu weten we wat voor activiteiten je baby voorbereiden op een goede nachtrust. Welke activiteiten werken een goede nachtrust juist tegen?

- **Stoeien.** Kun jij de kieteldood sterven, over de vloer rollen, je echtgenoot achterna zitten en dan gaan slapen? Je baby ook niet.
- **Lawaaierigheid.** Je kind kan gevoelig zijn voor harde geluiden. Zet de disco wat zachter als het bedtijd is.
- **Tv als fopspeen.** Je baby tot rust laten komen met een video is een slecht idee. Hij leert niet te accepteren dat hij slaperig wordt en is helemaal niet bezig met naar bed gaan. Hij doet waarschijnlijk heel hard zijn best om wakker te blijven en tv te kijken. Hij zal de televisie nodig hebben om in slaap te kunnen vallen.
- **In slaap wiegen.** Ook hiervan leert hij niet hoe hij zelf in slaap kan vallen. Hij zal slapen niet zien als een vast onderdeel van de dag en zal ook midden in de nacht gewiegd willen worden.
- **Variërende slaaptijden.** Het kan erg lastig zijn voor werkende ouders om thuis te komen van een strakke kantoorroutine om thuis meteen weer in een strakke routine te vallen. Het is voor je baby echter het beste om een vast ritme te hebben. Hoewel jij hem het liefste nog wat langer beneden houdt, zodat jullie samen voor de televisie kunnen hangen, heeft hij behoefte aan een vast patroon dat elke avond rond dezelfde tijd plaatsvindt.

Een kind dat tot nu toe geen vast slaapritme heeft ontwikkeld, zal wat tijd nodig hebben om eraan te wennen. Dat is prima, zolang die routine er maar komt en je je eraan houdt. Hij heeft het nodig en jij ook. Hij moet jou niet nodig hebben om in slaap te vallen en jij moet hem midden in de nacht niet te hoeven troosten (of voeden). Hij is fysiek in staat zich aan een normaal slaappatroon te houden en jij hebt ondertussen ook wel weer recht op een goede nachtrust.

Hoofdstuk 17

De twaalfde maand: wie is deze dreumes?

In dit hoofdstuk

- De controle bij één jaar
- Begrip voor de angsten van je kind (of het gebrek eraan)
- Slimheid stimuleren
- Een opvoedstrategie ontwikkelen
- De eerste verjaardag – hoera!

Jij en je baby hebben het gehaald – aan het einde van deze maand wordt hij een jaar. Het afgelopen jaar is waanzinnig geweest. Twaalf maanden geleden wisten jullie niets van elkaar en nu weet je waarschijnlijk precies hoe dit kind in elkaar steekt. Na de eerste verjaardag verandert je baby officieel in een dreumes en je zult dit woord dan ook geregeld zien in dit hoofdstuk.

De laatste maand van het eerste jaar is heel spannend. Je hebt een enorme mijlpaal bereikt in het ouderschap. Helaas kunnen we niet zeggen dat het moeilijkste achter de rug is, je hebt de puberteit tenslotte nog te gaan. Laten we zeggen dat je kwam, zag, slaap tekort kwam en overwon als fantastische ouder van een geweldig kind. Vier deze prestatie tegelijk met de eerste verjaardag van je kind!

BELANGRIJK

Het kan een beetje verdrietig zijn om het einde van het eerste jaar (zo snel) te zien naderen, maar besef dat dat niet betekent dat hij je kindje niet meer is. Jouw moeder noemt je vast ook nog steeds haar kindje? Nu weet je waarom.

Op controle met je baby

De dagen dat je bijna elke maand met je kind op het consultatiebureau kwam, zijn voorbij. Na de controle van twaalf maanden hoef je niet meer zo vaak te komen.

In het tweede jaar hoef je nog maar twee keer langs te komen bij de arts en ga je hooguit nog een keertje extra als je kind ziek is. (Je zult ze nog missen!) Het wordt nu een sport om zo min mogelijk op het consultatiebureau te komen.

De controle in de twaalfde maand

Ook deze maand noteert de consultatiebureauarts of wijkverpleegkundige de groei en gewichtstoename van je kind op de groeicurve. In hoofdstuk 6 bespreken we het belang van groeicurven (je kunt groeicurven vinden op www.groeistichting.nl). Je arts let erop of je kind steeds op dezelfde stijgende lijn blijft zitten, of dat nu boven of onder het gemiddelde is. Maak je dus geen zorgen als je kind wat aan de kleine of grote kant is. Je moet je wel zorgen maken als je kind de ene keer ver boven het gemiddelde zit en een paar maanden later onder het gemiddelde. Zijn groei moet geleidelijk verlopen.

Tijdens de controle in de twaalfde maand kun je onderstaande vragen verwachten.

- Hoe slaapt je baby? Hoe lang slaapt hij? Slaapt hij 's nachts door? Hoe vaak slaapt hij overdag nog?
- Praat je baby? Hoeveel woordjes kan hij al zeggen?

Contact houden met de arts

Dat je nu niet meer zo vaak naar het consultatiebureau hoeft, betekent niet dat je arts niets meer van je wil horen. Als je baby eenmaal een jaar oud is, houden de vragen over zijn opvoeding niet op. Je kunt het consultatiebureau altijd bellen als je vragen hebt of je ergens zorgen over maakt. (Je baby krijgt vreselijke driftbuien en je wilt weten of dit normaal is? Bel je consultatiebureau en de verpleegkundige of arts zal je vraag beantwoorden.) Meestal is er ook een nummer voor noodgevallen dat je mag bellen als je kind plotseling hoge koorts krijgt of van grote hoogte is gevallen.

Veel ouders vinden het vaak moeilijk om het consultatiebureau te bellen met een vraag. Als het iets medisch is, moet je zeker bellen. Je kunt niet alles weten over elke ziekte en over hoe ernstig ze kunnen zijn. Stel jezelf gerust door een antwoord te krijgen op je vragen. Bel het noodnummer echter alleen in noodgevallen en niet als je een vraag wil stellen over het eetpatroon van je kind.

Als het gaat om gedragsaangelegenheden, moet je zelf een inschatting maken van de ernst van de situatie. Je hoeft de arts niet te bellen als je baby zijn gezichtje wegstopt in zijn favoriete dekentje. Dat is hooguit lief en vooral niet ernstig. Als je baby echter met zijn hoofdje tegen de zijkant van zijn bedje bonkt om in slaap te vallen, is het een goed idee dat eens met je arts te bespreken.

- Kan je baby iets aanwijzen wat hij wil hebben?
- Wat eet je baby en hoeveel?
- Kan je baby staan, zich van meubelstuk naar meubelstuk verplaatsen of lopen?
- Hoeveel tanden heeft hij?
- Is je baby sociaal? Maakt hij oogcontact, lijkt hij te luisteren als je tegen hem praat en speelt hij met je?
- Lijkt hij normaal te kunnen zien en horen?
- Kan hij blokken op elkaar stapelen en speeltjes in werking stellen? (Dit is een ontwikkeling in zijn fijne motorische vaardigheden.)

De arts zal enkele van bovenstaande aspecten ook zelf onderzoeken. Je kind zal met blokken moeten spelen en laten zien hoe hij contact maakt met degene die met hem speelt. Misschien wil de arts wel even zien hoe hij staat of loopt.

De arts zal ook willen weten of jij nog brandende vragen hebt. Je komt pas weer terug als je baby veertien maanden is, wees dus niet verlegen en vraag hem of haar het hemd van het lijf.

Mijlpalen deze maand

Tijdens de twaalfde maand lijkt je baby elke dag nieuwe dingen te leren – er komt maar geen einde aan wat hij allemaal kan! Hieronder volgt een overzicht van wat je aan het einde van deze maand kunt verwachten.

- Hij kan goed zitten en zich aan objecten optrekken.
- Je baby kan waarschijnlijk zelf staan.
- Hij kan waarschijnlijk ook lopen, aan je hand of zelf. Veel baby's kunnen niet zelf lopen tot ze dertien of veertien maanden zijn; raak dus niet in paniek als je baby nog niet door het huis rent.
- Je baby probeert een lepel te gebruiken en uit een beker te drinken.
- Hij probeert je te helpen bij het aankleden door bijvoorbeeld zijn voet uit te steken voor een sok.

PAS OP!

- Hij kan behoorlijk goed klimmen, wat betekent dat je je huis extra moet beveiligen (zie hoofdstuk 20). Je moet hem ook voortdurend in de gaten houden.
- Hij kan waarschijnlijk blokken of bekers op elkaar stapelen.

- Je kind kan waarschijnlijk een bal terugrollen.
- Je baby praat en gebruikt waarschijnlijk minstens twee woorden waarvan hij de betekenis begrijpt. Hij heeft misschien een eigen taaltje ontwikkeld, waarin hij de intonatie imiteert van de volwassenen om hem heen. Hij zegt waarschijnlijk weinig wat je kunt verstaan.
- Hij wijst waarschijnlijk naar dingen die hij wil of laat je op een andere manier weten wat hij wil zonder te huilen.
- Je kind kan eenvoudige aanwijzingen opvolgen, zoals 'Kom hier' of 'Leg dat eens neer'.
- Hij laat graag zien dat hij iemand lief vindt.
- Hij is nog steeds te jong om met andere kinderen te spelen, maar speelt naast hen.
- Je baby herkent zichzelf in een spiegel en vindt het waarschijnlijk erg leuk om naar zichzelf te kijken.

Markante mijlpalen

Toe maar: kijk maar terug op het afgelopen jaar en jubel over wat je baby allemaal heeft bereikt. In het afgelopen jaar is je baby ongeveer 25 cm gegroeid en 7 kilo aangekomen. Hij heeft geleerd zich voort te bewegen, is onafhankelijk geworden en kan met anderen communiceren. Deze prestaties zijn gerust verbazingwekkend te noemen.

Niet alle kinderen bereiken deze mijlpalen op hetzelfde moment. Sommige mijlpalen, zoals spraak, worden door elk kind op een ander moment bereikt. Sommige kinderen beginnen kort na hun eerste verjaardag te kletsen, terwijl andere kinderen pas fatsoenlijk gaan praten als ze twee of drie zijn. Je arts zal het belangrijker vinden dat je kind bezig is om een bepaalde mijlpaal te bereiken dan dat hij die mijlpaal op een bepaalde datum bereikt.

Als je arts zich ook zorgen maakt over de ontwikkeling van je kind, onthoud dan dat een vroege tussenkomst een ontwikkelingsachterstand in de kiem kan smoren.

De veiligheid van je baby

Bij de komst van de dreumesperiode hoort ook een nieuwe uitdaging voor de ouders. Je kind leert steeds meer over de wereld van alledag en die kennis kan soms tot angsten leiden. Denk aan de positie van je kind:

hij wordt omgeven door allemaal dingen waarvan hij zich nu bewust begint te worden en waarnaar hij erg benieuwd is... maar waarvan hij eigenlijk niets begrijpt.

Anderzijds zijn er ook kinderen die helemaal geen last hebben van angsten. Zij worden niet bang van de dingen die anderen de stuipen op het lijf jagen (een blaffende hond, een claxon) en hun ouders maken zich ernstige zorgen over in welke nesten hun kind zich zal werken.

Nieuwe angsten

Waar gaat het water naartoe als je de stop uit het bad trekt? En waarom zou je baby *niet* meegezogen kunnen worden in de afvoer? Voor een kind is dat een angstaanjagende gedachte. Als je erover nadenkt, is het ook beangstigend – als volwassene weet je alleen dat sommige dingen gewoon niet kunnen gebeuren, zeer waarschijnlijk niet zullen gebeuren of gewoon zo oncontroleerbaar zijn dat het geen zin heeft erover na te denken. Je baby heeft deze levenservaring niet en kan zichzelf ook niet ernstig toespreken om deze angsten de kop in te drukken.

Nieuwe angsten horen bij de ontwikkeling van je kind en komen veel voor in de dreumes- en peuterjaren. Soms kun je een gebeurtenis aanwijzen die je kind heel bang heeft gemaakt – een luid blaffende hond naast hem of kopje onder in bad – en soms lijkt de angst uit het niets te komen. Hoewel jouw kind misschien maar één angst heeft, zijn er veel kinderen die behoorlijk angstig zijn aangelegd. Dat kan komen omdat ze nu eenmaal zo zijn of omdat ze een ouder hebben die ook bangig is en van wie ze die angst aanvoelen en overnemen.

Soms kun je niet voorspellen waarvan je kind enorm zal schrikken, maar er zijn een paar heel gebruikelijke angsten:

- harde geluiden
- dieren
- water
- duisternis
- verlatingsangst

Deze laatste twee gaan vaak hand in hand: je baby moet gaan slapen in een donkere kamer zonder zijn ouders. Het daaruit voortkomende drama kan door merg en been gaan.

Perioden van grote verandering of spanning in het leven van je kind (een verhuizing, een nieuwe baby in het gezin, een nieuwe oppas of een ander kinderdagverblijf) kunnen resulteren in nieuwe angsten of het verergeren van een al bestaande angst.

Hoe kun je je kind helpen omgaan met deze angsten?

- **Erken de angst en bagatelliseer deze niet.** Laat je kind de hond van de buren niet aaien als hij helemaal in paniek is. Of de angst nu terecht is of niet, de gevoelens van je kind zijn heel oprecht. Als je hem dwingt iets te doen wat hem beangstigt, zal hij in de war raken. (Hij denkt dat je van hem houdt, waarom doe je dit dan?)
- **Stimuleer de angst niet.** Oké, hij hoeft de hond van de buren niet te aaien. Praat echter niet de rest van de dag over de 'stoute hond'. Reageer op het moment zelf en laat het onderwerp dan rusten. Als je urenlang aandacht blijft besteden aan de angst, wakker je deze alleen maar aan.
- **Probeer hem niet voor alles te beschermen.** Om van zijn angsten af te komen, zal je kind langzaamaan aan ze moeten wennen om te leren dat de objecten of situaties eigenlijk veilig zijn. Dat kan moeilijk zijn, vooral als je kind (bijna) overal bang voor is. Blijf bij hem en steun hem als je ziet dat hij bang is, maar scherm hem niet af.
- **Zoek naar logische oplossingen.** Als je kind bang is in het donker, koop dan een nachtlampje. Als de hond van de buren *echt* vervelend is, houd je kind dan bij hem weg. Als je kind bang is voor het bad, houd dan zijn hand vast als hij erin zit en zorg ervoor dat het water niet over zijn gezicht loopt als je zijn haren wast. Een kleine aanpassing kan een wereld van verschil betekenen en hem helpen de angst uiteindelijk te overwinnen.

Kinderen ontwikkelen vaak angsten voor dingen waarvoor ze eerder nooit bang waren. Je hummel kan plotseling gaan schreeuwen als je echtgenoot de grasmaaier aanzet, terwijl hij een maand geleden helemaal niet bang was voor dat geluid. Dit is heel normaal voor kinderen van deze leeftijd.

De meeste kinderen groeien over deze angsten heen, al kunnen sommige kinderen jarenlang aan bepaalde angsten vasthouden. Angsten zijn niet iets waar je je echt zorgen over hoeft te maken, tenzij de angsten echte fobieën worden. Een fobie houdt in dat je kind helemaal verstijfd is van angst en zich lichamelijk of sociaal niet volgens een normaal patroon kan ontwikkelen door zijn angsten. Dit gebeurt echter eerder bij oudere kinderen dan bij een baby van een jaar. Als je je echter zorgen maakt over de vormen die de angsten van je kind aannemen, neem dan contact op met je arts.

Je onbezorgde kleine wandelaar

Ouders van ondernemende dreumesen die schijnbaar zonder angstchromosoom zijn geboren, staan vaak zelf te trillen op hun benen. Hoe is het mogelijk dat een kind elke dag weer in zoveel gevaarlijke situaties terecht kan komen?

Enge dokter

Als je kind in de wachtkamer van arts al begint te schreeuwen van angst, vraag je je misschien af hoe de arts je kind ooit kan onderzoeken, behandelen of vaccineren. Op deze leeftijd zijn kinderen vaak doodsbang voor de arts of verpleegkundige. Als coauteur dr. James Gaylord een angstig kind in de wachtkamer ziet, laat hij het kind altijd bij de ouders op schoot zitten tijdens het onderzoek of de behandeling. Wees niet bang om jouw arts te vragen hetzelfde te doen. Niemand wil immers dat zijn kind bang is voor de dokter.

Dit is gewoon zoals hij is. Je kind is nieuwsgierig. Hij is actief. Hij ziet geen reden om *niet* op onderzoek uit te gaan en schuwt daarbij niet om de televisie te beklimmen of op de toiletbril te gaan staan. Dat is gewoon leuk, vindt hij, en jullie zijn echt overbezorgd, papa en mama.

Natuurlijk ben je niet echt overbezorgd. Het doel van elke ouder is om zijn kinderen veilig te houden. Ouders van angstloze kinderen hebben eenvoudigweg een zwaardere taak dan die van wat rustigere kinderen.

TIP

Hieronder volgen enkele tips om de veiligheid van je kind te bewaken.

- **Maak de dingen zo gemakkelijk mogelijk voor jezelf.** Je hebt gezien waartoe hij in staat is. Hij zal echt niet ophouden met de wereld ontdekken omdat dat jou beter uitkomt. Houd de wc- en badkamerdeuren dicht. Beperk de ruimten waarin hij mag komen, zodat hij niet in de problemen kan komen.

- **Wees creatief.** Word een kind. Verzin de gevaarlijkste dingen die hij in elke kamer zou kunnen doen en voorkom deze situaties. Verwijder objecten of herschik ze zodat hij er niet bij kan of er zich niet aan kan bezeren. Dit gaat nog een stap verder dan het huis beveiligen. Je zult misschien vloerkleden, stoelen en krukken moeten weghalen en ruimten moeten afschermen waar hij niet mag komen (zoals die waar je stereo staat). Jouw mantra moet zijn: alles wat ik kan doen om het huis veilig te maken.

- **Zeg 'nee'.** Als hij op de bank springt en langs de rand kruipt, laat hem dan ophouden. Sta hem niet toe te gaan staan in zijn kinderstoel.

- **Vertrouw hem niet.** Hij is nog zo jong en toch al zo actief en hij zal *zo* niet luisteren naar jouw aanwijzingen om uit de droger te blijven. Je zult hem nog steeds elke minuut van de dag in de gaten moeten houden.

TIP

Creëer een veilige plek waar je kind actief kan zijn. Gebruik bijvoorbeeld matrassen of kussens waarop je kind kan springen en zorg voor iets waarop hij veilig kan klimmen.

Als je een kind zonder angsten bij een oppas laat, of dat nu een familielid of een meisje uit de buurt is, zorg er dan voor dat deze persoon weet dat je kind erg actief is. Het is misschien een beter idee om de oppas een paar dagen eerder uit te nodigen, zodat hij of zij kan zien *hoe* actief je kind is. Sommige mensen hebben helemaal geen ervaring met dit soort kinderen en je wilt er zeker van zijn dat je baby in veilige handen is.

Tot slot: wen eraan. Hij wordt in de loop van het tweede jaar waarschijnlijk alleen maar energieker. Pas daarna zal hij waarschijnlijk wat rustiger worden. Als dat niet het geval is, wordt hij vast een uitstekende turner of trapezekunstenaar.

Lang zal je leven, baby: het verjaardagsfeest

Het zal niet meevallen om de eerste verjaardag van je kind bescheiden te houden – vooral als je wel van een feestje houdt. Kinderfeestjes zijn heel anders dan een paar generaties geleden: cateraars en dure entertainers zijn momenteel helemaal in, dus waarom zou je de eerste verjaardag van je kind bescheiden vieren?

Omdat het een feestje voor je kind is en hij ervan moet kunnen genieten. Vraag jezelf af hoe je ervoor zorgt dat jek ind de dag echt leuk vindt en werk daar naartoe. De kans is groot dat hij echt niet zit te wachten op de grappigste clown van de stad (integendeel), maar dat hij wel kan genieten van de taart en wat vriendjes, neefjes en nichtjes en opa en oma.

Het kan moeilijk zijn om je in te moeten houden voor die eerste verjaardag, maar er zullen nog genoeg verjaardagen volgen. Als hij wat groter is, zal hij ook beter kunnen begrijpen wat er aan de hand is. Je kunt het feestje maar beter kleinschalig houden en de echt spannende dingen voor later bewaren.

Let op onderstaande zaken om het feestje leuk te maken voor je kind:

- **Andere kinderen.** Nodig de jongste familieleden uit en eventueel een vriendje of vriendinnetje uit de buurt of van het kinderdagverblijf.
- **Omvang.** Sommige mensen adviseren slechts een handvol mensen uit te nodigen voor de eerste verjaardag van je kind. Als je echter een grote familie hebt, zal hij ondertussen gewend zijn aan veel mensen om zich heen (en ze zouden dit ook voor geen goud willen missen). Nodig niet te veel vreemden uit en nodig niet veel gasten uit als hij daaraan niet gewend is.
- **Snacks.** Je wilt je gasten geen stukjes banaan voeren, maar zorg voor wat lekkere hapjes voor je kind en de andere kinderen.

- **Activiteiten voor de kinderen.** Plan wat eenvoudige spelletjes voor je jonge gasten (met bijbehorende prijzen), maar dwing ze tot niets. Als het weer het toelaat, kun je met de kinderen buiten gaan spelen.
- **Timing.** Plan geen lang feest en organiseer het feestje voor of na het middagslaapje van je kind. Hij zal het niet leuk vinden om allerlei gasten te ontvangen als hij eigenlijk toe is aan zijn gebruikelijke dutje.
- **De taart.** Geef je kind een eigen taartje of een stukje van de grote taart, dat hij zelf mag opeten. Succes verzekerd!

TIP

Laat je kind zijn cadeautjes openmaken voor de gasten als hij daar zin in heeft. Als hij het te druk heeft met rondrennen, dwing hem dan niet. Je kunt ze later openmaken en een lijstje bijhouden van de schenkers. Later kun je de mensen dan (namens je kind) bedanken.

Speelgoed kiezen voor je kind

Nu je wat babyspullen kunt gaan opruimen, wordt het tijd voor interessante, onderhoudende en educatieve speeltjes voor in het tweede jaar.

TIP

Je wilt er zeker van zijn dat je baby speelgoed heeft dat veilig is en zijn ontwikkeling stimuleert.

- **Muzikaal speelgoed.** Hoe meer lawaai het maakt, hoe beter. Alles wat je maar kunt vinden: trommels, een babypiano, ratels.
- **Blokkenstoof.** Kinderen van deze leeftijd zijn er gek op om dingen ergens in te stoppen of uit te halen. Niet alleen zal je baby alle vormen in de doos stoppen, maar als hij eenmaal doorheeft waar alle vormen in moeten, zullen ook zijn fijne motorische vaardigheden verder ontwikkeld zijn. Hij zal zelf opruimen! Speelgoed oprapen en in de speelgoedkist gooien kan ook een leuke bezigheid zijn.
- **Stapelbekers of blokken.** Dreumesen vinden het heerlijk om dingen op elkaar te stapelen en weer neer te halen. Ze vinden het ook leuk om dingen in elkaar te zetten en weer uit elkaar te halen – daarom zijn stapelbekers een goed idee.
- **Duwkarren.** Dit grote, stevige speelgoed helpt je baby steviger op zijn benen te staan.
- **Trekbeesten.** Als je baby goed gaat lopen, zal hij het leuk vinden om een beest achter zich aan te trekken.
- **Puzzels.** In de loop van het volgende jaar worden zijn motorische en cognitieve vaardigheden steeds beter. Puzzels met een paar grote stukken zijn heel spannend om te maken.

- **Activiteitentafel.** Een tafel vol spannende dingen: lichten, geluiden, muziek en knoppen.
- **Badspeelgoed.** Je kind kan wel wat gezelschap gebruiken in bad. Er zijn beesten voor in bad en dingen die hij tegen de bandrand aan kan plakken. Bootjes en speeltjes waarmee hij water kan schieten doen het ook altijd goed.
- **Krijt en tekenbord.** Voor een kind dat van tekenen houdt, is een schoolbord met krijtjes het einde. Hij kan steeds opnieuw een prachtige tekening maken.
- **Boeken.** Blijf zoeken naar boeken met kleurrijke plaatjes en stevige bladzijden. Vermijd boeken met te veel woorden of te lange verhalen. Pop-upboeken met flappen zijn een grote hit voor kinderen van deze leeftijd.
- **Speelgoed met knoppen en hendels.** Als je erop slaat, eraan draait of trekt of erop duwt, springt een poppetje tevoorschijn.
- **Muziek.** Je weet welke muziek je kind leuk vindt. Koop een cd voor hem, die je in zijn kamer kunt draaien.
- **Speelhuizen.** Kleine kinderen zijn gek op speelhuisjes. Zet er een neer als je de ruimte hebt. Een tent is ook leuk.
- **Keukenspullen.** Speelgoedkeukentjes zijn de grote favoriet bij dreumesen en peuters omdat ze uitnodigen tot allerlei inlevingsspelletjes.
- **Autospeeltjes.** Merk je dat je kind zich verveelt in de auto? Denk dan eens aan een speelgoedstuur, inclusief claxon.

BELANGRIJK

Misschien heeft je kind al een of twee favoriete tv-programma's, maar geef hem op zijn verjaardag niet allerlei video's cadeau. Dreumesen moeten het grootste deel van de dag bezig zijn met ontdekken en leren door te doen; dat gebeurt niet als ze voor de televisie zitten.

Natuurlijk zijn dit maar suggesties. Jij kent je kind het beste en weet wat hij graag doet. Koop wel speelgoed dat geschikt is voor zijn leeftijd en niveau. Je wilt misschien niets liever dan een echte gitaar kopen, maar hij zal er nu echt nog niet veel mee kunnen doen.

TIP

Wees niet verbaasd als je baby meer interesse heeft voor potten en pannen dan echt speelgoed. Ze glanzen, ze maken lawaai en je kind kan er heel veel dingen in stoppen.

Veiligheid

Je kind moet altijd spelen met speelgoed dat op dat moment geschikt is voor hem. Lees de informatie op de verpakking voor je iets koopt. Op de meeste verpakkingen staat een leeftijd. Koop geen speelgoed dat bedoeld is voor oudere kinderen. Geef hem dus geen speelgoed voor een zesjarige, ook als hij het machtig interessant vindt.

Verstikking is het grootste gevaar bij speelgoed voor kleine kinderen. Speelgoed voor oudere kinderen kan kleine onderdelen bevatten die kunnen afbreken en een bedreiging kunnen vormen voor je baby's luchtwegen: wieltjes, oogjes, knopen, stukken rubber of schuimplastic. Deze materialen kunnen allemaal aanwezig zijn in speelgoed voor oudere kinderen en zijn gevaarlijk voor een eenjarige.

Speelgoed voor jongens en meisjes

Het meeste speelgoed voor kinderen van deze leeftijd is zowel voor meisjes als voor jongens. Pas als kinderen wat ouder worden, gaat de sekse een rol spelen. Als je heel erg je best hebt gedaan om speelgoed te kopen dat neutraal is, kun je wel eens verrast zijn als je tweejarige dochter niets anders wil dan roze speelgoed, en je zoon zijn zinnen heeft gezet op een speelgoedpistool.

Hoewel kinderen van beide seksen erg veel op elkaar kunnen lijken op deze leeftijd, stromen er totaal verschillende hormonen door hun lichaam. Deze krachtige chemicaliën zijn deels verantwoordelijk voor de zorg van je kleine meid voor haar knuffelbeesten en voor het gooien met knuffelbeesten van je zoon.

Het is prima om je zoon een speelgoedkeuken te geven voor zijn verjaardag en je dochter een vrachtauto. Waarschijnlijk vinden ze de cadeaus erg leuk – tot er vriendjes over de vloer komen en reclames hun wereldbeeld gaan beïnvloeden. Sommige kinderen zijn in staat om zich van deze boodschappen niets aan te trekken, andere kinderen spelen heel graag met het stereotype speelgoed voor hun geslacht en zijn niet geïnteresseerd in speelgoed dat bedoeld is voor de andere sekse.

Meedoen

Moet je accepteren dat je kind stereotype gedrag vertoont dat past bij zijn geslacht (je zoontje is enorm actief en je dochter speelt lief in een hoekje van de kamer)? Natuurlijk. Als het maar redelijk blijft. Je hoeft je kind niet tot een ander karakter te dwingen, maar je mag hem wel leren wat passend is en wat niet. Ja, jongens zijn wat wilder, maar als je zoon voortdurend kleine kinderen slaat, moet je hem leren dat dat echt niet kan. (Natuurlijke instincten zijn één ding, onacceptabel gedrag is heel wat anders.) Als je kleine meisje voortdurend alles van zich af laat pakken, mag je haar gerust leren dat ze wat meer van zich af moet bijten.

TIP

Als je speelgoed koopt, houd dan enkele dingen in gedachten:

- **Respecteer de speelgoedkeuze van je kind.** Dring je kind geen speelgoed op dat hij niet leuk vindt. Als je zoon niet geïnteresseerd is in poppenhuizen, zul je hem niet overtuigen door er een in zijn kamer te zetten.
- **Je kind kan een zorgzaam, vriendelijk en rechtvaardig mens worden, ook als hij geen speelgoed accepteert dat bedoeld is voor de andere sekse.**
- **Jouw mening en wereldbeeld zullen veel meer gewicht in de schaal leggen bij de ontwikkeling van je kind dan een stuk speelgoed.** Als je je dochter voortdurend vertelt dat ze sterk en slim is, zal ze zichzelf ook zo zien.

Hoogbegaafd en getalenteerd?

In de huidige maatschappij bestaat de neiging onze kinderen uit te willen tillen boven de middelmaat. Als ons kind geen bijzondere talenten vertoont, geven we hem wel cadeaus die deze talenten cultiveren. Er is natuurlijk niets mis met het motiveren van waar je kind goed in is – talenten moeten worden gevoed en gestimuleerd. Het is echter een feit dat *elk* kind talenten en vermogens bezit. Of een kind nu hoogbegaafd of getalenteerd is of niet, hij moet altijd de kans krijgen om zijn eigen vermogens te ontdekken.

BELANGRIJK

Als je kind geen belangstelling toont voor boeken en taal, kan hij een fantastisch atleet zijn of een getalenteerd musicus. Elk kind moet gesteund en aangemoedigd worden, wat zijn sterke kanten ook zijn. Zolang je de interesses en vermogens van je kind erkent, zal hij zich in de loop van de tijd ontwikkelen tot een vaardig mens.

Je kunt je kind stimuleren, maar moet wel onthouden dat hij nog maar klein is. Hij heeft vooral zorg nodig. Volg zijn niveau en probeer hem niet te dwingen tot dingen die nog te moeilijk zijn voor hem. Hij laat je weten waar hij klaar voor is. Hieronder volgen tips voor het stimuleren van je kind zonder het te forceren.

- **Geef je kind speelgoed dat bij zijn niveau past.** Als hij een eenvoudige puzzel snel kan maken, kun je er een kopen die wat moeilijker is. Wees daar echter voorzichtig mee en maak speeltijd niet zo moeilijk of serieus dat hij vervelende associaties krijgt bij zijn speelgoed. Let ook goed op gevaarlijke onderdelen bij speelgoed voor oudere kinderen.
- **Bied hem zo veel mogelijk kansen om iets van de wereld te zien.** Je hoeft niet meteen op een vliegtuig naar Afrika te springen, maar je kunt hem meenemen naar verschillende plekken en hem de tijd gunnen die te onderzoeken. Neem hem mee naar de

Is je kind hoogbegaafd?

'Hoogbegaafd' is zo'n beladen woord – sommige kinderen worden gezien als uiterst getalenteerd, terwijl andere worden gekenmerkt als 'normaal'. Als we het woord 'hoogbegaafd' horen, denken we aan een briljant kind dat slimmer is dan wijzelf, dat wij waarschijnlijk nooit zullen begrijpen en dat later in zijn leven de wereld voor altijd zal veranderen. Er zijn tekenen die erop kunnen wijzen dat je zo'n uiterst slim kind hebt.

- **De neiging om mijlpalen eerder en met groot gemak te bereiken.** Dit kind kon zich niet alleen met zes maanden al optrekken, hij liep ook al met negen maanden. Nu rent hij. Zijn motorische vaardigheden (fijne en grove) zijn vergevorderd.
- **Het vermogen om overeenkomsten en verschillen in zijn wereld op te merken.** Hij ziet een man met bruine krullen in het park en roept 'papa' omdat zijn vader dezelfde haren heeft. Als jij plotseling geen bril meer draagt, zal je hummel je iets komen brengen om op je neus te zetten (misschien je zonnebril).
- **Hij heeft een goed gevoel voor humor omdat hij dingen die anders zijn als grappig beschouwt.** Hij kan echter ook heel serieus zijn omdat hij altijd maar bezig is om iedereen en alles te observeren.
- **Hij let echt op dingen.** Hij houdt van boeken en voorlezen en hij 'zingt' mee met zijn favoriete liedjes.
- **Hij begrijpt heel veel voor zijn leeftijd.** Op deze leeftijd kan hij het concept 'boven' en 'beneden' begrijpen of 'in' en 'uit' en 'aan' en 'uit'. Hij toont ook begrip voor taal. Hij begrijpt niet alleen wat je tegen hem zegt, maar hij begrijpt ook mensen die niet op zijn niveau praten.
- **Hij ziet geen uitdaging meer in het speelgoed voor kinderen van zijn leeftijd en heeft meer stimulans nodig.** Als eenjarige kan hij bijvoorbeeld met het grootste gemak een puzzel maken die bedoeld is voor een kind van anderhalf.

In de loop van het tweede jaar kan je kind op deze voet verder gaan. Misschien is hij een kind dat een verhaal kan onthouden als hij het één keer gehoord heeft, het alfabet kan opzeggen als hij twee is of tot honderd kan tellen als hij tweeënhalf is. Kinderen die dit kunnen, lezen en schrijven vaak ook eerder dan hun leeftijdgenoten en leren dit zelf.

dierentuin, het park, een kindermuseum, een concert of voorstelling – plekken waar hij iets nieuws kan ontdekken.

- **Praat tegen hem.** Dit geeft hem de kans om zijn woordenschat uit te breiden en je kunt er donder op zeggen dat dat gebeurt.
- **Stimuleer dat wat hem interesseert.** Lezen. Muziek. Puzzels. Je kunt je kind met van alles in aanraking brengen, maar richt je op zijn interessegebieden. Als je duidelijk merkt dat hij belangstelling heeft voor constructiematerialen (hij kan echt *bouwen* met zijn blokken in plaats van ze te stapelen), laat hem dan daarmee spelen. Zie hem echter niet meteen als de nieuwe Rem Koolhaas.

Hij heeft misschien nog *andere* fantastische talenten. Probeer deze te ontdekken terwijl je zijn belangstelling voor blokken *blijft* stimuleren.

Een aardig kind

De peuterjaren komen eraan en die gaan gepaard met een grotere zelfstandigheid en assertiviteit van je kind. Dat is goed, omdat hij daarmee laat zien dat hij eigen meningen en ideeën ontwikkelt, al kan hij jou knettergek maken met het voortdurend uiten van die meningen en ideeën.

Dit is het moment dat je taak als verzorger wordt uitgebreid met de taak van ordehandhaver. Die verandering van functie kan moeilijk zijn voor jou en je kind. Je zult wat moeten experimenteren om erachter te komen hoe je ongewenst gedrag kunt stoppen en prettig gedrag kunt stimuleren. Je zult er uiteindelijk je voordeel bij doen.

Als je je kind leert gehoorzamen, doe je dat niet alleen om hem te leren wat de grenzen en regels zijn in huis, maar ook om hem te leren later in zijn leven de juiste beslissingen te nemen.

Gedragsregels aanleren

De gemiddelde eenjarige begrijpt weinig van 'goed' en 'slecht' gedrag. Hij weet alleen wat goed voelt, wat leuk is en wat niet zo leuk is. Als je dochter dus voor de derde keer haar eten op de grond gooit, doet ze dat waarschijnlijk omdat het leuk is, in elk geval wat haar betreft. Zij staat er niet bij stil dat jij de rotzooi moet opruimen en ook niet dat jij veel tijd en energie hebt gestoken in het klaarmaken van de maaltijd (die de hond nu aan het opeten is).

Natuurlijk heb je bepaalde verwachtingen van zijn gedrag, maar redeneer vanuit de optiek van je kind. Baby's zijn baby's en dreumesen zijn gewoon oudere baby's. Het is oneerlijk en onrealistisch om strenge gedragsregels toe te passen die eigenlijk bedoeld zijn voor oudere kinderen. Dat betekent echter niet dat je kind maar ongeremd door het huis en dat van zijn vriendjes kan rennen.

Houd in gedachten dat het veel makkelijker is om hem nu te leren wat je verwachtingen zijn dan wanneer hij twee is en vooral veel 'nee' zegt (een normale fase in het leven van je kind waarin hij ontdekt dat hij een sterke eigen mening heeft die doorgaans strookt met die van zijn ouders).

Elke ouder heeft zijn eigen stijl, maar je moet proberen een middenweg te vinden tussen te laks en te streng zijn. Grenzen zijn heel prettig voor jonge kinderen die geconfronteerd worden met een grote wereld vol mogelijkheden. Als niet af en toe iemand ze een halt toeroept, kan er van alles gebeuren en dat is een enge gedachte voor een kind. Het klinkt cliché, maar het is wel waar: kinderen moeten hun grenzen weten, vooral als ze in de buurt van hun peuterjaren komen.

Als je geen gedragsregels hebt in huis, is de kans groot dat je kind later sociale problemen krijgt. Op school en bij vriendjes thuis zal hij plotseling geconfronteerd worden met regels voor aanvaardbaar gedrag waarvan hij nooit eerder heeft gehoord.

Een heel strak regime kan een klein kind echter ook heel bang maken. Hij kan veranderen in een timide en bang kind dat de wereld niet durft te ontdekken zoals dat zou moeten.

Onderstaande tips hebben hun nut bewezen bij het aanleren van gedragsregels:

- **Kies je standpunt zorgvuldig.** Kies welk gedrag jij belangrijk vindt en laat andere nog even zitten. Hij mag niet op de muur tekenen. Dat is een belangrijke regel die nu moet worden ingevoerd. Als je kind zich niet aan deze regel houdt, moet je strenger optreden dan wanneer hij iets doet dat jij minder belangrijk vindt (een rommeltje maken van zijn blokken).

- **Smoor bepaald gedrag zo snel mogelijk in de kiem.** Als je ziet dat je kind naar de muur loopt met een krijtje in zijn hand, houd hem dan tegen voor hij ontdekt dat hij een getalenteerd muurtekenaar is. Leid hem af van de activiteit en voorkom zo dat die ooit een probleem wordt.

- **Houd je aan je regels en geef er navolging aan.** Laat hem niet de ene dag op de muur tekenen en de andere niet. Je zult steeds hetzelfde moeten reageren op bepaald gedrag, net zoals toen je baby zijn eten op de grond bleef gooien. Wisselende reacties brengen je kind alleen maar in verwarring.

- **Straf hem op gepaste wijze.** Als hij voor het eerst op de muur tekent, pak dan het krijtje af, zeg duidelijk 'nee' en geef hem een doekje zodat hij kan helpen de muur schoon te maken. Als hij dit de afgelopen weken al herhaaldelijk heeft gedaan, moet je reactie strenger zijn. Je pakt de krijtjes af en zet je kind bijvoorbeeld even op de gang of trap. Op deze leeftijd laat je hem daar een minuut zitten, zonder te verwachten dat hij uit zichzelf zal blijven zitten. Je kind zal waarschijnlijk fel reageren op deze straf en daar gaat het nou net om. Je leert hem nu dat negatief gedrag negatieve gevolgen heeft. In dit geval kan hij een minuut lang niet gaan en staan waar hij wil (iets wat op deze leeftijd *heel* belangrijk is). Na een minuut op de gang of trap kan hij helpen met het schoonmaken van de muur.

De hersenen van je kind werken heel anders dan die van jou. Het zal even tijd kosten voor hij doorheeft dat jouw boodschap betekent dat bepaald gedraag onaanvaardbaar is. Hij doet datgene wat hij niet mag misschien nog wel tien keer, maar zolang jij consequent bent in je reacties en dezelfde straf blijft opleggen, zal hij uiteindelijk begrijpen wat goed is en wat slecht.

Bied je kind alternatieven voor verboden gedrag. Oké, hij mag niet op de muur tekenen, maar hij mag wel op papier tekenen. Vertel hem niet alleen wat niet mag, maar laat hem ook zien hoe het wel kan.

Let op onderstaande dingen als je je kind gedragsregels aanleert.

- **Vertel je kind niet dat hij slecht is.** Hij is nog veel te jong om het verschil tussen een engeltje en een bengeltje te begrijpen.
- **Schreeuw niet.** Ook daar is hij echt te jong voor. Als een ouder echt schreeuwt tegen een kind van deze leeftijd, zal het kind bang worden. Hij zal gaan huilen en uiteindelijk zit jij hem te troosten, wetend dat jij je geduld even was verloren. De les die hij had moeten leren over zijn gedrag is niet overgekomen. Stemverheffing moet je alleen gebruiken voor heel gevaarlijke situaties.
- **Maak niet overal een probleem van.** Je probeert je kind enkele belangrijke lessen te leren over acceptabel gedrag in huis en de maatschappij in het algemeen. Leg niet op alle slakken zout door je kind voortdurend te corrigeren. Laat sommige dingen voorlopig nog passeren.
- **Sla je kind niet.** Van een pak slaag leert je kind niets positiefs. Gebruik deze methode dan ook niet om je kind goed gedrag bij te brengen. Je geeft hem dan niet echt het goede voorbeeld. (Lees de paragraaf 'Slaan of niet slaan, dat is de vraag' in dit hoofdstuk voor meer informatie.)

Uiteindelijk zul jij moeten bepalen welk gedrag aanvaardbaar is en welk niet. Onthoud wel dat kinderen van nature nieuwsgierig zijn en dat ze vooral richtlijnen nodig hebben. Je baby is niet geboren met een radar voor wat goed is en wat slecht. Straf (in de vorm van een time-out op de trap of gang) moet alleen worden toegepast in de belangrijkste gevallen, zodat het effect ervan niet verloren gaat.

Driftbuien aanpakken

Een eenjarige die zich op de grond laat vallen en schreeuwt omdat hij het niet eens is met iets in zijn jonge leventje, loopt ongeveer een jaar voor op schema. Jij dacht dat je nog een jaar te gaan had voor dit afschuwelijke gedrag zijn intrede zou doen en nu vraag je je angstig af wat je over een jaar dan wel niet te wachten staat.

Hieronder volgen enkele van de belangrijkste redenen waarom sommige kinderen in een emotionele draaikolk terechtkomen.

Temperament: hoogsensitiviteit en driftbuien

Kinderen die last hebben gehad van koliek krijgen als peuter eerder driftbuien. Onderzoek wijst uit dat deze kinderen waarschijnlijk hoogsensitief zijn voor de wereld om hen heen. Dingen waar andere kinderen van deze leeftijd geen last hebben (kriebeltruien of sterk ruikend eten), kan een kind met gevoelige zintuigen op hol jagen. In hoofdstuk 8 vind je meer over dit onderwerp.

Voor je dit kind het etiket 'moeilijk' of 'ongelukkig' opplakt, moet je je realiseren dat sensitiviteit deel van hem uitmaakt; dit is wie hij is. Hij kan zijn hoogsensitiviteit net zo min veranderen als jij en op dit moment is hij nog te jong om zijn reactie op bepaalde dingen te kunnen indammen.

Je kunt je kind heel erg helpen door sommige situaties wat uit de weg te gaan. Let erop dat zijn kleren lekker zitten, dat zijn favoriete deken in zijn bed ligt als hij moet gaan slapen en dat zijn routines niet al te veel door elkaar worden geschud. Elke eenjarige zou daarvan in de war raken en een hoogsensitief kind kan er van doordraaien en een driftbui krijgen. Als je dat kunt voorkomen, zijn jullie beide gelukkiger.

- **Vermoeidheid of honger.** Als je kind op bepaalde tijden van de dag erg ongelukkig is, kan hij behoefte hebben aan een snack of dutje. Probeer erop te letten wanneer hij chagrijnig wordt. Is hij boos en ziet hij er moe uit? Leg hem dan even in bed. Als het uren geleden is dat hij zijn boterham heeft gegeten, geef hem dan wat fruit of een cracker. Zijn humeur zou wel eens drastisch in positieve zin kunnen veranderen.
- **Frustratie.** Het is enorm frustrerend als het niet lukt om iets te doen of te zeggen. Probeer je baby te helpen of haal het speeltje dat hem frustreert even weg.
- **Ziekte.** Als je kind verkouden is of is geveld door een virus kan hij behoefte hebben aan wat extra aandacht en troost van mama of papa. Hij kan waarschijnlijk ook wat extra rust gebruiken.
- **Niet begrijpen dat hij iets niet mag hebben nu hij het wil.** De hersenen van je baby kunnen nog niet helemaal bevatten dat hij niet altijd direct kan krijgen wat hij wil. Er is niet veel wat je daaraan kunt doen.

Negeren is de beste methode om met een driftbui van een eenjarige om te gaan. Dat is makkelijker gezegd dan gedaan, maar de kans is groot dat wanneer je niet te veel aandacht besteed aan zijn driftbui, hij ook vrij snel weer zal ophouden. Je kunt maar beter net doen of het niet is gebeurd en hem niet straffen voor zijn gedrag, want dat zal op deze leeftijd nog niet helpen. Hij zal niet begrijpen waarom je boos op hem bent en wordt alleen maar bang van je boze stem of zal je negeren. (Hij zal in elk geval niet leren van je lesje). Negeer de neiging om aan zijn gedrag toe te geven als je kind bijvoorbeeld een driftbui krijgt omdat je iets van hem hebt afgepakt. Als hij leert dat hij alleen maar schreeuwend op de grond hoeft te vallen om iets terug te krijgen, zal hij deze tactiek nog jaren blijven toepassen.

PAS OP!

Voor je een driftbui negeert, moet je de situatie wel proberen in te schatten. Als je kind de neiging heeft om te slaan of gooien, moet je ervoor zorgen dat hij niks in de buurt heeft waarmee hij zichzelf of anderen pijn kan doen. Hij is waarschijnlijk nog niet sterk genoeg om veel schade aan te richten, maar het is beter om het risico niet te lopen.

Slaan of niet slaan, dat is de vraag

Jij bent opgegroeid in een gezin waar zo af en toe eens een klap werd uitgedeeld en dus zie jij er geen kwaad in om je kind zo nu en dan een tik op zijn billen te geven als dat nodig is.

De meeste opvoedkundigen zijn het niet met dit standpunt eens. Er zijn echter heel wat ouders die een pak slaag, mits in alle redelijkheid toegepast, een effectieve straf vinden. Deze discussie vindt al jaren plaats en het is een van die punten die ouders verdeelt in twee kampen. In Nederland wordt momenteel gewerkt aan een wetsvoorstel om het slaan van kinderen (inclusief de corrigerende tik) te verbieden.

PAS OP!

Opvoedkundigen zijn om verschillende redenen tegen slaan.

- Slaan zal een kind laten ophouden met een bepaalde handeling maar leert hem niet om in plaats daarvan juist te handelen.
- Slaan kan het zelfvertrouwen van een kind ernstig aantasten. Hij voelt zich vaak verward, beschaamd en boos.
- Kinderen die worden geslagen lijken steeds beter te leren hoe ze een klap moeten ontlopen, maar stoppen het foute gedrag niet.

TIP

Probeer een van onderstaande alternatieven voor slaan.

- **Verwijder je kind letterlijk van de situatie.** Je staat op het punt naar huis te gaan na een visite en je kind weigert mee te gaan. Pak hem dan op en zet hem in de auto of op de fiets. Je bent niet voor niets de oudste van jullie tweeën.
- **Leid je kind af.** Door hem af te leiden, kun je zijn gedrag waarschijnlijk stoppen en je biedt hem nog een goed alternatief ook.
- **Ga naar zijn niveau.** Je kunt in het geval van gevaarlijke situaties, bijvoorbeeld als je ziet dat je kind naar het gasfornuis grijpt, het beste op je knieën gaan zitten en hem in de ogen kijken. Je houdt zijn handen vast en vertelt hem duidelijk dat wat hij wil niet mag. Hij zal aan je stem kunnen horen dat je het meent.

- **Zorg dat je hem niet in de verleiding brengt tot stout gedrag.** Hij is immers een kind. Hij moet in de gaten gehouden worden en je huis moet veilig zijn voor hem. Het is niet eerlijk om je kind een tik op zijn billen te verkopen als hij een van de antieke theekopjes laat vallen die jij per ongeluk op de salontafel hebt laten staan. Het is jouw verantwoordelijkheid om je kind weg te houden van gevaarlijke of verleidelijke situaties.

BELANGRIJK

Het is jouw taak om je kind te leren wat goed en fout is. Een tik op de billen leert hem niet welk gedrag wel of niet aanvaardbaar is en kan daarbij ook nog eens gevolgen hebben voor zijn zelfvertrouwen. Je loopt tevens het risico de relatie tussen jou en je kind te beschadigen en je kind leert dat je door slaan conflicten oplost.

Deel VI

De gezondheid en veiligheid van je kind

'Maakt u zich maar geen zorgen over het gehuil, gezeur en de ontevredenheid van uw kind. Over een jaar of achttien moet dat vanzelf overgaan.'

In dit deel...

Symptomen van ziekten zijn soms moeilijk te herkennen. In dit deel bespreken we de ziekten die het meeste voorkomen in het eerste jaar. We vertellen je wanneer je de dokter moet bellen en hoe je je baby thuis kunt verzorgen. Dit deel bevat ook een paragraaf over kinderen die speciale verzorging nodig hebben. We schetsen een goed beeld van de intensive care voor premature baby's.

In een van de hoofdstukken vertellen we je wat je kunt doen als je baby zich pijn heeft gedaan. We vertellen je hoe je in deze situaties moet handelen. Hint: blijf kalm! We vertellen je wat er in je EHBO-kistje moet zitten en hoe je bulten, schaafwonden en brandwonden kunt behandelen.

De gezondheid van je baby staat in nauw verband met zijn veiligheid. Je bent eigenlijk nooit klaar met het beveiligen van je huis. Lees daarom hoe je je huis zo kindveilig mogelijk kunt maken.

Hoofdstuk 18

De gezondheid van je baby

In dit hoofdstuk

- Vaccinaties
- Ziekten in het eerste jaar
- Het verschil tussen een verkoudheid en een allergie
- Kinderen die speciale verzorging nodig hebben

Als je baby net geboren is, moet zijn immuunsysteem nog tot rijping komen. Borstvoeding draagt bij aan dit proces (het beschermt bijvoorbeeld tegen bepaalde allergieën en geeft minder kans op oorontstekingen en bepaalde huidaandoeningen). Er is echter geen magische formule die je kind vrijhoudt van bacteriën en bacillen. Hij zal op een gegeven moment voor het eerst verkouden worden en jij zult je net zo ellendig voelen als je hem daarmee ziet worstelen. In dit hoofdstuk bespreken we de ziekten die het meeste voorkomen in het eerste jaar en hoe je ze het beste kunt behandelen.

Ziekten voorkomen door vaccinatie

In het eerste jaar krijgt je baby enkele vaccinaties op het consultatiebureau. Als je nooit gek bent geweest op injectienaalden, er niet tegen kunt dat je baby huilt of het gevoel hebt dat vaccinaties meer kwaad doen dan goed, kun je op het idee komen om je baby niet te laten vaccineren.

Niet doen.

PAS OP!

Hoewel negatieve berichten over vaccineren soms opduiken in de media, gebeurt dat maar heel zelden. De kans is veel groter dat je kind ziek wordt omdat hij zijn vaccinaties niet heeft gehad. Als je denkt dat je met het leven van je kind speelt door hem te vaccineren, vertellen we je bij deze dat het tegengestelde waar is.

De tijden zijn veranderd sinds je zelf een kind was en de huidige vaccinaties bieden bescherming tegen ziekten die nog niet zo heel lang geleden veel voorkwamen (mazelen, pokken en kinkhoest). Je kunt je afvragen of de moderne wetenschap misschien te ver is doorgeslagen en artsen te veel vaccineren. Dat is echter niet zo, als je denkt aan de risico's die deze ziekten met zich meebrengen. Mazelen kunnen leiden tot blijvende gehoorschade en pokken kunnen longontsteking en *encefalitis* (zwelling van de hersenen) veroorzaken. De bof kan bij mannen onvruchtbaarheid tot gevolg hebben. Hersenvliesontsteking kan permanent gehoorverlies of de dood tot gevolg hebben.

Bijwerkingen van vaccinaties treden zelden op. We hebben het dan over pijn, roodheid en zwelling van de injectieplek, koorts, slapeloosheid en geïrriteerdheid. Je arts of verpleegkundige kan je adviseren welke pijnstillers je kunt gebruiken en wat er in het ernstigste geval kan gebeuren.

TECHNISCHE INFO

Je baby krijgt een hele reeks vaccinaties in het eerste jaar. In tabel 18.1 staat een lijst van de gebruikelijke vaccinaties en waartegen ze beschermen. In de tabel is zowel het Nederlandse als het Belgische vaccinatieschema verwerkt.

Tabel 18.1: Vaccinatieschema

Vaccin	***Doel***	***Leeftijd*** ***(B=België, NL=Nederland)***
Hepatitis B (Hep B) (NL: alleen als de moeder drager is van het Hep-B-virus of als een van de ouders is geboren in een land met een hoog risico op hepatitis B)	Beschermt levenslang tegen hepatitis B, dat leveraandoeningen en kanker kan veroorzaken	#1: 2 maanden #2: 3 maanden (B), 4 maanden (NL) #3: 4 maanden (B), 11 maanden (NL) #4: 15 maanden (B)
DKTP	Een cocktail van vaccinaties tegen difterie, kinkhoest, tetanus en polio (kinderverlamming)	#1: 2 maanden #2: 3 maanden #3: 4 maanden #4: 15 maanden (B), 11 maanden (NL)
Hib	Beschermt tegen *haemophilus influenzae* type b, dat meningitis en andere ernstige bacteriële infecties kan veroorzaken	#1: 2 maanden #2: 3 maanden #3: 4 maanden #4: 15 maanden (B), 11 maanden (NL)
BMR	Beschermt tegen bof, mazelen en rubella (rode hond)	12 maanden (B), 14 maanden (NL)
Men C	Beschermt tegen meningokokken groep C die een vorm van hersenvliesontsteking kunnen veroorzaken	12 maanden (B), 14 maanden (NL)
aK	Bevat een a-cellulair kinkhoestvaccin	14 maanden (NL)

Veelvoorkomende ziekten in het eerste jaar

Op een ochtend wordt je baby wakker met een verstopte neus en een akelige hoest. Een paar dagen later is hij kribbig en heeft koorts. Wat heeft hij en wat kun jij doen zodat hij zich wat beter voelt? Ondanks al jouw goede zorgen zal je kind af en toe ziek worden. Jonge kinderen krijgen ook gemakkelijk last van huidaandoeningen en jij zult je radeloos afvragen wat er toch in vredesnaam aan de hand is. In deze paragraaf krijg je informatie over veelvoorkomende ziekten en huidaandoeningen, over hoe je de symptomen kunt bestrijden en wanneer je de dokter moet bellen.

TIP

Je kunt je kind niet tegen elke ziekte beschermen, maar je kunt enkele ziekten voorkomen door goede hygiëne. Onthoud dat bacteriën zich schuilhouden op je handen en in je neus! Handenwassen kan voorkomen dat bacteriën zich verspreiden.

Veelvoorkomende ziekten herkennen

In het eerste jaar wordt je kind blootgesteld aan een reeks (voor hem) nieuwe ziektekiemen. Tegen sommige zal hij zich kunnen verweren, maar andere zullen hem onderuit halen. In het onderstaande overzicht vind je de ziekten die het meeste voorkomen in het eerste jaar, wat de symptomen zijn, hoe je ze kunt behandelen en wanneer je een arts moet bellen.

Conjunctivitis (bindvliesontsteking)

- **Symptomen.** Korstige, jeukende, bloeddoorlopen ogen met gele afscheiding. Zeer besmettelijk van de ene persoon op de andere en van het ene oog op het andere.
- **Behandeling.** Warme oogkompressen (een schoon washandje gedrenkt in lauwwarm, gekookt water) reinigen de ogen en verminderen de irritatie.
- **Bel de dokter.** Bindvliesontsteking duurt meestal niet lang en gaat vanzelf over. Soms is echter behandeling nodig met antibiotische oogdruppels of zalf (alleen verkrijgbaar op recept), zodat je kind weer naar het kinderdagverblijf kan.

Gastro-enteritis (buikgriep)

- **Symptomen.** Koorts, misselijkheid, overgeven, waterige diarree.
- **Behandeling.** Blijf je baby voeden als hij borstvoeding krijgt en blijf hem eten aanbieden als hij al vast voedsel krijgt, al zal hij

waarschijnlijk niet veel zin hebben. Geef hem meer vocht dan gebruikelijk, om uitdroging te voorkomen. Het is het beste om hem regelmatig kleine beetjes te laten drinken. Als je baby niet vaak plast, moet je direct de dokter bellen.

- **Bel de dokter.** Als je baby uitgedroogd lijkt (overdreven dorst, droge mond en tong, geïrriteerdheid, urenlang droge luiers, holle fontanel of ogen, rusteloosheid of lusteloosheid), moet je direct de dokter bellen.

Griep (influenza)

- **Symptomen.** Plotselinge koorts, rillingen, lusteloosheid, hoesten. Je baby ziet er ziek uit. (Zijn ogen zijn waterig en liggen diep in hun kassen, hij is bleek en heeft weinig energie.) Hij kan erg aan je hangen en zich rot voelen. Besmettelijk.
- **Behandeling.** Symptomatisch. Geef je kind vaker te drinken, aangezien baby's snel kunnen uitdrogen.
- **Bel de dokter.** Ga met je baby naar de dokter als hij er heel erg ziek uitziet of zich zo gedraagt (ontroostbaar en totaal lusteloos). Je arts zal hem onderzoeken op influenza – dit om bloedvergiftiging, meningitis en longontsteking uit te sluiten.

Hand-, voet- en mondziekte (Coxackie A-virus)

- **Symptomen.** Koorts, mogelijk een zere keel, verminderde eetlust. Op de handpalmen, voetzolen en/of de binnenkant van de mond verschijnen blaartjes (eventueel ook op de billen en andere lichaamsdelen). De blaartjes in de mond zijn heel pijnlijk. Besmettelijk.
- **Behandeling.** Symptomatisch bij baby's met mondblaren. Pijnstillers kunnen helpen. Als je baby al vast voedsel krijgt, kun je hem het beste koud en zacht eten geven.
- **Bel de dokter.** Je kunt bellen en de symptomen doorgeven om andere ziekten uit te sluiten.

Longontsteking

- **Symptomen.** Je baby heeft een verkoudheid die steeds erger wordt. Hij krijgt koorts. Hij heeft last van een zware, aanhoudende hoest. Hij heeft een piepende ademhaling. Er zijn twee soorten longontsteking: een virale, die besmettelijk is, en een bacteriële, die niet besmettelijk is.
- **Behandeling.** Symptomatisch bij koorts en pijn. Pijnstillers werken goed voor beide klachten.

- **Bel de dokter.** Bel bij ademhalingsmoeilijkheden of een heel snelle of piepende ademhaling. Ga eerst naar je arts voor je je kind hoestdrank geeft (hij kan je adviseren het alleen 's nachts te gebruiken). Geef hem meer te drinken. Je arts kan antibiotica voorschrijven.

Middenoorontsteking (otitis media)

- **Symptomen.** Volgt meestal op of gaat gepaard met een verkoudheid of allergische luchtwegaandoening. Je baby heeft koorts en slaapt slecht. Hij kan weigeren te drinken door de pijn. Bacteriële infectie; niet besmettelijk.
- **Behandeling.** Pijnstillers en antibiotica. Warme kompressen kunnen de pijn verlichten tot je baby weer wat beter is. Doe een vochtig, warm washandje in een plastic zakje, wikkel dat in een dunne handdoek en leg dat op het pijnlijke oor. Het helpt ook om 's nachts een kussen onder het hoofd van je baby te leggen.
- **Bel de dokter.** Bel de arts als je baby bovenstaande symptomen vertoont en onlangs verkouden is geweest.

Pseudo-kroep

- **Symptomen.** Blaffende hoest, heesheid, piepende ademhaling, zware ademhaling, koorts. Pseudo-kroep is een virus dat de luchtwegen van je kind vernauwt. Het komt meestal 's nachts op en is beangstigend voor zowel het kind als de ouders. Pseudo-kroep is besmettelijk.
- **Behandeling.** Laat heet water stromen zodat stoom ontstaat in de badkamer. Stoom of koude nachtlucht doen wonderen voor de luchtwegen van je kind. (Als het ene niet werkt, probeer dan direct het andere.) Probeer je baby te kalmeren; stress maakt de symptomen erger. Gebruik een bevochtiger in je baby's kamer tot de pseudo-kroep verbetert.
- **Bel de dokter.** *Direct* als je baby echt moeite heeft met ademhalen, als zijn lippen blauw zijn of als stoom of koude lucht niet binnen een paar minuten verlichting geeft. Het kan zijn dat je wordt doorverwezen naar de eerste hulp.

RS-virus (respiratoir-syncitiumvirus)

- **Symptomen.** Dezelfde symptomen als bij een verkoudheid, hoesten (soms meer dan twee weken achter elkaar), zware of snelle ademhaling. Jonge kinderen kunnen lusteloos of geïrriteerd zijn. Verminderde eetlust. De symptomen kunnen een paar dagen tot een paar weken aanhouden. Dit virus komt veel voor en is erg besmettelijk. Bij premature baby's en baby's met chronische longaandoeningen kunnen ernstige (en zelfs levensbedreigende) complicaties optreden door het RS-virus.

- **Behandeling.** Symptomatisch. Je moet er in elk geval voor zorgen dat je baby goed kan ademen. Zorg daarom voor zo min mogelijk irritatie (rook, koude lucht enzovoort) en gebruik eventueel een bevochtiger in de slaapkamer.
- **Bel de dokter.** Bel de dokter als je het RS-virus vermoedt, omdat het virus in sommige gevallen ernstige ademhalingsproblemen kan veroorzaken. Deze vereisen een specifieke behandeling of opname in het ziekenhuis. Je arts kan je baby testen op het RS-virus om de diagnose te bevestigen.

Verkoudheid

- **Symptomen.** Verstopte of loopneus, hoesten, lage koorts in de eerste 48 uur (tot 39°C), verminderde eetlust, slaperigheid. Besmettelijk.
- **Behandeling.** Symptomatisch. Behandel een verstopte neus, hoest en koorts met vrij verkrijgbare medicijnen. Je kunt een vochtverstuiver gebruiken in je baby's slaapkamer om zijn luchtwegen vochtig te houden.
- **Bel de dokter.** Als je baby hoge koorts heeft (39°C) en jonger is dan drie maanden, of ouder is en langer dan drie dagen hoge koorts (meer dan 39°C) heeft. Als hij chronisch verkouden is, gedurende langere tijd niet wil eten of zijn eetlust steeds minder wordt (kunnen aanwijzingen zijn voor een infectie). Een gebruikelijke infectie is middenoorontsteking (zie het kopje 'Middenoorontsteking').

Zesde ziekte (roseola infantum)

- **Symptomen.** Je baby voelt zich gewoon niet goed. Hij heeft koorts, een loopneus, verminderde eetlust. Hij lijkt zich beter te voelen en dan krijgt hij ineens vlekjes! Ze zijn roze en ze zitten overal. Het is besmettelijk als je kind koorts heeft; als de vlekjes verschijnen, is het besmettingsgevaar voorbij.
- **Behandeling.** Symptomatisch tot de vlekjes verschijnen. Als dat gebeurt, voelt hij zich waarschijnlijk al beter.
- **Bel de dokter.** Beschrijf de symptomen en de uitslag om de diagnose te bevestigen. Bel ook als de koorts aanhoudt of als je baby zich niet beter gaat voelen.

Er zijn uiteraard ook andere ziekten die rondwaren (op de deurklink, in de wachtkamer van je huisarts en op de tafel in je eigen huis). Schaam je niet om de dokter te bellen als je kind ziek is, ook als blijkt dat het uiteindelijk niet zoveel voorstelt. Elke moeder maakt zich zorgen als een kind ziek is en je arts zal er dan ook niet vreemd van opkijken als je belt of langskomt.

TECHNISCHE INFO

De arts zal geen antibiotica voorschrijven, tenzij je kind een bacteriële infectie heeft. Dat kan soms een complicatie van een virus zijn (zoals bij een oorontsteking – je baby wordt aanvankelijk ziek door een virus, waarbij de verkoudheid leidt tot een bacteriële infectie van zijn oor), maar het zijn twee verschillende aspecten. Antibiotica werken niet bij een virale infectie; die moet gewoon zijn gang kunnen gaan. Overmatig gebruik van antibiotica leidt tot nieuwe immune bacteriën. Om die reden zal je arts ze niet graag voorschrijven.

Schuren, jeuken en krabben

Alsof de loopneuzen en koortsen nog niet genoeg zijn, krijgt je baby zo nu en dan ook te maken met vreemde huidaandoeningen. Veel moeders komen er vanzelf achter dat een verkeerde behandeling van een huidaandoening alles nog veel erger kan maken en ook dat *geen* behandeling in sommige gevallen de beste behandeling is. In deze paragraaf sommen we de meest gebruikelijke huidaandoeningen op en hoe ze te behandelen zijn.

Berg

- **Verschijningsvorm.** Schilferige of korstachtige plekken droge huid op het hoofd van je baby. Het is niet besmettelijk, maar ziet er niet zo fraai uit. Het kan een beetje jeuken.
- **Behandeling.** In lichte gevallen kun je wat olie op het hoofd van je kind wrijven om de stukken droge huid los te weken. Probeer ze vervolgens met een kam van het hoofd te verwijderen. Voor ernstigere gevallen is speciale shampoo te koop. In hoofdstuk 6 lees je meer over de behandeling van berg.

Eczeem

- **Verschijningsvorm.** Jeukende, rode, vochtafscheidende, korstige en pijnlijke rode plekken. Het verschijnt vaak op de kin en wangen en komt vaak voor bij gezinnen waarin eczeem veel voorkomt.
- **Behandeling.** Ga naar de dokter met aanhoudende eczeem. De behandeling kan bestaan uit het aanbrengen van ongeparfumeerde huidcrème, verandering van wasmiddel, je baby minder vaak

in bad doen, je baby ander eten geven en/of het gebruiken van speciale zalf.

Gerstekorrels (miliaria)

- **Verschijningsvorm.** Piepkleine witte of gele pukkeltjes op het gezicht van je pasgeboren baby (eerste twee weken na de geboorte).
- **Behandeling.** Geen. Gaat vanzelf weg.

Luieruitslag

- **Verschijningsvorm.** Opgezwollen of platte rode plekken op de billen van je baby. Als de uitslag voorkomt op de billen of schaamlippen wordt het *contactdermatitis* genoemd; luieruitslag waarbij kleine roze of rode vlekjes te zien zijn rond de uitslag is *candida* (een gistinfectie).
- **Behandeling.** Bij *contactdermatitis* kun je de huid van je baby beschermen met zinkzalf. Gebruik speciale zalf tegen *candida*.

Krentenbaard

- **Verschijningsvorm.** Gelige, korstige blaren die opengaan met een vochtafscheidende huid eronder. Zeer besmettelijk als het niet goed behandeld wordt.
- **Behandeling.** Bel je arts als je krentenbaard vermoedt. Hij of zij zal antibiotische zalf voorschrijven. Verschoon en was beddengoed, kleding en handdoeken die in aanraking zijn geweest met de blaren. Was je handen direct na aanraking van je baby's huid.

Neonatale acné (acné infantum)

- **Verschijningsvorm.** Kleine puistjes op het gezicht van je baby. Ze verschijnen meestal tussen de tweede week en zesde maand.
- **Behandeling.** Geen. Zelfs als je het niet aan kunt zien, is het verstandig om eraf te blijven. De puistjes gaan vanzelf weg. Als je ze met zeep probeert weg te schuren, maak je het alleen maar erger.

Netelroos

- **Verschijningsvorm.** Jeukende, gezwollen striemen op de huid. Ze kunnen rood zijn en op het hele lichaam voorkomen.
- **Behandeling.** Netelroos kan het gevolg zijn van een allergie; soms heeft het geen aanwijsbare reden. Bel je arts om allergische reacties uit te sluiten. Zonnebrandolie kan de jeuk verminderen.

Warmte-uitslag

- **Verschijningsvorm.** Helderrode uitslag rond de hals, oksels en billen.
- **Behandeling.** Koel je baby af door zijn kleren uit te doen of hem in een koel bad te zetten.

Het temperaturen van je kind

Vroeg of laat zul je de thermometer moeten gebruiken die je al tijdens je zwangerschap had aangeschaft. Er zijn twee manieren om de temperatuur van je kind te meten: rectaal of onder de oksel.

De rectale temperatuur is het meest accuraat, omdat die in het lichaam is gemeten. De temperatuur van de oksel kan een halve graad of meer afwijken. Voor een baby van drie maanden of jonger wordt rectaal temperaturen aangeraden, daarna kun je ook in de oksel meten. Meld echter altijd aan je arts hoe je de temperatuur gemeten hebt.

Over het algemeen zal een arts een graad aftrekken van de rectale temperatuur en een graad toevoegen aan de temperatuur van de oksel. Op die manier kom je het dichtste in de buurt van de daadwerkelijke temperatuur van je baby.

Hoe temperatuur je eigenlijk rectaal? Blijf in elk geval heel rustig. Je baby voelt zich niet goed en hij heeft een kalme ouder nodig om hem ervan te verzekeren dat alles goed is. Gebruik de thermometer alleen voor rectale metingen.

1. Maak de thermometer goed schoon en doe wat vaseline of crème op het uiteinde ervan.
2. Leg je baby op zijn zij op een vlak oppervlak.
3. Steek de thermometer voorzichtig ongeveer een centimeter diep. Forceer de thermometer nooit en steek hem niet dieper dan een centimeter.
4. Als de thermometer begint te piepen, haal je hem eruit en lees je de temperatuur af.

Voor temperaturen in de oksel moet je er eveneens voor zorgen dat je baby heel rustig is.

1. Leg hem neer en trek hem zijn truitje uit.
2. Leg de thermometer in het midden van zijn oksel en houd zijn arm dan naar beneden. Het is belangrijk dat de thermometer goed ingesloten is om een zo juist mogelijke temperatuur te meten.

3. Houd je kind enkele minuten in deze positie (zo'n vier tot vijf minuten). Als de thermometer al eerder begint te piepen, negeer je het geluid en bedenk je van alles om je kind op zijn plaats te houden, zodat je niet opnieuw hoeft te beginnen.

4. Als de tijd voorbij is, haal je de thermometer uit zijn oksel en lees je de temperatuur af.

Baby's zijn nog te klein om oraal te temperaturen (in de mond). Een kind moet enigszins mee kunnen werken als zijn temperatuur wordt gemeten. Je kind kan gewoon nog niet zo lang stilzitten en de thermometer onder zijn tong houden.

Als je nog een thermometer moet gaan kopen, heb je meerdere keuzen. Als je de temperatuur van je kind moet meten, wil je uiteraard een thermometer die goed werkt en accuraat is. Onderstaand een overzicht van verkrijgbare thermometers:

- **Digitale thermometer.** Deze zijn het beste in het eerste jaar van je baby. Ze zijn heel gemakkelijk in het gebruik en behoorlijk betrouwbaar. Kies voor een goed merk en koop er meteen twee of drie. Markeer er een voor rectaal gebruik.
- **Oorthermometers.** Zijn erg populair vandaag de dag en erg gemakkelijk in het gebruik. Een kind moet echter wel goed stil kunnen zitten om de temperatuur goed te kunnen meten. Het oor kan ook nog te klein en flexibel zijn voor een goede meting. Oorthermometers zijn daarom niet zo geschikt in het eerste jaar.
- **Kwikthermometers.** Worden vandaag de dag afgeraden door artsen omdat er zoveel veiligere opties zijn. Je kind kan kwikvergiftiging oplopen als het glas breekt (en dan hebben we het nog niet over de risico's van gebroken glas).
- **Voorhoofdthermometers.** Dit zijn platte stroken die je op het voorhoofd van je kind kunt leggen. Ze zijn echter niet betrouwbaar en daarom niet aan te bevelen.

Niezen en piepen: als je baby last krijgt van allergieën of astma

Als jij zelf niest en piepend ademhaalt (of de andere ouder van je kind), is de kans groot dat ook je kind last krijgt van allergieën of astma, vooral als jouw allergieën tijdens je jeugd opkwamen. Sommige aandoeningen zijn erfelijk. Het goede nieuws is dat kinderen vaak over hun allergieën of astma heen groeien; het slechte nieuws is dat deze aandoeningen tot die tijd erg lastig zijn. In deze paragraaf vertellen we je waarop je moet letten en wat je kunt verwachten als je baby allergisch is of astma heeft.

Hooikoorts of seizoensallergie

Je baby is al weken aan het snotteren. Is hij verkouden of heeft hij last van hooikoorts? Zelfs als je zelf ook last hebt van hooikoorts is het moeilijk om het verschil tussen een verkoudheid en hooikoorts aan te duiden. Er zijn echter enkele aanwijzingen die typisch zijn voor hooikoorts:

- **Tijdsduur.** Een verkoudheid verdwijnt meestal na tien tot veertien dagen; allergieën blijven vaak een seizoen lang voortduren en soms zelfs langer (als het een allergie is voor huisstof).
- **Niezen.** Allergieën gaan meestal gepaard met een geïrriteerde neus.
- **Waterig, helder vocht uit de neus.** Afscheiding uit de neus bij een verkoudheid is meestal dik en geel of groenig van kleur.
- **Donkere kringen rond de ogen** en ook jeuk en roodheid in en rond de ogen.
- **Jeukende neus.** Te herkennen omdat je baby steeds over zijn neus wrijft of zijn neus ergens tegenaan wrijft.
- **Droge hoest.**
- **Uitslag.** Is een aanwijzing voor gevoeligheid voor een allergeen.
- **De neiging om door de mond te ademen.** Omdat de neus van je baby verstopt is.

Aanleg voor allergieën is vaak een erfelijke kwestie. Omdat allergieën zich in de loop van enkele maanden (en geregelde blootstelling) ontwikkelen, zijn hooikoorts en seizoensallergieën niet zo gebruikelijk bij baby's.

Als je denkt dat je baby een allergie heeft en je kunt geen duidelijke oorzaak vinden, kan je arts je doorverwijzen voor een allergietest.

Voedselallergieën

Het is spannend om je baby voor het eerst kennis te laten maken met vast voedsel. Wees echter op je hoede voor voedselallergieën en de symptomen die daarbij horen. De allergieën die het meeste voorkomen, zijn die voor koemelk, aardbeien, eiwit, tarwe en soja. Schaaldieren en pinda's kunnen ook allergieën veroorzaken en in sommige gevallen zelfs ernstige (levensbedreigende) reacties tot gevolg hebben. Artsen adviseren daarom ook om deze producten in het eerste jaar niet aan je kind te geven. Meer informatie over voedselallergieën vind je in hoofdstuk 11.

Deze reacties komen vaak voor bij voedselallergieën:

- huiduitslag;
- jeukende mond;
- spijsverteringsproblemen (kramp, diarree, overgeven);
- piepende ademhaling;
- galbulten;
- loopneus;
- langdurig huilen.

Een ernstige reactie is de zogenaamde anafylactische shock, waarbij symptomen als kramp, galbulten en een tintelend gevoel in de mond (vooral bij noten) kunnen voorkomen, maar ook moeilijk ademhalen, bewustzijnsverlies en zelfs overlijden. Als je merkt dat je kind heel heftig reageert op voeding, ga dan zo snel mogelijk naar het ziekenhuis.

Onderzoeken wijzen uit dat sommige voedselallergieën ontstaan als vast voedsel wordt geïntroduceerd voordat het spijsverteringssysteem van je kind dat aankan (vóór de vierde tot zesde maand). Probeer nieuw voedsel steeds per ingrediënt te introduceren, zodat je in elk geval weet op welk voedsel je kind reageert.

Astma

Je baby kan om verschillende redenen een piepende ademhaling hebben en lang niet alles wijst op astma. Tal van virussen kunnen de toch al nauwe luchtwegen van je baby nog verder vernauwen en een gierende ademhaling veroorzaken. Astma is echter een longaandoening waarbij overgevoelige luchtwegen vernauwen in reactie op irritatie. Deze aandoening komt tegenwoordig steeds meer voor, wellicht door de steeds ernstiger wordende luchtvervuiling. Ook wordt het eerder ontdekt en is het beter vast te stellen dan vroeger. Het is de meestvoorkomende chronische aandoening bij kinderen.

Omdat de longcapaciteit van een baby niet goed gemeten kan worden, is het moeilijk om astma vast te stellen totdat een kind wat ouder is en kan meewerken aan een longfunctieonderzoek. Een gierende ademhaling is een gebruikelijk symptoom. Andere aanwijzingen zijn een snelle ademhaling en een overmatig gebruik van de nek- en borstspieren bij het ademhalen. Veel artsen bekijken ook de familiegeschiedenis om te zien of een kind astma heeft. Hebben de ouders van het kind astma? Heeft het kind last van allergieën? Deze aandoeningen maken astma aannemelijker.

Astma wordt bij jonge kinderen meestal behandeld met een *inhalator*, een apparaat dat astmamedicijnen verstuift zodat het kind ze eenvoudig kan inademen.

De ellende die melk kan veroorzaken

Er is wat verwarring over het verschil tussen koemelkallergie en koemelkintolerantie. Een koemelkallergie wordt veroorzaakt door het immuunsysteem, dat reageert op de proteïne in melk; koemelkintolerantie ontstaat echter als het lichaam het enzym mist dat de suiker in koemelk of flesvoeding moet verteren. Als je baby allergisch is voor melk kan hij last krijgen van netelroos, eczeem, zwellingen, diarree, bloed in de ontlasting, misselijkheid en overgeven. Bij koemelkintolerantie zien we vaak dat het spijsverteringssysteem overstuur raakt zonder verdere huidaandoeningen. Het goede nieuws is dat de meeste kinderen rond de achttiende maand over hun koemelkallergie heen groeien. Koemelkintolerantie kan echter blijvend zijn.

Onthoud dat kinderen niet alleen bij astma een piepende ademhaling kunnen hebben. Baby's hebben nauwere luchtwegen dan oudere kinderen en een virus aan de luchtwegen kan er al voor zorgen dat je baby piept bij het ademen. Bel echter altijd je dokter als je kind piept; hij of zij kan vaststellen wat de oorzaak is.

Scheelzien en luie ogen

Tijdens de controles op het consultatiebureau zal de arts ook kijken naar de meestvoorkomende oogaandoeningen bij kinderen, zoals *strabismus* (scheelzien) en *amblyopia* (soms een 'lui oog' genoemd). In figuur 18.1 zie je hoe strabismus eruit ziet.

Ouders zien vaak dat er iets vreemds is aan de ogen van hun baby. Misschien loenst hij of is een oog wat langzamer dan het andere. Als je je zorgen maakt over de ogen van je kind, bespreek dat dan met de consultatiebureauarts. Als de arts vindt dat er iets mis is, zal hij je wellicht doorsturen naar een oogarts.

Figuur 18.1: Strabismus bij een baby

Het goede nieuws is dat deze aandoeningen heel goed behandeld kunnen worden als ze vroeg worden ontdekt. Ze kunnen worden verholpen met een bril, een operatie of beide. Als je de aandoeningen echter niet behandelt, kan het gezichtsvermogen drastisch achteruitgaan of zelfs helemaal verloren gaan in een of beide ogen. Ook in het geval van oogaandoeningen kunnen erfelijkheidsfactoren een rol spelen.

Een kind dat speciale zorg nodig heeft

Sommige ouders gaan de bevalling in met de wetenschap dat er een probleem is en dat hun kind met een afwijking geboren zal worden. Voor andere ouders komt een premature bevalling of afwijking als een complete schok. Of je het nu wist of niet, het accepteren van een ziek kind kan heel erg moeilijk zijn. Het is immers de nachtmerrie van elke ouder.

BELANGRIJK

Zelfs als je van tevoren wist dat je baby een bepaalde aandoening zou hebben, kun je je nooit echt voorbereiden op deze ervaring. Je voelt je wanhopig, doodsbang, boos en misschien zelfs schuldig, en wellicht denk je dat je iets had kunnen doen om dit te voorkomen. Sta jezelf toe om boos of verdrietig te zijn, maar probeer niet in je eentje met deze overweldigende emoties om te gaan. Zoek steun bij je partner, je familie, professionele hulp of een praatgroep.

Onthoud dat een kind krijgen een zeer overweldigende ervaring is, ook als het kind helemaal gezond is. De wetenschap dat jouw kind – voor wie jij je totaal verantwoordelijk voelt – ziekte of pijn moet doorstaan, kan je een zenuwinzinking bezorgen. Dit is niet wat je verwachtte. Het is niet eerlijk. Je zou direct met je baby van plaats ruilen als dat zou kunnen.

BELANGRIJK

Verzamel informatie over de aandoening van je kind. Als je weet wat je kunt verwachten, geeft dat vaak wat rust. Vaak is de situatie minder erg dan je vreest. Ga op zoek naar landelijke informatiepunten over de aandoening of afwijking van je kind. Vraag je arts of het consultatiebureau naar adressen van verenigingen en organisaties. Zoek ook informatie in de bibliotheek en op internet.

Als de eerste schok en angst wat wegebben, voel je de band tussen jou en je kind sterker worden. Laat angst je niet weerhouden om je kind vast te houden, tegen hem te praten en vooral ook van hem te houden. Hij is je kind, ongeacht zijn prognose, en dit is jouw ervaring met het ouderschap. Het heeft geen zin dit te vergelijken met wat je had verwacht (zelfs ouders van gezonde baby's moeten hun aanvankelijke verwachtingen bijstellen). Houd van hem zoals hij is. Het is jouw prachtige kind.

Geboorteafwijkingen

Veel afwijkingen kunnen voorkomen worden. Foliumzuur is een zeer effectief preventief middel. Naar schatting kan 75% van de afwijkingen aan de ruggengraat (waaronder een open ruggetje) worden voorkomen door tijdens de zwangerschap foliumzuur te slikken. Er zijn ook andere voorzorgsmaatregelen die getroffen kunnen worden:

- Wacht met zwanger worden tot eventuele medische aandoeningen (zoals diabetes of attaques) onder controle zijn.
- Rook niet en drink geen alcohol in de periode voor en tijdens je zwangerschap.
- Gebruik geen drugs (geloof het of niet, maar veel mensen denken dat hasj geen kwaad kan).
- Leef gezond tijdens je zwangerschap. Eet goed, rust voldoende en houd je lichaam in conditie.
- Overleg altijd met je verloskundige voor je medicijnen gaat slikken.

Uiteraard zijn niet alle afwijkingen te voorkomen. Als je baby wordt geboren met een afwijking, zou je misschien het liefste in het niets willen verdwijnen, maar je zult *moeten* omgaan met de situatie. Hoewel je kind in het ziekenhuis in goede handen is, heeft hij jouw steun heel hard nodig. Jij moet uit zien te vinden wat er gedaan kan worden om de gevolgen van de aandoening zo beperkt mogelijk te houden.

Afhankelijk van de aandoening zullen wellicht verschillende specialisten nodig zijn, waaronder medische specialisten en fysiotherapeuten, logopedisten en bezigheidstherapeuten. Door hem vroeg te omringen met de juiste zorg, kan de kwaliteit van zijn leven aanzienlijk verbeteren. Een kind dat wordt geboren met een klompvoet kan bijvoorbeeld heel veel voordeel hebben van een zo vroeg mogelijke behandeling, zelfs al in de eerste weken of maanden. Als de voet niet wordt behandeld, kunnen groeiproblemen ontstaan die hem beperken in zijn mogelijkheden, wat vervolgens weer invloed heeft op zijn zelfvertrouwen.

Er zijn ook geboorteafwijkingen die veel ernstiger zijn en waarvan de langetermijngevolgen veel zwaarder zijn, zoals in het geval van *spina bifida* (open ruggetje). Veel kinderen kunnen echter leren om grotendeels voor zichzelf te zorgen en hoe eerder ze dat leren, hoe succesvoller ze waarschijnlijk zullen zijn. Hoe beter een kind later voor zichzelf kan zorgen en dus controle heeft over zijn eigen leven, hoe groter zijn zelfvertrouwen zal zijn.

Vroeggeboorte

Een kind dat drie of meer weken voor de uitgetelde datum geboren wordt, is prematuur (ook wel vroeggeboren genoemd). Er zijn uiteraard verschillende gradaties van vroeggeboorten, en een kind dat na 35 weken zwangerschap wordt geboren zal minder problemen ondervinden dan een kind dat na 30 weken zwangerschap wordt geboren. Hoe langer je baby in de buik blijft, hoe meer tijd hij heeft om zich lichamelijk te ontwikkelen. Het gaat daarbij vooral om de innerlijke organen en het zenuwstelsel – de gebieden die het zwaarst getroffen worden in het geval van een vroeggeboorte.

Een prematuur kind weegt ergens tussen de 500 en 2500 gram. Hoe meer een te vroeg geboren kindje weegt, hoe beter. Een veelvoorkomend probleem bij premature kinderen is het gebrek aan lichaamsvet – iets wat we nodig hebben om warm te blijven. Premature baby's kunnen hun lichaamstemperatuur niet regelen, zelfs niet als ze in een lekkere deken worden gewikkeld. Om die reden liggen deze baby's meestal in een couveuse of onder speciale lampen.

Voeding is ook een veelvoorkomend probleem bij premature baby's. Een kind dat geboren is tussen de 32 en 34 weken heeft de zuigreflex nog niet ontwikkeld die hij nodig heeft om aan de borst of uit de fles te drinken. Omdat het spijsverteringssysteem van deze kinderen ook nog niet voldoende ontwikkeld is en ze gemakkelijk een darminfectie oplopen, moeten ze vaak via een sonde worden gevoed, een buisje dat via de neus naar de maag loopt.

Een baby die geboren is voor de uitgetelde datum zal in de periode erop volgend bezig zijn die tijd in te halen. Ouders van een kind dat twee maanden te vroeg geboren is, moeten bij alle ontwikkelingen van hun kind uitgaan van die van een kind dat twee maanden jonger is. Een kind van vier maanden zal dus doen wat een kind van twee maanden normaalgesproken doet. Kinderen halen deze tijd in; hoe lang dat duurt, is afhankelijk van de ernst van de situatie. Sommige kinderen belanden binnen een paar jaar op hetzelfde niveau als hun leeftijdgenoten, andere kinderen zullen altijd blijven achterlopen.

Bekend worden op de NICU

De meeste ouders verwachten niet dat hun baby de eerste dagen of weken van zijn leven op de neonatale intensive care unit (NICU) moet doorbrengen. In het geval van ernstige geboorteafwijkingen en vroeggeboorten is dit echter noodzakelijk. Je zult overdonderd worden door de apparaten, techniek en het medische jargon dat overal om je heen te zien en te horen is. Baby's op de NICU zijn vaak aangesloten op monitoren, hebben sondes in hun neus en liggen meestal in couveuses. Soms is het vanwege gezondheidsredenen onmogelijk om je baby vast te houden. De artsen zullen je precies uitleggen hoeveel en wat voor contact tussen jou en je baby mogelijk is.

Hoewel alle nieuwe ouders vol zitten met vragen voor de artsen en verpleegkundigen, zijn ouders op de NICU vaak te overdonderd om te praten, of te bang om iets te vragen. De staf van de NICU zal jouw hele gezin bijstaan in deze periode; zij weten hoe moeilijk en beangstigend het is om een zieke baby te hebben. Zij zullen elke vraag proberen te beantwoorden – schaam je dus niet. Als je met iemand in contact komt die je vragen niet wil of kan beantwoorden, vraag dan naar iemand anders. Blijf vragen tot je een bevredigend antwoord hebt gekregen. Houd altijd in gedachten dat jij de belangrijkste vertegenwoordiger bent van je kind en dat jij het recht hebt om te weten wat er met hem gebeurt en hoe het met hem gaat.

Het goede nieuws is dat de medische wetenschap steeds nieuwe behandelingen vindt voor geboorteafwijkingen en vroeggeboorten. In het afgelopen decennium is de leeftijd van een levensvatbare foetus gedaald van 27 naar 23 weken. Er wordt voortdurend onderzoek gedaan naar geboorteafwijkingen, waardoor nieuwe behandelmethodes kunnen worden ontwikkeld. Jouw baby is in goede handen bij een zeer competente en zorgzame staf.

Je neonatoloog is een kinderarts die gespecialiseerd is in neonatologie, de zorg voor zieke baby's. Op de meeste NICU's werkt een team van neonatologen samen met een grote groep gespecialiseerde verpleegkundigen, therapeuten en diëtisten. Jouw kind zal alle zorg krijgen die hij nodig heeft.

In de meeste NICU's geldt voor de ouders een 24-uursbezoekregeling. Er kunnen echter beperkingen gelden voor overige familieleden, vooral voor kleine kinderen. Vraag naar de bezoekregeling voordat je een broertje of zusje meeneemt om naar de baby te kijken.

Werken aan de emotionele band

Ouders van kinderen die zijn geboren met een afwijking hebben de 'roze-wolk-periode' vaak moeten missen omdat hun kind in het ziekenhuis lag en een ontwikkelingsachterstand had. Jouw ervaring zal anders zijn dan die van de gemiddelde vader en moeder. Daarbij krijg jij vaak ook te maken met moeilijke privésituaties. Je staat hier echter niet alleen in. In deze paragraaf bespreken we aspecten waarmee jij te maken kunt krijgen en geven we suggesties voor hoe je je er doorheen kunt slaan.

Je zult ondertussen wel geaccepteerd hebben dat je kind bepaalde gezondheidsproblemen heeft en speciale zorg nodig heeft, en je zult ook al wel een manier hebben gevonden om daarmee om te gaan. Als dat niet zo is en je dagelijks last hebt van verdriet en depressies, moet je professionele hulp inschakelen. Ga op zoek naar een therapeut, psycholoog of praatgroep. Niemand zal je veroordelen vanwege je gevoelens, maar je zult de situatie langzaamaan moeten gaan accepteren – zowel voor jezelf als voor je kind.

Het is gemakkelijk voor ouders van een kind dat speciale zorg nodig heeft om overdonderd te raken en te blijven. Het is heel normaal dat je je bij tijd en wijle boos en verdrietig voelt. Misschien vraag je je wel eens af of je wel net zo veel van dit kind houdt als je van een kind zonder problemen zou hebben gedaan.

Het kan vreselijk moeilijk zijn om de beelden los te laten die je in gedachten had tijdens je zwangerschap. Je had de perfecte baby in het perfecte huis en iedereen was alleen maar gelukkig. Besef goed dat dit alleen maar een fantasie was (ook ouders van gezonde kinderen hadden vaak een heel ander beeld in hun hoofd dan de werkelijkheid ze laat zien) en dat je moet gaan ontdekken hoe je met de werkelijke situatie moet omgaan. Zo zijn de kaarten geschud; wat ga je ermee doen?

Depressie is een veelvoorkomende reactie, vooral als je kind voortdurend medische hulp nodig heeft of regelmatig onderzoeken of operaties moet ondergaan. Probeer uit te vinden wat je alleen aankunt en wanneer het tijd wordt om hulp in te schakelen. Doe dat dan ook. Je hebt niets te verliezen en veel te winnen in dit proces.

Je weet niet waar je een goede psycholoog of therapeut moet vinden? Je kunt je huisarts of consultatiebureauarts vragen naar adressen van geschikte artsen of praatgroepen. Via internetforums met gelijkgestemde ouders kun je ook aan adressen bij jou in de buurt komen.

Het wordt ook heel belangrijk om de relatie met je partner goed te houden als je te maken hebt met een kind dat speciale zorg nodig heeft. Dat is vooral het geval als een van jullie twee meer verantwoordelijk is voor de zorg van het kind dan de ander. Zoek naar mogelijkheden om elkaar te helpen, accepteer hulp van buitenaf, praat met elkaar over je gevoelens en zoek eventueel naar een relatietherapeut als dat nodig is. Je kunt hieraan werken en over de gevoelens van twijfel en verdriet heen komen – en je kunt dat samen doen.

Omgaan met de omgeving

'Wat is er mis met jouw kind?' Dit soort vragen doet je maag omdraaien en je haren overeind staan, of niet? Hoewel je er ondertussen misschien aan gewend bent geraakt zullen de verschillen tussen jouw kind en andere kinderen steeds duidelijker worden, vooral als de afwijking van je kind duidelijk zichtbaar is. Je zult deze vraag dus ongetwijfeld een keer moeten beantwoorden. De vraagsteller is waarschijnlijk ook niet helemaal achterlijk, wat de situatie voor jou alleen nog maar erger maakt. Je vraagt je af hoe een beschaafd mens zo ongevoelig kan zijn. Jij weet namelijk dat er niets *mis* is met je kind. Hij heeft bepaalde gezondheidsproblemen die andere kinderen niet hebben. Dat maakt hem gewoon anders.

Hoe beantwoord je deze vraag nou? Dat is afhankelijk van enkele factoren.

- **Wie stelt de vraag?** Je zult uiteraard wat meer informatie moeten geven bij familieleden en goede vrienden dan bij vreemden. Allereerst weet je dat je dierbaren deze vraag stellen omdat ze oprecht geïnteresseerd zijn in je kind en ten tweede weet je ook dat ze zullen accepteren wat je ze te zeggen hebt.

- **Hoeveel wil je loslaten?** Een vreemde hoeft niet alle details te horen over de aandoening van je kind, tenzij je daar zelf behoefte aan hebt en deze persoon oprecht geïnteresseerd blijkt te zijn. Wees je ervan bewust dat deze persoon misschien alleen maar aardig wil doen. Overlaad hem of haar niet met een verhaal van twee uur.
- **Jouw mate van tolerantie als het om dit onderwerp gaat.** Je bent nooit verplicht om iemand iets te vertellen, maar wees je er wel van bewust dat hoe minder je zegt, hoe meer mensen zelf zullen gaan concluderen. Het is prima om de ander gewoon wat basale informatie te geven en verder niets te zeggen.

Dit is allemaal goed en aardig als je met een sensitief iemand te maken hebt, maar wat doe je met iemand die vraagt hoe *jij* (of je echtgenoot) deze conditie hebt weten te veroorzaken? Of hoe beantwoord je in het geval van adoptie de vraag hoe je het ooit in je hoofd hebt gehaald om een kind met zoveel problemen in huis te halen?

In deze gevallen heb jij het recht om deze persoon de waarheid te vertellen, namelijk dat je, ondanks en misschien zelfs wel door de vele problemen, zielsveel van je kind houdt. Afhankelijk van de situatie kun je ervoor kiezen om deze persoon iets te leren over de aandoening van je kind (vooral als het een familielid betreft dat deel uitmaakt van het leven van je kind) of om je om te draaien en weg te lopen.

BELANGRIJK

Weglopen is overigens prima. Door mensen te informeren kun je weliswaar veel angsten en misverstanden over geboorteafwijkingen uit de wereld helpen, maar er zijn mensen die niets beters te doen hebben dan andermans kinderen beoordelen. Laat dit soort mensen voor wat ze zijn. Zij hebben een probleem, niet jij.

Hoofdstuk 19

Als je baby 'au' heeft

In dit hoofdstuk

- Kalm blijven als je kind zich heeft verwond
- De EHBO-kist vullen
- Snijwonden, schaafwonden, bulten en blauwe plekken
- Insectenbeten en -steken behandelen
- Brandwonden verzachten

Ouders willen liever niets lezen over mogelijke verwondingen (het idee van een bloedende baby is gewoon *te* erg). Als je dus bij deze pagina's bent aanbeland, betekent dat waarschijnlijk dat je een verwonding moet beoordelen of behandelen. We geven je een overzicht van veelvoorkomende ongelukken en wat je eraan kunt doen.

Dit hoofdstuk is niet bedoeld als vervanging van jouw moederlijke of vaderlijke intuïtie. Als jouw baby is gevallen of een andere verwonding heeft opgelopen en ontroostbaar huilt, geïrriteerd is of op een andere manier tekenen van pijn of ongemak vertoont, bel dan direct je arts. Sommige ongelukken kunnen inwendige verwondingen veroorzaken die aan de buitenkant niet te zien zijn.

De beheerste ouder spelen

Het kan heel moeilijk zijn om rustig te blijven als je kind pijn heeft. Je kunt zijn pijn bijna zelf voelen en vindt het moeilijk om hem verdrietig te zien. Juist om die reden is het belangrijk om je eigen angsten en zorgen opzij te schuiven en je kind te troosten en kalmeren.

Je kind leert bijna alles door naar jou te kijken. Als zijn vinger bloedt, zal hij waarschijnlijk gaan huilen – het doet immers pijn. Jouw reactie kan bepalend zijn voor de duur van zijn huilbui en hoe hij zal reageren op toekomstige verwondingen. Stel je twee scenario's voor. In het eerste pak je je kind rustig op, zing je een liedje terwijl je de wond schoonmaakt, maak je zijn vinger droog en plak je er een pleister op. Afhankelijk van het temperament van je kind zal hij doorhuilen of tevreden zijn met deze no-nonsense behandeling en accepteren dat een beetje bloed aan zijn vinger niet het einde van de wereld betekent. Met jouw gedrag heb je laten zien dat het helemaal goed komt met hem.

In het tweede scenario zie je bloed bij je kind en ga je uit je dak. Je roept je partner, buurvrouw, moeder of de postbode – iedereen die maar beschikbaar is om je te helpen de wond schoon te maken en er een pleister op te plakken. Je baby ziet de paniek in je ogen en komt tot de conclusie dat de situatie behoorlijk ernstig is – wat zeg ik, heel, *heel* ernstig is. Doodsbenauwd begint hij te huilen en is ontroostbaar.

Niemand zal je iets verwijten als je geschrokken reageert op je gewonde kind; het is echter verstandig om deze emoties niet te laten zien (voorlopig). Je komt er in de loop van de tijd wel achter welke verwondingen ernstig zijn (loshangende lichaamsdelen, zware bloedingen) en welke niet (schaafwonden en blauwe plekken). Je leert ook je emotionele energie te bewaren voor wanneer het echt erg is – dus als je kind hard gevallen is en niet als je kind een schrammetje heeft. Anders kan het nog wel eens heel vermoeiend voor je worden als je toevallig een actief kind hebt.

Een rustige reactie op een verwonding is ook belangrijk omdat je baby voortdurend aan het leren is. Hij heeft ruimte en zelfvertrouwen nodig om te leren geloven in zijn eigen vaardigheden, anders zal hij zo bang worden om te vallen dat hij niets nieuws durft te proberen. Dat betekent niet dat je je kind niet hoeft te beschermen tegen gevaarlijke situaties. Als je baby zich optrekt aan een losstaande boekenkast, is het terecht dat je een dramatische reddingsactie onderneemt. Als je hem echter vasthoudt bij elke stap die hij zet, zal hij niet leren hoe hij goed zelf kan lopen.

De inhoud van je EHBO-kist

Elk huishouden zou een goedgevulde EHBO-kist moeten hebben, die klaarstaat voor gebruik. De inhoud van een dergelijke doos verschilt van wat je meestal al in je medicijnkistje hebt staan (thermometer, hoestdrankjes enzovoort). De doos moet goed bereikbaar en te verplaatsen zijn. Neem hem mee als je op stap gaat.

Doe de volgende zaken in je EHBO-kist.

- pleisters in alle soorten en maten;
- antibiotische zalf of crème;
- steriele gaasjes;
- tape (om verband of gaas mee te bevestigen);

- Schaar (om pleisters en tape mee te knippen);
- Vloeibare zeep (om wonden mee schoon te maken);
- Alcohol (om een wond te steriliseren);
- Pincet (om splinters, grint, doorns enzovoort te verwijderen);
- Pijnstillers (geen aspirine);
- Zonnecrème;
- Hydrocortisoncrème (om de pijn van insectenbeten, zonnebrand en zelfs ontstoken luieruitslag te verzachten);
- Middel tegen insectenbeten;
- Benadryl (diphenhydramine) voor allergische reacties;
- Het telefoonnummer van je huisarts en het consultatiebureau.

Bij de meeste drogisten en apotheken kun je kant-en-klare EHBO-kisten kopen. Controleer eerst of alles van bovengenoemde lijst erin zit en stop er direct de benodigde telefoonnummers in.

Mama de dokter

Bulten, snijwonden en schrammen komen veel voor in het eerste jaar van je kind, vooral als hij begint te bewegen. Rollen, kruipen, optrekken en lopen zijn enorme mijlpalen, maar ze komen allemaal met een vergroot risico op ongelukken. Deze meeste verwondingen zijn licht en niets om je echt druk om te maken. In sommige gevallen sta je echter voor de keuze of je je kind nu wel of niet naar de eerste hulp moet brengen. In deze paragraaf vertellen we je alles over de behandeling van lichte verwondingen en helpen we je te bepalen wat voor verwondingen een rit naar de eerste hulp vereisen.

Zorgen voor schaafwonden, snijwonden en blauwe plekken

BELANGRIJK

Naarmate je kind onafhankelijker wordt, loopt hij waarschijnlijk ook meer risico een ongelukje te krijgen. Het wordt dan enorm belangrijk om de ernst van een verwonding goed in te kunnen schatten. Natuurlijk is niet elke wond levensbedreigend, maar anderzijds is ook niet van elke verwonding de ernst direct duidelijk. Met andere woorden: een wond die er niet zo ernstig uitziet, kan erger zijn dan je denkt. Gelukkig komen de meeste kinderen hun jeugd zonder al te ernstige beschadigingen door.

Schaafwonden

Schaafwonden zijn meestal vrij onschuldig, al kunnen ze er vreselijk uitzien. Was een schaafwond zo snel mogelijk schoon. Dat kan prikken en je kunt dat dan ook het beste doen met lauwwarm water en wat zeep. Leid je baby af door voor hem te zingen of tegen hem te praten. Wees heel voorzichtig. Neem de tijd en was zoveel mogelijk vuil weg. Doe een desinfecterend middel op de wond en plak er een pleister over.

Als je baby op grint of zand is gevallen, moet je misschien kleine steentjes of ander vuil uit de wond verwijderen. Als je thuis bent (of thuiskomt), kun je je baby het beste in bad zetten om grint en vuil los te weken uit de wond. Je kunt eventueel een pincet gebruiken. Als je niet thuis bent, kun je op zoek gaan naar schoon water (niet uit een plas, maar wel uit een wasbak) om de wond zo goed en zo snel mogelijk schoon te maken.

Snijwonden

Je kunt niet altijd zien hoe diep een snijwond is. Was een snijwond schoon met warm water en zeep. Als de wond een beetje bloedt, is een pleister voldoende. Verschoon de pleister minstens één keer per dag en vaker als hij vies is geworden. Als de pleister aan de huid van je baby blijft plakken, kun je wat babyolie gebruiken om de pleister los te maken. Zodra er een korstje op de snijwond komt, kun je de pleister eraf halen. Als de snijwond rood of gezwollen wordt of er op een andere manier geïnfecteerd uitziet, kun je het beste naar de huisarts gaan. De meeste snijwonden genezen vanzelf en hebben niet meer nodig dan een kusje van dr. Mama.

Kleine snijwonden hebben soms helemaal geen pleister nodig; sommige wonden genezen zelfs sneller als ze zijn blootgesteld aan de lucht.

Als een snijwond erg bloedt, breng hem dan hoger dan het hart van je kind en oefen er druk op uit met een schone tissue of een steriel gaasje (zie figuur 19.1). Als je baby bijvoorbeeld een snee in zijn hand heeft, kun je zijn hand boven zijn hoofd houden terwijl je de wond zachtjes dichtdrukt. Als zijn voet bloedt, leg je hem op de bank of grond en houdt zijn voet hoger dan zijn borst. Als je op de wond drukt, moet het bloeden na tien minuten stoppen. Als dat niet gebeurt, moet je direct een arts bellen. De wond moet dan waarschijnlijk gehecht worden.

Gebruik nooit een tourniquet of knevelverband bij een baby! Een knevelverband doet meer kwaad dan goed en mag alleen gebruikt worden in de meest extreme omstandigheden, als niets anders het bloeden kan stoppen. Als je voldoende druk op de wond uitoefent, zal het bloeden zo goed als altijd stoppen.

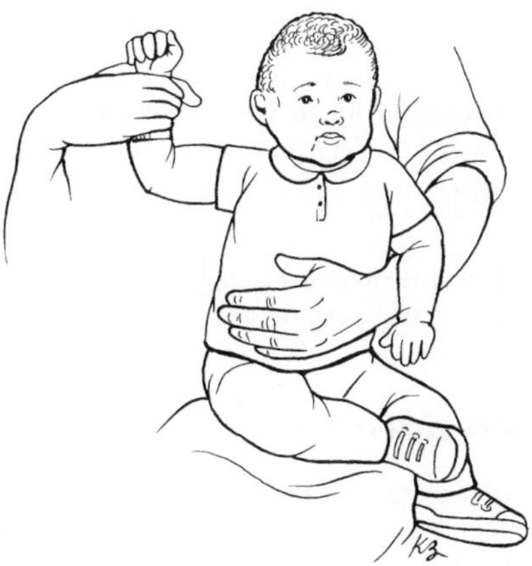

Figuur 19.1: Houd een snijwond omhoog als hij erg bloedt

De volgende aanwijzingen vertellen je dat wond gehecht moet worden:

- **Een gapende wond.** De wond zal niet vanzelf dichtgaan, waardoor de wond blootstaat aan infecties en er een litteken zal ontstaan.
- **Een wond van een halve centimeter diep.** Dat is te diep om vanzelf weer dicht te kunnen gaan.
- **Gerafelde randen.** Gladde randen gaan makkelijker vanzelf dicht en genezen zonder littekens.
- **Behoorlijke afmeting en in het gezicht.** Je hoeft je baby niet naar de Eerste Hulp te brengen bij een lichte schram, maar een snijwond laat meestal een litteken achter.
- **Behoorlijke afmeting en op een plaats die moeilijk geneest.** Op de kin, knieën en vingers blijft de huid niet goed bij elkaar zonder wat extra hulp.

Steekwonden

Omdat steekwonden moeilijk schoon te maken zijn, liggen infecties op de loer. Was de wond enkele minuten schoon met warm water en zeep en bekijk het bloeden. Bel de dokter als de wond erg bloedt en dit niet stopt als je de wond hoog houdt en er druk op uitoefent (gedurende tien minuten). Misschien moet de wond gehecht worden.

Als de steekwond is ontstaan door een katten- of hondenbeet, moet je nagaan of het dier is ingeënt tegen hondsdolheid. Als dat niet het geval is, moet je contact opnemen met je arts. Als je baby zich heeft geprikt aan een roestige spijker of iets anders onhygiënisch, bel dan ook direct je arts. Kijk of er iets is achtergebleven in de wond (stukje katten- of hondentand, doorn, roest). Als dat het geval is, kan dat leiden tot een infectie en zal je baby antibiotica nodig hebben.

Blauwe plekken

Blauwe plekken hebben doorgaans geen speciale behandeling nodig. Als kinderen gaan staan en leren lopen, zullen ze regelmatig vallen. Als ze eenmaal goed kunnen lopen, zullen er nog veel meer blauwe plekken komen, omdat je kind dan allerlei nieuwe dingen gaat uitproberen. Blauwe plekken zijn het bewijs van een energieke baby.

Blauwe plekken die spontaan ontstaan en samengaan met koorts moeten direct worden bekeken door een arts.

Hoofdwonden behandelen

Hoofdwonden bloeden heel erg. Het hoofd zit stampvol bloedvaten, waardoor deze verwondingen er meestal erger uitzien dan ze zijn. Jij denkt waarschijnlijk dat je baby al zijn bloed aan het verliezen is, maar als je dan goed kijkt, zie je dat het eigenlijk maar een kleine wond is. Hier geldt dezelfde regel als voor verwondingen elders op het lichaam: oefen stevige druk uit. Kijk na tien minuten of het bloeden gestelpt is. Neem je kind mee naar de dokter als de wond diep, gerafeld of beide is of zich in het gezicht bevindt.

Een bult op het hoofd is de meest voorkomende hoofdwond. Je kunt behoorlijk schrikken als je kind valt en op zijn hoofd terechtkomt. Als hij meteen weer overeind komt en zich normaal gedraagt, is er waarschijnlijk niets aan de hand, zelfs als hij een flink 'ei' op zijn hoofd krijgt. Deze enorme bulten zijn een bewijs dat de verwonding niet verder gaat dan de bloedvaten in je baby's hoofd. Hoewel zo'n bult er afschuwelijk uitziet, betekent hij niet dat de hersenen van je kind zijn beschadigd. Leg er twintig minuten lang een ijskompres op om de zwelling te verminderen.

Een hoofdwond ontstaan door een val van het aanrecht, een botsing tegen de muur of een val van de trap zal eerder leiden tot een hersenschudding of ernstige hersenbeschadiging dan een val vanuit staande positie op de vloer. Laatstgenoemde val veroorzaakt zelden een hersenbeschadiging.

Een hersenschudding is een verwonding aan de hersenen en is een ernstige zaak. Als je baby op zijn hoofd is gevallen, een klap op zijn hoofd heeft gehad of ergens tegenaan is gebotst, let dan in de daaropvolgende 24 uur op onderstaande aanwijzingen. Mochten deze optreden dan moet je direct een arts bellen.

- bewustzijnsverlies;
- extreem bleke gelaatskleur;
- vergrote of grote pupillen (een pupil kan er groter uitzien of niet reageren als met een zaklamp in het oog wordt geschenen);
- geïrriteerdheid (waaronder aanhoudend huilen) of lusteloosheid;
- overgeven;

- Verlies van lichaamscoördinatie (niet in staan te lopen, kruipen of bewegen zoals hij deed voor de klap);
- Afscheiding uit de oren (bloederig of waterig), wat een teken van schedelbreuk kan zijn.

Als je baby zijn hoofd 's avonds hard stoot, kan hij gewoon naar bed. Je moet dan in de loop van de nacht regelmatig (minstens elke twee uur) bij hem gaan kijken om te zien of hij normaal ademt, pijn heeft. Controleer of je hem wakker kunt maken en of hij je dan herkent.

Verwondingen aan de mond

Verwondingen aan de mond kunnen ook behoorlijk bloeden. Gelukkig is het vrij gemakkelijk om het bloeden van een snij- of schaafwond in de mond te stelpen. Een ijsklontje doet meestal wonderen.

Soms zijn echter ook de tanden betrokken. Je kind kan vallen en een stukje van zijn tand breken op de salontafel of hij kan hem helemaal kwijt zijn. Als zo'n tand er eenmaal uit is, blijft hij er ook uit. Je belangrijkste zorg is dan een ontsteking aan het tandvlees (rood, gezwollen en een afscheiding van pus) of het uiterlijk van je kind.

Als je baby op zijn tanden is gevallen of zijn tandvlees heeft beschadigd, bel dan je consultatiebureauarts tijdens het spreekuur. Je wilt graag weten of je baby zijn tanden niet kwijt is en of hij de omliggende tanden niet heeft beschadigd. Je arts kan je vertellen of je baby naar een tandarts moet. Een tand die bruin of grijs wordt, is dusdanig geraakt dat de wortel is afgestorven. Als je dat ziet, kun je zelf de tandarts bellen.

Verstuikingen en breuken

Hoewel de botten van een baby veel flexibeler zijn dan die van een volwassene (waardoor ze zelden echt *breken*), bevatten ze groeiplaten die snel beschadigd kunnen raken. In de lange botten van een baby kan een zogenaamde *twijgbreuk* ontstaan. (Probeer maar eens een verse twijg te breken. Deze zal niet echt breken, maar in het midden opensplijten.)

Als je baby ongelukkig valt, kan hij iets verstuiken (een verrekt of uitgerekt lichaamsdeel) of breken (een breuk of scheur in het bot). Beide verwondingen hebben gelijksoortige symptomen.

- zwelling;
- blauwe plek;
- extreme pijn;
- onvermogen de arm of het been te gebruiken of er gewicht op te dragen.

Arm uit de kom

Vooral vaders vinden het vaak leuk om hun kinderen rond te draaien terwijl ze hun handen of polsen vasthouden. Dit kan een veelvoorkomend probleem tot gevolg hebben: arm uit de kom. Als op deze manier aan een uitgestrekte arm wordt getrokken, kan dat zeer pijnlijk zijn en ertoe leiden dat de arm niet meer gebruikt kan worden. (Je kind kan bijvoorbeeld een speeltje willen pakken en zijn arm bij de elleboog gebogen voor zijn borst houden.) Deze verwonding kan ook ontstaan door een kind aan de handen omhoog te trekken bij het leren lopen. Gelukkig kan de arm weer pijnloos op zijn plaats worden gezet door de consultatiebureau- of huisarts.

Een breuk heeft ook nog onderstaande symptomen.

- vervorming van het lichaamsdeel (soms met een uitstekend bot);
- erger wordende pijn bij het bewegen van het lichaamsdeel.

BEL DE DOKTER

Leg ijs op de verstuiking of breuk en bel direct een arts. Elke verwonding die pijn en zwelling van een bot veroorzaakt, moet direct worden bekeken door een arts. Het kan zijn dat je arts aan de telefoon vraagt om rond de breuk of verstuiking te voelen of er pijnlijke plekken zijn. Meld je dokter snijwonden of andere open wonden op de getroffen plek – het kan gaan om een open botbreuk die antibiotica nodig heeft om infecties te voorkomen.

De zorg voor beten en steken

Jij en je baby liggen lekker op een deken in het gras te genieten van een heerlijke, luie zomermiddag als plotseling, zonder waarschuwing of aanleiding, je baby luid begint te schreeuwen. Zijn eerste bijen- of wespensteek. Au. Als je kind erg overstuur is, probeer hem dan af te leiden of zet hem even voor de televisie (dit is een van die zeldzame keren dat het goed is om de televisie te gebruiken als kalmeermiddel).

TIP

Gebruik dan het stompe uiteinde van iets (je nagel, een botermesje of een stuk stevig papier) om de angel te verwijderen. *Gebruik geen pincet.* Probeer de angel niet met je nagels te pakken, omdat daardoor meer gif in de huid van je baby terecht kan komen. Schraap de angel uit de wond, was de plek met zeepwater en leg er een ijskompres op. Vaak neemt het stekende insect de angel echter gewoon mee.

TIP

Een pasta van zuiveringszout en water is al een eeuwenoude remedie tegen een bijensteek en helpt echt tegen de zwelling en jeuk. Een ander populair huismiddeltje is zinkzalf.

Een insectenbeet kan een zeer ernstige allergische reactie teweeg brengen bij sommige kinderen. Deze kinderen zijn aanvankelijk hypergevoelig voor een beet of steek voordat ze *daadwerkelijk* allergisch zijn voor een insectenbeet. Dit toont aan dat ze een allergie ontwikkelen tegen het gif en dat toekomstige beten dodelijk kunnen zijn. Omdat de tekenen van overgevoeligheid niet altijd ernstig hoeven zijn (en je baby ook gestoken kan worden als jij er niet bij bent), kan het zijn dat je niet door hebt dat je kind hypergevoelig is. Je weet dan niet eens dat je kind het risico loopt op een ernstige allergische reactie bij zijn volgende insectenbeet. Je kind kan dus een aantal keren zonder problemen gestoken worden. Als hij hypergevoelig is voor het gif, kan de volgende steek tot een extreem allergische reactie leiden – zelfs als dat nooit eerder is gebeurd. Als je de aanwijzingen voor hypergevoeligheid niet hebt opgemerkt, zie je de allergische reactie niet aankomen.

Als je kind buiten adem raakt, extreme pijn voelt of een zwelling krijgt op de plek van de beet, bel dan direct een arts. Dit zijn tekenen van hypergevoeligheid. Je baby kan een anafylactische schok (een ernstige, levensbedreigende allergische reactie) krijgen die tot de dood kan leiden. Als je een of meer van onderstaande symptomen waarneemt na een insectenbeet of -steek bel dan direct een arts of ambulance.

- galbulten;
- misselijkheid en/of overgeven;
- heesheid en/of hoesten;
- moeilijk ademhalen (piepende ademhaling);
- hoofdpijn, duizeligheid of flauwvallen.

Een kind dat hypergevoelig blijkt te zijn voor insectenbeten kan een noodinjectie met adrenaline voorgeschreven krijgen, die je altijd bij je moet hebben als je naar buiten gaat. Deze medicijn gaat de effecten van het gif tijdelijk tegen en zorgt ervoor dat je kind geen anafylactische schok krijgt.

Teken

Teken kunnen de ziekte van Lyme bij zich hebben en overdragen. Deze ziekte wordt veroorzaakt door een bacterie die de teek op een mens kan overgedragen. De gevolgen op de lange termijn zijn stijve gewrichten, huiduitslag en griepachtige symptomen.

Als je baby een teek heeft, probeer die dan niet te verdoven met alcohol, ether of andere middelen. Je loopt dan het risico dat de teek gaat braken en de ziektekiemen alsnog aan je kind overdraagt. Je kunt het beste een speciale tekentang gebruiken. Zet deze zo dicht mogelijk achter de kop van het dier en trek het eruit door een draaiende beweging te maken. Probeer de teek niet tussen duim en wijsvinger te pakken – dan bestaat de kans dat je het lichaam fijnknijpt en dat het dier zijn ziektekiemen in je kind loslaat.

Probeer de teek helemaal te verwijderen. Als een klein stukje achterblijft, kan dat gaan ontsteken. Meestal komt het er echter net als een splinter na een paar dagen vanzelf uit. Nadat je de teek hebt verwijderd, ontsmet je de plek met alcohol of jodium.

De ziekte van Lyme kent drie fasen:

1. Na ongeveer drie weken ontstaat een rode, ringvormige plek die steeds groter wordt. De ring blijft vaak enkele maanden zichtbaar.

2. Enkele weken tot enkele maanden na de tekenbeet kunnen aandoeningen van het zenuwstelsel, de gewrichten en het hart ontstaan. Dit kan leiden tot pijn in de armen of benen, hoofdpijn, dubbelzien en aangezichtsverlamming, waardoor het ooglid niet meer sluit en de mondhoek gaat hangen.

3. De neurologische verschijnselen en gewrichtsklachten worden chronisch. De huid van handen, onderarmen, onderbenen en voeten kunnen donkerrood tot paars verkleuren. In zeldzame gevallen kan Lyme tot de dood leiden.

Voorkomen is ook bij de ziekte van Lyme beter dan genezen. De meeste tekenbeten komen voor in bos- en duingebieden, maar teken voelen zich ook thuis in parken en zelfs kleine stadstuintjes. Tekenbeten komen het vaakst voor als het een beetje warm en vochtig is. Sommige jaren zijn er heel veel teken, andere jaren bijna geen.

De meest riskante gebieden in Nederland zijn de Flevopolder, het Gooi, de regio Arnhem-Apeldoorn, Zeeland en het noorden van Limburg. Vooral de Flevopolder is berucht: wandelaars die daar van de paden afwijken, kunnen soms meer dan honderd tekenbeten oplopen. In België is de kans op een tekenbeet het grootst in het oosten van Vlaanderen en Wallonië.

Als je naar het bos gaat of je baby in het gras laat spelen, bedek hem dan zoveel mogelijk. Stop zijn broek in zijn sokken en doe hem een shirt met lange mouwen aan. Controleer je baby meteen op teken als je thuiskomt en let dan vooral op zijn hoofd.

PAS OP!

Verwijder een teek zo snel mogelijk. Hij heeft minstens 24 uur nodig om de bacterie af te 'geven' die de ziekte van Lyme veroorzaakt bij mensen.

Brandwonden behandelen

Brandwonden kunnen blaren worden en gaan ontsteken. Het is daarom belangrijk om goed naar een brandwond te kijken en er op de juiste manier voor te zorgen. Het is uiteraard het beste om een brandwond te voorkomen. In hoofdstuk 20 krijg je tips voor het brandwondvrij houden van je kind. Deze paragraaf geeft je een overzicht van de verschillende vormen van een brandwond, hoe ze eruit zien, hoe je ervoor kunt zorgen en wanneer je een dokter moet bellen.

Thermale brandwonden

De meeste mensen denken bij brandwonden aan thermale brandwonden – brandwonden door vuur, kokendhete vloeistof of contact met een heet voorwerp. Deze brandwonden worden gekwalificeerd door het aantal huidlagen dat is beschadigd. In tabel 19.1 staan de verschillende soorten en hun symptomen (de symptomen van eerste- en tweedegraadsverbrandingen worden ook gebruikt bij zonnebrand).

Tabel 19.1: Kwalificatie van brandwonden en hun symptomen

Brandwond	*Symptomen*
Eerstegraads of oppervlakkige brandwond	De bovenlaag van de huid is aangetast, De plek is droog, roze of rood en ietwat pijnlijk. Er ontstaan geen blaren.
Tweedegraads brandwond	De brandwond gaat dieper de huid in, Donkerrode, gezwollen huid die behoorlijk pijnlijk is en blaren vertoont. De huid kan nat zijn door de blootgestelde onderste huidlagen.
Derdegraads of diepe brandwond	Alle huidlagen zijn aangetast. De huid is droog en leerachtig en kan parelachtig wit of zwart zijn. De plek is pijnloos, omdat de onderliggende zenuwen ook zijn aangetast.

Als je baby thuis is getroffen door een relatief lichte verbranding, verwijder dan de kleding van het getroffen gebied en houd de huid koel. Als hij zijn hand verbrand heeft, vul dan een grote kom met water en doe zijn hand er gedurende twintig minuten of langer in (of zet hem in een koud bad). Als hij zijn gezicht verbrand heeft, leg er dan een koud, nat kompres op. Een brandwond op de handen of in het gezicht moet altijd door een dokter worden bekeken.

Doe geen huismiddeltjes als olie of boter op de wond. Deze middelen houden de hitte in de huid, waardoor de brandwond erger wordt.

Geef je baby meer vocht en een pijnstiller tegen te pijn. Dep blaren met een desinfecterend middel en wikkel er losjes verband om. Maak de blaren niet stuk! Niet alleen vergroot je dan de kans op infecties, het verstoort ook het genezingsproces. Bel de dokter om te bespreken wat je verder moet doen. Sommige brandwonden kunnen een shock veroorzaken (het lichaam sluit al zijn belangrijk systemen af).

Als je denkt dat je baby derdegraads verbrandingen heeft, breng hem dan direct naar het ziekenhuis.

Verbrand door de zon

Vandaag de dag weet iedereen dat het niet slim is om de huid bloot te stellen aan de zon. Het is het beste om kinderen onder een jaar helemaal uit de zon te houden; hun huid is te gevoelig. We weten echter dat baby's soms toch in de zon zijn en geven daarom enkele tips om ze zonnebrandvrij te houden. En als je deze pagina's pas leest als je je kind een hele dag in de hete zon hebt laten spelen of als je zonnecrème zijn werk niet helemaal goed heeft gedaan, krijg je ook nog wat tips voor de verzorging van de verbrande huid.

TIP

Hoe houd je je kind zonnebrandvrij?

- Bescherm kinderen boven de zes maanden met zonnecrème van minimaal factor 30.
- Gebruik zonnecrème royaal en breng het twintig minuten voordat je kind de zon in gaat aan, zodat het in de huid kan trekken. Smeer elke paar uur en na het zwemmen opnieuw.
- Als je kind er ondanks de zonnecrème rood en verbrand uitziet, is hij ook rood en verbrand en moet je hem direct uit de zon halen.
- Zet je baby een zonnehoedje op en doe er alles aan om het op zijn hoofd te houden. Zoek naar een hoedje met een brede rand, zodat zowel zijn gezicht als zijn nek bedekt is. Er zijn ook hoeden en petten met een flap aan de achterkant die de hele nek afdekt.

PAS OP!

Gebruik geen zonnecrème bij baby's onder de zes maanden. Kinderen van deze leeftijd hebben hun handjes voortdurend in hun mond en krijgen de crème zo binnen. Omdat deze baby's toch nog niet zo mobiel zijn, is het niet zo moeilijk om ze uit de zon te houden of kleding aan te trekken die armen en benen bedekt.

Als je baby toch verbrandt, zal hij niet blij zijn. Zijn huidje zal rood en warm zijn.

- Geef hem meer te drinken om uitdroging te voorkomen.
- Zet hem in een koel bad.
- Geef hem wat pijnstillers.
- Gebruik een lotion of crème met aloë vera, dat voelt prettig aan op de huid en verkoelt als het verdampt.
- Houd hem helemaal uit de zon.

PAS OP!

Maak eventuele blaren niet stuk – dat kan infecties veroorzaken. Laat ze met rust en bel je arts. Het kan een aanwijzing zijn voor een tweedegraads verbranding. Bel je arts ook als je kind tekenen van een zonnesteek vertoont (overgeven of bewustzijnsverlies).

Verbranden door chemicaliën of elektriciteit

Schoonmaakmiddelen kunnen ook ernstige brandwonden veroorzaken op de huid en speekselklieren. Als je baby op de een of andere manier in het gootsteenkastje terecht is gekomen, haal je hem er onmiddellijk uit, borstel je poederachtige substanties weg en was je hem goed. Als je weet welk schoonmaakmiddel hij te pakken heeft gehad, lees je het etiket om te zien of er instructies op staan die je vertellen wat je moet doen als het middel in aanraking is geweest met de huid of de ogen. Volg deze instructies op en bel je arts. Het is het beste om alle schoonmaakmiddelen buiten het bereik van je kind te houden, zodat je kind er absoluut niet bij kan. Zet ze op een hoge plank of ergens in de schuur of garage.

Als je baby in aanraking is geweest met elektriciteit (een losse draad of het stopcontact), ga dan direct naar de eerste hulp of bel een ambulance. Deze brandwonden kunnen er mild uitzien, maar dragen het risico van een elektrische schok.

Hoofdstuk 20

Ongelukken thuis voorkomen

In dit hoofdstuk

- Een veilig huis voor je baby
- Huisdieren onder controle
- Veilig slapen
- Waterongelukken voorkomen
- Rondrijden
- Verstikkingsgevaar
- Shaken babysyndroom

Ouders vallen meestal uiteen in twee kampen als het gaat om mogelijke gevaren in huis:

- Alles is levensgevaarlijk.
- Het zal ons nooit overkomen.

PAS OP!

Beide standpunten gaan gepaard met hun eigen aspecten. Als je de wereld bijvoorbeeld ziet als een plaats die er alleen maar is om je baby pijn te doen, dan zul je je kind waarschijnlijk veel te veel beschermen – niet alleen in zijn eerste jaren, maar altijd. Je kind heeft slechts twee opties: hij wordt of een doodsbenauwd mens vol angsten of hij komt tegen je in opstand en doet alles wat jij hem ooit verboden hebt. Dit is in beide gevallen niet gezond.

De gedachte dat er vast nooit iets vervelends met jouw kind zal gebeuren (met de gedachte dat er miljoenen kinderen zijn, die *zelden* ongelukken krijgen), is je kop in het zand steken. Er liggen heus gevaren op de loer. Het is jouw taak om ze te zien en te voorkomen dat je baby ertegenaan loopt. Doe je dat niet, dan is de kans erg groot dat je baby zich pijn doet of dat hij het gevoel heeft dat hij er alleen voor staat en eigenlijk alles kan doen wat hij maar wil. Dat is behoorlijk beangstigend voor een kind.

TIP

Het gaat erom dat je een tussenweg vindt, die wordt gevormd door de realistische gevaren die er zijn als de omgeving van je kind niet wordt beveiligd. Laat daarbij je gezond verstand regeren.

Baby's zijn nieuwsgierig snel, en geen enkele ouder is in staat om elk ongelukje te voorkomen. Je kunt echter wel de meest ernstige, levensbedreigende verwondingen voorkomen. Neem een actieve houding aan en onderzoek de gevaren in je huis voor je baby de kans krijgt zelf op onderzoek te gaan. Kruip op handen en voeten door je huis om ze te ontdekken vanuit het oogpunt van je hummel. Je zult versteld staan van wat je ziet.

Maak je huis een veilige plek

Het valt niet mee om je huis babyveilig te maken. In het eerste jaar verandert je baby van een hulpeloos engeltje in een zeer actief en zeer ondernemend bengeltje, vooral als het om jouw waardevolle bezittingen gaat. Jouw baby maakt geen verschil tussen de antieke theekopjes van je oma en je potten en pannen – ze maken immers beide veel lawaai als je ze op de grond gooit.

Het beschermen van je eigendommen is één ding, het is echter nog veel belangrijker om je baby te beschermen tegen de gevaren van bijvoorbeeld een kapot theekopje, de ontdekking dat sommige dingen in de gaatjes van een stopcontact passen of dat je je op kunt trekken aan het tafelkleed (en daarbij ook andere dingen mee kunt trekken).

BELANGRIJK

Als je baby er eenmaal is, zul je aanpassingen in huis moeten aanbrengen om het veilig te maken. Dat hoort er gewoon bij. Niemand wil zijn kast beveiligen met sloten en de haard met een scherm, maar deze maatregelen zijn maar tijdelijk. Voor je het weet, is je baby groot en zal hij niet meer met de afvalbak onder de gootsteen willen spelen; hij zal hem zelfs niet meer willen aanraken (vooral niet als je hem vraagt het afval naar buiten te brengen).

Zie het beveiligen van je huis als het opnieuw inrichten van je huis – sommige dingen moeten eruit en andere dingen moeten erin. Vandaag de dag kun je zo'n beetje alles kopen wat nodig is om je huis helemaal veilig te maken voor je kind. Elk product is er met een reden: ergens is een kind bij iets betrokken geraakt dat de aanleiding is geweest voor een nieuw, beschermend product.

BELANGRIJK

Aanvankelijk kan het een onmogelijke taak lijken om je huis te beveiligen, maar de kans is groot dat je de aanwezige gevaren duidelijk ziet als je eenmaal begint.

Wees op tijd

Wacht niet tot je baby kruipt met het beveiligen van je huis. Doe dat zo snel mogelijk, misschien zelfs al tijdens je zwangerschap of direct na de geboorte. Maak veiligheid een topprioriteit. Je hebt misschien het gevoel dat je nog zeeën van tijd hebt voordat je baby er zonder jou vandoor kan gaan, maar voor je het weet rolt hij van de ene naar de andere kant en loop jij met angstzweet op je voorhoofd de stopcontacten af te dekken, de open haard af te schermen en hekjes voor de trap te plaatsen. Doe het daarom voordat het daadwerkelijk nodig is.

BELANGRIJK

Denk nooit dat je huis nu wel veilig genoeg zal zijn. Het is een proces dat nooit eindigt. Nadat je de benodigde voorzorgsmaatregelen hebt getroffen, ga je eens achterover zitten om de bewegingen van je kind te observeren. Misschien heb je enkele gevaren over het hoofd gezien (en dat is niet ondenkbaar). Bij elke nieuwe fase in de ontwikkeling van je kind ontstaan ook weer nieuwe gevaren die je weer moet zien in te dammen.

Stap-voor-stap beveiligen

Alles moet beveiligd worden. Beter gezegd: alles wat een mogelijk gevaar kan opleveren voor je kind moet zo veilig mogelijk gemaakt worden. Dat betekent dat je moet letten op alles wat zich op de vloer bevindt, alles waaraan je baby kan trekken of waarnaar hij kan grijpen en alles waarop hij kan klimmen.

De vloer

Ga op de vloer liggen en kijk wat een onervaren roller of kruiper kan tegenkomen:

- Verwijder alle kleine voorwerpen die je baby in zijn mond kan stoppen.
- Zet planten, die giftig kunnen zijn, zo hoog dat je kind er niet bij kan.
- Verplaats kattenbakken en vuilnisbakken naar plaatsen waar je baby er niet bij kan.
- Zorg dat je baby niet beklemd kan raken onder lage meubels.
- Plaats een haard- of kachelscherm of een beschermkussen rond een hoger gelegen haard. Zorg dat je baby niet bij de as van de open haard kan.
- Scherm een houtkachel af of gebruik hem helemaal niet als je kind nog klein is. Houtkachels kunnen ernstige brandwonden veroorzaken.

- Verwijder meubels met scherpe randen of dek deze randen af met dik en zacht materiaal.
- Plaats traphekjes. Gebruik boven aan de trap nooit een traphek dat je tussen de muren spant. Dit kan los schieten als je er tegenaan duwt, waardoor je baby een duik naar beneden kan maken. Gebruik boven een hek dat je in de muur schroeft.
- Als je een overloop hebt met spijlen, let er dan op dat deze spijlen dicht genoeg bij elkaar staan en plaats er anders een hek voor, zodat je kind zich er niet door kan wurmen en naar beneden kan vallen.
- Bevestig losliggende vloerkleden of tapijt, zodat een kind dat net kan lopen er niet over kan struikelen.

In en om het huis

Bekijk waar je baby bij kan. Hij kan eenvoudig bij elektriciteitsdraden en lage stopcontacten. Kastdeuren en laden onthullen mogelijke gevaren. Deze lijst is eindeloos lang.

Houd je baby veilig met onderstaande maatregelen:

- **Koop en installeer beschermplaatjes voor de stopcontacten** en bevestig ze op elk stopcontact in huis.
- **Verstop elektriciteitsdraden achter meubels waar dat mogelijk is.**
- **Plaats kindersloten op kastdeuren, laden en toiletbrillen.**
- **Controleer alle tafels en stoelen om te zien welke gemakkelijk omvallen of topzwaar zijn.** Je baby kan ze omtrekken als hij zich probeert op te trekken.
- **Verwijder tafelkleden of andere dingen die van een tafel af hangen.** Je baby zal zich niet kunnen optrekken aan een tafelkleed, maar is wel in staat om jouw vaas en fruitschaal naar beneden te trekken.
- **Schroef zware meubelstukken als boekenkasten, stereokasten, vitrinekasten en ladekasten tegen de muur.** Je baby zal alles wat de goede hoogte heeft, gebruiken om zichzelf aan op te trekken. Neem hem tegen zichzelf (en een paar kilo boeken) in bescherming door deze objecten vast te zetten.
- **Vervang deurstoppers met kleine rubberen dopjes door grote doppen.** De kleine dopjes passen in de mond van je baby en vormen verstikkingsgevaar.
- **Plaats deurbeschermers,** zodat je kind niet met zijn vingers tussen de deur kan komen.

- **Verwijder de koorden van blinderingen, zonneschermen en gordijnen,** zodat je baby er niet bij kan.
- **Zorg dat het water uit je kraan niet kokend heet is, om verbranden te voorkomen.**
- **Scherm de kraan in het bad af, zodat je baby zijn hoofd er niet aan kan verwonden.**
- **Televisies zijn enorm zwaar en moeten buiten het bereik van je baby staan, dus niet op een lage tafel of plank.**
- **Houd je baby niet in de ene hand als je een hete kop koffie in de andere hebt.**
- **Houd je baby niet vast als je aan het koken bent – laat hem maar even huilen!**

Speciale aandacht

Sommige baby's zijn sterk (en slim) genoeg om een koelkast, oven, vaatwasser, wasmachine, droogtrommel enzovoort open te maken. Een kind kan stikken in de koelkast, ovens zijn heet, vaatwassers kunnen scherpe voorwerpen bevatten en kinderen kunnen vast komen te zitten in wasmachines en droogtrommels.

TIP

Baby's leren in het eerste jaar te klimmen en dingen vast te pakken. Bescherm hem tegen gevaarlijke situaties door onderstaande voorzorgsmaatregelen in acht te nemen.

- **Koop en installeer kindersloten voor de oven en koelkast, zodat je baby er niet in kan.**
- **Bescherm je fornuis met een beschermrand rond de kookplaten, kindveilige knoppen, zodat je kind het fornuis niet aan kan zetten.**
- **Verwijder meubels die onder ramen staan.** Kinderen kunnen te ver voorover leunen, op de meubels springen en uit het raam vallen of de meubels als trap gebruiken om een raam open te maken.
- **Plaats raambeschermers, zodat je kind de ramen niet verder open kan maken.** Een vliegenhor kan er gemakkelijk uitgeduwd worden en is niet bedoeld als bescherming.
- **Zorg ervoor dat je automatische garagedeur een ingebouwde bescherming heeft als hij ergens tegenaan stoot (de deur gaat dan vanzelf weer open).** Oudere deuren hebben deze beveiliging niet, waardoor een kind bekneld kan komen tussen de deur als deze dichtgaat. Test de garagedeur door er bijvoorbeeld een vuilnisbak onder te zetten en hem dicht te doen. Hij moet weer opengaan zonder de vuilnisbak te beschadigen.

Milieugerelateerde gevaren

Je bent nog niet klaar. Denk ook aan de chemicaliën die je onder de gootsteen hebt staan en die gevaarlijk kunnen zijn. Zorg er ook voor dat je rookmelders voorzien van batterijen.

TIP

Maak een lijst van alles wat gedaan moet worden en zorg dat onderstaande zaken erop staan.

- **Verwijder giftige of anderszins gevaarlijke chemicaliën uit je huis**. Zet ze achter slot en grendel in de schuur of garage.
- **Plaats rookmelders.** Zorg dat er minimaal een is op elke verdieping van je huis. Vervang de batterijen elk jaar, ook als ze nog steeds werken. Schaf rookmelders aan die ook waarschuwen voor koolmonoxide.
- **Zorg ervoor dat alle verf in je huis loodvrij is.** Verfschilfers die lood bevatten, kunnen leiden tot hersenbeschadiging als je baby ze eet. (Zie de paragraaf 'Loodvrij: gevaarlijke verfstoffen' verderop in dit hoofdstuk.)
- **Houd al je toiletspullen buiten het bereik van je kind.** Tandpasta is gevaarlijk als het in grote hoeveelheden wordt ingeslikt, evenals parfum en medicijnen die meestal in de badkamer worden bewaard. Zet ze liever op een hoge plank in je kledingkast, zodat je baby er niet bij kan.

Loodvrij: gevaarlijke verfstoffen

Nu je baby zich kan voortbewegen, zijn handjes in zijn mond stopt en zich voorbereidt op zijn grote ontdekkingsreis door het huis, moet je je bewust zijn van de aanwezigheid van lood in je huis. Niet de verf zelf is gevaarlijk, maar het stof ervan. Kinderen die loodstof inademen, lopen de kans op ernstige neurologische aandoeningen die gevolgen kunnen hebben voor de rest van hun leven. Deze aandoeningen zijn onder andere het onvermogen om zich te kunnen concentreren, hyperactiviteit, ontwikkelingsachterstand (waaronder ook ondergewicht) en hersenbeschadiging. Volwassenen zijn evenmin immuun tegen het inademen van loodstof, maar vooral kinderen zijn gevoelig voor onherstelbare schade omdat hun hersenen nog in ontwikkeling zijn.

PAS OP!

De meeste experts zijn het erover eens dat het gevaarlijker is om de verf van de muren en deuren te schuren dan deze te laten zitten: je maakt veel meer stof door het verwijderen van de verf. Let erop dat de verf niet schilfert en haal eventuele schilfers en stof direct weg. Laat je kind niet spelen bij bijvoorbeeld deuren en ramen waar de verf gemakkelijk gaat schilferen. Als je je huis goed onderhoudt en ervoor zorgt dat het goed schoon is, kun je loodvergiftiging voorkomen.

Onthoud dat niet alleen de verf in je huis lood kan bevatten. Tot aan de jaren vijftig van de twintigste eeuw werden loden buizen gebruikt voor de waterleidingen. Oud speelgoed is soms beschilderd met loodhoudende verf.

In Nederland en België is de verkoop van loodhoudende verf overigens al sinds 1925 officieel verboden. Kans op loodvergiftiging bestaat dan ook alleen in oude huizen waarin nog de originele verf aanwezig is. Vooral oude huurwoningen kunnen soms loodhoudende verf bevatten.

Verstikkingsgevaar voorkomen

Omdat baby's graag alles in hun mond stoppen, is verstikkingsgevaar een belangrijke zorg voor ouders. Als kinderen de zogenaamde orale fase naderen, ontdekken ze de wereld echt via hun mond. Ze ontdekken vormen, texturen en smaken door alles in hun mond te stoppen. De coördinatie van een baby is immers nog niet zo goed en het is veel makkelijker om iets in de richting van zijn gezicht te bewegen dan om er met zijn vingers aan te voelen. Dit gaat door tot in het tweede jaar en soms zelfs nog in het derde jaar. Je kunt beginnen met het uit de weg ruimen van kleine voorwerpen. Controleer de vloer elke keer voordat je je baby op zijn speelkleed legt. Het gevaar is dan echter nog niet geweken, omdat de meeste kinderen stikken in hun speelgoed of eten – de dingen die ze nou net van ouders krijgen. In deze paragraaf krijg je tips over het vermijden van verstikkingsgevaar. We geven je ook de basistechnieken van de Heimlich-manoeuvre voor baby's en babyreanimatie. Het is aan te bevelen om een cursus kinder-EHBO te doen.

Veilig snacken

Je kunt het risico op stikken verkleinen door je bewust te zijn van veilig en onveilig eten voor baby's en dreumesen. De volgende etenswaren kunnen mogelijk leiden tot verstikking:

- hotdogs;
- druiven;
- rozijnen;
- noten;
- stukken hard voedsel (groenten, kaas, vlees of fruit);
- dik, plakkerig voedsel als pindakaas of marshmallows, dat kan blijven steken in de keel van je baby;
- harde snoepjes (waaronder ook lolly's);
- popcorn.

TIP

Naast het geven van veilig voedsel kun je er ook voor zorgen dat je kind op een veilige manier eet.

- Zorg ervoor dat je kind rechtop zit en niet lacht of praat tijdens het eten.
- Snijd stevig voedsel in heel kleine stukjes, zodat het niet vast kan komen te zitten in zijn luchtwegen.
- Snijd ronde etenswaren (druiven, wortels, worstjes) in kleine stukjes of repen voor je ze aan je kind geeft.
- Laat je kind zijn mond niet volproppen.
- Vermijd plakkerig of hard voedsel (zoals noten of plakkerig en hard snoepgoed). Het is toch al niet goed voor je kind.

Het is ook belangrijk om de Heimlich-manoeuvre en babyreanimatie te beheersen, voor het geval dat. Lees de paragrafen over deze methoden voor meer informatie.

De Heimlich-manoeuvre

BEL DE DOKTER

Als je baby stikt, laat iemand dan direct een ambulance bellen. Als je de Heimlich-manoeuvre kent, kun je het leven van je baby redden.

Zo doe je het.

1. Leg hem met zijn gezicht naar beneden op je onderarm en ondersteun zijn nek met je hand. Zie figuur 20.1 A.
2. Sla vijf keer stevig tussen de schouderbladen met de muis van je hand. Zie figuur 20.1 B.
3. Als dat niet werkt, kun je hem omdraaien en je wijs- en middelvinger en ringvinger midden tussen zijn tepels plaatsen. Zie figuur 20.1 C.
4. Duw vijf keer stevig naar beneden met je wijs- en middelvinger. Zie figuur 20.1 D.
5. Herhaal bovengenoemde stappen.

Babyreanimatie

BEL DE DOKTER

Als je baby buiten bewustzijn is en geen adem haalt, laat iemand dan direct een ambulance bellen. Leg je kind op zijn rug op een plat oppervlak. Kantel zijn hoofd naar achteren en kijk in zijn mond. Als je het object kunt zien, krom dan je wijsvinger en probeer het voorwerp uit zijn mond te 'vegen'. Als hij nog steeds niet ademt of je ziet het object niet, begin dan met babyreanimatie.

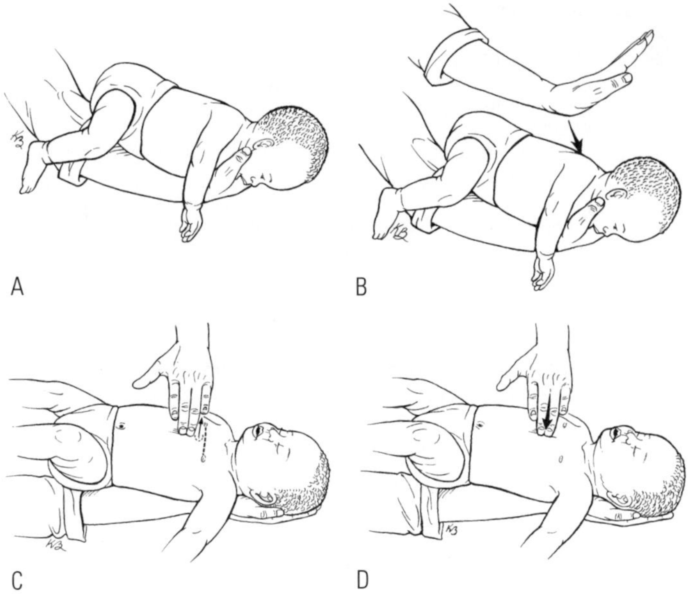

Figuur 20.1: De Heimlich-manoeuvre voor een stikkend kind

1. Leg je baby op zijn rug op een plat oppervlak.
2. Kantel zijn hoofd naar achteren om zijn luchtwegen open te maken.
3. Bedek zijn mond en neus met je mond en adem twee keer voorzichtig in zijn mond (ongeveer twee seconden elk). Zijn borst moet bij elke ademhaling omhoog komen.
4. Plaats je wijs- en middelvinger in het midden van zijn borst, ongeveer 2,5 centimeter onder zijn tepellijn. Duw vijf keer voorzichtig snel naar beneden, ongeveer een tot twee centimeter diep.
5. Herhaal deze stappen, waarbij je één keer ademt en vijf keer op de borst duwt, totdat je baby weer bijkomt of hulp arriveert.

Andere gevaren uitsluiten

Omdat een actieve, kruipende baby zo'n beetje alles in zijn mond zal stoppen wat hij op zijn weg tegenkomt, is het een fulltime taak om je huis vrij te houden van verstikkingsgevaren. Voor je je baby ergens laat spelen, kun je het beste de vloeren, banken en stoelen even schoonvegen of stofzuigen.

PAS OP!

Gevaren waarop je moet letten zijn:

- munten;
- knopen;
- kleine, ronde batterijen (gebruikt voor horloges, gehoorapparaten enzovoort);
- doppen van flessen, stiften en pennen;
- nietjes;
- paperclips;
- klein speelgoed dat ingedrukt kan worden of uitzet (schuimrubber ballen of ballonnen);
- rozijnen, pinda's en andere etenswaren;
- speelgoed met kleine onderdelen (wieltjes van auto's zijn erg gevaarlijk, evenals plastic ogen van poppen en knuffelbeesten).

PAS OP!

Bovenstaande lijst is maar een begin, omdat er zo veel kleine voorwerpen zijn die je baby in zijn mond kan stoppen. Let altijd op of er geen onderdelen van speelgoed of huishoudelijke voorwerpen rondslingeren die je baby kan inslikken. Het kan bijvoorbeeld veilig lijken om je baby op een lege frisdrankfles te laten kauwen, maar de dop kan losdraaien in zijn mond en in zijn keel terechtkomen.

BELANGRIJK

Onthoud twee belangrijke regels over verstikkingsgevaar:

- **Als een speeltje in een wc-rolletje past, is het te klein voor je baby.** De opening van het rolletje is grofweg de afmeting van de luchtwegen van je kind.
- **Denk niet dat een baby iets niet in zijn mond zal stoppen als het vies smaakt (zoals een koperen muntje) of scherp aanvoelt (zoals een nietje).** Hij is bezig de wereld te ontdekken met zijn mond, geef hem dus veilige dingen om te ontdekken en houd alle onveilige zaken uit zijn buurt.

Huisdieren onder controle

Als je baby geboren wordt in een huis waar je geliefde huisdier ook woont, kan dat leiden tot jaloezie bij je hond of kat. Je huisdier kan vreemd reageren (depressief, hyperactief of gemeen) en je kunt je afvragen of het wel veilig is om hem in de kamer te laten waar je kind zich ook bevindt.

PAS OP!

Je maakt je terecht zorgen. Huisdieren zijn vaak even dierbaar als kinderen (in elk geval tot het kind er eenmaal is) en hoewel jij van je huisdier houdt en het volledig vertrouwt, kan alles totaal veranderen als je baby eenmaal geboren is. Je voorheen zo voorbeeldige huisdier kan gedrag vertonen dat je nooit van hem had verwacht.

Onthoud één ding: vertrouw een huisdier nooit rond je baby. Zorg altijd dat jij letterlijk tussen je kind en je huisdier instaat. Voor een dier is de baby gewoon een ander dier dat gekke geluiden maakt. Zelfs als je ervan overtuigd bent dat je dier jouw leven zou redden (en hij zal je ook zeer waarschijnlijk uit een brandend huis weten te slepen), is je baby een vreemde voor hem, die hij niet direct accepteert.

PAS OP!

Zelfs als je kind ouder is, moet je hem niet met je huisdier alleen laten. Kinderen trekken aan staarten, bijten het huisdier of aaien te hard. Je huisdier kan daarop reageren door weg te rennen en zich te verstoppen, maar hij kan ook besluiten je kind een lesje te leren door terug te bijten.

De veiligheid van je slaapkopje

Als je je baby in bed legt, kun je soms het gevoel krijgen dat het de enige plek is waar hij volledig beschermd is tegen de gevaren in de wereld. Maar als jij ook wilt genieten van een goede nachtrust moet je er zeker van zijn dat het bed en de slaapkamer van je kind helemaal veilig zijn. Zorg ervoor dat iedereen veilig kan slapen door de babykamer zo veilig mogelijk in te richten.

Bedbesognes

TIP

Het ledikant kan een veilige slaapplek zijn, maar kan ook allerlei gevaren herbergen. Zorg ervoor dat het bed van je kind in de beste conditie en helemaal veilig is.

- **Gebruik alleen een nieuw ledikant.** Oudere bedjes beantwoorden niet aan de nieuwste veiligheidseisen en kunnen daarom beter niet gebruikt worden.
- **Zorg ervoor dat het bed stevig is.** Als het bedje al twaalf keer uit elkaar is gehaald en door alle kinderen van de familie is gebruikt, moet je erop letten of de schroeven nog wel goed zijn. Gebruik nooit extra hulpmiddelen om het bed steviger te maken; als de schroefverbindingen niet meer goed zijn, koop dan een ander bed.
- **Meet de afstand tussen de spijlen.** Als de afstand groter is dan 6,5 cm en kleiner dan 4,5 cm kun je het bedje niet gebruiken. Je baby kan beklemd raken tussen de spijlen.

- **Koop een stevige matras die precies in het ledikant past.** Als meer dan een vinger tussen de matras en het bed past, is hij te klein. Je baby kan dan beklemd raken.
- **Plaats het bed op een veilige plaats.** Koorden van blinderingen en gordijnen kunnen gevaarlijk zijn omdat je baby erdoor gewurgd kan worden; houd ze zo ver mogelijk bij het bed vandaan en knoop ze op zodat hij er helemaal niet bij kan.
- **Hang een mobile buiten het bereik van je kind** en haal hem weg zodra je baby zich begint op te trekken.
- **Verwijder de hoofdbeschermer van het bed zodra je baby gaat staan.** Hij kan de beschermrand gaan gebruiken als opstapje en zo uit het bed proberen te klimmen.
- **Als je het bedje van je baby verft of lakt, gebruik dan veilige producten.** Je baby zal het bedje met zijn mond gaan verkennen en je wilt dan niet dat hij gevaarlijke stoffen binnenkrijgt. Zodra je baby dat gaan doen, moet je ook letten op eventuele ruwe plekken of splinters.
- **Gebruik geen bedje met leuke uitsneden.** Kleding of lichaamsdelen kunnen erin beklemd raken.

Baby's moeten op hun rug slapen om het risico op wiegendood te verkleinen (zie de volgende paragraaf voor meer informatie hierover). Leg zo min mogelijk in het bedje van je kind, dus geen kussens, knuffelbeesten of zware dekbedden. Je baby kan daarin stikken.

Een hoofdbeschermer in het bed ziet er schattig uit, maar is niet nodig. Haal hem in elk geval weg als je baby zes maanden is, zodat hij er niet op kan klimmen. Zet de bedbodem op de laagste stand om een val over de rand te voorkomen als hij zich begint op te trekken.

Wiegendood (SIDS) voorkomen

Wiegendood of SIDS (*Sudden Infant Death Syndrome*) is de term die wordt gebruikt voor de dood van een naar het schijnt geheel gezonde baby. Wiegendood komt vooral voor bij kinderen onder de zes maanden als ze slapen. Er zijn enkele voorzorgsmaatregelen die de kans op wiegendood aanzienlijk verkleinen:

- **Gebruik een stevige matras en lichte dekens.** Zachte matrassen en dikke dekbedden kunnen gemakkelijk op het gezicht van je kind terechtkomen, waardoor hij kan stikken. Artsen denken dat een zachte matras gewoon niet voldoende steun geeft aan je kind. Stel je voor dat je een zwak klein wezen was dat op een waterbed zou liggen. Je zou veel beter kunnen ademen als je op een stevige matras zou liggen.

- **Leg je baby op zijn rug.** Dit betekent echter niet dat je geen stevige matras hoeft te gebruiken.
- **Houd de kamer en (nacht)kleding van je kind koel.** Door de kamer van je baby te verwarmen of je kind te dik aan te kleden, zou je het risico op wiegendood kunnen vergroten. Houd de kamer koel en trek je kind één laag kleding aan als hij gaat slapen.
- **Niet roken!** Meeroken kan vermoedelijk leiden tot wiegendood.
- **Geef, indien mogelijk, borstvoeding.** Borstvoeding beschermt je baby tegen ademhalings- en spijsverteringsaandoeningen. Deze aandoeningen worden vaak in verband gebracht met wiegendood.
- **Recente onderzoeken hebben aangetoond dat het gebruik van slaapzakken het risico op wiegendood vermindert.** Omdat je baby zich minder gemakkelijk kan omdraaien, komt hij niet snel op zijn buik terecht.
- **Laat je baby niet bij jullie in bed slapen.** Het kan te warm zijn voor je baby en hij kan gemakkelijk onder jullie dekens terecht komen.
- **Geef je kind een fopspeen.** Uit recente onderzoeken is gebleken dat het zuigen op een fopspeen beschermend werkt tegen wiegendood.

BELANGRIJK

Sommige baby's hebben een verhoogde kans op wiegendood, zoals kinderen die een broertje of zusje zijn verloren aan wiegendood, kinderen die in de baarmoeder zijn blootgesteld aan drugs of medicijnen, baby's met een laag geboortegewicht en baby's die al last hebben gehad van ademnood in hun bedje. Je arts kan vaststellen of je kind een verhoogde kans op wiegendood heeft. Als dat het geval is, kan worden geadviseerd om een monitor te gebruiken die de hartslag en ademhaling van je kind in de gaten houdt.

Pyjama-drama

In 1997 is vastgelegd dat nachtkleding uitsluitend van brandwerend materiaal gemaakt mag worden. Tot die tijd waren veel pyjama's van kunststoffen die zeer snel vlam konden vatten. Het blijft het beste om je kind in een katoenen pyjama te kleden die redelijk nauwsluitend, maar niet strak is. Loszittende pyjama's kunnen gevaarlijk zijn in het geval van brand en kunnen tevens rond de nek van een kind draaien of vast blijven hangen aan iets in het ledikant.

Lekker slapen

Als je baby regelmatig uit zijn ledikant probeert te klimmen, lijkt het je misschien tijd worden om hem naar een gewoon bed te verhuizen.

Weersta de neiging om een peuterbed voor je baby te kopen. De meeste kinderen blijven in elk geval het hele eerste jaar in een ledikant slapen en soms ook wel langer. Een ledikant is een veilige, duidelijk afgebakende plek – jij weet waar je baby is en je weet wat hij daarin wel en niet kan doen. Als je hem in een gewoon bed legt, weet je niets meer. Hij is nog te jong om alleen te blijven omdat hij dan kan gaan en staan waar hij wil als hij alleen in zijn kamer is. Laat hem gewoon veilig in zijn ledikant slapen.

Koop nog geen bed, maar zet de bedbodem van het ledikant zo laag mogelijk. Maak het zo goed als onmogelijk voor je baby om uit bed te klauteren. Hij zal de strijd uiteindelijk opgeven (voor zolang als het duurt).

Laat je baby niet in een gewoon eenpersoonsbed slapen, zelfs niet als dat beschermingsstangen heeft. Bedden zijn gevaarlijk voor baby's. Ze kunnen eraf rollen, hun hoofden kunnen beklemd raken onder de rails of tussen de muur en het bed. Als je bij oma op bezoek gaat en er is geen babybed, kun je je baby beter in de kinderwagen laten slapen of op een matras op de grond, terwijl jij ernaast blijft zitten. Laat je kind ook niet in jullie bed slapen om verstikkingsgevaar te voorkomen (iemand kan op hem rollen of de dekens over zijn hoofd trekken). Waterbedden zijn te zacht en onveilig voor een baby.

Je baby en water

Je baby kan in minder dan een minuut verdrinken in drie centimeter water. Als je in de buurt van water bent, zul je voortdurend op je kind moeten letten. Badkuipen en zwembaden zijn gevaarlijk voor jonge kinderen, evenals vijvers, jacuzzi's, diepe plassen, afgravingen enzovoort. Voetenbadjes en emmers met water *lijken* heel onschuldig, maar kunnen levensgevaarlijk zijn.

Het is het veiligste om in de buurt van water altijd dicht bij je kind te blijven en hem het liefste met een hand vast te houden. Dat is niet zo moeilijk bij een jonge baby, maar bij een kind dat zelfstandiger wordt, is het een lastigere klus.

Tips om verdrinking te voorkomen.

- **Leeg alle emmers, ijsemmers en andere bakken met water zo snel mogelijk en *zet ze weg*.** (Emmers met regenwater zijn ook gevaarlijk voor je baby.)
- **Laat nooit een ouder kind op je baby letten als hij in bad zit of bij een zwembad is.** Niet alleen is een kind gemakkelijk afgeleid, hij zal je baby in geval van nood ook niet kunnen redden.
- **Houd een klein kind weg bij de zee.** Grote golven kunnen zelfs de meest ervaren strandmensen verrassen en je baby is te klein om tegen een sterk getij te vechten.

- **Laat je baby nooit alleen in bad zitten – nog geen halve minuut, om wat voor reden dan ook.** Als je echt naar de deur of telefoon moet, haal je baby dan uit bad, wikkel hem in een lekkere handdoek en neem hem mee. Je kunt er ook voor kiezen om de telefoon en deurbel te laten rinkelen.
- **Dek een jacuzzi af met een deksel.**
- **Koop een alarm voor je zwembad dat afgaat als iets (of iemand) in het water valt.**
- **Vertrouw niet op zwemvesten en -bandjes als je kind in een zwembad is.** Dit soort reddingsmiddelen zijn niet bedoeld als vervanging voor volwassen toezicht. Je baby kan voor- of achterover kantelen en als je hem niet snel genoeg weer omdraait, kan hij verdrinken.
- **Leer babyreanimatie.**

In een bad gaat nog een ander risico schuil: verbranding. Zorg ervoor dat je water niet heter wordt dan 38°C en controleer het badwater altijd voor je je kind erin zet. Laat oudere baby's of dreumesen nooit met de kranen spelen – ze zouden wel eens per ongeluk de hete kraan voluit aan kunnen zetten.

Gevaren onderweg

Je kunt je baby niet opsluiten om hem tegen alle gevaren te beschermen (zou dat het leven niet een stuk eenvoudiger maken?), maar je kunt er wel voor zorgen dat de meest voorkomende ongelukken niet gebeuren, zoals die in autostoeltjes en rijdend speelgoed. En nee, je kunt hem ook niet de hele dag met een helm op laten kruipen – die zijn niet eens te koop in die maat. Zorgvuldig in de gaten houden is een betere oplossing.

Veilig in de auto

De eerste autorit met je baby vormt voor veel bestuurders een ommekeer in hun rijgedrag: voormalige snelheidsduivels trappen ineens op de rem en zitten als een oud opaatje achter het stuur. Het is heel normaal dat je je zo voelt, je bent immers verantwoordelijk voor het leven van je kind. Er komt echter meer kijken bij de veiligheid van je kind in de auto dan een slakkengang. In deze paragraaf geven we je enkele tips over hoe je ervoor kunt zorgen dat iedereen veilig op de plaats van bestemming aankomt.

Als je niet weet hoe je het autostoeltje in je auto moet bevestigen, ga dan terug naar het verkooppunt en laat iemand van het personeel je een demonstratie geven. Ook de ANWB of VAB zou je moeten kunnen helpen. Schaam je hier niet voor; onderzoeken hebben aangetoond dat heel, heel, heel veel autostoeltjes niet op de juiste manier worden geïnstalleerd. Je wilt alleen maar het beste voor je baby.

BELANGRIJK

Een autostoeltje is alleen maar nuttig als de overige passagiers eveneens goed vastzitten in de auto. Ook papa en mama moeten hun veiligheidsriemen dragen als ze met de auto gaan rijden, al is het maar naar de brievenbus op de hoek.

Het autostoeltje van je baby moet naar de achterkant van de auto gericht zijn tot hij ongeveer een jaar oud is en circa negen kilo weegt (je kind moet aan *beide* kwalificaties voldoen voor zijn stoel wordt omgedraaid). Onderzoek heeft aangetoond dat de nek van een kind onder een jaar niet sterk genoeg is om de klap van een ongeluk aan te kunnen als het naar voren gedraaid zit – zelfs als hij veiligheidsriemen om heeft. Ze zijn het veiligste op de achterbank (liefst in het midden met het oog op een aanrijding van opzij) met hun gezicht naar achteren gericht.

PAS OP!

Zet je kind nooit op de voorstoel van de auto als daar een airbag zit. In deze auto's is een waarschuwing te vinden waarop staat dat een baby in geval van een ongeluk levensgevaarlijk gewond kan raken of zelfs kan overlijden door een airbag. De klap van een airbag is zo snel en hard dat een kinderstoeltje je baby er niet tegen kan beschermen. Het stoeltje zelf kan dan veranderen in een dodelijk wapen, zelfs als het ongeluk bij een lage snelheid wordt veroorzaakt. Laat je baby dus altijd op de achterbank meerijden.

Concentreer je op de weg. Soms gebeuren dingen terwijl jij achter het stuur zit: je baby begint te huilen, schreeuwen of zeuren. Je kunt dan niet veel meer doen dan je ervoor afsluiten tot je de plaats van bestemming hebt bereikt (als je tenminste op weg bent naar de supermarkt en niet op vakantie naar Italië). Als je boos of geïrriteerd raakt, haal dan tien keer diep adem en zeg tegen jezelf dat je baby zicht de komende minuten best even kan redden. Probeer niet een speen te plukken uit de luiertas die op de bijrijderstoel ligt of een flesvoeding klaar te maken terwijl je aan het rijden bent. Dat is echt waanzin en de kans is groot dat je door het rode licht zult rijden of tegen je voorligger aan botst. Als je een extra achteruitkijkspiegeltje gebruikt om je kind in de gaten te houden, kijk er dan niet te vaak in, want ook dan zie je niet wat er op de weg gebeurt!

TIP

Speel een cd of bandje met de favoriete muziek van je baby in de auto. Zorg voor wat knuffelbeesten, een popje of zijn favoriete deken en geef hem een fles of speen om op te zuigen. Doe alles wat je kunt om hem tevreden te stemmen en je eigen ogen op de weg te houden.

BELANGRIJK

Als je je kind in de auto zet, zorg er dan voor dat de veiligheidsriemen strak genoeg zitten om het stoeltje op zijn plaats te houden in het geval van een ongeluk.

Lopen met je baby

TIP

Opritten, zebrapaden en parkeerplaatsen kunnen net zo gevaarlijk zijn voor je kind als een straat. Er is immers maar één auto voor nodig om je oudere, mobiele baby te verwonden. Onderstaande tips kunnen je kind beschermen.

- **Als je het huis verlaat zonder je kind, loop dan altijd om de auto heen om je ervan te verzekeren dat je kind er niet achter zit.**
- **Houd altijd de hand van je kind vast als je over een parkeerplaats loopt.** Automobilisten letten niet zo goed op als ze op zoek zijn naar een parkeerplaats en kunnen een klein kind dan gemakkelijk over het hoofd zien.
- **Laat je kind naast je lopen op het zebrapad.** Hoewel automobilisten aan beide zijden zouden moeten stoppen, doen ze dat niet altijd. Je wilt niet dat je kind voor je uit rent en onder een auto komt die hem niet op tijd ziet.

Leer je kind zo vroeg mogelijk dat hij moet stoppen, kijken en luisteren voor hij een straat oversteekt en let er ook op dat hij dat elke keer doet (samen met jou).

Baby op wielen: loopkarren en andere babymobielen

Wielen maken je baby zelfstandiger en verhogen jouw bloeddruk. Loopkarren zijn geweldig voor grotere baby's. Hoe veilig zijn deze voertuigen?

PAS OP!

Kinderartsen raden het gebruik van looptoestellen af (stoeltjes en zitjes op wielen). Ze zijn te snel en onvoorspelbaar en kunnen zeer gevaarlijk zijn. Je baby kan de keuken uitschieten en de keldertrap af vallen voordat jij door hebt dat hij weg is. Je kunt hem beter in iets zetten dat niet beweegt. Je weet dan precies waar hij is en wat hij doet en hij kan zichzelf niet verwonden.

Een baby die niet zelf op een loopkar kan zitten, hoort er nog niet op. Hij zal er vanaf vallen en zijn hoofd pijn doen. Binnen zijn deze karren net zo gevaarlijk als looptoestellen; buiten moeten ze gebruikt worden onder voortdurend toezicht van een volwassene (zodat je kind niet de straat op rijdt). Controleer regelmatig of de wielen nog goed vastzitten.

Het mobiele kind

Als je baby begint te lopen en daarna rennen naar onafhankelijkheid, is jouw baan als bodyguard officieel begonnen. Je kind wil meer doen, meer zien en meer weten – maar het ontbreekt hem aan angst en kennis over wat gevaarlijk voor hem is en wat niet.

BELANGRIJK

Het mobiele kind vereist constante supervisie, vooral buiten. Je kunt er redelijk zeker van zijn dat je kind veilig is als hij in de woonkamer speelt, maar als je de veilige haven verlaat die je gecreëerd hebt, weet je niet welke gevaren op de loer liggen. Het is riskant om je kind een paar minuten alleen te laten, zelfs als de tuin omsloten is. Vergeet niet dat een giftige paddestoel er voor je kind kan uitzien als een lekker hapje en dat een stukje glas er uitziet als een fascinerend speeltje.

Als je baby zijn peuterjaren nadert, zal hij alleen maar nieuwsgieriger en misschien zelfs minder angstig worden. Dat betekent dat jij nog meer op je hoede zult moeten zijn. (Dat had niemand je verteld toen je zwanger was, hè?) Het kan nuttig zijn om de wereld vanuit zijn standpunt te bekijken. Je kunt dat steeds doen als je in een nieuwe omgeving komt. Je kunt dan vooruit denken en een oplossing bedenken voor het mogelijke gevaar. Onthoud dat de gevaren die jij als het minst bedreigend ervaart, vaak het gevaarlijkst zijn – wees dus creatief.

Schud je baby nooit!

Het *shaken baby syndroom* (SBS) is een term die wordt gebruikt om de gevolgen van het bewust en gewelddadig door elkaar schudden van een baby of jong kind te beschrijven. De hersenen en ruggengraat kunnen zeer ernstig en blijvend beschadigd worden. SBS komt meestal voor als een ouder/verzorger optimaal gefrustreerd raakt door het gedrag (meestal huilen) van zijn kind en zijn geduld verliest ('schudders' zijn vaak mannen).

Schud een baby *nooit* door elkaar! Het is heel begrijpelijk dat je gefrustreerd raakt door een kind dat altijd huilt en nooit lijkt te slapen. Het is echter niet begrijpelijk dat je je frustratie uitkuurt op je kind. Een onderdeel van het ouderschap is het leren beheersen van je emoties en het oneindig bewaren van je geduld. Een ander onderdeel van het ouder-

De risico's van stoeien

Opa houdt ervan om je baby te laten paardjerijden op zijn knie. Oom Peter gooit zijn neefje graag in de lucht en vangt hem weer op. Jij krijgt het heel warm. Waar ligt de grens?

Over het algemeen kunnen we zeggen dat stoeien met een baby niet kan. Zijn nek is nog niet stevig genoeg en kan nog geen stevige bewegingen aan (zoals wanneer je in de lucht wordt gegooid). Je kunt dat risico maar beter niet nemen. Verder is er ook geen honderd procent zekerheid dat je baby weer in de armen van zijn oom terechtkomt als hij in de lucht wordt gegooid. Zeg dus tegen oom Peter dat hij het wat rustiger aan moet doen met je kind. Paardjerijden op opa's knie is echter een veilige activiteit, zolang opa er geen al te wilde rit van maakt.

schap (dat veel te weinig wordt besproken) is, dat het soms in het belang van jezelf en van je kind is om even een pauze in te lassen.

Als jij een zenuwinzinking nabij bent door het gehuil van je baby en je het gevoel hebt dat je er niet langer meer tegen kunt, leg hem dan op een veilige plaats – zijn box of ledikant – en laat hem een paar minuten alleen. Ga niet ver weg, maar vind een rustige plek in huis waar je zijn gehuil minder duidelijk hoort en je even de tijd kunt nemen om te kalmeren. Eet en/of drink iets. Bel je moeder of je beste vriendin om je hart te luchten, als dat helpt. Als je er weer klaar voor bent om je baby te halen, is het veilig om dat te doen. Hij huilt misschien nog net zo hard als toen je hem achterliet, maar jij zult je beter voelen, en dat zal een wereld van verschil uitmaken.

Laat je baby nooit achter bij een oppas die een kort lontje heeft. Jij houdt onvoorwaardelijk van je kind en kunt zelfs dan nog wel eens tegen het plafond aan zitten van frustratie. Stel je voor hoe iemand zal reageren die niet de moeder is als je baby voortdurend huilt? De veiligheid van je kind staat voorop. Als de enige beschikbare oppas je overspannen broer is, pak je baby dan goed in en neem hem met je mee.

Deel VII

Het deel van de tientallen

'Ik wil een lens die zwaar genoeg is om mij in evenwicht te houden.'

In dit deel...

Heb je het gevoel dat je een spoedcursus kunt gebruiken voor de eerste paar weken van je baby? In dit deel geven we adviezen voor nieuwbakken ouders tijdens de eerste maand met hun baby en een lijst met tips alleen voor de vaders. Je kunt ook enkele goede redenen vinden om je arts midden in de nacht te bellen en enkele redenen waarom je dat vooral niet hoeft te doen. Kon je maar elk aspect van de opvoeding van je kind verdelen in tien eenvoudige adviezen!

Hoofdstuk 21

Tien tips om de eerste weken te overleven

In dit hoofdstuk

- Hulp van anderen accepteren
- Bezoekers de deur wijzen
- Goed zijn voor jezelf
- Realistische verwachtingen

De eerste paar weken met je baby kunnen de beste ervaring van je leven zijn, maar ook een ware nachtmerrie. Niemand had je namelijk ooit verteld dat je je beroerd zou voelen na de bevalling, dat je hormonen door je lichaam zouden razen, dat je borsten aan zouden voelen als ballonnen, dat je moe zou zijn en dat je baby niet door zou hebben dat hij moet slapen als het buiten donker is.

De meeste vrouwen willen niet toegeven dat het niet meevalt om hun leven aan te passen aan een baby. Toch kun je in deze periode maar het beste goed zijn voor jezelf. In dit hoofdstuk vind je adviezen over hoe je deze eerste weken wat makkelijker kunt maken voor jezelf (en dus ook voor je kind en je partner). We geven je geen advies over hoe je je kind moet knuffelen en liefhebben, want dat gaat meestal helemaal vanzelf. Dit hoofdstuk gaat helemaal over de zorg voor jezelf.

Luister naar je lichaam

Wat heb je net meegemaakt? Weeën, een bevalling, hechtingen (als je een keizersnede of episiotomie had) en, oh ja, negen maanden zwangerschap. Je lichaam is veranderd. Je lichaam doet dingen die je nooit voor mogelijk had gehouden, zoals melk produceren als je kind huilt. Doe echt moeite om tussendoor wat te rusten. Zie een dutje niet als luiheid; slapen is op dit moment net zo noodzakelijk als eten. Als je niet kunt slapen, kun je in elk geval samen met je baby gaan liggen om uit te rusten.

Stuur Snuf op vakantie

Je houdt van je huisdier, maar je kunt het nu echt niet aan om drie keer per dag met je hond naar buiten te gaan, voor je hechtingen te zorgen en je pasgeboren baby te verzorgen. Tenzij je een pup hebt die de hele dag niets anders doet dan slapen (en die geen aandacht wil tot je partner thuis is), stuur je hond dan voor een week naar een kennel of familie. Natuurlijk voel je je daar een beetje schuldig over, maar dat gaat snel over als je kunt gaan liggen en rusten als je baby slaapt. Stuur je huisdier gewoon een paar dagen ergens heen, en o ja, laat hem nooit alleen met je baby.

Ga douchen wanneer je maar kunt

Niets geeft je een vervelender gevoel dan het besef dat je naar moedermelk, spuug en een volle luier ruikt. Als je partner thuiskomt of je moeder op bezoek komt, maak dan gebruik van de gelegenheid en spring onder de douche (grappig dat iets zo basaals als een douche een luxe wordt als je eenmaal een baby hebt). Het pept je op en jij voelt je weer de oude – bijna.

Laat eten komen

Misschien houd je erg van gezond eten of ben je tegen het betalen voor eten dat je zelf ook kunt klaarmaken. Leg deze principes even naast je neer en bedenk dat je je vanaf de komst van je baby op bijna niets anders kunt concentreren dan op hem. Als je niet helemaal opgaat in de zorg voor hem, dan denk je wel aan hem of aan jezelf en hoe moe je bent en hoe je leven in een paar dagen tijd volledig op zijn kop is gezet. De kans is groot dat je je totaal niet bezighoudt met wat er die avond op tafel moet verschijnen. Dat gebeurt pas weer als je een ritme hebt gevonden en enigszins gewend bent geraakt aan de situatie. Laat je partner de Chinees of pizzeria bellen als hij thuiskomt.

Maak een afspraak met het huisstof

Als jij het niet lastigvalt, zal het jou niet lastigvallen. Je hebt belangrijkere dingen aan je hoofd dan de zorg voor de dikte van de laag stof op je boekenplanken. Laat het gaan. Als je baby een ritme heeft gevonden en jij het gevoel hebt dat je weer toe bent aan wat huishoudelijke taken, beloof je jezelf dat je één keer in de week het huis schoonmaakt. Doe dit bij voorkeur op een dag dat je partner je kan helpen. Als je echt niet meer tegen de rotzooi kunt, vraag dan je moeder om er iets mee te doen of huur een schoonmaakster of student die het voor je wil doen.

Leg de hoorn van de haak

Is er iemand met wie je per se moet praten die je nog niet hebt gebeld? Vergeet één ding niet: je hebt zwangerschapsverlof. Je hebt rust nodig. Je hoeft geen telefoongesprekken te voeren met verkopers, telemarketeers en vrienden die het goed bedoelen, maar die geen idee hebben wat het betekent om vier keer per nacht wakker te moeten worden om borstvoeding te geven. Als jij overdag gaat rusten, leg dan de hoorn van de haak. Als je wilt dat je moeder of je echtgenoot je wel kunnen bereiken, laat ze dan je mobiele nummer bellen – en zet je telefoon op trilstand.

Accepteer hulp

Normaal gesproken zou je er niet aan denken om je moeder de boxershorts van je man te laten vouwen of je schoonvader de afwas te laten doen. In de eerste weken na de geboorte van je kind zul je echter uit de vreemdste hoeken hulp aangeboden krijgen. Accepteer die hulp. Laat deze lieve mensen je helpen terwijl jij weer op krachten komt en een band creëert met je pasgeboren kind. Maak ze echter heel goed duidelijk dat je geen hulp nodig hebt bij de zorg voor je kind, maar wel bij de huishoudelijke taken. Snel genoeg sta *jij* weer het vieze werk te doen, terwijl je ouders en schoonouders bij de baby op bezoek komen.

Wees assertief

Anderzijds moet je ook niet bang zijn om aan te geven wanneer je er genoeg van hebt. Je hebt rust nodig en je baby ook. Iedereen die ooit een kind heeft gekregen, weet dat de beste hulp die je een moeder soms kunt bieden is om haar alleen te laten. Sommige mensen vergeten hoe het is om een baby in huis te hebben of ze hebben het nooit meegemaakt. Wees niet bang om mensen te vertellen dat, hoewel je hun hulp echt heel erg waardeert, jij en je baby nu toch echt alleen gelaten willen worden. Als het hier om je schoonouders gaat, laat dan je partner deze taak op zich nemen.

Wees niet te hard voor jezelf

Natuurlijk ben je blij dat je kind er is, maar toch heb je het gevoel dat je meer zou kunnen doen, vooral als je een baan hebt. Je zou via de telefoon een vergadering kunnen bijwonen. Je zou je e-mail kunnen bijwerken. Je zou even kunnen kijken hoe het project loopt dat je hebt opgestart. Stop. Laat de boel de boel en hijg jezelf niet in je nek. Het ouderschap is de moeilijkste baan op de wereld en heeft op dit moment al je aandacht nodig. Als je een paar maanden thuis bent voor je weer aan de slag moet, geniet dan van elke minuut zonder je schuldig te voelen dat je meer zou moeten doen.

Verwacht geen perfectie

Je hebt een vervelende trend geconstateerd op de televisie: vrouwen die bevallen en er uitzien alsof ze net van de schoonheidsspecialiste komen. Hun huizen zien er tiptop uit, ze lijken oneindig gelukkig, hun baby's lijken de hele dag te slapen en hun lichamen zijn na een week alweer helemaal de oude. Het echte leven kan echt niet concurreren met dit soort idiote perfectie en jij blijft achter met het gevoel dat je toch echt iets verkeerd hebt gedaan in dit hele proces. Besef dat het tijd kost voor je baby een goed ritme heeft gevonden, voor je borsten gewend zijn aan het voeden en voor je (enigszins) terugkeert naar een normale gemoedstoestand. Besef ook dat je je pre-zwangerschapslichaam misschien wel nooit meer terug zult zien. Er zullen dagen zijn dat je wel in huilen zou willen uitbarsten omdat je zo moe bent en je hormonen helemaal uit hun doen zijn. Sta jezelf toe om deze gevoelens te hebben.

Hoofdstuk 22

Tien overlevingstips voor papa

In dit hoofdstuk

- Begrip voor je nieuwe rol
- Jouw aandeel in de gezinsharmonie
- Tijd vrijmaken voor je baby en je vrouw
- Niet te hard zijn voor jezelf

Het lijkt erop dat iedereen zich altijd maar concentreert op wat er met een kersverse moeder gebeurt als de baby eenmaal is geboren. Papa's rol is zo groot of zo klein als mama (of oma) dat wil of toestaat (dat geldt zowel voor samenwonende ouders als voor ouders die niet onder één dak wonen). Op de een of andere manier moet hij zijn informatie maar zien te halen uit alles wat om hem heen gebeurt om uiteindelijk de trofee voor 'vader van het jaar' te winnen.

Hoewel veel vaders zich op het eerste jaar van hun baby storten met alles wat ze in zich hebben, zijn er ook net zo veel die geen idee hebben wat ze moeten doen. In dit hoofdstuk staan tips voor nieuwbakken vaders die niet zo goed weten wat er van hen verwacht wordt.

Accepteer je nieuwe rol

Je hebt het prachtigste geschenk ter wereld gekregen. De band tussen vader en kind is van onschatbare waarde en iets wat elk kind nodig heeft. Denk niet steeds aan de tijd dat je leven nog leuk was omdat je geen verantwoordelijkheden had of dat je zo graag een nieuwe auto zou willen kopen, maar dat nu niet kunt vanwege de baby. Je leven verandert volledig als een baby op het toneel verschijnt. Accepteer dat je kind en je gezin op de eerste plaats komen en dat je eigen behoeften en wensen op de tweede plaats komen. Je maakt het jezelf erg lastig als je tegen deze realiteit vecht en het kan een behoorlijk deprimerend effect op je hebben. Je zult ook weinig steun krijgen van vrienden en familie als je eerst voor jezelf kiest en dan pas voor de behoeften van je baby en je partner.

Help mama mee

Er bestaat een oud gezegde: als mama niet gelukkig is, is niemand gelukkig. Hartstikke waar, vooral als je het hebt over het leven tijdens je baby's eerste jaar. Je partner leert hoe ze voor een kind moet zorgen terwijl ze ook huishoudelijke taken heeft. Ongeacht in welk tijdperk we leven, blijven deze taken hoofdzakelijk op de schouders van de vrouw terechtkomen. Of ze nu buitenshuis werkt of niet, er liggen altijd talloze klussen in en rond het huis op haar te wachten. Help dus mee. Kook het eten. Stofzuig de vloer. Vouw de was op. Vind iets wat haar dag iets makkelijker kan maken – en wacht niet tot zij je vraagt.

Wees niet bang voor vieze handen

TIP

Vieze luiers, voedingen midden in de nacht, troosten van een baby met darmkrampen. Hoe onplezierig deze taken ook zijn als je er dag in, dag uit en nacht in, nacht uit mee te maken hebt, onthoud dat deze tijd voorbij vliegt. Voor je het weet, draagt je kind geen luiers meer en loopt hij zelf naar school. Wees vanaf het begin betrokken bij de verzorging van je kind en wacht niet tot hij een jaar of ouder is. Als je een goede band wilt krijgen met je baby moet je zo snel mogelijk je handen uit de mouwen steken.

Kijk naar de samenvatting om elf uur

Jij krijgt er geen fans bij als je 's avonds op de bank naar een sportwedstrijd gaat zitten kijken, terwijl je partner jullie huilende baby probeert te troosten. Zelfs als je niet echt iets kunt doen, kan je partner het waarschijnlijk zeer waarderen als je het probeert of op zijn minst aanbiedt. Zet die televisie dus uit en geef je gezin wat aandacht. Je bent de komende dagen verzekerd van een glimlach.

Papapraat

BELANGRIJK

Ouders – en vooral vaders – voelen zich vaak opgelaten als ze met hun baby's praten. Zorg dat je even alleen bent met je kind en praat op zangerige toon tegen hem. In het begin voel je je misschien wat idioot, maar je gelooft niet hoe natuurlijk het voelt als je je gewoon laat gaan. Een jonge baby houdt van zachte, hoge stemmen (waarschijnlijk omdat hij gewend is aan zijn moeders stem in de baarmoeder) en zal dus veel geïnteresseerder zijn als je op een toonhoogte spreekt die hij prettig vindt. Als hij dan naar je gaat kijken, ben je verkocht. Vanaf dat moment zul je alles doen voor die blik.

Uit met uitgaan

Je hebt het wel honderd keer zien gebeuren: een van je vrienden krijgt een kind en vervolgens zie je hem nooit meer in de kroeg. Jij hebt gezworen dat jou dat niet zal overkomen. Jij kunt je gezinsleven combineren met een sociaal leven, toch? Helaas, op dit moment even niet. Je partner heeft je hulp nodig en je baby heeft zijn papa nodig – je kunt dan toch niet uitgaan? Doe je dat wel, dan zul je dat met boze blikken moeten bekopen. (Daarbij beland je in een vicieuze cirkel: je gaat uit met je vrienden en komt laat thuis, de volgende dag ben je moe en kun je je partner niet helpen bij de verzorging van je kind.) Stop even met uitgaan als je baby net geboren is – het is heus niet voor eeuwig, maar wel voor even.

Tel tot tien

Weet wanneer je je baby even in zijn bed moet leggen en tot tien moet tellen. Een baby met koliek of een kind dat tanden krijgt, is niet gemakkelijk. Het huilen kan maar blijven doorgaan en heel frustrerend worden, vooral als je alles hebt gedaan wat je kon verzinnen om hem te troosten en op zijn gemak te stellen. Soms moet je hem gewoon even in zijn box of ledikant leggen en enkele minuten de tijd nemen om te kalmeren. Je baby kan prima een paar minuten alleen in zijn bedje liggen. Jij zult je beter voelen als je weet dat je voldoende tijd hebt genomen om het opnieuw te proberen.

PAS OP!

En natuurlijk mag je je baby nooit, nooit, nooit slaan of door elkaar schudden. Eén keer schudden kan al zeer ernstige gevolgen hebben.

Deel met je familie

Misschien zijn je ouders lastpakken. Misschien zijn je schoonouders lastpakken. Als je baby geboren is, wil iedereen hem zien – maar *jij* wilt misschien niet iedereen zien. Besef goed dat deze mensen nu ook familie van je kind zijn. Ongeacht jouw gevoelens voor hen, wil je je baby zijn grootouders, ooms, tantes en neven en nichten niet onthouden. Als het gezonde, oprechte mensen zijn, zet dan voor je kind de geschillen en onenigheden binnen de familie opzij. Zie het van de positieve kant: je zult er nog versteld van staan hoe prettig het is om wat hulp te krijgen in het eerste jaar.

Koester je relatie

TIP

Vergeet niet om tijd uit te trekken voor het onderhouden van je relatie. Het eerste jaar van je baby is een jaar van aanpassen. Je vrouw is zo bezig met de verzorging van haar kind dat jij even op een zijspoor bent gezet. Je bent allebei zo moe dat je niet moet denken aan seks. Je vrouw vertrouwt niemand bij de baby en dus kunnen jullie niet eens een avond met z'n tweeën de stad in. Het gevaar bestaat dat jullie na verloop van tijd niet meer zijn dan twee mensen die onder één dak wonen en een kind opvoeden. Neem dus het initiatief en wees creatief. Als je partner niet uit wil, kook dan uitgebreid en eet als jullie baby in bed ligt (en laat niet je vrouw koken!). Doe je best om over andere dingen te praten dan alleen de baby. Herinner je vrouw er regelmatig aan dat de baby weliswaar je oogappel is, maar zij toch echt de liefde van je leven. Dit kan een wereld van verschil uitmaken tussen een veilig gevoel binnen de relatie en een losgeslagen schip op ruwe zee.

Wees niet te hard voor jezelf

Onthoud dat niemand wordt *geboren* als vader. Het is een leerproces, net als alle andere dingen in het leven. Er zullen dagen zijn waarop je je afvraagt wat je in vredesnaam aan het doen bent (als je de luier van je kind achterstevoren aantrekt, bijvoorbeeld) en je kunt je niet voorstellen dat iemand jou zijn kind toevertrouwt. Je bent verantwoordelijk voor je kind vanaf het moment dat het geboren wordt, maar het kan wat langer duren voor je je ook echt een vader (en niet een verzorger) *voelt*. Voel je daar niet schuldig om. Het zal niet lang duren voor je je niet eens meer kunt herinneren hoe het was om *geen* ouder te zijn.

Hoofdstuk 23

Tien redenen om de dokter te bellen

In dit hoofdstuk

- De neiging onderdrukken om bij elk kuchje te bellen
- Het onderscheid kunnen maken tussen serieuze aangelegenheden en vals alarm
- Symptomen serieus nemen

Het is niet eenvoudig om te bepalen wat ernstig genoeg is om een dokter te bellen, vooral in het eerste jaar, als je baby je nog niet kan vertellen wat hij voelt. Het is vooral moeilijk als dit je eerste kind is en je nog geen ervaringen hebt waarop je je beslissingen kunt baseren. In dit hoofdstuk bespreken we enkele urgente aangelegenheden die in het eerste jaar kunnen voorkomen. In deel VI van dit boek krijg je meer informatie over de gezondheid van je baby.

Als je twijfelt of je een dokter moet bellen of niet, doe het dan. Het is altijd beter om zeker te weten dat je baby in orde is.

Koorts

Je hoeft niet in paniek te raken bij koorts; het is gewoon een aanwijzing dat je kind ziek is en het is meestal niet gevaarlijk. Je kunt de dokter tijdens het spreekuur bellen om een afspraak te maken. Gebruik in de tussentijd pijnstillers die geschikt zijn voor je baby om de koorts laag te houden. In hoofdstuk 20 staat hoe je de temperatuur kunt meten bij je kind.

- Als je baby jonger is dan drie maanden en een temperatuur (rectaal gemeten) heeft die hoger is dan 38°C – tenzij hij in de voorgaande 24 uur een DKTP-vaccinatie heeft gehad. Koorts komt soms voor na een vaccinatie.
- Als je kind een temperatuur heeft van 40,5°C of hoger en lusteloos is (en je hem niet kunt activeren) of een koortsaanval heeft (en er nooit eerder een heeft gehad).

- Als je baby koorts heeft en een stijve nek. Je baby schreeuwt het uit van de pijn als je probeert zijn kin op zijn borst te brengen. Dit kan een teken van meningitis zijn.
- Als je baby koorts heeft en tekenen van uitdroging vertoont (wordt later in dit hoofdstuk uitgebreid besproken).

Ademhalingsproblemen

BELANGRIJK

Tal van virussen kunnen een piepende ademhaling veroorzaken bij je baby. Dat is niet altijd een teken van een ernstige aandoening, al kan het dat wel zijn in combinatie met andere symptomen. Bel direct een dokter als je kind piepend ademhaalt en het duidelijk is dat hij moeite heeft met ademhalen (je kunt zien dat de huid tussen zijn ribben of op zijn borst naar binnen trekt, hij ziet heel bleek of heeft blauwe lippen). Let ook op een snelle ademhaling (meer dan zestig per minuut). Lees hoofdstuk 18 voor meer informatie over de verschillende ziekten die je baby kan hebben.

Overgeven

Baby's spugen voortdurend. Normaal braaksel ziet eruit als de melk die er net is ingegaan, al kan hij wat dikker zijn en wat draderig door het speeksel dat erdoor zit (ja, vies hè?). Als je baby explosief spuugt (zijn braaksel vliegt tot halverwege de kamer) of het braaksel is donker van kleur, bel dan direct een dokter. Je baby kan een afgesloten slokdarm hebben.

Uitdroging

PAS OP!

Je pasgeboren baby kan uitdrogen als hij niet voldoende te eten krijgt. Een oudere baby kan uitdrogen als hij diarree heeft of veel heeft gespuugd. In beide gevallen moet je letten op symptomen van uitdroging:

- minder natte luiers (hij moet minstens elke zes tot acht uur een natte luier hebben);
- geen tranen als hij huilt;
- verzonken ogen;
- geïrriteerdheid;
- droge mond;
- verminderde activiteit bij een oudere baby.

Bel je arts direct als je deze symptomen waarneemt. Uitdroging kan leiden tot ernstige stoornissen en het uitvallen van orgaanfuncties.

Lang aanhoudende hoest of verstopte neus

Kinderen zijn vaak verkouden. Je hoeft niet bij elk virus met je kind naar de dokter. Als hij echter al meer dan tien dagen tot twee weken hoest of als de hoest erger lijkt te worden, moet hij nagekeken worden door een arts om uit te sluiten dat de verkoudheid is veranderd in een infectie van de luchtwegen. Hetzelfde geldt voor een voortdurend verstopte neus. Als dat na een paar weken niet weg is en je het idee hebt dat je kind zich niet goed voelt (geïrriteerd, slaperig, verminderde eetlust), maak dan een afspraak om een voorhoofdsholteontsteking uit te sluiten.

Hoofdwond

Je hoeft niet bij elke bult of blauwe plek naar de dokter te rennen. Als je baby echter zijn bewustzijn is verloren na een harde klap op zijn hoofd of tekenen vertoont van een hersenschudding (extreem bleek, verminderde motorische vaardigheden, uiterst geïrriteerd of lusteloos, overgeven, vergrote of ongelijke pupillen) of een schedelbreuk (afscheiding uit zijn oren), bel dan een arts of breng je baby naar de eerste hulp. Meer informatie over verwondingen aan het hoofd vind je in hoofdstuk 19.

Diepe snijwonden

Een oudere baby zal regelmatig met een snijwond bij je komen. De meeste zullen klein en eenvoudig te verzorgen zijn. Bel echter een arts in onderstaande gevallen:

- als de wond zwaar bloedt;
- als je het bloeden niet eens kunt verminderen nadat je tien minuten druk op de wond hebt uitgeoefend;
- als het om een steekwond gaat (door een spijker of een ander scherp, dun voorwerp of door een dierenbeet);
- als de wond gerafelde randen heeft (die meestal niet vanzelf dichtgaan):
- als de snijwond diep is en op zijn gezicht zit of op een andere plaats waar de wond niet gemakkelijk vanzelf dichtgaat (een knie of elleboog bijvoorbeeld).

Je baby heeft misschien een paar hechtingen nodig om de wond te dichten. In hoofdstuk 19 lees je meer over snijwonden.

Extreme gedragsveranderingen

Een drastische verandering in het gedrag van je kind kan een aanwijzing zijn voor iets dat in zijn lichaam gaande is; dat kan een verwonding of een ziekte zijn. Bel in onderstaande gevallen direct een arts:

- als je baby nauwelijks te activeren is;
- als je baby ontroostbaar huilt;
- als je baby de dingen die hij gewoonlijk doet niet kan (hij kan al weken goed kruipen en ineens kan hij zijn benen niet meer onder zijn billen krijgen).

Uitslag

Kinderen zijn gevoelig voor allerlei soorten huiduitslag. Sommige daarvan zijn besmettelijk, de meeste echter niet. Soms is het een symptoom van een virus of een ziekte. In de meeste gevallen is het vervelend voor je baby. Wanneer je kind onder de vlekken zit of huiduitslag heeft die zich uitbreidt of jeukt, raadpleeg dan je huisarts. Die kan een diagnose stellen en je advies geven over een mogelijke behandeling. Maar luieruitslag is doorgaans geen reden tot zorg. In de meeste gevallen kan het worden bestreden met zinkzalf. Maar wanneer een luieruitslag er rood, opgezet en vlezig begint uit te zien (je herkent het wel als je het ziet), kan het een schimmelinfectie zijn. Raadpleeg je huisarts voor diagnose en behandeling (die kan bestaan uit antibiotica). Zie hoofdstuk 18 voor meer informatie over huiduitslag.

Aanvallen

Een aanval of attaque is een van de meest angstaanjagende ervaringen voor een ouder. Je kind ligt op de grond of in zijn bed met een verkrampt lichaam en weggedraaide ogen. Je kunt niets anders doen dan hem op zijn zij leggen om te voorkomen dat hij stikt in zijn eigen speeksel of braaksel en zijn omgeving vrijmaken zodat hij zichzelf geen pijn kan doen. Als je arts concludeert dat je baby een bepaalde aandoening heeft waarvan hij aanvallen kan krijgen (bijvoorbeeld koortsaanvallen), zul je direct aanwijzingen krijgen wanneer je de dokter moet bellen in het geval van een aanval. Als je kind nooit eerder een aanval heeft gehad, moet je altijd direct bellen.

Hoofdstuk 24

Tien redenen om niet naar je arts te rennen

In dit hoofdstuk

- Een onschuldige ziekte vaststellen
- Bulten en blauwe plekken verzorgen
- Rustig blijven en dr. Mama spelen

Hoewel het belangrijk is om te weten wanneer je een dokter moet bellen, is het net zo belangrijk om te weten wanneer je *niet* moet bellen of wanneer je kunt wachten tot de volgende ochtend. Soms is een knuffel van mama de beste remedie. Soms moet je een afwachtende houding aannemen, vooral bij onschuldige aandoeningen als een verkoudheid. Soms moet je de natuur gewoon zijn gang laten gaan.

Denk er altijd aan dat je arts weliswaar dienst heeft, maar ook thuis bij zijn of haar gezin zit, zijn of haar kinderen helpt bij het huiswerk maken, in bad doet en in bed legt. Bel dus alleen in geval van nood en niet voor routinevragen! Lees deel VI van dit boek voor meer informatie over de gezondheid van je kind.

Lage koorts

Bij een kind jonger dan drie maanden moet koorts altijd onderzocht worden. Bij een iets oudere baby is een temperatuur tot 41°C meestal niet ernstig. Na drie maanden hoeft bijna elke verhoging pas na twee of drie dagen bij een arts gemeld te worden, vooral als je baby geen andere symptomen heeft (zoals hoesten, verminderde eetlust, moeilijk ademhalen of trekken aan de oren). Bel je arts tijdens het spreekuur en vraag naar de juiste dosering van een pijnstiller. De koorts kan vanzelf zakken; als dat na een paar dagen niet gebeurt, kun je een afspraak maken met je arts. Lees in hoofdstuk 23 om te bepalen wanneer je met een koorts wel direct een arts moet bellen.

Koorts kan soms het gevolg zijn van een vaccinatie. Als er verder geen ernstige symptomen zijn, zoals moeilijk ademhalen en ongebruikelijke en extreme lusteloosheid, is een koorts als gevolg van een inenting geen reden tot zorg. In hoofdstuk 18 lees je hoe je de temperatuur kunt opnemen bij je baby.

Handelbare irritatie

Baby's die zich niet goed voelen, tonen hun onvrede vaak door duidelijk geïrriteerd te zijn. Als je baby eenvoudig getroost kan worden door knuffelen of heen en weer wiegen, dan zit hij waarschijnlijk gewoon niet zo lekker in zijn vel. Als hij een uur of langer niet te troosten is en voortdurend huilt, dan moet je de dokter bellen.

Loopneus

TIP

Een eenvoudige verkoudheid hoeft niet te worden onderzocht door je arts. Als je baby een loopneus heeft, wat hoest en geen koorts heeft, kun je het virus zijn gang laten gaan. Een verkoudheid die een paar weken aanhoudt, een zware hoest, piepende ademhaling, een steeds erger wordende koorts en/of ontroostbaarheid zijn symptomen die een telefoontje naar de huisarts vereisen.

Een beetje lusteloos

Als je baby zich niet helemaal lekker voelt, kun je verwachten dat hij minder actief is dan normaal. Zorgelijke lusteloosheid is wanneer je je kind nauwelijks wakker kunt krijgen of wanneer hij helemaal niets meer wil. Het is heel normaal dat hij niet door de kamer rent als hij verkouden is.

BELANGRIJK

Jij doet ook je normale activiteiten niet met dezelfde energie en hetzelfde enthousiasme als je je niet helemaal lekker voelt (al doe je ze wel, omdat je 'Mama' heet).

Verminderde eetlust

Een kind dat borstvoeding krijgt, moet niet langer dan drie tot vier uur geen voeding krijgen; bij een flesgevoede baby kan die tussentijd iets langer zijn. Als je baby actiever wordt (hij leert zich voort te bewegen, ontdekt dat hij speelgoed kan manipuleren, ontdekt de keukenkastjes), dan is het normaal dat hij minder zin heeft in eten. Hij heeft gewoon andere dingen te doen. Hij lijkt vrolijk en gezond en eet gewoon niet zoveel als anders. Het lijkt erop dat zijn verminderde eetlust te maken heeft met een grotere belangstelling voor de wereld om hem heen.

Als baby's ziek zijn hebben ze, net als jij, minder zin om te eten. Zolang hij elke acht tot twaalf uur een natte luier heeft, is er niets aan de hand.

Grotere eetlust

Als je baby groeit, heeft hij meer eten nodig om zijn energieniveau op peil te houden. Wees niet verrast als hij plotseling meer wil eten als hij drie weken, zes weken en zes maanden is. Op deze leeftijden maken de meeste baby's een groeispurt door. Als hij vast voedsel eet, kun je hem zelf laten bepalen hoeveel hij wil eten. *Hij* weet wanneer zijn buikje vol is.

Constipatie

Het is normaal voor een baby om minder te gaan poepen als hij ouder wordt. Hij kan zelfs een tot drie dagen overslaan. Het is ook normaal dat je baby gromt, kreunt, kermt en een rood gezicht heeft als hij poept. (Probeer *jij* maar eens te poepen als je op je rug ligt, dat is niet gemakkelijk!) Als je baby al een paar dagen niet gepoept heeft en last van zijn buik lijkt te hebben (hij trekt zijn beetjes op, huilt en heeft minder zin in eten) probeer dan zijn ontlasting te stimuleren met een zetpil of rectaal temperaturen. Meestal werkt dit. Je kunt je arts tijdens het spreekuur bellen om te vragen hoe je dit in de toekomst zoveel mogelijk kunt voorkomen.

Tanden krijgen

Er is niets wat je arts kan doen aan de pijnlijke kaken van je baby. Hij zal hetzelfde zeggen als wat in de meeste babyboeken staat: probeer pijnstillers, bijtringen, extra aandacht en geduld.

Schrammen, blauwe plekken en bulten

De meeste verwondingen die je baby oploopt, zijn niet ernstig. Was een schram schoon. Leg een ijskompres op een bult. Verbind een open wond. Je hoeft voor deze zaken geen dokter te bellen. Als een wond echter zwaar bloedt, als een snijwond diep of gerafeld is of als je baby op zijn hoofd is gevallen en tekenen vertoont van een hersenschudding of schedelbreuk, bel dan direct een arts. In hoofdstuk 19 lees je meer over de behandeling van diverse wonden.

Lichte allergische reacties

BELANGRIJK

Tenzij je kind heftige allergische reacties vertoont (huiduitslag over het hele lichaam, gezwollen ogen en lippen, moeilijk ademhalen), verdwijnt een allergische reactie meestal als de veroorzaker ervan wordt verwijderd. Als je de kleren van je kind hebt gewassen met wasverzachter en je baby krijgt er wat vlekjes van, gebruik het dan niet meer. Als je een nieuwe groente uitprobeert en je baby's wangen worden roze, geef hem deze groente dan niet meer. Als je baby heftig reageert, moet je direct een arts bellen. Lees hoofdstuk 18 voor meer informatie over allergieën.

Index